Jahrbuch für Rechtssoziologie und Rechtstheorie V

Jahrbuch für Rechtssoziologie und Rechtstheorie

Herausgegeben in Verbindung mit
Erich Fechner, Arthur Kaufmann, Ulrich Klug,
Niklas Luhmann, Peter Noll, Heinrich Popitz, Manfred Rehbinder,
Rüdiger Schott, Paul Trappe

von Werner Maihofer und Helmut Schelsky

Band V

Westdeutscher Verlag

Rechtsbedürfnis und Rechtshilfe

Empirische Ansätze im internationalen Vergleich

Herausgegeben von
Erhard Blankenburg und Wolfgang Kaupen

Westdeutscher Verlag

CIP-Kurztitelaufnahme der Deutschen Bibliothek

Jahrbuch für Rechtssoziologie und Rechtstheorie /
hrsg. in Verbindung mit Erich Fechner ... von
Werner Maihofer u. Helmut Schelsky. – Opladen:
Westdeutscher Verlag.

NE: Maihofer, Werner [Hrsg.]

Bd. 5. → Rechtsbedürfnis und Rechtshilfe

Rechtsbedürfnis und Rechtshilfe: empir.
Ansätze im internat. Vergl. / hrsg. von Erhard
Blankenburg u. Wolfgang Kaupen. – Opladen:
Westdeutscher Verlag, 1978.
(Jahrbuch für Rechtssoziologie und Rechtstheorie; Bd. 5)
ISBN 978-3-663-05388-0 ISBN 978-3-663-05387-3 (eBook)
DOI 10.1007/978-3-663-05387-3

NE: Blankenburg, Erhard [Hrsg.]

Softcover reprint of the hardcover 1st edition 1978
Satz: Vieweg, Wiesbaden

ISBN 978-3-663-05388-0

Inhalt

Erhard Blankenburg und Wolfgang Kaupen

Einführung der Herausgeber

Im Oktober 1975 veranstaltete die Sektion Rechtssoziologie in der Deutschen Gesellschaft für Soziologie eine Arbeitstagung über das Thema „Modelle kompensatorischer Rechtshilfe und Rechtsberatung". Zu der dreitätigen Arbeitstagung, die vom Bundesministerium der Justiz finanziell unterstützt wurde, waren Rechts- und Sozialwissenschaftler aus dem In- und Ausland eingeladen worden. Die meisten der für diesen Anlaß vorbereiteten und während der Tagung diskutierten Beiträge werden hiermit – teilweise grundlegend überarbeitet – einer breiteren Öffentlichkeit vorgelegt, um die inzwischen zu diesem Thema zusammengetragenen Erkenntnisse sowohl für die rechts*soziologische* als auch für die rechts*politische* Diskussion nutzbar zu machen. Die Verbreiterung der Diskussion in beiden Bereichen ist insofern sehr wichtig für eine Weiterentwicklung des Problembewußtseins, als die bisherigen Überlegungen zum Problem der „Rechtshilfe für sozial Schwache" weitgehend unter praktischen Gesichtspunkten von Juristen angestellt worden waren. Dabei wurde diese Diskussion, eingeengt auf die Alternative zwischen „öffentlichen Rechtsauskunftstellen" einerseits und eine Subventionierung von Anwaltsberatung andererseits, vorschnell unter Entscheidungsdruck gesetzt. Im Blickfeld stand von vornherein fast ausschließlich der ökonomische Aspekt der Zugangsproblematik. Gleich ob von „rechts" oder „links" wurde argumentiert, daß angesichts steigender Gerichts- und Anwaltskosten finanzielle Hürden vor der Inanspruchnahme des Rechts stünden, die in Erweiterung des „Armenrechts" abgebaut werden müßten. Gleich ob durch kostenlose Auskunft bei öffentlichen Stellen oder bei den freiberuflichen Rechtsanwälten – mit der *Finanzierung* der einen oder der anderen Lösung wurde das Problem des ungleichen Zugangs zum Recht als gelöst betrachtet. Das Eindringen rechtssoziologischer Gesprächspartner in diese Diskussion führt zwangsläufig zu einer quantitativen und qualitativen Ausweitung des Gegenstands: Während der Praxis verbundene Juristen in rechtspolitischen Diskussionen sehr schnell von einem Problemverständnis zu Lösungsvorschlägen gelangen, beinhaltet das berufliche Selbstverständnis von Soziologen vor allem die Aufgabe, zunächst die hinter der Definition von Problemen wie von Lösungen verborgenen Annahmen offenzulegen und infragezustellen (1). Daß diese berufsrollen-spezifischen Unterschiede keine Eigenart der (west-)deutschen Rechtspolitik sind, wird sichtbar, wenn man die vorliegende Veröffentlichung mit einem Tagungsbericht der amerikanischen "Law and Society Association" zu dem gleichen Thema (2) vergleicht: Hier wie dort übernehmen die soziologischen Gesprächspartner die Aufgabe des „Problematisierens" oder – wie es aus der Perspektive des Rechtspolitikers erscheinen mag – des „Zerredens" vermeintlich entscheidungsreifer Probleme. Daß eine vorschnelle „pragmatische" Entscheidung sich später dann häufig entweder als höchst unwirksam erweist oder sogar gänzlich unerwünschte Konsequenzen mit sich bringt, soll hier nur zur plakativen Rechtfertigung wissenschaftlicher „Umwegproduktion" angeführt werden; das Problem der wissenschaftlichen Beratung der Politik ist nicht Gegenstand dieser Veröffentlichung.

Der Vergleich mit den amerikanischen Tagungsbeiträgen fördert allerdings nicht nur Ähnlichkeiten zutage; frappierender ist vielmehr, wie sehr das Problembewußtsein in der Bundesrepublik in bezug auf die „Gleichheit vor dem Gesetz" hinter dem Diskussions- und Entwicklungsstand in den Vereinigten Staaten – ebenso wie in einigen unserer europäischen Nachbarländer – hinterherhinkt. Dort werden seit nahezu 20 Jahren die verschiedensten Versuche zum Abbau von Zugangsbarrieren zum Recht unternommen und vielfältige Erfahrungen gesammelt. Diese Experimente werden zum Teil von sozialwissenschaftlichen Untersuchungen begleitet, in anderen Fällen führt die sozialwissenschaftliche „Problematisierung" zur Erweiterung des Problembewußtseins und macht grundlegendere Reformansätze in der Rechtsberatung erforderlich. Eine derartige Erweiterung erfuhr zum Beispiel die angelsächsische Diskussion in den sechziger Jahren durch die rechtssoziologischen Untersuchungen zum „Rechtsbedürfnis" in verschiedenen Bevölkerungsschichten. So wie die Kriminologie mit der Entdeckung konfrontiert wurde, daß die ihr bislang bekannte und von ihr behandelte Kriminalität nur die Spitze eines Eisbergs innerhalb eines sehr viel größeren Dunkelfeldes ist, so brachten empirische Erhebungen über das Ausmaß und die gesellschaftliche Verteilung von rechtlich relevanten Problemen ans Licht, daß nur ein geringer Teil aller möglichen Rechtsansprüche und potentiellen Rechtskonflikte tatsächlich vor Anwälte oder Gerichte getragen wird. Die Erkenntnis der „Latenz" vieler Rechtsbedürfnisse – wenn man hier überhaupt noch von *Rechts*bedürfnissen sprechen will – hat theoretisch wie praktisch weitreichende Folgen. Theoretisch führt sie zu der Konsequenz, daß das Recht für soziale Konfliktlösungen nur begrenzt geeignet ist; praktisch weist sie darauf hin, daß das Ausmaß, in dem rechtliche Institutionen an der Lösung sozialer Konflikte beteiligt sind, sowohl von individuellen als auch von institutionellen Bedingungen abhängt. Die forschungspolitische Konsequenz aus dieser Erkenntnis ist, daß man die Zugangschancen bzw. die Zugangsbarrieren im Rechtssystem sehr viel gründlicher und mit sehr viel breiterem Problembewußtsein untersuchen muß, als dies bislang geschehen ist. Dies ist – wohlgemerkt – eine Konsequenz, die man in der angelsächsischen Diskussion und auch in den Ländern, die angelsächsische Forschungsergebnisse rascher rezipieren, gezogen hat; die wissenschaftliche und politische Debatte in der Bundesrepublik muß überhaupt erst noch auf die Notwendigkeit einer Ausdehnung des Problemhorizonts hingewiesen werden!

Die vorliegende Veröffentlichung soll mit der Vermittlung des Diskussionsstandes in einigen unserer Nachbarländer (mit – wie man feststellen wird – starkem Rückbezug zur US-amerikanischen Diskussion) auf die Fragwürdigkeit der derzeitigen Reformdebatte und der inzwischen hier und dort mit viel Euphorie inszenierten Reformversuche in der Bundesrepublik hinweisen und die wissenschaftliche und politische Erörterung vor einem voreiligen und selbstzufriedenen Ende bewahren. Daß die bisherigen Ansätze bei weitem nicht ausreichen, das Problem der ungleichen Zugangschancen auch nur in seiner äußerlichsten Erscheinungsform zu bewältigen, geht bereits aus den spärlichen Informationen hervor, die uns aus Erhebungen und statistischen Daten zur Verfügung stehen. Nahezu keinerlei systematisch erhobene Untersuchungsergebnisse liegen bisher über die „individuellen Bedingungen" vor, die eine Artikulation der Rechtsbedürfnisse fördern oder behindern. Wir wissen mehr über typische Konfliktlösungsstrategien von Japanern oder Mexikanern als von der überwiegenden Mehrheit unserer eigenen Bevölkerung (3). Wir wissen nichts über die typischen alltäglichen Konfliktsituationen, mit denen die verschiedenen Gruppen der Bevölkerung konfrontiert werden; wir wissen nichts darüber, mit welchen Deutungsmustern die Betroffenen an diese Situationen herantreten, ob sie überhaupt Lösungsmöglichkeiten sehen oder sich von vornherein resignierend vor einer scheinbaren Übermacht zurückziehen; wir besitzen nur ganz spärliche Informationen über das Verhältnis der Bevölkerung zur Rechtspflege, d.h. darüber, ob das Rechtssystem und seine professionellen Diener überhaupt als Helfer in Konfliktsituationen gesehen und akzeptiert werden. Was wir haben, ist eine Vielzahl von Anhaltspunkten – und viele davon sind auch in den hier vorgelegten Beiträgen enthalten – für eine Beantwortung der vielen Fragen, die sich mit dem Problem des gleichen Zugangs zum Recht stellen. Es ist durchaus möglich, daß sich bei einer systematischen Zusammenstellung und Analyse der vorhandenen Anhaltspunkte die Zahl der offenen Fragen noch weiter erhöht; andererseits scheinen schon jetzt grobe Weichenstellungen möglich. So kann man angesichts der verschiedenen hier zusammengestellten Erfahrungen wohl davon ausgehen, daß eine Erleichterung der Inanspruchnahme anwaltlicher Hilfe – etwa durch finanzielle Unterstützung – eines der letzten Glieder der Problemkette anspricht; das heißt, daß nur diejenigen Fälle erfaßt werden, die das große „Dunkelfeld" der nicht artikulierten Rechtsbedürfnisse verlassen haben. Es wird in einigen Beiträgen wohl zu recht darauf hingewiesen, daß der erste Schritt zur Überwindung der Ungleichheit vor dem Recht wohl ein elementarer Rechtskundeunterricht sein müßte, wobei hier über die Vorbedingungen für einen Erfolg solcher Maßnahmen nichts näheres ausgeführt werden soll. Nur soviel kann an dieser Stelle angedeutet werden (weil es ebenfalls in einigen Beiträgen angesprochen wird): Eine Rechtserziehung wird nur dann Erfolg haben, wenn sie mit der erfolgreichen Durchsetzung der Rechtsinteressen der Betroffenen verbunden werden kann, und diese Durchsetzungschance wiederum ist nicht allein abhängig vom Durchsetzungswillen der Betroffenen oder gar von einer abstrakten Rechtsposition, sie ist vielmehr letztlich eine Frage der gesellschaftlichen Machtverteilung. In diesem Zusammenhang wird wiederum nicht von ungefähr in einigen Beiträgen darauf hingewiesen, daß schon die Frage, welche Probleme eigentlich im Rahmen des Rechtssystems einer Lösung zugeführt werden können, mithin „justiziabel" sind, sehr eng mit der Struktur der gesellschaftlichen Güterverteilung verbunden sei. Die zentrale Rechtsfigur des Eigentums im bürgerlichen Recht mag hier zur Illustration des Zusammenhangs genügen.

Wenn man angesichts der Breite (oder Tiefe) des Problemzusammenhangs, der hier nur sehr vage angedeutet werden kann, das Postulat von Radbruch „Rechtshygiene ist besser als Rechtschirurgie" noch zu operationalisieren wagt, dann wird man sich wohl kaum mehr mit einer verbesserten Ausstattung der „Rechtsambulanzen" begnügen können – so wichtig diese im Rahmen einer allgemeinen Verbesserung der Rechtsversorgung auch sein mögen.

Die unterschiedliche Reichweite des Problemverständnisses schlägt sich – konsequenterweise – auch in den verschiedenen Organisationsmodellen von Rechtshilfe nieder, die in den vorliegenden Beiträgen aufgeführt werden; sie reichen von der bloßen (finanziellen) Erleichterung der Anwaltsvertretung bis hin zu Ansätzen umfassender Lebenshilfe. Dabei fällt auf, daß zwar die theoretische Diskussion des Problems in der Bundesrepublik weit hinter dem in anderen Ländern erreichten Niveau zurückgeblieben ist, daß aber durchaus eine Vielfalt unterschiedlicher Beratungsmodelle *praktiziert* wird – wenn auch weitgehend abgekoppelt von der „offiziellen" rechtspolitischen Diskussion und damit weitgehend ohne amtlichen Segen. Wie viel an diesem Segen gelegen ist, zeigt sich daran, daß gelegentlich die Staatsgewalt in Übereinstimmung mit den Interessen der Anwaltschaft gegen einen

„Rechtsberatungsmißbrauch" vorgeht, noch mehr aber vielleicht daran, daß sie es so selten tun muß; meist nehmen die potentiellen Rechtsberater aus Angst, mit dem Gesetz in Konflikt zu geraten, schon selbst Abstand von ihrem Vorhaben (6). Immerhin ist es gesetzlich auch Interessenorganisationen gestattet, ihren Mitgliedern rechtlichen Beistand zu leisten; mehr oder weniger verbreitet sind dann auch entsprechende Aktivitäten von Gewerkschaften, Mieter- und Hausbesitzervereinen, Verbraucher- und Industrieverbänden. Daneben wird Rechtsberatung gelegentlich auch im Rahmen umfassender „materieller" Beratung, etwa von Bürgerinitiativen, Studentengruppen o.ä. angeboten (und von offizieller Seite meist auch geduldet, solange nicht das berufliche Interesse der Anwaltschaft tangiert ist).

Daß diese verschiedenartigen Aktivitäten im Bereich der Rechtsberatung in der rechtspolitischen Diskussion kaum thematisiert wurden, mag auf den in der Rechtspolitik dominierenden Einfluß der Anwaltschaft zurückzuführen sein. Schließlich versteht sich die Anwaltschaft in der Bundesrepublik als die (alleinige) berufene Vertreterin der Bevölkerung in allen Rechtsangelegenheiten – ein Anspruch, der in der Bundesrechtsanwaltsordnung sogar gesetzlich abgesichert werden konnte. Angesichts dieses Monopolanspruchs müssen alle anderen Organisationsformen von Rechtsberatung als „etwas außerhalb der Legalität" stehend erscheinen; sie zusammen mit der anwaltlichen Berufstätigkeit als umfassendes „Infrastruktur-System" der Rechtsberatung anzusehen und zu analysieren, hätte die Verletzung eines professionellen Tabus vorausgesetzt.

Angesichts dieser verengten Perspektive in der bundesrepublikanischen Rechtshilfe-Debatte erscheint es uns um so wichtiger, auf die – gemessen an der Breite potentieller Rechtsbedürfnisse – Begrenztheit anwaltlicher Dienstleistungen hinzuweisen. Rechtsanwälte beschäftigen sich weder aufgrund ihrer rechtlichen Spezialisierung noch von ihrer privatwirtschaftlich strukturierten Interessenlage her mit den typischen Problemen der Mehrheit der Bevölkerung, deren Probleme im Bereich des Verwaltungs-, Arbeits- und Sozialrechts sowie des Mietrechts ihren Schwerpunkt haben und überdies keine hohen „Streitwerte" – damit auch keine hohen Honorare – enthalten. Die vorliegenden Analysen machen deutlich, daß die Berücksichtigung der Probleme der Mehrheit der Bevölkerung im bestehenden Rechtssystem kaum möglich ist. Die Anwaltskanzleien würden bei einem Ansteigen des „Kleckerkrams" in kürzester Zeit „verstopft mit unwirtschaftlichen Sachen", der freiberuflich tätige Anwalt würde nicht mehr „auf seine Kosten" kommen. Auch die Gerichte würden einen Abbau der Zugangssperren kaum verkraften können; die zur Zeit angestrebte Organisationsreform der ordentlichen Gerichtsbarkeit – die Auflösung der kleinen Gerichte und die Konzentration auf größere bürokratische Organisationseinheiten hat unter anderem das uneingestandene Ziel, durch weitere Distanzierung gegenüber der Bevölkerung den „Kleckerkram" zu reduzieren.

In diesem Zusammenhang gewinnen die Strategien größere Bedeutung, die sich von der Ausdehnung der Rechtsberatung eine Entlastung der Gerichte versprechen, indem durch frühzeitige Beratung („Hygiene") eine Zuspitzung auf formale Positionen vermieden werden soll. Hier wird freilich die immanente Widersprüchlichkeit der rechtspolitischen Bestrebungen in der Bundesrepublik unübersehbar: Einerseits wollen die Rechtsanwälte sich nicht das Beratungsmonopol aus der Hand nehmen lassen, andererseits soll durch Ausdehnung der Beratung verhindert werden, daß soziale Konflikte auf das rechtliche Gleis geschoben werden. Die vorliegenden Untersuchungsergebnisse zeigen nun aber, daß es gerade die Anwälte sind, die – wohl als Folge ihrer beruflichen Spezialisierung – immer wieder auf die formal-

rechtlichen Aspekte einer Auseinandersetzung zusteuern und mögliche informelle Lösungsalternativen damit eher verbauen. Das Ziel einer Entlastung der Rechtspflege könnte demnach also nur erreicht werden, wenn mit der Erweiterung der Beratungsleistungen auch der professionelle Horizont der Anwaltschaft erweitert würde. Dafür bestehen freilich derzeit günstige Rahmenbedingungen: Es ist durchaus möglich, daß infolge der quantitativen Zunahme des juristischen Nachwuchses, der (mangels anderer Beschäftigungsmöglichkeiten) in die Anwaltschaft drängt, neue Dimensionen anwaltlicher Beratungstätigkeit entwickelt werden – dies sowohl hinsichtlich der Klientel als auch der bearbeiteten Rechtsgebiete. Eine solche Ausweitung der anwaltlichen Dienstleistungen könnte ihrerseits wiederum bewirken, daß die bisher „latenten" Rechtsbedürfnisse zunehmend artikuliert werden, so daß sich die Nachfrage nach anwaltlicher Beratung weiter verstärkt.
Doch sind dies bislang noch ungedeckte Wechsel auf die zukünftige Entwicklung; konkret absehbar sind solche Tendenzen in der Bundesrepublik nicht. Die Bindungen an die Tradition einer positivistisch-dogmatischen Rechtsauffassung sind wohl auch unter den jungen Juristen noch so stark, daß einer Erweiterung des professionellen Horizonts die kognitiven und emotionalen Grundlagen fehlen. Hier wäre, um wenigstens mittelfristige Veränderungen vorzubereiten, wohl auch eine erhebliche Öffnung der juristischen Ausbildung zu neuen juristischen und außerjuristischen Inhalten hin erforderlich.
All diesen Überlegungen, die – zur Verwirklichung der „Gleichheit vor dem Recht" – darauf hinzielen, die der rechtlichen Lösung bisher vorenthaltenen Probleme oder Konflikte zu „juridifizieren", wäre schließlich die Frage entgegenzusetzen, was eigentlich mit der „Verrechtlichung" solcher Probleme erreicht werden soll. An manchen Stellen der im folgenden abgedruckten Beiträge deutet sich durchaus die marxistischem Denken wohl vertraute Vorstellung an, das Recht als Regelungsform selbst sei ein bürgerlich-kapitalistischer Herrschaftsmechanismus. Zu glauben, man könne diesen Herrschaftscharakter durch demokratische Inhalte kompensieren, wäre demnach geradezu eine gefährliche Illusion, weil sie den strukturell (und damit inhaltlich) benachteiligten Parteien zwangsläufig Steine für Brot verkaufen müßte.
Auswege aus diesem Dilemma weisen Experimente, die den Konflikt auf rechtlicher Ebene mit politischen Strategien verbinden. Rechtsberatung kann auch Teil der Organisierung und Solidarisierung kollektiver Interessen sein, etwa wenn sie von Interessenorganisationen wie Verbraucherverbänden, Mietervereinen oder Gewerkschaften durchgeführt wird. Für sie ist der rechtliche Aspekt nur ein Teil ihres Interessenkampfes. Diese Verbindung von kollektiven und individuellen Strategien weist auf den Zusammenhang der Zugangsproblematik mit denen materieller Rechtsreform hin. In Deutschland ebenso wie in unseren Nachbarländern wurde eine an sozialen Zielen orientierte Rechtsberatung zuerst von Gewerkschaften und kirchlichen Verbänden eingeführt. Die ersten Versuche öffentlicher Rechtsberatung um die Jahrhundertwende können weitgehend als Reaktion hierauf verstanden werden. Im Gegensatz zu anderen Ländern scheinen diese Traditionen jedoch während der Zeit des Dritten Reichs für die Bundesrepublik verschüttet worden zu sein.

Anmerkungen

1 Vgl. dazu M. Rainer Lepsius, Kritik als Beruf, Kölner Zeitschrift für Soziologie und Sozialpsychologie, 1966.

2 Kurze Zeit nach unserer Arbeitstagung fand in den Vereinigten Staaten eine Konferenz der dortigen Rechtssoziologen zum gleichen Thema statt. Die Tagungsunterlagen sind abgedruckt im Law & Society Review, 11. Jahrgang, 1976, Nr. 2.

3 Das hängt unter anderem damit zusammen, daß einem externen Beobachter die fremde Kultur eher als Einheit (und damit auch als Untersuchungseinheit) erscheint, während im eigenen Lande die Verhältnisse differenzierter wahrgenommen werden. Daß bei Untersuchungen im „Inland" dann wiederum vorzugsweise „relevante", d.h. die herrschenden Gruppen der Bevölkerung analysiert werden, ist schon häufig festgestellt worden.

Josef Falke

Zugang zum Recht: Eine Fallstudie über die Öffentliche Rechtsauskunfts- und Vergleichsstelle in Hamburg (1)

1. Rechtsschutz – eine Forderung des Rechts- und Sozialstaates

Freiheitssicherung gegenüber gesellschaftlicher Macht ist nicht nur eine Frage des materiellen Rechts und der Bereitstellung einer umfassenden staatlichen Gerichtsbarkeit in allen Rechtskonflikten. Die Gesetze müssen auch realisiert und die zur Rechtsverwirklichung bereitgestellten Einrichtungen auch genutzt werden (2). In einer Zeit zunehmender Formalisierung und Verrechtlichung weiter Bereiche des gesellschaftlichen Lebens mit dem Mittel einer spezialisierten und nur schwer zu überschauenden Gesetzgebung setzt das voraus, daß der Einzelne seine Rechtslage kennt und die Chancen einer Rechtsverfolgung abschätzen kann. Gerade die Gesetze und Verordnungen zur sozialen und rechtlichen Sicherung und Förderung des wirtschaftlich schwächeren Teils der Bevölkerung verfehlen ihren Zweck, wenn die betroffenen Bevölkerungskreise nicht in der Lage sind, ihre Rechte auch durchzusetzen, ohne unangemessene finanzielle Risiken einzugehen (3).
Im Bereich der ordentlichen Gerichtsbarkeit ist eine präventive Rechtsberatung im Vorfeld des Prozesses erforderlich, um zu verhindern, daß besonders sozial benachteiligte Bevölkerungskreise aussichtsreiche Angelegenheiten vorschnell aufgeben und auf die Durchsetzung von Ansprüchen verzichten, nur weil sie ihre Rechte nicht kennen, ihnen die Institutionen der Rechtspflege fremd sind, der Formalismus juristischer Verfahren abschreckend wirkt oder sie das in der Regel nicht kalkulierbare Prozeßkostenrisiko (4) nicht eingehen können. Die Regelungen des Armenrechts sowie der Pflichtverteidigung (5) greifen – abgesehen davon, daß sie nur die finanziellen Barrieren gegenüber der Rechtsdurchsetzung betreffen – erst dann ein, wenn ein Rechtsstreit anhängig ist, obwohl in der Praxis die außergerichtliche Regulierung von Streitfällen wegen der Ersparnis von Zeit, Geldmitteln und Nervenkraft hohe Bedeutung hat.
Eine wirksame Rechtsberatung im vorprozessualen Raum hat besondere Bedeutung für die Fälle, die keiner gerichtlichen Klärung bedürfen und bei relativ einfachen Rechtsgeschäften wie etwa bei der Abfassung von Mietverträgen, Arbeitsverträgen, letztwilligen Verfügungen, um schon vor Abschluß eines Rechtsgeschäftes oder vor Abgabe einer rechtlich bedeutsamen Erklärung rechtliche Nachteile und Streitigkeiten zu vermeiden. Eine strukturelle Benachteiligung der sozial Schwachen besteht bisher meist darin, daß sie Rechtsrat erst als nachträgliche Abhilfemaßnahme erhalten, wenn ein schädigendes Ereignis bereits stattgefunden hat, während viele wirtschaftlich besser situierte Bürger Rechtshilfe mehr präventiver Art schon beim Planen und Erstellen vorsorglicher rechtlicher Regelungen in Anspruch nehmen (6).
Nach all dem bedeutet Rechtsberatung für jedermann im vorprozessualen Raum „sozialstaatliche Materialisierung des Rechtsstaatsprinzips“ (7) und stellt nicht nur eine karitative Forderung dar (8).

Diese Studie beschreibt die Organisation und die Tätigkeit der Öffentlichen Rechtsauskunfts- und Vergleichsstelle (ÖRA) in Hamburg sowie deren Klientel und die von ihr vorgebrachten Probleme. Die ÖRA stellt den erfolgreichsten und traditionsreichsten deutschen Versuch dar, mittels eines Behördenmodells sozial schwachen Bevölkerungskreisen im außergerichtlichen Bereich den Zugang zum Recht zu ermöglichen. Der folgende Abschnitt stellt die ÖRA in den historischen Zusammenhang der Entwicklung von Rechtshilfeeinrichtungen.

2. *Die Entwicklung der Rechtsberatung in Deutschland*

2.1. *Die Entstehung öffentlicher Beratungsstellen*

Die im 19. Jahrhundert infolge der Industrialisierung eingetretene völlige Umgestaltung der wirtschaftlichen und sozialen Verhältnisse führte zu einer sprunghaften Ausweitung, Komplizierung und Formalisierung von Rechtsverhältnissen. Besonders auf dem neuen Gebiet der Arbeiterschutz- und Versicherungsgesetze benötigte die minderbemittelte Bevölkerung Rechtsrat, wenn sie nicht durch Unkenntnis Rechtsnachteile und wirtschaftlichen Schaden erleiden wollte. Weite Teile der Bevölkerung konnten die hierzu erforderlichen Anwaltskosten nicht aufbringen. Ebensowenig verfügten die meisten Anwälte über ausreichende Kenntnisse in diesen ihren Hauptarbeitsgebieten fernliegenden Materien, ganz abgesehen davon, daß sie von versicherungsrechtlichen Verfahren und von den Gewerbe- und Kaufmannsgerichten, den Vorläufern der heutigen Arbeitsgerichte, ausgeschlossen waren (9). Um die aus der veränderten Wirtschaftslage resultierenden neuen Rechtsbedürfnisse abzudecken, gründeten zunächst konfessionelle Gruppen, Arbeitervereinigungen, politische Parteien und gemeinnützige Vereine gemeinnützige Rechtsberatungsstellen.
Im Jahre 1890 schuf das Katholische Volksbüro in Essen für die Arbeiterbevölkerung und den kleinen Mittelstand der Industrieorte die erste Beratungsstelle dieser Art in Deutschland. Diesem Beispiel folgten zahlreiche andere katholische Organisationen und evangelische Arbeitervereine. Im Jahre 1904 bestanden 67 zum Teil eng mit der Zentrumspartei verbundene Rechtsberatungsstellen, die in jenem Jahr ungefähr 175 000 Rechtsauskünfte erteilten (10).
1894 wurde in Nürnberg die erste gewerkschaftliche Rechtsberatungsstelle mit dem Beratungsschwerpunkt im Unfallversicherungs- und Arbeitsvertragsrecht gegründet. 1905 erteilten 69 zum Teil eng mit der Sozialdemokratischen Partei verbundene gewerkschaftliche Auskunftsstellen über 300 000 Auskünfte (11). Bis zum gleichen Jahr waren von Frauenvereinen ungefähr 40 Frauenrechtsschutzstellen mit den Beratungsschwerpunkten in Ehescheidungs- und Unterhaltssachen eingerichtet worden. Ebenso errichteten Genossenschaften aller Art, Innungen und Angestelltenvereine für die jeweiligen Rechtsschutzbedürfnisse ihrer Mitglieder eigene Auskunftsstellen (12).
Schließlich errichteten gemeinnützige Wohltätigkeitseinrichtungen Rechtsauskunftsstellen, die ganz allgemein den unmittelbaren Volksschichten zur Verfügung standen und besonderen Wert auf die Vermittlungstätigkeit und auf eine Behandlung der vorgetragenen Fälle nach menschlichen und sozialen Gesichtspunkten legten (13). 1901 errichtete in Hamburg der „Volksheim e.V.", eine Vereinigung von Personen aus den verschiedensten Lebensstellungen zu karitativer Betätigung unter Ausschluß aller politischen, konfessionellen und anderweitigen Parteibestrebungen, eine allge-

meine Beratungsstelle als vermittelndes Organ für Hilfsbedürftige und Hilfsbereite aller Art. Von Anfang an trat – entgegen den ursprünglichen Erwartungen – das Bedürfnis nach Rechtshilfe so beherrschend hervor, daß sich die allgemeine Beratungsstelle des „Volksheim e.V." sehr bald zu einer von ehrenamtlich tätigen Juristen getragenen Rechtsauskunftsstelle entwickelte (14). Ab 1896 errichteten dann nach und nach einige Gemeinden und Städte öffentliche Rechtsauskunftsstellen für jedermann, insbesondere jedoch für Unbemittelte und Arbeiter (15).

Stark beschleunigt wurde der Aufbau öffentlicher Rechtsauskunftsstellen durch den Erlaß des preußischen Ministers des Innern und des Ministers für Handel und Gewerbe vom 2. Juli 1904 (16), in dem für Gemeinden mit einer stärkeren Arbeiterbevölkerung und in der Regel wenigstens für alle Großstädte die Errichtung einer nicht gewerbsmäßigen, allen Minderbemittelten ohne Rücksicht auf Konfession Organisations- oder Parteizugehörigkeit leicht zugänglichen Rechtsauskunftsstelle angeregt wurde. Dabei wurden die Zielsetzungen hervorgehoben, den minderbemittelten Bevölkerungskreisen „die Wohltaten der sozialen Gesetzgebung in vollem Umfange zugutekommen" zu lassen und durch Vermeidung verfehlter Klagen die Gerichte zu entlasten. Bis 1913 entstanden im Deutschen Reich 175 gemeindliche Rechtsauskunftsstellen, die im gleichen Jahr über 600 000 Auskünfte erteilten (17).

Zur Koordination aller im Deutschen Reich vorhandenen Initiativen zur kostenlosen Rechtsberatung für sozial Schwache wurde am 6. Januar 1906 in Magdeburg der „Verband der gemeinnützigen und unparteiischen Rechtsauskunftsstellen" gegründet. Um eine persönliche Vertretung der von den einzelnen Rechtsauskunftsstellen bearbeiteten Versicherungsangelegenheiten zu ermöglichen, richtete dieser Verband eine ständige Vertretung vor dem Reichsversicherungsamt ein. 1911 wurde dem Verband eine „Zentralstelle zur Bekämpfung der Schwindelfirmen" angegliedert, die weite Bereiche des Verbraucherschutzes abdeckte. Mit Hilfe von Merkblättern, Flugschriften, durch Abhandlungen in Zeitschriften und Zeitungen, durch Herausgabe einer Pressekorrespondenz, durch Vorträge und durch Verhandlungen mit Gerichts- und Polizeibehörden wurde der Kampf gegen Schwindelfirmen aufgenommen, die die Unerfahrenheit und Notlage wirtschaftlich Schwacher zu ihrem Vorteil auszunutzen suchten (18).

Während die Kriegsjahre zwar eine inhaltliche Umschichtung, aber nur einen kleinen Rückgang der Tätigkeit von 1.8 Millionen (1914) auf 1.4 Millionen (1918) Beratungsfälle im Jahr brachten, kam die Tätigkeit der Rechtsauskunftsstellen infolge der wirtschaftlichen und politischen Turbulenzen nach Kriegsende bis 1926 weitgehend zum Erliegen. Nach 1933, dem Jahr der Machtübernahme durch die Nationalsozialisten, wurden die Rechtsauskunftsstellen in die Rechtsbetreuung durch den Bund Nationalsozialistischer Deutscher Juristen (BNSDJ) eingegliedert. Die kurze Zeit der Zwischenblüte der öffentlichen Rechtsauskunftsstellen nach 1926 führte zur Herausbildung wesentlicher Merkmale, die auch heute noch die Tätigkeit der Öffentlichen Rechtsauskunfts- und Vergleichsstellen (ÖRA) in Hamburg kennzeichnen (19), und zu einer fruchtbaren Auseinandersetzung mit dem Deutschen Anwaltsverein (20).

2.2. *Rechtsauskunft als Fürsorgearbeit und das Güteverfahren*

Unter dem von Radbruch geprägten Schlagwort „Rechtshygiene ist besser als Rechtschirurgie" wurde der Fürsorgecharakter der Rechtsauskunft betont. Recht-

liche Probleme sollten nicht in erster Linie als Rechtsstreitprobleme gesehen werden (21), und rechtliche Beratung sollte den Rechtsunkundigen vorbeugend schon bei der Begründung von Rechtsverhältnissen zur Verfügung stehen, um künftige Störungen von vornherein zu vermeiden. Der Charakter der gemeinnützigen Rechtsauskunft als Fürsorgearbeit verlange eine überparteiliche Stellung des Beraters, der nicht wie ein Anwalt Sachwalter einer Partei sein solle, an die er durch ein Treueverhältnis gebunden sei, sondern der im Interesse der Allgemeinheit beiden Parteien helfen solle, ihre gestörte Rechtsbeziehung auf gütlichem Wege zu bereinigen (22). Auch die Anwaltschaft erkannte damals den Fürsorgecharakter der Rechtsbetreuung sozial Schwacher ebenso an wie eine eindeutige Trennung zwischen der üblichen Funktion eines Anwalts als Sachwalter einer Partei und der ausnahmsweisen Tätigkeit als vermittelnder, überparteilicher Fürsorger, die die Vertretung einer Partei in einem anschließenden Prozeß ausschließt (23). Ein kennzeichnendes Merkmal der Rechtsauskunftsstellen war, daß sie mit der Gegenpartei in Verbindung traten und zur Vermeidung eines Prozesses und zur Herbeiführung einer friedlichen Regelung eine Vermittlungstätigkeit übernahmen.
Maßgeblicher Grund für die Pflege des Gütegedankens durch die gemeinnützigen Rechtsauskunftsstellen war dabei nicht so sehr die Unwirtschaftlichkeit und Langwierigkeit eines streitigen gerichtlichen Verfahrens. Vielmehr war es die Besinnung darauf, daß eine wissenschaftlich korrekte Entscheidung in einem streitigen Zivilprozeß nur bei einer verhältnismäßig kleinen Zahl von Fällen erforderlich ist, nämlich bei den sogenannten echten Rechtsstreitigkeiten, die gekennzeichnet sind durch Verschiedenheit der Ansichten über Tatbestände und Rechtsnormen in einem objektiven, logisch definierten Konflikt (24). Bei den weitaus häufigeren sogenannten unechten Rechtsstreitigkeiten, die durch Verschiedenheit der Absichten in einem subjektiven, teleologisch definierten Konflikt gekennzeichnet sind (24), liegt der Kern der Streitigkeit mehr in der Erledigung einer nicht juristisch, sondern anderweitig begründeten Störung des Rechtsverhältnisses, oder es geht nur um die Beschaffung eines vollstreckbaren Rechtstitels. Bei diesen „unechten" Rechtsstreitigkeiten besteht nicht das Bedürfnis nach einer an schon abgeschlossenen Geschehnissen und einer formellen Rechtslage orientierten autoritativen Anordnung eines Dritten, sondern nach einer Lösung, die mit Hilfe eines Dritten von den Parteien unter besonderer Berücksichtigung ihrer sozialen und wirtschaftlichen Verhältnisse selbst gefunden werden kann und die ihren unterschiedlichen Interessen gerecht wird (25).
Das durch die Zivilprozeßnovelle vom 13. Februar 1924 (26) eingeführte obligatorische Güteverfahren vor den Amtsgerichten erfüllte seine Aufgabe, durch gütlichen Ausgleich ein streitiges Verfahren zu vermeiden, nur unzureichend, weil es von den Parteien meist nur als der erste Schritt zum gerichtlichen Streitverfahren angesehen wurde und die Richter zu überlastet waren, um durch Aufklärung des sozialen und wirtschaftlichen Hintergrundes einen gütlichen Ausgleich in die Wege leiten zu können (27). Nach § 495 a Abs. 1 Ziff. 1 ZPO war ein amtsgerichtliches Güteverfahren nicht erforderlich, wenn wegen des geltend gemachten Anspruchs innerhalb des letzten Jahres vor einer durch die Landesjustizverwaltung eingerichteten oder anerkannten Gütestelle ein Ausgleich erfolglos versucht worden war. Obwohl die gemeinnützigen Rechtsauskunftsstellen in großem Umfang Streitigkeiten im Vergleichswege gütlich beilegten, wurden nur die Rechtsauskunftsstellen in Hamburg und Lübeck auch offiziell im Rahmen der staatlichen Rechtspflege als Gütestellen nach § 495 a Abs. 1 Ziff. 1 ZPO anerkannt (28).

2.3. Anwaltschaft und gemeinnützige Rechtsauskunft

Die Anwaltschaft duldete die Tätigkeit der öffentlichen Rechtsauskunftsstellen drei Jahrzehnte lang ohne große Besorgnis und ohne umfangreicheres eigenes Engagement (29). Sie wurde nämlich in ihren materiellen Interessen nicht beeinträchtigt, da das Arbeitsgebiet der gemeinnützigen Rechtsauskunftsstellen schwerpunktmäßig auf dem den Anwälten fremden Gebiet der Sozialgesetzgebung lag und auf Minderbemittelte beschränkt war. Im Jahre 1930 rief Kaufmann, der damalige Hauptverfechter der gesamten Bewegung der öffentlichen Rechtsauskunftstellen, die Anwälte zu aktiver Mitarbeit auf (30). Jahrelang hatte die Anwaltschaft bis dahin verkannt, daß das Rechtspflegebedürfnis der Minderbemittelten zu einem Massenproblem geworden war, das mit der von den Anwälten als nobile officium aufgefaßten karitativen, unentgeltlichen Hilfeleistung von Fall zu Fall nicht zu lösen war, sondern nur auf dem Wege der organisierten Wohlfahrtspflege (31).

Der Verband der Gemeinnützigen Rechtsauskunftsstellen und der Deutsche Anwaltsverein erarbeiteten gemeinsame Grundsätze über die Eingliederung der Anwaltschaft in die als öffentliche Aufgabe anerkannte gemeinnützige Rechtsauskunftsarbeit (32). Deutlich wurde betont, daß sich die Anwaltschaft nicht aus Fürsorgegesichtspunkten, sondern überwiegend aus Standesinteresse zu einer Mitarbeit bereit fand. Sie verband hiermit drei Zielsetzungen (33):

1. Der einsetzenden Verdrängung der Anwälte aus manchen Rechtsgebieten und der Gefahr, bald nur noch „Diener einer immer kleiner werdenden wirtschaftlich leistungsfähigen Schicht“ zu sein, sollte entgegengewirkt und das Vertrauen und Verständnis des Volkes wiedergewonnen werden. Die unentgeltliche Rechtsauskunft durch die Anwälte sollte deshalb aus standespolitischen Erwägungen so organisiert werden, daß sie als Verdienst dem gesamten Anwaltsstand zugute gehalten wurde.
2. Das „Winkelkonsulententum“ sollte bekämpft und so langfristig eine Monopolstellung des Anwaltsstandes entwickelt werden.
3. Da sich nur ein Teil der Angelegenheiten gütlich erledigen lasse, sollte sich infolge der prozessualen Behandlung der übrigen Angelegenheiten ein unmittelbarer wirtschaftlicher Vorteil aus der Beteiligung am Rechtsauskunftswesen ergeben.

Die gegenwärtige Politik des Deutschen Anwaltsvereins ist – nicht zuletzt aus standespolitischen Erwägungen – darauf gerichtet, die weitere Einrichtung von öffentlichen Rechtsberatungsstellen zu verhindern und den Anwälten die Beratung und außergerichtliche Vertretung sozial Schwacher gegen eine aus öffentlichen Mitteln zu zahlende Entschädigung vorzubehalten (34).

3 Einrichtung und Tätigkeit der Öffentlichen Rechtsauskunfts- und Vergleichsstelle in Hamburg

Die Hamburger Rechtsauskunftsstelle, die unter Fortführung der Initiativen des „Volksheim e.V.“ unter Beteiligung des Arbeitersekretariats der Gewerkschaften und der Frauenvereine 1922 beim Wohlfahrtsamt Hamburg eingerichtet worden war und bis zur Übernahme durch die NS-Rechtsbetreuung im Jahre 1936 gewirkt hatte (35), wurde 1946 als „Öffentliche Rechtsauskunfts- und Vergleichsstelle“ wiedererrichtet (36).

3.1 Aufgaben

3.1.1 Rechtsberatung

Die ÖRA erteilt nur Einkommensschwachen in Rechtsangelegenheiten aller Art Beratung und Hilfe. Die Bedürftigkeit wird in Anlehnung an die Gewährung der Hilfe in besonderen Lebenslagen nach § 79 BSHG festgesetzt, wobei die ÖRA allerdings höhere Familienzuschläge anerkennt. Eine solche Einkommensgrenze besteht nicht für Angelegenheiten, die lediglich eine Auskunft über sozial-, arbeits- und sozialversicherungsrechtliche Vorschriften in Gesetzen, Verordnungen und Tarifverträgen erfordern. Wenn die rechtliche Information durch ein eingehendes Beratungsgespräch nicht genügt, wird dem Ratsuchenden auch praktische Hilfe zuteil. Der Berater nimmt dann telefonisch oder schriftlich Kontakt mit dem Gegner des Ratsuchenden, mit Behörden oder sonstigen Beteiligten auf, formuliert Schriftsätze und entwirft Testamente oder Verträge. Dabei nimmt die ÖRA nie die Stellung eines einseitigen Interessenvertreters ein, der fordernd an den Gegner herantritt, sondern sie versucht, aufklärend und vermittelnd im tatsächlichen und rechtlichen Bereich zu wirken und eine Inanspruchnahme der Gerichte zu vermeiden. Der Erfolg dieser Vermittlungstätigkeit liegt zu einem großen Teil mit darin begründet, daß nicht vorschnell starre Positionen der Parteien aufgebaut werden (37). Es entspricht auch dem fürsorgerischen Charakter der dem Allgemeinwohl verpflichteten ÖRA-Tätigkeit, daß die ÖRA keine Vertretung vor Gericht übernimmt. Die Auskunft der ÖRA hat in den meisten Fällen die Bedeutung einer ersten allgemeinen Orientierung für den Ratsuchenden, der aufgrund dieser Information über sein weiteres Verhalten selbst entscheidet. Zwei Drittel der Beratungen bestehen nur in der Erteilung von Auskunft und Rat und nicht in darüber hinausgehender schriftlicher Bearbeitung (38).

3.1.2 Güteverfahren

Die ÖRA ist als Gütestelle im Sinne von § 794 Abs. 1 Ziff. 1 ZPO anerkannt. Im Güteverfahren, das nicht auf vermögensschwache Bürger beschränkt ist, können zivilrechtliche Streitigkeiten im Rahmen einer in Anwesenheit beider Parteien stattfindenden mündlichen Verhandlung durch den Abschluß eines vollstreckbaren Vergleiches außergerichtlich beigelegt werden. Außerdem wird durch einen Güteantrag die Verjährung eines Anspruchs unterbrochen (§ 209 Abs. 1a BGB). Das schnell durchzuführende und nur mit relativ geringen Gebühren belastete (39) Güteverfahren wird häufig in Anspruch genommen, weil auf diese Weise, anders als bei der sofortigen Inanspruchnahme der Gerichte, Geschäftsverbindungen und Freundes- und Familienbande leichter für die Zukunft erhalten bleiben (40). Im Jahre 1974 hat die ÖRA 2162 Güteverfahren abgewickelt (41).

3.1.3 Sühneverfahren

Nach § 380 Abs. 1 StPO kann wegen bestimmter Straftaten, nämlich wegen Hausfriedensbruchs, Beleidigung, Verletzung des Briefgeheimnisses, Körperverletzung, Bedrohung und Sachbeschädigung, Privatklage erst erhoben werden, nachdem ein

Sühneversuch erfolglos geblieben ist. Für einen Sühneversuch, der in den meisten anderen Bundesländern vor dem Schiedsmann stattfinden muß, ist in Hamburg die ÖRA zuständig. Im Jahre 1974 wurden 862 Sühneverfahren vor der ÖRA durchgeführt (42).

3.1.4 Erteilung von Armenrechtszeugnissen

Außerdem ist die ÖRA zuständig für die Erteilung der Zeugnisse zur Erlangung der einstweiligen Kostenbefreiung gemäß § 118 Abs. 2 ZPO, der sogenannten Armenrechtszeugnisse. Im Jahre 1974 sind 12 570 Armenrechtszeugnisse durch die ÖRA ausgestellt worden (43). Ein Armenrechtszeugnis wird vielfach erst erteilt, wenn die Beratung durch die ÖRA ergeben hat, daß ein gerichtliches Vorgehen zu empfehlen ist. In diesem Zusammenhang bleibt noch genau nachzuweisen, ob das heute geltende Armenrecht im gerichtlichen Bereich vielen Rechtsuchenden erst durch eine ausgebaute, kostenlose, außergerichtliche Rechtsberatung mit Zuständigkeit für die Erteilung der Armenrechtszeugnisse erschlossen wird. Hierauf deutet jedenfalls die Untersuchung über die Armenrechtsbewilligungen vor den erstinstanzlichen Zivilgerichten in den einzelnen Bundesländern hin. Während in Hamburg 1974 in 9,14 % der Zivilrechtsstreitigkeiten vor den Amtsgerichten dem Kläger oder dem Beklagten das Armenrecht bewilligt wurde, geschah dies in den übrigen Bundesländern (44) durchschnittlich nur in 4,67 % der entsprechenden Fälle. Im Vorgriff auf die noch im einzelnen zu erörternde empirische Untersuchung über die ÖRA sei an dieser Stelle schon darauf hingewiesen, daß jeder vierte Befragte, der ein Armenrechtszeugnis erhalten hatte, erst in der ÖRA-Beratung auf diese Möglichkeit hingewiesen worden war.

3.2 Organisation

Die ÖRA ist in organisatorischer und haushaltsrechtlicher Hinsicht eine Einrichtung der Arbeits- und Sozialbehörde, untersteht aber der Fachaufsicht der Justizbehörde. Die ÖRA unterhält eine Hauptstelle und 26 über das ganze Hamburgische Stadtgebiet verteilte Bezirksstellen (45). Die Hauptstelle, bei der rund ein Drittel aller Fälle anfallen, ist für den Publikumsverkehr montags bis freitags durchgehend von 8.00 bis 14.30 Uhr geöffnet. Die Bezirksstellen sind an einem oder zwei Tagen in der Woche in den frühen Abendstunden geöffnet, um den Berufstätigen das Aufsuchen zu erleichtern. Außerdem können sie auf diese Weise ohne besonderen Aufwand in den Räumen der Bezirks- und Ortsämter untergebracht werden.

Außer dem Leiter und zehn weiteren hauptamtlichen Kräften sind in der ÖRA (nach dem Stand von 1971) 242 ehrenamtliche Mitarbeiter tätig, davon 93 als Vorsitzende und Berater. Bei ihnen handelt es sich überwiegend um noch im Beruf stehende Richter und um einige Rechtsanwälte. Die ehrenamtlichen Mitarbeiter erhalten lediglich eine Aufwandsentschädigung (46).

Für die Inanspruchnahme der ÖRA wird eine Schutzgebühr erhoben, die in Fällen besonderer Bedürftigkeit auch erlassen werden kann (47). Die Regelgebühr für eine Rechtsberatung beträgt DM 8,–. Schadensersatzansprüche, die sich aus der Inanspruchnahme der ÖRA ergeben, werden als Amtshaftungsansprüche behandelt und erledigt; ein vorheriger Verzicht des Ratsuchenden auf etwaige Ersatzansprüche ist nicht mehr erforderlich (48). Der Haushalt der ÖRA weist für ihr gesamtes Tätigkeitsgebiet für das Haushaltsjahr 1974 bei Gesamtausgaben von DM 860 000,–, davon DM 480 000,– für die Aufwandsentschädigungen der Berater, und Gebühreneinnahmen von DM 340 000,– einen Zuschußbedarf von DM 520 000,– aus. Das macht umgerechnet nur knapp DM 9,– pro durchgeführter Beratung aus (49).

4 Ergebnisse einer Pilotstudie über die ÖRA und ihre Klientel

Im folgenden werden einige Ergebnisse einer empirischen Untersuchung über die ÖRA und ihre Klientel dargestellt. Es handelt sich hierbei um eine Vorstudie, die am Beispiel der Öffentlichen Rechtsauskunfts- und Vergleichsstelle in Hamburg Material zum allgemeinen Problem des Zugangs zum Recht erbringen soll. Hierzu lassen sich mit den Zugangsbarrieren zum Recht und zu Rechtshilfe- und Rechtsdurchsetzungsorganisationen, den Rechtsbedürfnissen sozial Schwacher und dem Handlungskonzept des Rechtsberaters bzw. der Rechtshilfeorganisation zwar die Hauptproblembereiche benennen, ohne daß damit allerdings schon theoretisch ausgearbeitete Ansätze als Grundlage einer breit angelegten empirischen Untersuchung zur Verfügung stünden. Die in der Bundesrepublik gegenwärtig hauptsächlich auf institutionelle Konstruktionsfragen gerichtete Diskussion über die außergerichtliche Rechtsberatung für sozial Schwache muß auf diese grundlegenden und damit vorrangigen Fragen zurückgeführt werden.

4.1 Überblick über die erhobenen Daten

Der Untersuchung liegt im einzelnen folgendes Datenmaterial zugrunde:

(A) Die Auswertung von ca. 600 Beratungskarten – sie sind für jede Beratung vom Berater auszufüllen – aus einem bestimmten Zeitraum in der Hauptstelle und den Nebenstellen Billstedt und Wandsbek ergibt ein Profil der anfallenden Beratungstätigkeit hinsichtlich der beratenen Personen, der Beratungsgegenstände, der Art der Bearbeitung und der Verknüpfung mit außergerichtlichen Streitbeilegungsmöglichkeiten.

(B) 119 standardisierte Interviews mit Ratsuchenden zeigen auf, welchen Personenkreisen durch die ÖRA überhaupt erst der Zugang zum Rechtssystem eröffnet und die Wahrnehmung ihrer Rechte ermöglicht wird und welche sonstigen Faktoren, u.a. Wahrnehmungen von Rechtsproblemen und Einstellung zu Anwälten und Justiz, die Nachfrage nach Rechtshilfe bestimmen. Die Interviews von durchschnittlich 20 bis 30 Minuten Dauer wurden in einem Zeitraum von fünf aufeinanderfolgenden Beratungstagen in gesonderten Räumen der Hauptstelle durchgeführt. Um den Beratungsablauf nicht zu stören, wurden die Ratsuchenden schon bei ihrer Voranmeldung zur Beratung angesprochen und während der Wartezeit vor der eigentlichen Beratung interviewt. Auf diese Weise konnte in dem Befragungszeitraum in der Hauptstelle eine Zufallsstichprobe von etwa einem Viertel der Ratsuchenden gezogen werden.

(C) Mittels Fragebogen wurden 400 Ratsuchende, deren Beratung durch die ÖRA drei bis vier Monate vorher mit der Ausstellung eines Armenrechtszeugnisses abgeschlossen worden war, nach den weiterhin in ihrer Sache unternommenen Schritten und speziell nach den Erfahrungen mit anwaltlicher Unterstützung befragt. Obwohl der Rücklauf nur 110 auswertbare Fragebogen umfaßt, läßt sich nach einem Vergleich mit den in den Beratungskarten erfaßten demographischen Daten der befragten Personen und den von ihnen vorgetragenen Beratungsgegenständen keine systematische Verzerrung erkennen.

(D) Außerdem wurden alle 410 Beratungsfälle, in denen die ÖRA-Hauptstelle 1974 einen oder mehrere Schriftsätze gefertigt hatte, aufgrund der in dem Schriftwechsel enthaltenen detaillierten Sachverhaltsdarstellung hinsichtlich des Beratungsgegenstandes, der Parteienkonstellation, der Dauer der streitigen Beziehung und der Reaktionsweise des Ratsuchenden näher untersucht.

4.2 Die Beratungsgebiete der ÖRA

4.2.1 Die Beratungstätigkeit der ÖRA im Jahre 1974

Die ÖRA führte im Jahre 1974 59 950 Beratungen – das sind jährlich etwa 30 Beratungen für je 1000 Einwohner (50) – auf folgenden Gebieten durch:

Tab. 1: Beratungstätigkeit der ÖRA im Jahre 1974 (51, 52).

Beratungsgebiet	prozentualer Anteil an den Beratungsfällen
Familienrecht (überwiegend Ehescheidung und Unterhalt)	32,7 %
Miete, Pacht	17,3 %
Arbeitsrecht	11,6 %
Sonstige Schuldverhältnisse (überwiegend Verbraucherfragen)	19,0 %
Erbrecht	6,4 %
Strafrecht und Strafprozeß	5,4 %
Zivilprozeß	2,7 %
Sozialversicherung	2,3 %
Öffentliches Recht	1,2 %
Sonstiges	1,4 %

Die anteilmäßig umfangreichste Beratungstätigkeit findet mit den Beratungsgegenständen Ehescheidung, Unterhalt und Verbraucherfragen auf Gebieten statt, in denen keine Möglichkeit der rechtlichen Interessenvertretung durch Verbände oder Organisationen besteht. In den nächstwichtigen Beratungsgebieten Wohnen und Arbeit bestehen eindeutig definierte, dauerhafte, kollektive und mit rechtlichen Mitteln austragbare Interessengegensätze. Hier bieten Mieterverbände und Gewerkschaften – allerdings nur Mitgliedern – bereichsspezifischen Rechtsschutz.
Die wichtigsten Beratungsgebiete der ÖRA, nämlich Familien- und Erbrecht, Verbraucherschutzfragen, Mietrecht, Arbeitsrecht, Sozialversicherungsrecht, haben

überwiegend in der juristischen Ausbildung keine hervorgehobene Bedeutung. Juristen werden in ihrer Ausbildung auf die speziellen Rechtshilfebedürfnisse der einkommensschwachen und sozial benachteiligten Bürger, soweit diese sich überhaupt in den an die ÖRA herangetragenen Anliegen widerspiegeln, nur unzureichend vorbereitet.

Auffallend ist, daß sehr häufig die bloße rechtliche Aufklärung die Ratsuchenden nicht in die Lage versetzt, nunmehr ihre Interessen selbständig zu vertreten, sondern daß in 25,6 % der Befragungsfälle ein Antrag, ein Gesuch, eine Klage oder ein Schriftsatz gefertigt wurden und der Berater in 6,4 % der Fälle mit dem Gegner mündlich oder schriftlich in Verbindung treten mußte (53).

4.2.2 Beratungsgebiete und Berufe der Ratsuchenden

Die untersuchten Beratungskarten brachten Aufschluß über die Verteilung der Beratungsgebiete nach dem Beruf der Ratsuchenden. Dazu war zunächst eine Verzerrung auszugleichen, die sich daraus ergab, daß 66,7 % der Beratungskarten in der Hauptstelle erhoben worden waren, aber nur 36,4 % aller Beratungen in der Hauptstelle und in der mit ihr praktisch identischen Nebenstelle Hamburg-Mitte durchgeführt werden. Dagegen sind die Beratungen in arbeitsrechtlichen Fragestellungen zu 89,0 % in der Hauptstelle und in der Nebenstelle Hamburg-Mitte konzentriert. Daher war die Anzahl der auf dem Gebiet des Arbeitsrechts durchgeführten Beratungen mit dem Faktor 0,442 zu gewichten.

Bei der Gruppe der Hausfrauen bilden familienrechtliche Fragen (Ehescheidung und Unterhalt) mit 58,0 % den Hauptanteil der Beratungen, während Mietprobleme und arbeitsrechtliche Fragen weit unterdurchschnittlich oft vorgebracht werden.

Tab. 2: Verteilung der Beratungsgebiete und Berufe der Ratsuchenden nach der Analyse von Beratungskarten (N = 523).

Berufsgruppe / Beratungsgebiet	Hausfrauen	Rentner	Arbeiter	Angestellte	Sonstige	
Arbeitsrecht	2 (2,9 %)	2 (2,4 %)	12 (11,2 %)	38 (18,9 %)	6 (10,5 %)	60 (11,6 %)
Miete	4 (5,8 %)	23 (27,7 %)	15 (14,0 %)	45 (22,4 %)	15 (26,3 %)	102 (19,7 %)
Sonstige Schuldverhältnisse	11 (15,9 %)	20 (24,1 %)	21 (19,6 %)	40 (19,9 %)	11 (19,3 %)	103 (19,9 %)
Familienrecht	40 (58,0 %)	8 (9,6 %)	44 (41,6 %)	58 (28,9 %)	12 (21,1 %)	162 (31,3 %)
Sonstiges	12 (17,4 %)	30 (36,1 %)	15 (14,0 %)	20 (10,0 %)	13 (22,8 %)	90 (17,4 %)
Gesamt	69 (100,0 %)	83 (100,0 %)	107 (100,0 %)	201 (100,0 %)	57 (100,0 %)	517 (100,0 %)

Bei den Rentnern entfällt der Großteil der Beratungen mit 36,1 % auf den Beratungsgegenstand Sonstiges (überwiegend sozialversicherungsrechtliche und erbrechtliche Fragen) und auf einen überdurchschnittlichen Anteil von Mietrechtsfragen. Bei der Gruppe der Angestellten liegen die Beratungen in arbeitsrechtlichen Fragen anteilmäßig deutlich über dem Durchschnitt. Möglicherweise ist dies eine Auswirkung davon, daß Angestellte in geringerem Maße gewerkschaftlich organisiert sind als Arbeiter und daher für arbeitsrechtliche Fragen in höherem Maße auf die Beratung durch die ÖRA angewiesen sind.
Unter den Ratsuchenden bei der ÖRA sind, verglichen mit dem Anteil der Erwerbstätigen und der Rentner an der Hamburger Bevölkerung (54), die Angestellten deutlich über-, die Rentner deutlich unterrepräsentiert (55). Vgl. im einzelnen Tabelle 3.

Tab. 3: Erwerbstätige und Rentner in der Hamburger Bevölkerung und unter den Ratsuchenden bei der ÖRA nach der Analyse von Beratungskarten (N = 422) jeweils ohne nichterwerbstätige Familienangehörige (56).

Erwärbstätige bzw. Rentner	in der Hamburger Bevölkerung	unter den Ratsuchenden bei der ÖRA
Selbständige	5,6 %	18 (4,3 %)
Beamte	6,2 %	8 (1,9 %)
Angestellte	32,0 %	201 (48,2 %)
Arbeiter	26,0 %	107 (25,6 %)
Rentner	30,2 %	83 (19,9 %)
Insgesamt	100,0 % (N = 1,065 Mill.)	417 (100 %)

Aus den Interviews ergab sich, daß sechs von sieben (85,7 %) der befragten Ratsuchenden im Angestelltenverhältnis die ÖRA zum ersten Mal aufgesucht hatten. Von den übrigen Ratsuchenden hatte nur etwa jeder zweite (52,4 %) noch keine Erfahrung mit der ÖRA. Angestellte scheinen danach eher als beispielsweise Arbeiter, Hausfrauen und Rentner bereit zu sein, bei einem Rechtsproblem die Hilfe einer ihnen bislang noch nicht bekannten Institution zu Rate zu ziehen.

4.2.3 Beratungsgebiete und Geschlecht der Ratsuchenden

In welcher Weise sich die einzelnen Beratungsgebiete auf männliche und weibliche Ratsuchende verteilen, zeigt Tabelle 4.
In familienrechtlichen Angelegenheiten erbitten doppelt so viele weibliche wie männliche Ratsuchende rechtliche Auskunft bei der ÖRA. Bei den Unterhaltsstreitigkeiten muß in der überwiegenden Zahl der Fälle die Frau gegen den Unterhaltspflichtigen zur Absicherung ihres Lebensunterhalts rechtliche Schritte unternehmen. Der überragende Anteil der weiblichen Ratsuchenden bei den familienrechtlichen Angelegenheiten spiegelt im übrigen wider, daß in Ehescheidungs- und

Tab. 4: Verteilung der einzelnen Beratungsgebiete auf weibliche und männliche Ratsuchende nach der Analyse von Beratungskarten (N = 531) (57).

Beratungsgebiet	Geschlecht der Ratsuchenden		
	weiblich	männlich	
Arbeitsrecht	26 (43,3 %)	34 (56,7 %)	60 (100 %)
Miete	42 (41,2 %)	60 (58,8 %)	102 (100 %)
Sonstige Schuldverhältnisse	46 (44,2 %)	58 (55,8 %)	104 (100 %)
Familienrecht	113 (67,3 %)	55 (32,7 %)	168 (100 %)
Sonstiges	43 (47,3 %)	48 (52,7 %)	91 (100 %)
Insgesamt	270 (51,4 %)	255 (48,6 %)	525 (100 %)

Unterhaltsangelegenheiten in den meisten Fällen die Frauen die aktive Klägerrolle übernehmen (58). Der Anteil der männlichen Ratsuchenden an den arbeitsrechtlichen Beratungen entspricht in etwa ihrem Anteil von 59,4 % der in abhängigen Beschäftigungsverhältnissen Erwerbstätigen in Hamburg (59). Das Überwiegen der männlichen Ratsuchenden in den Beratungsgebieten Miete und sonstige Schuldverhältnisse ist vermutlich darauf zurückzuführen, daß Ehemänner häufiger als Ehefrauen mit der Regelung von geschäftsmäßigen Außenbeziehungen betraut sind und damit wohl auch mit den in diesen Gebieten auftretenden Rechtsstreitigkeiten.

4.3 Sonstige demographische Daten über die Ratsuchenden

Der hohe Anteil von Beratungen, die familienrechtliche Angelegenheiten betreffen, spiegelt sich auch im Familienstatus der Ratsuchenden wider. Nach den Interviews entfielen auf fünf verheiratete zwei geschiedene Ratsuchende, während allgemein in Hamburg auf 100 verheiratete acht geschiedene Personen kommen (60).
Tabelle 5 zeigt, daß nach den Interviews unter den Ratsuchenden bei der ÖRA, verglichen mit der Alterszusammensetzung der über 14 Jahre alten Hamburger Bevölkerung, die Altersgruppe von 21 bis 44 Jahren überrepräsentiert, die Altersgruppe über 65 Jahre unterrepräsentiert ist. Dabei ist durch den Gewichtungsfaktor 0,317 für die Anzahl der arbeitsrechtlichen Streitigkeiten in den einzelnen Altersgruppen berücksichtigt, daß alle Interviews in der Hauptstelle durchgeführt wurden, in der der Anteil der arbeitsrechtlichen Beratungen mit 26,8 % erheblich über dem durchschnittlichen Anteil der arbeitsrechtlichen Beratungen in der ÖRA von 11,6 % liegt. Eine Aufschlüsselung der Beratungsgebiete nach den einzelnen Altersgruppen legt die Vermutung nahe, daß der erhöhte Anteil der 21–44jährigen Ratsuchenden unter der ÖRA-Klientel auf den überdurchschnittlich hohen Anteil dieser Altersgruppe an arbeits- und familienrechtlichen Rechtskonflikten zurückzuführen ist.

Tab. 5: Verteilung der Altersgruppen in der Hamburger Bevölkerung und unter den ÖRA-Benutzern nach den Interviews.

Altersgruppen	Anteil unter den über 14 Jahre alten Hamburgern (61)	Anteil unter den Ratsuchende bei der ÖRA
15–20 Jahre	8,0 %	5 (5,9 %)
21–44 Jahre	41,3 %	52 (55,9 %)
45–59 Jahre	20,7 %	17 (18,3 %)
60–65 Jahre	8,2 %	7 (7,5 %)
älter als 65 Jahre	21,8 %	12 (12,9 %)
Insgesamt	1,443 Mio (100,0 %)	93 (100,0 %)

Tab. 6: Verteilung der Beratungsgegenstände auf die Altersgruppen der Ratsuchenden nach den Interviews (N = 96) (62).

Beratungsgebiet	Altersgruppe von 21–44 Jahren	übrige Altersgruppen	
Arbeitsrecht	9 (81,8 %)	2 (18,2 %)	11 (100 %)
Ehescheidung u. Unterhalt	19 (82,6 %)	4 (17,4 %)	23 (100 %)
Miete	7 (33,3 %)	14 (66,7 %)	21 (100 %)
Sonstiges	17 (44,7 %)	21 (55,3 %)	38 (100 %)
Insgesamt	52 (55,9 %)	41 (44,1 %)	93 (100 %)

4.4 Parteienkonstellation und Handlungsweise der Ratsuchenden

Es kann als nachgewiesen gelten, daß Zivilgerichte – abgesehen von Ehescheidungs- und Unterhaltsangelegenheiten – überwiegend mit Konflikten beschäftigt sind, in denen Geschäftsleute, Firmen oder öffentliche Institutionen Kläger sind (63). Die Analyse der von der ÖRA angefertigten Schriftsätze in 410 Beratungsfällen läßt erkennen, daß dieser Zusammenhang auch schon im außergerichtlichen Stadium der Rechtsberatung besteht. Auch wenn man die 61 Beratungsfälle in Unterhaltssachen und im sonstigen Familienrecht mitzählt, beziehen sich mit 63,1 % ungefähr zwei von drei analysierten Beratungsfällen auf eine Parteienkonstellation, bei der eine einzelne private Person einem Geschäftsmann, einer Firma oder einer öffentlichen Institution gegenübersteht. Ohne die Beratungsfälle in Unterhaltssachen und im sonstigen Familienrecht steigt der Anteil dieser Parteienkonstellation sogar auf 73,6 %. Vgl. im einzelnen Tabelle 7.

Tab. 7: Gegner der Ratsuchenden in 410 Beratungsfällen nach der Analyse der von der ÖRA-Hauptstelle im Jahre 1974 für Ratsuchende gefertigten Schriftsätze (einschließlich der Beratungsfälle in Unterhaltssachen und im sonstigen Familienrecht).

Gegner des Ratsuchenden	absolut	%	
Sozialversicherungs- oder sonstige Verwaltungsbehörde	55	13,4	63,1
Geschäftsmann, Bank, Versicherung	51	12,4	
Arbeitgeber	50	12,2	
Organisation als Vermieter	103	25,1	
Individueller Vermieter	35	8,5	
Unterhaltspflichtiger	40	9,8	
Privatpersonen in einer sonstigen Beziehung	70	17,1	
unklar	6	1,5	
	410	100,0	

Bei der Rechtsberatung lassen sich generell drei Typen unterscheiden:

a) Der Ratsuchende wünscht eine Auskunft, z.B. über erbrechtliche oder mietpreisrechtliche Fragen allgemeiner Art, ohne daß bestimmte Ansprüche begründet oder abgewehrt werden sollen.

b) Der Ratsuchende benötigt Rechtshilfe, um sich gegen Rechtshandlungen oder Ansprüche Dritter zu wehren, z.B. gegen eine Mieterhöhung oder gegen eine Kündigung des Arbeitsverhältnisses.

c) Der Ratsuchende benötigt Rechtshilfe, um selbst Ansprüche gegen Dritte durchzusetzen wie im Fall einer Klage auf Erhöhung des Unterhaltes oder der Beantragung einer Berufsunfähigkeitsrente.

Dem Umstand, daß einzelne private Personen in Zivilprozessen Geschäftsleuten, Firmen oder öffentlichen Institutionen überwiegend als Beklagte gegenüberstehen, entspricht im hier untersuchten Stadium der Rechtsberatung, daß die Ratsuchenden bei den Angelegenheiten gegen Sozialversicherungs- oder sonstige Verwaltungsbehörden, Geschäftsleute, Banken, Versicherungen, Arbeitgeber und gegen Organisationen als Vermieter Rechtshilfe suchen, weil diese mit Rechtsmitteln oder rechtlich bedeutsamen Erklärungen gegen sie vorgegangen sind. In Angelegenheiten gegenüber anderen einzelnen privaten Personen benötigten die Ratsuchenden dagegen überwiegend Rechtshilfe, um selbst aktiv Ansprüche durchzusetzen. Vgl. im einzelnen Tabelle 8.

Tab. 8: Handlungsweise der Ratsuchenden und Parteienkonstellation nach der Analyse der von der ÖRA-Hauptstelle im Jahre 1974 für Ratsuchende gefertigten Schriftsätze (N = 404).

Handlungsweise des Ratsuchenden	Gegnerische Partei: Geschäftsmann, Firma Behörde etc.	Gegnerische Partei: Einzelner Privater	N
reaktiv	145 (56,2 %)	46 (31,5 %)	191
aktiv fordernd	71 (27,5 %)	79 (54,1 %)	150
bloßes Auskunftsverlangen	42 (16,3 %)	21 (14,4 %)	63
Insgesamt	258 (100,0 %)	146 (100,0 %)	404

In den konfliktträchtigen Lebensbereichen, die kollektive Interessengegensätze (beispielsweise zwischen Mietern und Vermietern, Arbeitnehmern und Arbeitgebern) aufweisen, befinden sich nach der Tabelle 9 die ratsuchenden Mieter und Arbeitnehmer noch stärker in der Defensive gegenüber bestimmten Rechtshandlungen oder rechtlich bedeutsamen Erklärungen von Vermietern und Arbeitgebern. Arbeitnehmer und Mieter sind im Vergleich zu Arbeitgebern und Vermietern im allgemeinen über ihre Rechtsansprüche weniger informiert, weisen im Durchschnitt eine geringere Schul- und Berufsausbildung und durchweg höhere Sprach- und Verhaltensunsicherheiten im Umgang mit Behörden und Gerichten auf und gehören häufiger den einkommensschwachen Schichten an, für die die Prozeßkosten ein erhebliches finanzielles Risiko darstellen. Vor allem aber greift ein Wohnungs- oder Arbeitsplatzwechsel tief in die persönlichen Lebensumstände des Mieters bzw. Arbeitnehmers ein, während er für den Vermieter bzw. Arbeitgeber vergleichsweise bedeutungslos ist (64).

Tab. 9: Handlungsweise des Ratsuchenden und Parteienkonstellation nach der Analyse der von der ÖRA-Hauptstelle im Jahre 1974 für Ratsuchende gefertigten Schriftsätze (N = 404).

Handlungsweise des Ratsuchenden	Gegnerische Partei: Vermieter oder Arbeitgeber	Gegnerische Partei: Sonstiger Gegner	N
reaktiv	126 (64,0 %)	65 (31,3 %)	191
aktiv fordernd	41 (20,8 %)	109 (52,8 %)	150
bloßes Auskunftsverlangen	30 (15,2 %)	33 (15,9 %)	63
Insgesamt	197 (100,0 %)	207 (100,0 %)	404

4.5 Dauer der Sozialbeziehung und Recht als Konfliktlösungsmuster

Das Recht wird als Problemlösungsinstrument in kurzfristigen und langfristigen Sozialbeziehungen unterschiedlich häufig angewandt.

Wie Tabelle 10 zeigt, betraf, abgesehen von den Auseinandersetzungen mit dem Vermieter, nur einer von vier Beratungsfällen eine noch andauernde langfristige Sozialbeziehung. Das Recht wird als Konfliktlösungsinstrument demnach vorwiegend in kurzfristigen bzw. zerbrochenen langfristigen Sozialbeziehungen eingesetzt, dagegen sehr viel seltener bei noch bestehenden langfristigen Sozialbeziehungen (65). Die Rechtsberatungsfälle bei bestehenden langfristigen Sozialbeziehungen betrafen zudem durchweg einen rechtlich ausführlich geregelten Einzelsektor der Beziehung wie etwa Mieterhöhung, Urlaubsanspruch oder Anpassung des Sozialhilfesatzes. Eine Aufschlüsselung nach dem Beratungsgebiet bestätigt das Ergebnis in Tabelle 10.

Die Auseinandersetzungen mit dem Vermieter bzw. die Mietrechtsfälle gesondert auszuweisen, ist dadurch gerechtfertigt, daß es sich bei diesen Beratungsfällen fast ausschließlich um Auseinandersetzungen wegen einer Mieterhöhung handelt und das Wohnraumkündigungsgesetz eine Kündigung zum Zwecke der Mieterhöhung verbietet, also ausdrücklich die Fortdauer einer langfristigen Sozialbeziehung zwischen den Mietparteien trotz einer Auseinandersetzung über die Miethöhe gewährleistet.

Tab. 10: Dauer der Sozialbeziehung und Parteienkonstellation nach der Analyse der von der ÖRA-Hauptstelle im Jahre 1974 für Ratsuchende gefertigten Schriftsätze (N = 406).

Gegner	Dauer der Sozialbeziehung			N
	kurzfristig	ehemals langfristig, jetzt abgebrochen	langfristig	
Arbeitgeber	1 (2,0 %)	35 (70,0 %)	14 (28,0 %)	50 (100 %)
Geschäftsmann, Bank, Versicherung	40 (78,4 %)	8 (15,7 %)	3 (5,9 %)	51 (100 %)
Sozialversicherungs- oder sonstige Verwaltungsbehörde	30 (54,5 %)	1 (1,8 %)	24 (43,6 %)	55 (100 %)
Unterhaltspflichtiger	0 (0,0 %)	39 (97,5 %)	1 (2,5 %)	40 (100 %)
Privatperson in einer sonstigen Beziehung	36 (50,0 %)	17 (23,6 %)	19 (26,4 %)	72 (100 %)
insgesamt aber ohne Vermieter	107 (39,9 %)	95 (35,4 %)	66 (24,6 %)	268 (100 %)
Vermieter	3 (2,2 %)	30 (21,7 %)	105 (76,1 %)	138 (100 %)
Insgesamt	110 (27,1 %)	125 (30,8 %)	171 (42,1 %)	406

Tab. 11: Dauer der Sozialbeziehung und Beratungsgebiet nach der Analyse der von der ÖRA-Hauptstelle im Jahre 1974 für Ratsuchende gefertigten Schriftsätze (N = 410).

Beratungsgebiet	Dauer der Sozialbeziehung			N
	kurzfristig	ehemals langfristig jetzt abgebrochen	langfristig	
Sozialversicherungsrecht, Öffentliches Recht	27 (52,9 %)	1 (2,0 %)	23 (45,1 %)	51 (100 %)
Unterhalt	0 (0,0 %)	47 (100 %)	0 (0,0 %)	47 (100 %)
Arbeitsrecht	1 (2,0 %)	35 (70,0 %)	14 (28,0 %)	50 (100 %)
Sonstiges Schuldrecht	61 (81,3 %)	4 (5,3 %)	10 (13,3 %)	75 (100 %)
Sonstiges	23 (57,5 %)	4 (10,0 %)	13 (32,5 %)	40 (100 %)
Insgesamt, aber ohne Mietrecht	112 (42,6 %)	91 (34,6 %)	60 (22,8 %)	263 (100 %)
Mietrecht	3 (2,0 %)	35 (23,8 %)	109 (74,1 %)	147 (100 %)
Insgesamt	115 (28,0 %)	126 (30,7 %)	169 (41,2 %)	410

4.6 Zugangsbarrieren auf dem Wege zu Rechtshilfe und Rechtsberatung

Richard *White* (66) unterscheidet die folgenden vier Zugangsbarrieren auf dem Wege zu Rechtshilfe und Rechtsberatung:

a) Jemand erkennt nicht, daß sein Problem auch einen rechtlichen Aspekt hat.
b) Jemand definiert sein Problem zwar korrekt als (auch) rechtliches, kennt aber keine Möglichkeiten der Rechtshilfe oder glaubt, daß er sie in seinem speziellen Fall nicht erlangen kann.
c) Jemand definiert sein Problem zwar als (auch) rechtliches und kennt auch Möglichkeiten der Rechtshilfe, kann aber andere Zugangsbarrieren nicht überwinden, z.B. wegen zu hoher Kosten oder Entfremdung zu Rechtsanwälten.
d) Jemand definiert sein Problem als eines, in dem Rechtshilfe benötigt wird, aber niemand hat für sein Problem bestimmte Vorgehensweisen entwickelt.

4.6.1 Wahrnehmung von Rechtsproblemen und Einholen von Rechtshilfe

Eine erste Zugangsbarriere betrifft das Problem der unerkannten Rechtsbedürfnisse sozial Schwacher. Latente Rechtsprobleme konnten in dem engen Rahmen der Studie nicht mit hinreichender methodischer Absicherung untersucht werden (67). Daher zielten die Interviews schwerpunktmäßig auf die Frage, ob sich in einzelnen Befragtengruppen Unterschiede bei der Wahrnehmung von Rechtsproblemen und bei der Einholung von Rechtshilfe zeigten. Zu diesem Zweck wurde den Befragten während des Interviews eine Liste von sieben häufig wiederkehrenden rechtlich relevanten Problemfeldern vorgelegt.

Die befragten Männer gaben doppelt so häufig wie die befragten Frauen an, Probleme, Konflikte oder Streitigkeiten rechtlicher Art gehabt zu haben. Möglicherweise verfügen Frauen über eine größere Bereitschaft als Männer, Probleme von (auch) rechtlicher Art außerrechtlich zu lösen und sie von vornherein als solche von nicht rechtlicher Art aufzufassen. Jedenfalls stimmten die weiblichen Befragten häufiger als die männlichen Befragten der Auffassung zu, einen Anwalt solle man erst aufsuchen, wenn man jede andere Möglichkeit ausgeschöpft habe, sein Problem zu lösen.

In weniger als der Hälfte der als solcher wahrgenommenen Rechtsfälle (41,5 %) wurde nach eigenen Angaben der Befragten Rechtshilfe eingeholt. Im gleichen Maße, in dem die Männer dabei die Rechtshilfe durch den Anwalt bevorzugten, bevorzugten die befragten Frauen die Rechtshilfe durch die ÖRA.

Am häufigsten wurde bei folgenden Falltypen keine Rechtshilfe eingeholt: bei Schwierigkeiten mit Warenverkäufern oder mit Vertretern an der Haustür (90,5 %), bei Lohnpfändung (71,4 %) und bei Schwierigkeiten mit Behörden (66,7 %). Diese Fälle sind einmal dadurch gekennzeichnet, daß ihnen nicht ein verrechtlichter Gruppenkonflikt zugrundeliegt, wie etwa beim Arbeits- oder Mietverhältnis. Im Einzelfall werden dann noch andere Faktoren wirksam. Bei Schwierigkeiten mit Warenverkäufern oder mit Vertretern an der Haustür dürften einer Rechtsdurchsetzung oft Beweisschwierigkeiten entgegenstehen oder nur Schäden in verhältnismäßig geringfügigem Umfang entstanden sein. Behörden gegenüber wird vermutlich der Umfang der erforderlichen Spezialkenntnisse und die Unüberschaubarkeit des gesamten Ablaufs bezüglich einer Rechtsdurchsetzung entmutigend wirken. Außer im Fall der Lohnpfändung muß der Betroffene bei den erwähnten Falltypen in der

Regel zur Durchsetzung seiner Rechte initiativ werden und nicht nur passiv Rechtsmittel anderer gegen ihn abwehren.
Eine solche passive Reaktion auf die Ansprüche anderer ist bei Schwierigkeiten wegen eines aufgenommenen Darlehens und bei einer Strafanzeige oder Schadensersatzansprüchen gegen den Befragten erforderlich. Der Kreis der angeschnittenen Rechtsfragen und der möglichen Handlungen wird dadurch eng abgegrenzt und gut überschaubar. In den genannten Fällen wurde dann auch „nur" in 58,3 % bei den Strafanzeigen oder Schadensersatzansprüchen keine Rechtshilfe eingeholt.
Am häufigsten wurde bei Schwierigkeiten mit Arbeitgebern Rechtshilfe eingeholt (nur in 37,5 % nicht), gefolgt von Schwierigkeiten mit dem Vermieter (nur in 47,1 % nicht). Bei diesen klassischen Fällen eines verrechtlichten Gruppenkonflikts ist die Konfliktlage allen Beteiligten von vornherein in etwa klar. Sie kennen auch jeweils einigermaßen ihre Rechte und Pflichten. Und sie wissen sich mit anderen zusammen in diese Konfliktlage verwickelt, beim Arbeitsverhältnis noch mehr als beim Mietverhältnis. Nur bei diesen beiden Falltypen haben sich die Befragten in nennenswertem Umfang woanders als bei der ÖRA oder beim Anwalt Rechtshilfe geholt, nämlich beim Mieterschutzbund bzw. bei einer Gewerkschaft. Dabei wird die ÖRA deutlich dem Anwalt vorgezogen (68), vermutlich aus zwei Gründen. Zum einen sind hier in sehr hohem Maße rechtliche Spezialkenntnisse erforderlich, und bei der ÖRA sind bekanntermaßen für diese Materien Spezialisten eingesetzt. Zum anderen dürfte häufig schon eine Auskunft genügen oder ausdrücklich eine gütliche Beilegung der Streitigkeiten erwünscht sein, um das Miet- oder Arbeitsverhältnis aufrechtzuerhalten.

4.6.2 *Öffentliche Rechtshilfe als Sozialarbeit auf dem Gebiete des Rechts*

Welchen Stellenwert die mangelnde Rechtskenntnis als Zugangsbarriere zur Rechtshilfe hat, vermitteln die Antworten auf die Fragen „Warum sind ihrer Meinung nach viele Leute nicht bereit, ihre Rechte notfalls auch gerichtlich durchzusetzen?". 59,2 % der Befragten wählten die Antwort: „Sie kennen ihre Rechte gar nicht", 33,7 % die Antwort: „Anwalts- und Gerichtskosten sind zu hoch" und 7,1 % die Antwort: „Die meisten Anwälte und Richter verstehen ohnehin nicht deren Probleme". Zudem meinten 71,4 % der Befragten, viele Leute gingen deshalb nicht zum Anwalt, weil sie nicht wüßten, ob ein Anwalt ihr besonderes Problem gut bearbeiten werde. Und zwei von drei Befragten (66,7 %) vertraten die Ansicht, man solle einen Anwalt erst dann aufsuchen, wenn man jede andere Möglichkeit ausgeschöpft habe, sein Problem zu lösen.
Öffentliche Rechtsberatung muß demnach zuerst die unverbindliche Information über die rechtliche Bedeutsamkeit einer Angelegenheit bedeuten. Dabei geht es nicht so sehr um den Bereich der Rechtsfolgenverwirklichung aufgrund exakt formulierbarer juristischer Fragestellungen, sondern um präventive Rechtsberatung, damit von vornherein Ansätze zu juristischem Streit vermieden bzw. drohende Rechts- und Vermögensnachteile gegenüber rechtlich erfahrenen oder wohlberatenen Vertragspartnern abgewendet werden können. Um überhaupt die rechtliche Bedeutsamkeit einer Angelegenheit herauszuarbeiten und die Rechts- und Vermögensinteressen des Ratsuchenden zu wahren, wird häufig ein Eingehen auf persönliche und soziale Hintergründe von Konflikten erforderlich sein. Wegen der rechtlichen Unerfahrenheit des Hilfesuchenden sind vielfach über die bloße Auskunft hinaus im ein-

zelnen zu unternehmende Schritte genau zu erläutern sowie Schriftsätze anzufertigen und Kontakte herzustellen, falls dies angezeigt sein sollte. Der Schwerpunkt in der präventiven außergerichtlichen Rechtsberatung und allgemeinen Rechtsaufklärung und das auch von den Ratsuchenden gewünschte Abzielen auf einen gütlichen Interessenausgleich kennzeichnen die öffentliche Rechtsberatung sozial Schwacher eher als Sozialarbeit auf dem Gebiet des Rechts denn als dem üblichen Mandat des Rechtsanwalts entsprechende anwaltsmäßige Interessenvertretung (69). Dies bedeutet nicht, die sozial Schwachen hätten eigentlich gar keine Rechtsprobleme, sondern nur Probleme von wesentlich sozialer oder psychologischer Art. Carlin und Howard (70) betonen zu recht, daß eine solche wohlfahrtsorientierte Idee die sozial Schwachen stigmatisiert und sie in ihrer Hilflosigkeit eher verfestigt, wenn ihnen die Möglichkeit der Interessendurchsetzung nach eigenen Zielsetzungen abgesprochen und sie zum Objekt von Versorgungseinrichtungen gemacht werden. Durch die Definition eines Problems werden gleichzeitig die als angemessen angesehenen Lösungsmöglichkeiten mitdefiniert. Insofern greift die ausschließliche Bestimmung eines Problems als Rechtsproblem zu kurz, weil sie andere als rein rechtliche Möglichkeiten der Interessendurchsetzung ausblendet.

Die Konsequenzen, die sich daraus ergeben, daß die sozial Schwachen in Gesetzgebungs- und Verwaltungsvorgängen mangels einer wirksamen Interessenvertretung weitgehend ungehört bleiben, sind in der bundesrepublikanischen Diskussion über die Rechtshilfe für sozial Schwache bisher weitgehend unerörtert geblieben. Eine effektive Interessenvertretung darf sich nicht auf den Bereich der Einzelfallentscheidung bei einem bestimmten Tatbestand beschränken. In Abweichung von der klassischen anwaltlichen Berufsrolle der Beratung und Vertretung eines individuellen Klienten geht es den public interest lawyers in den USA um die Vertretung und Organisierung benachteiligter Gruppen und sozialer Schichten sowie um die Durchsetzung von Gemeininteressen wie Umwelt- und Verbraucherschutz (71). Der große Einfluß von Anwälten bei Planungs- und Gesetzgebungsvorhaben und ein großzügig ausgebautes und vielseitig verwendbares Instrument der Bürgerklage sind zwar spezifische Besonderheiten der USA. Trotzdem sollten bei der Diskussion latenter Rechtsbedürfnisse sozial Schwacher die Möglichkeiten erörtert werden, die Berufsrolle des Anwalts um die Wahrnehmung von Fällen öffentlichen Interesses und der gruppenmäßigen Vertretung Unterprivilegierter zu erweitern und ihnen und den auf diesem Gebiet schon arbeitenden Interessenverbänden die nötigen rechtlichen Instrumentarien an die Hand zu geben.

Durch eine institutionell abgesicherte Zusammenarbeit mit Sozialarbeitern konnte gewährleistet werden, daß die betroffenen sozial Schwachen nicht nur anläßlich bestimmter Streitigkeiten oder als Vehikel für rechtspolitische Aktionen in das Rechtssystem einbezogen, sondern langfristig zur eigenständigen Wahrnehmung ihrer Interessen befähigt werden. Eine solche Zusammenarbeit könnte gleichzeitig bewirken, daß von den in vielen Fällen bestehenden alternativen Konfliktslösungsmöglichkeiten nicht vorschnell rechtliche Konfliktlösungsmuster ausgewählt werden. Dies ist deshalb wichtig, weil das Recht als Konfliktlösungsmuster typischen Beschränkungen unterliegt. Um voraussehbare und überprüfbare Entscheidungen durch einen eingeschalteten neutralen Dritten zu ermöglichen, wird der Interessenkonflikt der möglicherweise mehrere – jedenfalls auch andere – Konfliktebenen berührt, mit Hilfe von juristischen Experten auf eine juristische Metakonfliktebene gebracht. Dazu wird nach juristischen Relevanzkriterien eine Auswahl unter den Problemlösungsaspekten getroffen. Wegen der vorwiegenden Vergangenheitsorientierung richterlicher Entscheidungen werden Folgewirkungen weitgehend ausgeblendet. Gesellschaftliche Konflikte werden als eher private behandelt.

4.6.3 Kenntnis von Möglichkeiten der Rechtshilfe

Wenn jemand sein Rechtsproblem auch als solches erkannt hat, muß er zusätzlich Möglichkeiten der Rechtshilfe kennen. Kennzeichnend für die Rechtsberatung durch die ÖRA und durch Anwälte ist, daß sie, abweichend von gängigen Kommunikationsmustern, nicht aktiv werbend, sondern passiv abwartend geschieht (72). Dadurch wird eine präventive Rechtsberatung erschwert, und besonders die Unterschichtangehörigen werden in ihrer eher kurzfristigen Handlungs- und Planungsperspektive bestärkt. Das führt dazu, daß im allgemeinen ein Problem schon recht bedrängend sein muß, bevor um Hilfe nachgesucht wird. Informationen über Hilfsmöglichkeiten werden dabei eher mündlich und zufällig weitergegeben und stammen überwiegend aus dem Umkreis von Familie, Verwandtschaft oder Nachbarschaft, aus dem auch im übrigen Hilfe in Notsituationen zu erwarten ist (73). Nach den Interviews hatten 41,5 % der Befragten durch Freunde, Bekannte oder Familienangehörige Kenntnis über die ÖRA erlangt, 12,7 % durch öffentliche Behörden oder Merkblätter in öffentlichen Gebäuden, 8,5 % durch Zeitungen oder sonstige Massenmedien. 28,2 % der Befragten gaben an, die ÖRA sei in Hamburg allgemein bekannt, man kenne sie eben. Auch zum Auffinden eines Anwalts würden 51,3 % der Befragten Freunde oder Bekannte fragen. Nur jeder vierte Befragte gab an, in seinem Freundes- oder Bekanntenkreis einen Anwalt oder Juristen zu haben (74) und nur jeder fünfte wußte in seiner Nachbarschaft einen Anwalt.

4.6.4 Einstellung zum Recht und zum Rechtsbetrieb (75)

Wenn jemand zutreffend sein Problem als Rechtsproblem definiert und auch Rechtsmittel kennt, können ihm noch andere Barrieren den Zugang zur Erlangung von Rechtshilfe versperren. Die Bereitschaft, rechtliche Schritte zu unternehmen, setzt voraus, daß jemand eine rechtliche Lösung seiner Probleme für angemessen, effektiv und gerecht hält (76). Welche Meinung bereits bei denjenigen, die tatsächlich zur ÖRA gekommen waren, um Rechtsrat einzuholen, über das Recht und den Rechtsbetrieb besteht, geht aus der Tabelle 12 hervor. Die Angaben für Gruppe A beziehen sich auf den Anteil der zustimmenden Antworten von 119 Personen, die interviewt wurden, während sie bei der ÖRA auf ihre Beratung warteten. Die Angaben für Gruppe B beziehen sich auf den Anteil der zustimmenden Antworten von 108 Personen, die schriftlich befragt wurden, nachdem sie ca. drei Monate zuvor von der ÖRA ein Armenrechtszeugnis ausgestellt erhalten und in den meisten Fällen auch bereits einen Anwalt aufgesucht hatten.

Selbst diejenigen, die erfolgreich die Barrieren zur Rechtsberatung überwunden haben, sehen im Recht überwiegend eine Einrichtung, die großen Geschäften nützt, nicht aber den Problemen des „kleinen Mannes“ (a), und die den Reichen und Mächtigen mehr Vorteile verschafft als den übrigen Bürgern (b), die überdies wirksam nur genutzt werden kann durch den Beistand eines guten Rechtsanwaltes (c). Der Rechtsanwalt aber wird überwiegend angesehen als derjenige, dessen Gebührenforderungen die eigene Finanzkraft übersteigen (g) und der sich intensiv eigentlich

Tab. 12: Einstellung zum Recht und zum Rechtsbetrieb

Aussagen zum Recht und zum Rechtsbetrieb	Anteil der zustimmenden Antworten: Gruppe A (N = 119)	Anteil der zustimmenden Antworten: Gruppe B (N = 108)
(a) Unsere Gesetze funktionieren dort am besten, wo es um große Geschäfte geht und nicht um Probleme des „kleinen Mannes".	56,1 %	72,0 %
(b) Die Praxis unserer Gerichte gibt im allgemeinen den Reichen und Mächtigen mehr Vorteile als den übrigen Bürgern.	54,8 %	63,4 %
(c) Ein guter Rechtsanwalt ist wichtiger, um einen Prozeß zu gewinnen, als bloß im Recht zu sein.	56,1 %	80,8 %
(d) Die meisten Anwälte können die Probleme des „kleinen Mannes" sowieso nicht verstehen.	34,2 %	33,0 %
(e) Viele Leute gehen nicht zum Anwalt, weil sie nicht wissen, ob ein Anwalt ihr besonderes Problem gut bearbeiten wird.	58,8 %	71,4 %
(f) Die meisten Anwälte arbeiten weniger intensiv für Personen mit niedrigem Einkommen als für reiche Mandanten.	59,8 %	75,0 %
(g) Die meisten Anwälte verlangen für ihre Tätigkeit für Personen in meiner Einkommensklasse zuviel Geld.	70,9 %	70,2 %
(h) Man sollte einen Anwalt erst aufsuchen, wenn man jede andere Möglichkeit ausgeschöpft hat, sein Problem zu lösen.	66,4 %	67,7 %

nur für die Interessen reicher Mandanten einsetzt (f). So verwundert es einen denn auch nicht, wenn zwei von drei Befragten die Einschaltung eines Rechtsanwalts als äußersten Notbehelf ansehen (h). Resignation scheint anzuklingen, wenn ein – für die eigene Seite ja so schwer zu gewinnender – guter Rechtsanwalt zum erfolgreichen Abschluß eines Prozesses für wichtiger gehalten wird, als „bloß im Recht zu sein" (c) (77, 78).

4.6.5 Beurteilung von Rechtsberatung in behördenähnlichem Rahmen

Abgesehen davon, daß die Kontaktaufnahme zu behördlichen Beratungsstellen für Unterschichtangehörige besondere Schwierigkeiten aufwirft (79) und behördliche Vorgänge und Zuständigkeiten ihnen in erhöhtem Maße undurchsichtig erscheinen, widerspricht die der unpersönlichen Fallerledigung angenäherte Form der behördlichen Hilfeleistung den sozialen Interaktionsformen der Unterschicht, die sich dadurch auszeichnen, daß Hilfe eher spontan, persönlich, oft auf solidarischer Basis, jedenfalls ohne Papierkrieg geschieht (80).

Wenn auch die ÖRA in diesem Sinne nicht einfach als eine Behörde wie andere einzustufen ist, so geschieht doch Beratung und Hilfeleistung durch sie in einem behördenähnlichen Rahmen. Insofern ist auch nicht weiter verwunderlich, daß bei den Ratsuchenden die allgemeinen Aversionen gegenüber Behörden voll zum Ausdruck kommen (81). Beklagt wurden lange Wartezeiten ohne Möglichkeit der Terminvereinbarung, unpersönliche Behandlung und kurze Beratungszeiten. Beim Anwalt wurden fast spiegelbildlich die folgenden Vorzüge erwartet: keine langen Wartezeiten, Möglichkeit der Terminvereinbarung, persönliche und intensive Beratung. Außerdem wurde betont, ein Anwalt werde zur Vertretung vor Gericht ohnehin benötigt (82, 83).

4.7 Kennzeichnung des anwaltlichen Verhaltens durch Mandanten

Die Kennzeichnung des anwaltlichen Verhaltens durch die Mandanten läßt nicht nur Rückschlüsse auf das Handeln des Anwalts, sondern auch auf die hieran geknüpften Erwartungen der Ratsuchenden zu. Die folgenden Daten dieses Abschnitts ergeben sich aus der schriftlichen Befragung von Ratsuchenden, deren Beratung durch die ÖRA drei bis vier Monate vorher mit der Ausstellung eines Armenrechtszeugnisses abgeschlossen worden war und die mittlerweile bereits einen Anwalt aufgesucht hatten.

Markante Unterschiede in der Einschätzung des anwaltlichen Handelns ergeben sich je nach den einzelnen Beratungsgebieten. Eine deutliche Mehrheit der Befragten (61,5 %), die mit einer Ehescheidungsangelegenheit einen Anwalt aufgesucht hatten, kennzeichneten das Verhalten ihres Anwalts dadurch, er habe nicht nur ihre rechtlichen Probleme zu lösen versucht, sondern auch ihre persönlichen und sozialen. Die Befragten, die wegen einer Unterhaltsangelegenheit oder einer sonstigen Angelegenheit (84) einen Anwalt aufgesucht hatten, kennzeichneten das Verhalten ihres Anwalts dagegen mehrheitlich (56,8 %) dadurch, er habe sich ausschließlich auf die rechtliche Seite ihrer Sache konzentriert. Bei Ehescheidungsangelegenheiten geht es, zumindest im Bereich der Scheidungsfolgen, um eine den individuellen Verhältnissen angepaßte, nach Möglichkeit im Wege der Vereinbarung getroffene Regelung. Diese kann nur erzielt werden, wenn auch die persönlichen und sozialen Verhältnisse der Ratsuchenden vom Anwalt berücksichtigt werden. Dagegen betreffen Unterhaltsstreitigkeiten und die meisten hier vorliegenden sonstigen Angelegenheiten nur einen eng abgrenzbaren Lebensbereich und sind rechtlich eindeutiger geregelt. Sie lassen sich daher eher routinemäßig und unter Beschränkung allein auf die rechtliche Seite der Angelegenheit behandeln, schon ganz unabhängig davon, daß unter den vorgekommenen Fällen Ehescheidungen in der Regel für einen Anwalt die höchsten Gebühren einbringen. Die genannten Gründe erklären auch noch die beiden folgenden Zusammenhänge: Während nur bei 11,1 % der Ehescheidungsfälle das Verhalten des Anwalts durch den Satz gekennzeichnet wurde, er habe nur wenig Zeit gehabt und die Sache nur oberflächlich behandelt, stieg der Anteil dieser Kennzeichnung des Anwaltsverhaltens auf 26,3 % bei den Unterhaltssachen und auf 40,0 % bei den sonstigen Angelegenheiten. Dem Ratsuchenden wichtige Gesichtspunkte blieben bei Unterhaltsstreitigkeiten (31,6 %) und bei sonstigen Angelegenheiten (25,0 %) häufiger unberücksichtigt als bei Ehescheidungsangelegenheiten (17,8 %).

Von den Befragten, die das Verhalten ihres Anwalts dadurch kennzeichneten, er habe sich ausschließlich auf die rechtliche Seite ihrer Angelegenheiten konzentriert, äußerten doppelt so viele Unzufriedenheit mit ihrem Anwalt als von denjenigen, die sein Verhalten dadurch kennzeichneten, er habe nicht nur ihre rechtlichen Probleme zu lösen versucht, sondern auch ihre persönlichen und sozialen. Während fast

niemand von denen, die ihrem Rechtsanwalt bescheinigten, er habe ihnen in allem aufmerksam zugehört, mit der Beratung und Vertretung durch den Anwalt unzufrieden war, waren es fast alle, die das Verhalten ihres Anwalts dadurch kennzeichneten: „Ihm kam es offensichtlich auf Gesichtspunkte an, die mir gar nicht so wichtig erschienen. Andere Gesichtspunkte, die mir selbst wichtig waren, interessierten ihn offensichtlich nicht". Unzufriedenheit mit dem Anwalt beinhaltet danach ganz wesentlich, daß der Ratsuchende ihm wichtig erscheinende Gesichtspunkte nicht hat anbringen können. Eine Konfliktlösung stellt eher zufrieden, wenn sie – jedenfalls durch die Selektion der relevanten Gesichtspunkte – vom Ratsuchenden mitgesteuert worden ist. Regelmäßig ist ein Ratsuchender erheblich schwerer zufriedenzustellen, wenn ausschließlich juristische Relevanzkriterien, die ja meist nicht seine Relevanzkriterien sind, die Beratung bestimmen.
Morris (85) hebt hervor, daß die Denkweise des Juristen in abstrakten Begriffen einerseits und die des Ratsuchenden, speziell aus den Unterschichten, in konkreten Begriffen andererseits zu einer Kommunikationssituation führe, in der keiner die Erwartungen des anderen erfülle. Für den Rechtsanwalt zentrierten sich die gewonnenen Informationen auf die rechtliche Bedeutsamkeit des Falles. Der Ratsuchende sei seinerseits daran interessiert, darüber zu sprechen, wie er das Problem sehe und welche Bedeutung es für sein tägliches Leben habe. Die Äußerungsschwierigkeiten des Ratsuchenden (aus dem Blickwinkel des beratenden Anwalts) und zugleich die Verständnisschwierigkeiten des beratenden Anwalts lassen sich unter anderem auch daran erkennen, daß bei der in N. 78 erwähnten Fragebogenerhebung unter Anwälten die meisten befragten Anwälte das Verhalten ihrer Klienten dadurch kennzeichneten, sie trügen das Tatsachenmaterial nur unvollständig vor, stellten Tatsachen verzerrt dar und – das wurde mit dem größten Nachdruck hervorgehoben – legten unerheblichen Nebensächlichkeiten zu großes Gewicht bei.
Juristische Verfahren, und auch Rechtsberatung, wenn sie sich rein juristisch versteht, lassen sich begreifen als Kommunikation in einer Fachsprache. Nach dogmatisch festgelegten Relevanzkriterien wird soziale Realität auf eine normative Struktur reduziert; bei der Subsumtion von Tatsachen unter Rechtsnormen bestimmten letztere, welche Aspekte der Tatsachen relevant sind. Sobald juristische Laien eine juristische Lösung von Konflikten suchen, begeben sie sich in eine „Fremdsprachensituation". Ihre Ausdrucksmöglichkeiten sind begrenzt. Die Relevanz von Problemaspekten legen nicht mehr sie selbst, sondern die der Fremdsprache Mächtigen fest (86). 65,0 % der Befragten, die das Verhalten ihres Anwalts dadurch kennzeichneten, er habe auf ihnen nicht wichtige Punkte Wert gelegt, ihnen wichtige Punkte dagegen unbeachtet gelassen, meinten, die meisten Anwälte könnten die Probleme des kleinen Mannes sowieso nicht verstehen. Diese Ansicht vertraten demgegenüber nur 22,6 % der Befragten, die meinten, ihr Anwalt habe ihnen in allem aufmerksam zugehört. Der resignative Glaube an eine allgemeine Verständnisbarriere des Anwalts gegenüber dem „kleinen Mann" ist dreimal so häufig bei den Ratsuchenden anzutreffen, die angaben, der Anwalt habe sich ausschließlich auf die rechtliche Seite ihrer Sache konzentriert, als bei denjenigen, die ihrem Anwalt bescheinigten, er habe auch versucht, ihre persönlichen und sozialen Probleme zu lösen (46,9 % gegenüber 15,0 %).

5 *Ausblick*

Der zusammenfassende Überblick zum Schluß soll durch den Hinweis ersetzt werden, welche Möglichkeiten ein ausgebautes Netz öffentlicher Rechtsberatungsstellen zu einer „Rückkoppelung" der bei der Rechtsanwendung gewonnenen Erfahrungen an den Gesetzgeber (87) bietet. Die Rechtsberatungstätigkeit kann als ständiges „Sozial-hearing" (88) verstanden werden, in dem auf der Ebene der individuell Betroffenen der Erfolg oder Mißerfolg einer Gesetzgebungsmaßnahme zurückgemeldet wird. Dies gewinnt zunehmende Bedeutung in dem Maße, in dem der Staat seine in rechtsförmlichen Verfahren angebotenen Sozialleistungen ausbaut und der Einzelne von ihnen abhängig wird. Eine frühzeitige Rückmeldung gerade aus dem Kreis derjenigen, die nur geringe Möglichkeiten einer organisierten Interessenartikulation haben wie beispielsweise Rentner, Sozialhilfeempfänger, ausländische Arbeitnehmer, Hausfrauen und Bewohner von Sanierungsgebieten, ist erforderlich, um schon im Stadium der Gesetzgebung ein weitgehendes Vollzugsdefizit zu vermeiden bzw. schnell zu beseitigen.

Da öffentliche Rechtsberatungsstellen in besonders günstiger Weise zwischen alternativen Konfliktlösungs- und Rechtshilfemaßnahmen – wie etwa der sozialtherapeutisch orientierten Familienberatung in Verbindung mit Rechtsauskunft, der präventiven Rechtsberatung beim Abschluß eines Mietvertrages, der allgemeinen Rechtsaufklärung, der Hilfe in formalisierten Verfahren, der Förderung einer außergerichtlichen gütlichen Einigung, der Beilegung vor einer eigenen Schlichtungs- oder Gütestelle und der Vorbereitung einer streitigen gerichtlichen Auseinandersetzung – wählen können, bieten sie reiches Erfahrungsmaterial zur Beantwortung der Frage, welche Streitigkeiten mit welchem rechtlichen oder außerrechtlichen Lösungsmuster erfolgreich und angemessen bearbeitet werden können. Die Erforschung dieser Frage ist besonders wichtig, weil die Aufgabe, die – teilweise erst latenten – Rechtsbedürfnisse der sozial Schwachen zu befriedigen, nicht von der Aufgabe enthebt, zu ermitteln, in welchen Bereichen Recht als Konfliktlösungsmuster überhaupt effektiv und ohne Folgeschäden angewandt werden kann.

Summary

The freedom of the individual is not protected merely by the passing of new laws; the individual must be informed of his legal rights. Particularly people of a lower social class are at a disadvantage for not taking legal advice at the pre-court level.

The historical development of organizations which give legal assistance can be traced back in Germany to the nineteenth century. The Öffentliche Rechtsauskunfts- und Vergleichsstelle (ÖRA) in Hamburg is based on an earlier foundation of 1922. It exists to give legal advice and practical aid to people of low income groups. The object is not to take party with one side but to work in a conciliatory manner and render court proceedings unnecessary.

An empirical study conducted into the ÖRA has revealed it is used principally in the areas of divorce, maintenance and consumer law. Data on the occupation, age and sex of the clients and on the nature of their legal opponents was collected. Moreover material was gathered on the extent to which lack of knowledge of legal matters acts as a barrier to law and on the attitude of clients towards their lawyers. The study gives evidence of the poor communication between lawyers and persons of a lower social standing, indicating the need for a greater understanding of the particular personal and social problems of the latter groups.

Legal centres have a valuable role to play in acting as a kind of permanent social hearing and in providing an alternative means for settling disputes. A study of the way in which they satisfy the legal needs of certain groups is also of interest in a broader frame as material for an investigation into the fields and the manner in which law can effectively be used to settle conflicts.

Anmerkungen

1 Diese Untersuchung wurde im Rahmen des Forschungsprojektes „Wie können Erkenntnisse und Methoden der Sozialwissenschaften in die Gesetzgebung, Rechtspflege und Rechtswissenschaft eingebracht werden?" am Zentrum für interdisziplinäre Forschung der Universität Bielefeld, das auch die erforderlichen finanziellen Mittel zur Verfügung stellte, begonnen und durch das großzügige Entgegenkommen und die Unterstützung von Herrn Hennings, dem Leiter der ÖRA, und der Mitarbeiter der ÖRA ermöglicht. Die Konzipierung des Vorhabens und der Großteil der Datengewinnung wurde in gemeinsamer Arbeit mit Günter Bierbrauer, Universität Osnabrück, Volker Knoppke-Wetzel, University of Wisconsin Law School und Klaus-Friedrich Koch, Northwestern University, während des gemeinsamen Forschungsaufenthaltes am Zentrum für interdisziplinäre Forschung unternommen. Herrn Bierbrauer und Herrn Koch verdanke ich auch wichtige Überarbeitungshinweise. Bei der Datengewinnung und -aufbereitung waren die Herren Thober und Schmidt behilflich.
Eine ausführlichere Darstellung dieser Untersuchung findet sich bei Falke, Josef/Bierbrauer, Günter/Koch, Klaus-Friedrich, Access to Justice: A Case Study on the Public Bureau for Legal Advice and Settlements out of Court in Hamburg, in Cappelletti, Mauro (ed.), Access to Justice.

2 Vgl. die Beiträge von Schuyt sowie Blankenburg in diesem Band.

3 Isola, 69.

4 Bei einem Zivilrechtsstreit vor den ordentlichen Gerichten betragen die Gerichts- und Anwaltsgebühren ohne die Auslagen z.B. für Zeugen und Sachverständige, wenn beide Seiten durch einen Rechtsanwalt vertreten sind und in jeder Instanz eine Beweisaufnahme stattfindet:

beim Streitwert von	in einer Instanz	in zwei Instanzen
DM 200,–	DM 187,26 (93,6 %)	–
DM 500,–	DM 350,52 (70,1 %)	–
DM 1.000,–	DM 635,26 (63,5 %)	DM 1.441,60 (144,2 %)
DM 2.000,–	DM 960,60 (48,0 %)	DM 2.160,09 (108,0 %)
DM 5.000,–	DM 2.022,12 (40,4 %)	DM 4.581,59 (91,6 %)
DM 10.000,–	DM 3.587,40 (35,9 %)	DM 8.155,33 (81,6 %)
DM 100.000,–	DM 11.554,20 (11,6 %)	DM 26.226,97 (26,2 %)
DM 1.000.000,–	DM 54.973,20 (5,5 %)	DM 123.930,67 (12,4 %)

(In Klammern der prozentuale Anteil der Kosten in bezug auf den jeweiligen Streitwert).
In der Tabelle ist eine Zustellgebühr für die Klagschrift in Höhe von DM 3,– sowie die Auslagenpauschale der Rechtsanwälte nach § 26 der Bundesrechtsanwaltsgebührenordnung berücksichtigt. Auf die Anwaltskosten sind 5,5 % Mehrwertsteuer angerechnet.
Ausführlich hierzu Zankl/Zankl.

5 Selbst bei Bewilligung des Armenrechts erlangt der Berechtigte nur einstweilige Kostenbefreiung (§ 115 ZPO) und muß im Falle des Unterliegens dem Gegner dessen Kosten des Rechtsstreits in vollem Umfang erstatten (§ 117 ZPO). Vgl. zur Reform des Armenrechts: Fechner, 349–354; Däubler, 545–551; Seetzen, 35–38; Baur, 75–78; Schmidt, 679–682; Bokelmann, 164–171.

6 Carlin/Howard, 338.

7 Ipsen, 17 f.; Fechner, 350; Röper, 16. Vgl. auch Cappelletti, 2–5.

8 Redeker, 97.

9 Grein, 19.

10 Lehmann, 7.

11 Lehmann, 8.

12 Grein, 23 f.

13 Vgl. im einzelnen Lehmann, 9 f. und Grein, 24 f.

14 Hagedorn, 47 f.

15 Vgl. im einzelnen Lehmann, 10 f. und Grein, 25.
16 Ministerialblatt der preußischen Handels- und Gewerbeverwaltung 1904, 351.
17 Lehmann, 12.
18 Link, 3.
19 Hierzu im einzelnen unter 2.2.
20 Hierzu im einzelnen unter 2.3.
21 Kaufmann, Rechtsfürsorger und Armenanwalt, 40.
22 Statt vieler: Kaufmann, Rechtsfürsorger und Armenanwalt, 41.
23 Jessen, 7.
24 Kaufmann, 65; *Wiener Juristische Gesellschaft*, 9 f.
25 Kiesel, 64, hebt mit der Feststellung, die Parteien wollten Subjekt der Rechtsfindung bleiben, und nicht zum bloßen Objekt herabgewürdigt werden, den Gedanken der Selbstverwaltung des Rechts durch die Betroffenen hervor.
26 Vgl. §§ 349, 495a, 499a–499g, 500a und 696 ZPO in der Fassung der „Verordnung über das Verfahren in bürgerlichen Rechtsstreitigkeiten" vom 13. Februar 1924, Reichsgesetzblatt I 1924, 135–150.
27 Lehmann, 24; Trotzdem wurden von den rund 2,5 Mio. bei den preußischen Amtsgerichten im Jahr 1930 anhängig gewordenen gewöhnlichen Prozessen über 600 000 Sachen im Güteverfahren, über 1,25 Mio. durch Versäumnisurteil, Anerkenntnisurteil, Verzicht und Vergleich im Streitverfahren und nur rund 360 000 durch kontraditorisches Endurteil erledigt. (Verhandlungen des 36. Deutschen Juristentages (Lübeck 1931), Band II, 753).
28 Zur Entwicklung in Hamburg im einzelnen Schroers, 26 f. In Hamburg wurden im Jahre 1929 über 12 000 Güteverfahren durchgeführt (Quelle: Die Rechtsauskunft 1931, 46).
29 Grein, 72–79.
30 Kaufmann, Rechtsauskunftsstellen und Anwaltschaft, 41 f.
31 Kaufmann, Rechtsauskunftsstellen und Anwaltschaft, 41 f.; Kaufmann, Rechtsfürsorger und Armenanwalt, 41 und N. 2: „Die Nöte von 80% unserer Volksgenossen kann man nicht mit ‚gespendeten Suppentöpfen humaner Wohltäter' lösen"; Fischer, 42 f.; Jessen, 8. Vgl. insgesamt zu den gewandelten Formen des Helfens und insbesondere zu der Organisierung sozialer Hilfe in der Form konditionaler Entscheidungsprogramme, Luhmann, 134–149.
32 Im einzelnen dokumentiert bei Grimm, 33–39.
33 Jessen, 10 f. Dort findet sich auf den Seiten 12–14 eine auch für die heutige Diskussion bedeutsame Erläuterung der Vor- und Nachteile, die sich bei der Organisierung der anwaltlichen und unentgeltlichen Rechtsauskunft in Form einer festen Rechtsauskunftstelle oder aber bei einem Berechtigungssystem ergeben.
34 Vgl. hierzu die aufschlußreiche Diskussion auf dem Anwaltstag 1975 in Berlin, Anwaltsblatt 1975, 285–298, und die Begründung des vom Deutschen Anwaltsverein vorgelegten Diskussionsentwurfs eines Gesetzes über die außergerichtliche Rechtshilfe für Minderbemittelte, Anwaltsblatt 1974, 254–263. Zum bisherigen Umfang der organisierten anwaltlichen Rechtsberatung Minderbemittelter – sie blieb 1972 mit 34 949 Beratungsfällen insgesamt weit hinter dem Arbeitsumfang der ÖRA mit 59 535 Beratungen allein für Hamburg zurück – vgl. Röper, 19–21 und Schoreit, Rechtsberatung unentgeltlich, 20–22.
35 Vgl. im einzelnen Schroers, 23–32.
36 Durch die gemeinsame Verordnung des Bürgermeisters der Hansestadt und des Präsidenten des Hanseatischen Oberlandesgerichts vom 4.2.1946, Verordnungsblatt 1946, 13.
37 Zum Zivilprozeß als Positionskampf der Parteien vgl. Rodingen, 29–39. Eine Verhandlungsbasis mit der Gegenpartei wird durch ein Schreiben etwa folgenden Inhalts gelegt: „Aufgabe unserer Dienststelle ist es, minderbemittelten Personen mit Rechtsauskünften zur Seite zu stehen und die Anrufung von Gerichten durch vergleichsweise Beilegung von Streitpunkten zu vermeiden. Herr N. hat uns den obigen Sachverhalt mitgeteilt. Die Richtigkeit dieses Sachverhaltes unterstellt, besteht folgende Rechtslage ... Wir bitten Sie um Ihre Stellungnahme".
38 1974 wurde bei einer Gesamtzahl der Beratungen von 59 950 in 39 669 Fällen nur Auskunft und Rat erteilt, während der Berater in 15 356 Fällen Anträge, Gesuche, Klagen oder Schriftsätze fertigte und sich in 3 852 Fällen mit dem Gegner in Verbindung setzte (Quelle: Statistik der öffentlichen Rechtsauskunft- und Vergleichsstelle, Januar–Dezember 1974, Arbeits- und Sozialbehörde der Freien und Hansestadt Hamburg, AV 100–014. 75–1).
39 Für ein Verfahren, das nur der Feststellung des Zahlungsmodus für eine nach Grund und Höhe unbestrittene Geldforderung dient, wird nur 1/2 der Gebühr nach § 10 GKG erhoben, in anderen Fällen 3/4 der Gebühr nach § 10 GKG, höchstens jedoch 2.000,– DM (vgl. Ge-

bührenordnung für die Öffentliche Rechtsauskunfts- und Vergleichsstelle vom 17. Dezember 1974, Hamburgisches Gesetzes- und Verordnungsblatt 1974, 407).

40 Schumann, 61.

41 Quelle: Statistik der Öffentlichen Rechtsauskunfts- und Vergleichsstelle (N. 38). Vgl. zur ungleich größeren Vorkriegsbedeutung oben N. 28.

42 Quelle: Statistik der Öffentlichen Rechtsauskunfts- und Vergleichsstelle (N. 38).

43 Quelle: Statistik der Öffentlichen Rechtsauskunfts- und Vergleichsstelle (N. 38).

44 Hierbei konnte Rheinland-Pfalz mangels entsprechender Angaben nicht berücksichtigt werden. Die Zahlen ergeben sich aus einer Anfrage an die Justizministerien der Länder. Daraus ergibt sich übrigens auch, daß der Anteil der im Armenrecht durchgeführten Verfahren stetig und stark rückläufig ist. Er sank in Baden-Württemberg beispielsweise in den Verfahren vor dem Amtsgericht von 7,49 % im Jahre 1969 auf 4,21 % im Jahre 1974.

45 Vielleicht liegt in dieser Dezentralisierung auch ein Grund für den hohen Bekanntheitsgrad der ÖRA in der Hamburger Bevölkerung. Nach einer Umfrage vom Februar 1974 kannten 27 % der Befragten die ÖRA, 8 % hatten sich schon einmal an sie gewandt. Vgl. Schoreit, Rechtsberatung unentgeltlich, N. 70.

46 Sie beträgt für jeden durchschnittlich zwei Stunden dauernden Einsatz zwischen DM 15,– und DM 25,–.

47 Das geschah 1974 immerhin in 6 763 Fällen. Vgl. im übrigen zu Einzelheiten die Gebührenordnung (N. 39).

48 Schoreit, Rechtsberatung unentgeltlich, 35.

49 Vgl. zu den ungleich höheren Kosten von ca. 24,– DM pro Beratung bei der Verwirklichung des „Anwaltsmodells" die Begründung zu § 9 des vom Deutschen Anwaltsverein vorgelegten Diskussionsentwurfs eines Gesetzes über die außergerichtliche Rechtshilfe für Minderbemittelte, Anwaltsblatt 1974, 254–263, 261.

50 Die gegenwärtig in Bayern erprobten Anwaltsmodelle weisen eine Beratungsdichte von jährlich noch nicht einmal 2 Beratungen pro 1 000 Gerichtseingesessene auf. Vgl. Herbst, 219–222 und das Schreiben des Bayerischen Staatsministeriums der Justiz vom 23.2.1976 an den Bundesminister der Justiz über „Rechtsberatung für Bürger mit geringem Einkommen in Bayern", Anwaltsblatt 1976, 152 f. Diese im Vergleich zu Hamburg verschwindend geringfügige Größenordnung ist mit Anlaufschwierigkeiten und der Einbeziehung ländlicher Räume nicht erklärbar. Auch der vom DAV für das gesamte Bundesgebiet geschätzte jährliche Bedarf von 10.000 Beratungsfällen pro 1 Mio. Gerichtseingesessener erscheint nach den Erfahrungen von Berlin und Hamburg selbst für einen möglicherweise geringeren Bedarf in ländlichen Räumen deutlich zu niedrig. Vgl. auch den instruktiven Bericht von Greißinger, 198–202, über die Tätigkeit des anwaltlichen Rechtsberatungsdienstes für Minderbemittelte in Niedersachsen.

51 Quelle: Statistik der Öffentlichen Rechtsauskunfts- und Vergleichsstelle (N. 38).

52 Auch nach den in Bayern und Niedersachsen erprobten Anwaltsmodellen sind die Beratungen auf den Gebieten des Familien-, Unterhalts- und Mietrechts ganz vorherrschend. Vgl. das Schreiben des Bayerischen Staatsministeriums der Justiz (N. 50), 152 und Greißinger, 198–202.

53 Quelle: Statistik der Öffentlichen Rechtsauskunfts- und Vergleichsstelle (N. 38).

54 Quelle: Statistisches Jahrbuch 1975 für die Bundesrepublik Deutschland, S. 38; und Wirtschaft und Statistik 1974, Zahlenteil S. 606.

55 Zum Vergleich: Bei einer im Auftrag des Presse- und Informationsamtes der Bundesregierung vom Institut für angewandte Sozialforschung (infas) im August und September 1975 durchgeführten Repräsentativerhebung stellte sich heraus, daß unter den Rechtsschutzversicherten Personen ohne abgeschlossene Lehre sowie Arbeiter unterrepräsentiert sind. Von den befragten Personen genossen Vollrechtsschutz 23 % der Personengruppe ohne abgeschlossene Lehre gegenüber jeweils ca. 40 % der Personengruppen mit Volksschulabschluß und Lehre, mit Real- und Fachschulabschluß und mit Abitur. Von Arbeitern waren 39 % versichert, von Selbständigen und freiberuflich Tätigen 50 %, von gehobenen Angestellten und Beamten 52 % und von den übrigen Angestellten und Beamten 45 %. Zitiert nach Grunsky, A 59 f.

56 Die erhobene Anzahl der arbeitsrechtlichen Beratungen wurde hier aus den genannten Gründen ebenfalls mit dem Faktor 0,442 gewichtet.

57 Vgl. N. 56.

58 In 90 164 Ehescheidungsfällen erhob 1973 in 64 403 Fällen (72,4 %) die Ehefrau die Klage. (Quelle: Statistisches Jahrbuch 1975 für die Bundesrepublik Deutschland, S. 77).

59 Ermittelt nach: Wirtschaft und Statistik, Zahlenteil 1974, 606.
60 Stand: 27.5.1970 (Quelle: Statistisches Jahrbuch deutscher Gemeinden 1974, 494).
61 Stand: 31.12.1973 (Quelle: Statistisches Jahrbuch 1975 für die Bundesrepublik Deutschland, S. 60).
62 Vgl. N. 56.
63 Umfassende Übersicht bei Galanter, 95–160. Vgl. auch Blankenburg/Blankenburg/Morasch, 82.
Die genannten Prozeßparteien haben durchweg häufiger in ähnlichen Fällen mit dem Gericht zu tun und haben nach Galanter, 98–103 gegenüber denen, die nur vereinzelt und ausnahmsweise mit dem Gericht zu tun haben, folgende Vorteile aufzuweisen:
– Die Erfahrung mit dem Recht ermöglicht ihnen eine bessere Vorbereitung des Verfahrens.
– Sie können informelle Beziehungen zu den Mitgliedern der Entscheidungsinstanzen aufbauen.
– Sie können das Prozeßrisiko auf mehrere Fälle verteilen.
– Sie haben relativ geringe Kosten, um einen weiteren Fall vor Gericht zu bringen.
– Sie können durch den Ausgang eines einzelnen Prozesses ihre Gewinnchancen in zukünftigen Prozessen verbessern.
64 Ausführlich zur vorprozessualen Konfliktselektion in Mietrechtsfällen Koch/Zenz, 518–522.
65 Wo Parteien in einem fortdauernden sozialen Näheverhältnis stehen, ist die Lösung eines Konfliktes durch eine Rechtsentscheidung mit der Aufrechterhaltung einer lebensfähigen sozialen Interaktion unvereinbar. Das Recht kann erst zum Zeitpunkt ihrer Beendigung eingeschaltet werden oder führt durch seine Einschaltung dieses Ende herbei. Vgl. Kahn-Freund, 24 f. Siehe auch Black, 133 f.
66 White, 36. Vgl. auch die vier Zugangsbarrieren, die Carlin/Howard, 343–349 beim Zugang zu rechtsanwaltlicher Hilfe unterscheiden:
a) Bewußtsein, daß ein Problem als ein Rechtsproblem anzusehen ist, und Kenntnis der rechtlichen Mittel;
b) Bereitschaft, rechtliche Schritte zu unternehmen;
c) Entscheidung, den Gang zum Rechtsanwalt zu tun;
d) Entscheidung, einen Rechtsanwalt zu beauftragen.
Vgl. auch den umfangreichen Katalog der Zugangsbarrieren von Angehörigen der Arbeiterschicht gegenüber Rechtsanwälten bei Freeman, 164–175.
67 Zu den methodischen Schwierigkeiten und einigen Untersuchungen vgl. Blankenburg, 94 f. (mit weiteren Nachweisen).
68 Folgende Parallele ist bemerkenswert: Wo in den Vereinigten Staaten die tatsächliche Möglichkeit einer Wahl zwischen verschiedenen Rechtshilfesystemen besteht, ziehen die Rechtsuchenden in den Bereichen Miet-, Sozialversicherungs- und Verbraucherschutzrecht die – mit der ÖRA in etwa vergleichbaren – Neighborhood Law Offices klar den frei praktizierenden Anwälten vor. Vgl. Trocker, B 44 f.
69 Vgl. Schoreit, Rechtsberatung unentgeltlich, 80–84; Schoreit, Rechtsberatung durch öffentliche Rechtsauskunftsstellen, 63; Schoreit, Nulltarif, 380–383. Die Rechtsberatung sozial Schwacher sei regelmäßig ein Mischtatbestand aus Sozialarbeit und Rechtsberatung. Vgl. auch Holzinger, 48. Für eine Zusammenarbeit mit anderen sozialen Beratungs- und Hilfsdiensten, Wald, 65. Für eine Zusammenarbeit der Local Legal Centers mit den Citizens' Advice Bureaux in England vgl. *Justice for all,* 44 f. Die Charakterisierung der Rechtsberatung sozial Schwacher als Sozialarbeit wird abgelehnt von Baumgärtel, 66.
70 Carlin/Howard, 341 f.
71 Einführend: Wälde, 196–199 und Lewis, 89–92, 96. Grundlegend: Cahn/Cahn, 1005–1041 und *The Public Interest Lawyer,* 1069–1152. Zum Konzept des Lernens durch Rechtshilfetätigkeit für einkommensschwache Bevölkerungskreise Burgbacher/Knieper. Die hiernach als Teil der Theorie-Praxis-Integration vorgesehene studentische Rechtsberatung verfolgt die doppelte Zielsetzung einer Immunisierung der Studenten gegen falsche Realität und einer Zusammenführung der für eine Rechtswahrnehmung erforderlichen Faktoren Information und Motivation.
Vgl. auch *Justice for all,* 36.
Zur Zusammenarbeit der Neighborhood Law Offices bei der Ausübung unkonventioneller Rechtshilfetätigkeit – Anstrengung von Musterprozessen und Gruppenklagen, Beteiligung an Planungs- und Gesetzgebungsvorhaben zur Beseitigung der rechtlichen Benachteiligung

Unterprivilegierter – mit Rechtsreform- und Rechtsforschungszentren der juristischen Abteilungen der Universitäten Trocker, B 41, B 45 f. Einen zusammenfassenden Überblick über die Entwicklung und die Tätigkeit der Neighborhood Law Firms gibt Michael Zander in *Justice for all*, 63–70. Besonders instruktiv ist dort (64–67) dargestellt, in welcher Weise das traditionelle anwaltliche Rollenverständnis der Hilfe für einen einzelnen Klienten zugunsten eines Konzeptes der Hilfe für die Gesamtheit der sozial Benachteiligten ergänzt und überwunden wird. Die Hauptmittel hierzu sind rechtliche Aufklärungsarbeit durch Vorträge und Broschüren, Rechtsreformarbeit mittels Musterprozessen und Gesetzgebungsvorschlägen, Bürgerinitiativen und Partizipation der sozial Benachteiligten bei der Leitung und der Arbeit der Neighborhood Law Firms.

72 Neuerdings gibt es in der Anwaltschaft Stimmen für eine Aufhebung des Werbeverbots und eine Kennzeichnung einer Spezialisierung. Vgl. Redeker, 101.

73 Vgl. auch Koschorke, 143.

74 Zum Vergleich: Nach einer repräsentativen Bevölkerungsumfrage über das Verhältnis der Bevölkerung zur Rechtspflege gaben 69 % der Oberschichtangehörigen an, einen Juristen in der Verwandtschaft oder Bekanntschaft zu haben, während dies im Durchschnitt der Bevölkerung nur bei 21 % und in der Unterschicht sogar nur bei 9 % der Fall war (Kaupen, 558).

75 Eine umfangreiche und methodisch gut abgesicherte Messung und Analyse der Einstellung unterschiedlicher Bevölkerungsgruppen zum Recht, zu Juristen und zu Gerichten findet sich bei Abel-Smith/Zander/Brooke, 248–257.

76 Gemeint ist das, was Carlin/Howard/Messinger, 61–76 "legal competence" nennen, nämlich "the ability to further and protect one's interests through active assertion of legal rights ... the competent subject will take initiative ... will see law as a resource for developing, furthering and protecting his interests" (61 f.). Vgl. auch Freeman, 165 f.

77 Bemerkenswert ist, daß diejenigen, die selbst die ÖRA-Beratung und die Interessenwahrnehmung durch einen Rechtsanwalt erfahren haben, der Ansicht c) in derartig gesteigertem Maße zustimmen. In den Antworten zu den Ansichten a), b), c) und f) scheint angedeutet, daß das in der Bevölkerung vorhandene Mißtrauen gegenüber der Rechtspflege durch eigene Erfahrungen nur noch verstärkt wird, da die Angehörigen der Befragtengruppe B über eine höhere Erfahrung mit der Rechtspflege verfügen. Zu diesem Ergebnis kam auch die schon in N. 74 zitierte repräsentative Bevölkerungsumfrage über das Verhältnis der Bevölkerung zur Rechtspflege. Vgl. Kaupen/Rasehorn, 497–499.

78 Vergleichend sei hier darauf hingewiesen, wie Anwälte über die Rentabilität des Zivilprozeßsektors in ihrer Anwaltspraxis denken. Um die Unkosten abzudecken und ein Gehalt zu erzielen, das am Richtergehalt orientiert ist, nimmt Franzen, 2054–2057, bei der Zugrundelegung von drei Gebühren und einem Zeitaufwand von insgesamt 4,5 Stunden einen Sollstreitwert von DM 5.000,– an bei einem Mandat mit äußerst knapper Informationserteilung, flotter, nicht tiefgründiger Bearbeitung, glattem Prozeßablauf und ohne Vorkorrespondenz mit der Gegenseite. Dagegen wurde bei einer Umfrage unter einer zufälligen Auswahl aus den in den Landgerichtsbezirken Bielefeld, Essen und Münster zugelassenen Rechtsanwälten – sie wurde im Jahre 1975 von Josef Falke, Bernhard Giese und Andreas Kehler während eines Forschungsaufenthaltes am Zentrum für interdisziplinäre Forschung der Universität Bielefeld durchgeführt – ein durchschnittlicher Streitwert von DM 1.500,– angegeben, bis zu dem unter Zugrundelegung von drei Gebühren und mittlerem Arbeitsaufwand ein Mandat unwirtschaftlich ist.

Die wirtschaftliche Abhängigkeit wirkt sich nach Angaben der befragten Anwälte auch auf das Verhalten des Anwalts im konkreten Streitfall aus. Von 57 Anwälten gaben auf die Frage „Wie häufig kommt es Ihrer Meinung nach bei schlecht verdienenden Anwälten vor, daß sie Streitigkeiten aufbauschen, um die Gebühren erschöpfend zu verdienen?", 13 Anwälte an, das komme selten vor, 39 meinten, dies sei gelegentlich der Fall, 4 äußerten, das sei der Regelfall, und 1 befragter Anwalt hielt ein solches Verhalten für ausgeschlossen. 84,3 % der befragten Anwälte waren der Auffassung, daß eine solche Haltung mit zunehmender Rentabilität der Praxis sinke, 81,1 % der befragten Anwälte gaben an, diese Haltung sei gegenüber gut orientierten Mandanten selten anzutreffen.

79 Vgl. im einzelnen Koschorke, 143 f.

80 Koschorke, 145.

81 In diesem Zusammenhang ist auch auf die versuchsweise Einführung einer obligatorischen Rechtsschutzversicherung im Jahre 1974 in Shreveport im Staate Louisiana hinzuweisen. Obwohl Angehörige der betroffenen Bevölkerungsschicht vermehrt Anwälte in Anspruch

nahmen und mit den erhaltenen Leistungen durchweg zufrieden waren, änderte sich an der traditionell ablehnenden Haltung der Versicherten gegenüber den Anwälten nichts (Hallauer, 223).

82 Hier nicht weiter zu behandeln ist die Zugangsbarriere, daß jemand sein Problem zutreffend als eines definiert hat, in dem Rechtshilfe benötigt wird, daß aber niemand für dieses Problem bestimmte Vorgehensweisen entwickelt hat. Diese Zugangsbarriere bezieht sich mehr auf die mangelnde Beteiligung an dem Prozeß der Rechtsregelerzeugung und hat Berührungspunkte mit dem Problem der latenten Rechtsbedürfnisse.

83 Zum Zusammenhang zwischen der mangelnden Beteiligung am Prozeß der Rechtsregelerzeugung und der Entfremdung gegenüber dem Recht und den Juristen vgl. Morris, 54 f.

84 Die Befragten, denen von der ÖRA ein Armenrechtszeugnis ausgestellt worden war, verteilten sich nach den Beratungsgebieten folgendermaßen:

- Ehescheidung 47,2 %,
- Unterhaltssache 25,0 %,
- sonstige Angelegenheiten 27,8 %.

85 Morris, 65 f.

86 Brinkmann, 89.

87 Vgl. allgemein hierzu: Schröder, 271–288 und Noll, 146–160.

88 Dieses alte Nebenziel der öffenlichen Rechtsauskunftstellen greift Ipsen, 12 wieder auf. Vgl. auch Trocker, B 90, der zustäzlich eine Zusammenarbeit mit Wissenschaft und Forschung vorschlägt.

Udo Reifner

Unentgeltliche Rechtsberatung in West-Berlin*

Die Diskussion um eine Verstärkung der Rechtsberatungs- und Rechtshilfemöglichkeiten für große Teile der Bevölkerung, die bisher faktisch davon ausgeschlossen sind, hat in neuerer Zeit wieder breiten Raum eingenommen (1). Bedauerlicherweise ist weniger die Ursache und Begründung eines von allen Autoren unterstellten Rechtsberatungsbedürfnis sozial Schwacher als vielmehr die Frage, wer unentgeltliche Rechtsberatung in welcher Form und von wem finanziert gewähren soll, Mittelpunkt der Diskussion. So scheint es in der Bundesrepublik im Gegensatz zu den skandinavischen Ländern, Großbritannien und den Niederlanden nur noch auf die Alternative eines Anwaltsmodells zur öffentlichen Rechtsberatung anzukommen, wobei die Argumente aus verschiedensten Bereichen durchsetzt von den unterschiedlichsten Interessen an der Rechtsberatung gleichsam beliebig gewichtet nebeneinander stehen. Dieser Mangel in der theoretischen Diskussion schlägt sich ebenfalls in der Vielfalt probeweise eingeführter Beratungsmodelle (2) nieder, die gleichfalls der Dichotomie zwischen Anwaltsmodell und staatlicher Rechtsberatung folgen.

Wenn aber dem Symptom, daß Teilen der Bevölkerung Rechte auf dem Papier zustehen, die sich für sie nicht in eine entsprechende faktische Handlungs- und Machtposition transformieren lassen, im wesentlichen kein Fehler des Rechts selber, sondern ein Fehler im Zugang zu den Rechtsdurchsetzungsinstanzen unterstellt wird, so müßte es naheliegen, die Problemdiskussion mit einer sozialwissenschaftlichen Bestandsaufnahme des vermeintlichen „Rechtsnotstandes" einzuleiten. Warum dies bisher nicht geschehen ist, liegt sicherlich nicht zuletzt in der traditionellen Distanz zwischen Rechts- und Sozialwissenschaften begründet, bei der die juristische Profession auch die Erforschung der tatsächlichen Grundlagen ihrer Arbeit zum rechtlichen Hoheitsgebiet erklärt hat, ohne selbst die Arbeit mit dem hierzu notwendigen sozialwissenschaftlichen Instrumentarium anzugehen. Dadurch, daß die Juristen bisher in der Diskussion um die unentgeltliche Rechtsberatung für sozial Schwache unter sich geblieben sind, fehlt es, abgesehen von geringen Ausnahmen (3), an Tatsachen, die die juristisch normativen Aussagen zu diesem Problem gewichten, einordnen und relativieren könnten. Diese Arbeit ist aber gerade deshalb so wichtig, weil bei an der Diskussion beteiligten Instanzen handfeste eigene materielle Interessen feststellbar sind, die die Gefahr bergen, daß die Interessen der eigentlich Betroffenen, die selbst zu einer Artikulation nicht in der Lage sind, oft nur in der Funktion eines Dekorum erscheinen. So ist nicht zu übersehen, daß die durch er-

* Die Arbeit versteht sich als eine Voruntersuchung, die die Möglichkeit der Hypothesenbildung für eine spätere Hauptuntersuchung schaffen sollte. Die Konzeption wurde mit Erhard Blankenburg und Ekkehard Klausa diskutiert, denen der Verfasser für Anregungen dankt. Bei der Zusammenstellung und Auswertung des empirischen Materials sowie in der Diskussion der Ergebnisse hat stud. jur. Peter Frank mitgearbeitet.

höhten Zugang junger Juristen sowie die Konzentration anwaltlicher Tätigkeit in Großpraxen zunehmend in finanzielle Bedrängnis geratene Anwaltschaft in einem System von staatlich finanzierten Berechtigungsscheinen eine gewisse Hilfe erfährt, die mit den Interessen der sozial Benachteiligten zunächst jedenfalls nichts zu tun hat. Auf der anderen Seite besteht ein Interesse der öffentlichen Verwaltung daran, durch eigene Rechtsberatung schon im gerichtlichen Vorfeld Schlichtungsmöglichkeiten für Konflikte mit dem Bürger zu schaffen, um dadurch eigenen Schutz, aber auch eine Entlastung wesentlich kostspieligerer gerichtlicher Schlichtung zu erreichen (4).

Schließlich haben auch die Verbände sowie die Rechtsschutzversicherungen eigene materielle Interessen an diesem Problembereich, da einmal die verbandliche Rechtsberatung ein wesentliches Werbemittel der Verbände in der Bundesrepublik (insbesondere Mieterverbände und Gewerkschaften) ist, zum anderen der Rechtsnotstand in Teilen der Bevölkerung zu den Marktbedingungen der Rechtsschutzversicherungen gehört.

Geht man jedoch in Übereinstimmung mit der gesamten einschlägigen Literatur davon aus, daß die Rechtshilfe für sozial Schwache in erster Linie dem Postulat materieller Gleichheit im Recht durch Kompensation sozialer Benachteiligungen in der Rechtsverfolgung geschuldet ist (5), so können die oben genannten besonderen Interessen nur insoweit Berücksichtigung finden, wie sie nicht mit den tatsächlich festgestellten Interessen und Bedürfnissen der in dieser Weise Benachteiligten kollidieren.

Mit der vorliegenden Studie sollte keine Partei für eines der in der Diskussion stehenden Modelle ergriffen werden, sondern in einer vorläufigen summarischen Untersuchung das empirische Feld abgesteckt werden, in dem unter den spezifischen Bedingungen in Westdeutschland und West-Berlin in einer Hauptuntersuchung das erhellt werden kann, was in den USA (6), in England (7), Holland (8) und Norwegen (9) als "Legal Needs", als Rechtsbedürfnis der Unterschichten, empirisch untersucht worden ist.

Entsprechend dem exploratorischen Charakter dieser Arbeit wurde zugunsten eines möglichst weit gefaßten Überblicks auf die Ausarbeitung eines zur Beschränkung legitimierenden theoretischen Gerüstes verzichtet. Die begrenzte Zeit und die begrenzten Mittel führten auch zu einer Selektion im Untersuchungsbereich, die keine vollständige Repräsentativität gewährleistet.

Die wesentliche Einschränkung der Untersuchung etwa gegenüber den erwähnten amerikanischen und holländischen Untersuchungen lag darin, daß sie sich auf die bestehenden Rechtsberatungsinstitutionen orientierte und allein hierüber vermittelt Kontakt zu den Ratsuchenden aufnahm. Wenn dennoch aus dieser Beschreibung der verschiedenen Rechtsberatungsinstitutionen und der Befragung und Beobachtung der dort Ratsuchenden allgemeine Aussagen über den Gegenstandsbereich abgeleitet werden, so liegt dem die Annahme zugrunde, daß die Palette der historisch neben der Anwaltschaft gewachsenen Rechtsberatungsinstitutionen in gewissem Rahmen als Antwort auf latente und artikulierte Rechtsbedürfnisse der Schichten geschaffen wurden, für die die anwaltliche Rechtsberatung nicht in allen Fällen zugänglich war. Indem alle Rechtsberatungsinstitutionen einbezogen wurden, die für die Unterschicht in Frage kamen, sowie die Befragung bei zwei Institutionen, der öffentlichen Rechtsberatung sowie der Rechtsberatung des Anwaltsvereins, jeweils in zwei Bezirken erfolgte, konnten aus der Parallelität der Ergebnisse gleichsam durch einen Spiegel vermittelt vorläufige Erkenntnisse gesammelt werden.

Die Untersuchung erfolgte dabei in zwei Phasen: Zunächst wurde mit Beratern in Institutionen der Rechtsberatung Kontakt aufgenommen und explorative Gespräche geführt, über die Gedächtnisprotokolle angefertigt wurden. Anschließend wurden für je eine Institution standardisierte Interviews mit offenen Fragen durch einen Interviewer gemacht, aus denen dann versucht wurde, vergleichbare Daten über diese Institutionen zu gewinnen. Dabei wurde dieser Überblick dadurch erschwert, daß die Institutionen selber entweder keine oder nach beliebigen rechtlichen Kriterien geordnete Statistiken führten und daher deren Informationen weitgehend auf Schätzungen und Sekundäranalysen beruhten.

In der zweiten Phase wurde sowohl in der Rechtsberatung des Anwaltsvereins als auch derjenigen der Bezirksämter jeweils über einen Zeitraum von 4 bzw. 5 Tagen eine Erhebung vorgenommen, bei der in einem standardisierten Fragebogen mit geschlossenen Fragen, die zunächst getestet worden waren, durch den Interviewer teilweise aus der teilnehmenden Beobachtung und teilweise aus direkter Befragung Antwortalternativen angekreuzt wurden. Ziel war es dabei, den normalen Verlauf einer Rechtsberatung so wenig wie möglich zu stören, um eine besondere Befragungssituation auszuschließen. Da sämtliche aus der teilnehmenden Beobachtung zu entnehmenden Daten von derselben Person erhoben wurden, sind Fehler durch verschiedene Dateninterpretation weitgehend ausgeschlossen. Eine weitere Fehlerkontrolle erfolgte dadurch, daß jeweils parallel in zwei Beratungsstellen desselben Typs eine Stichprobe erhoben wurde und zusätzlich in der öffentlichen Rechtsberatung ein Vergleich der eigenen Daten mit der Interpretation der nach juristischen Merkmalen unterteilten Statistik der Rechtsberatungsstelle die Ergebnisse stützte.

Die folgende Darstellung wird – ausgehend von den gesellschaftlichen Randbedingungen des „Rechtshilfebedürfnisses" – die verschiedenen Rechtsberatungsinstitutionen, die für dieses Bedürfnis in West-Berlin herkömmlicherweise bereitstehen, beschreiben und, nachdem die Defizite dieser Rechtshilfemöglichkeiten angedeutet worden sind, in der Beschreibung der öffentlichen Rechtsberatung sowie der Rechtsberatung des Anwaltsvereins einschließlich der dort erhobenen Daten versuchen zu klären, auf welche Mängel im bestehenden Rechtsberatungssystem diese Institutionen antworten können.

I. Das Rechtshilfebedürfnis in West-Berlin

Unter Rechtshilfebedürfnis soll im folgenden das Bedürfnis verstanden werden, das mit dem Ziel, Aufschluß über eigene Rechte und Rechtsverhältnisse (Rechtsberatung) und/oder Hilfe bei der rechtlichen Durchsetzung eigener Interessen (Rechtsbesorgung) zu erlangen, objektiv bei Bürgern feststellbar ist (10). Die besondere Bedeutung, die das Rechtshilfebedürfnis sozial Schwacher auch in der Diskussion in West-Berlin (11) erlangte, hat seine wesentliche Ursache in der Verstärkung von vier Bedingungsfaktoren:

1. dem Rechtshilfebedürfnis selber;
2. der Erreichbarkeit von rechtlichen Durchsetzungsmöglichkeiten für sozial Schwache;
3. der Artikulation eines Rechtshilfebedürfnisses durch die Unterschichten;
4. der Wahrnehmung dieser sozialen Problematik in der öffentlichen Meinung.

Diese Faktoren sollen im folgenden als theoretischer Ansatz zur Ordnung der konkreten Erscheinungen kurz skizziert werden.

1. Das Rechtshilfebedürfnis setzt voraus, daß a) Interessen innerhalb sozialer Beziehungen gegenüber Mitbürgern oder Institutionen, die nicht ohne fremde Hilfe durchgesetzt werden können, b) innerhalb eines rechtlich geregelten sozialen Bezugsfeldes bestehen, in dem c) dem betroffenen Bürger eigene durchsetzungsfähige Rechte zugeordnet sind, die ihm neue Handlungsmöglichkeiten einräumen oder Eingriffe in bestehende Handlungsmöglichkeiten illegalisieren (12).
In allen drei Faktoren, die für das Rechtshilfebedürfnis konstitutiv sind, lassen sich für West-Berlin besondere Entwicklungen verzeichnen.
West-Berlin hat als Großstadt mit 2.026.388 Einwohnern (13) eine besondere Dichte der sozialen Kontakte, die sich aus dem engen Zusammenleben von 4.421 Menschen pro Quadratkilometer im Durchschnitt sowie aus den verstärkten Abhängigkeitsbedingungen ergeben, bei der in einer fast vollständig arbeitsteiligen Lebensweise weder Konsumieren noch Arbeiten oder Wohnen als allein individueller Prozeß möglich ist. Dies wird dadurch angedeutet, daß 90,8 % der Erwerbstätigen unselbständiger Arbeit nachgehen (14) und 90 % der Wohnungen Mietwohnungen sind (15). Entsprechend dieser sozialen Dichte spielt die rechtliche Regelung von Konflikten eine erhebliche Rolle.
Auf die zunehmende rechtliche Normierung aller Lebensbereiche, insbesondere in den staatlichen Systemen der sozialen Sicherheit (16) wie aber auch im Mietrecht, Arbeitsrecht und Verbraucherrecht ist unter dem Stichwort der zunehmenden „Verrechtlichung sozialer Beziehungen" (17) bereits hingewiesen worden. Die Verrechtlichung der Daseinsfürsorge von der „freien" Wohlfahrtspflege zur gesetzesgebundenen Sozialhilfe, die umfangreiche Regelung im Bereich des Mietrechts, wo allein in West-Berlin bis Ende 1975 über 50 verschiedene Gesetze und Verordnungen das Wohnrecht nach sieben verschiedenen Haustypen normierten, sowie die gesetzliche Regelung der Ausbildungsförderung deuten diese Entwicklung an. Wesentlicher Antrieb dieser Welle der Verrechtlichung ist dabei vor allem auch der dritte das Rechtshilfebedürfnis konstituierende Faktor, nämlich die Zuordnung von Rechtspositionen gerade für bisher Unterprivilegierte.
So wird die Antwort auf die Frage nach der Möglichkeit justizieller Durchsetzbarkeit von Rechten nach Erlaß des Wohnraumkündigungsschutzgesetzes, des Kündigungsschutzgesetzes im Arbeitsrecht, der Widerrufs- und Formvorschriften im Abzahlungsrecht etc. geradezu Glaubwürdigkeitsvoraussetzung der entsprechenden Reformpolitik. Der stärkere Gebrauch der Gerichte spiegelt sich dabei in der relativ hohen Anzahl von Richtern (838) in West-Berlin wider, wobei ein Richter auf 2418 Bürger kommt, während in Bayern die doppelte Anzahl von Bürgern einem Richter gegenübersteht (18).

2. Die Stärke, mit der von den unteren Schichten ein Rechtshilfebedürfnis artikuliert wird, hängt einmal davon ab, inwieweit a) der in Frage kommende Personenkreis überhaupt in der Lage ist, seine jeweiligen Interessen erkennen, artikulieren und durchsetzen zu können, was je nach dem Interessenfeld entscheidend durch die Organisations- und Konfliktfähigkeit bestimmt ist, und b) inwieweit die eigenen Interessen als staatlich sanktionierte Rechtspositionen perzipiert werden, was um so stärker sein wird, je mehr ein Interesse außerhalb rein individueller Beziehungen als gemeinsames Interesse vieler Personen in der gleichen Lage erkannt wird. Die Transformation faktischer in rechtliche Interessen ist dabei eine wesentliche Barriere, da wichtige Rechtsgebiete wie das Unterhalts-

recht und das Sozialhilferecht sowie das Abzahlungsrecht weitgehend durch die Rechtsprechung geprägt und auch für einen Juristen oft schwer zu durchdringen sind.
Ein Rechtskundeunterricht an den Grund- und Hauptschulen besteht nicht, so daß oft die grundlegendsten Rechtsprinzipien wie die Bindung an die geleistete Unterschrift unbekannt sind. Ausschluß- und Verjährungsfristen stoßen, wie es in der Rechtsberatung deutlich wird, weitgehend auf Unverständnis. Eine entsprechende „Parallelwertung in der Laiensphäre“ findet somit für große Teile des Zivil-, Sozial- und Prozeßrechts nicht mehr statt.

3. Die ökonomischen Voraussetzungen des Zugangs, die gemeinsam mit der durch den Bildungsgrad bestimmten Fähigkeit zur Handhabung der komplizierten form- und fristgebundenen Rechtsverfolgungsmittel und den psychologischen Barrieren („Schwellenangst“) einen weiteren wichtigen Faktor bilden, sind auch in der juristischen Literatur anerkannt (19).
4. Das besondere Interesse, das der Rechtshilfe für sozial Schwache in der öffentlichen Meinung entgegengebracht wird, hängt davon ab, a) inwieweit sich ein soziales Gewissen durch verstärkte Information durch die Massenmedien herausbildet, b) inwieweit die Rechtlosigkeit bestimmter Bevölkerungsgruppen, nicht was das abstrakte Recht, sondern dessen faktische Durchsetzung anbetrifft, dazu führen, daß die Gefahr außerrechtlicher und damit unkontrollierbarer Formen der Interessenverfolgung entstehen. Als Beispiel hierfür könnte die Einrichtung einer unentgeltlichen Rechtsberatung durch ein Sanierungsunternehmen in einem West-Berliner Sanierungsgebiet dienen, nachdem bei ähnlichen Vorhaben vorher Mieterinitiativen entstanden waren, die für starke Unruhe gesorgt hatten und durch ihre über rechtliche Individualforderungen hinausgehenden Forderungen die Sanierungspolitik überhaupt in Frage stellten.

Abb. 1:

Faktoren der Entwicklung unentgeltlicher Rechtsberatungsformen für sozial Schwache:

		1	2	3
I	Rechtshilfe-bedürfnis	soziale Interessen, die nicht ohne staatliche Hilfe durchgesetzt werden können	rechtliche Normierung des entsprechenden Interaktionsfeldes	Rechte sozial Schwacher in diesem Feld
II	Erreichbare Rechtsverfolgungsinstanzen	finanzielle Erreichbarkeit durch sozial Schwache	bildungsmäßige Erreichbarkeit (Beherrschung der geforderten Form)	psychologische Erreichbarkeit (Hemmungen, „Schwellenangst“)
III	Artikulation des Rechtshilfebedürfnisses	Fähigkeit zur eigenen Interessenerkenntnis und -artikulation	Fähigkeit, eigene Interessen als Rechtspositionen zu identifizieren	
IV	Öffentliche Unterstützung des Rechtshilfebedürfnisses	soziales Bewußtsein	Befriedung und Kontrollierbarkeit sozialer Konfliktsituationen	berufsständische Interessen (Anwälte, Rechtschutzversicherung)

Aus den zusammengestellten Bedingungsfaktoren unentgeltlicher Rechtsberatung und Rechtshilfe wird bereits deutlich, daß die Frage nach den geeigneten Institutionen der Rechtshilfe für sozial Schwache unter der Prämisse, allein diesen Personen helfen zu wollen, wesentlich weiter gefaßt werden muß, um diesem Ziel auch in der Wirklichkeit gerecht werden zu können; denn wo es einfacher wäre, die soziale Hilfsbedürftigkeit als Grundlage des Rechtshilfebedürfnisses für bestimmte Personen in einem bestimmten Interessenbereich aufzuheben oder zu mildern, wäre ein Rekurs auf die Rechtshilfe insoweit nicht gerechtfertigt. Eine theoretische Vertiefung dieses hier rein hypothetisch aufgezeigten Bedingungszusammenhanges wird für die Hauptuntersuchung unumgänglich sein. In der vorliegenden Studie können anhand der beobachteten Institutionen und Ratsuchenden die einzelnen Faktoren nur illustriert werden.

II. Die bestehenden Rechtshilfesysteme in West-Berlin

Bei den verschiedenen Personenkreisen, bei denen die Bedingung fehlender individueller Selbsthilfemöglichkeit (20) als Grundvoraussetzung aller Rechtshilfe gegeben ist, kann je nachdem, welche anderen Bedingungen fehlen, eine andere Institution gefordert sein, um die entsprechenden Bedürfnisse befriedigen zu können. Diese Institutionen sind jedoch nicht aus den oben aufgezeigten Bedingungen linear zu extrapolieren, sondern ordnen sich innerhalb der wesentlichen Bestimmungsfaktoren, die allen gesellschaftlichen Institutionen gemein sind. Danach kann dem oben dargestellten Bedingungsrechteck aus der Sicht der Rechtshilfebedürftigen ein Bedingungsrechteck aus der Sicht der Rechtshilfegewährenden entgegengesetzt werden. Rechtshilfe wird in diesem Zusammenhang im wesentlichen nur dann gewährt, wenn für die rechtshilfegewährende Institution ein materieller oder ideeller Nutzen aus der Rechtshilfe ableitbar ist, wobei die Art des Nutzens, wie bereits in Spalte IV des obigen Bedingungsrechtecks angedeutet, für den Umfang der Befriedigung bestehender Rechtshilfebedürfnisse relevant ist. Bei dem folgenden Bedingungsrechteck ist dabei keine jeweils eindeutige Zuordnung bestehender Institutionen unterstellt, sondern eine Kumulation verschiedener Faktoren durchaus möglich.

In der Form privater Initiative kann Rechtshilfe

1. dem Interesse der Einkommenserzielung dienen,
2. kollektiver Interessenausdruck individueller Rechtsbedürfnisse sein,
3. als Mittel verbands- oder parteipolitischer Werbung dienen und
4. auf individuelle religiöse oder ethische Maximen zurückzuführen sein.

In der Form öffentlicher Interessen kann Rechtshilfe

5. als Teil sozialer Daseinsvorsorge und
6. als ordnungspolitisches Mittel dienen.

Die Aufspaltung zwischen kollektivem Interessenausdruck und verbandlichem Werbemittel (2. u. 3.) ist dadurch notwendig, weil in größeren Einheiten kollektiver Interessenvertretung die verbandspolitischen Ziele in einer Abstraktheit entweder das Rechtshilfebedürfnis der Mitglieder konkret überhaupt nicht umfassen oder aber durch ihren Abstraktionsgrad oder durch den Grad der Bürokratisierung zu diesen Bedürfnissen konkret nicht mehr vermittelt sind, so daß Rechtshilfe außerhalb der Interessenvertretung als Service und damit als Werbemittel erscheint.

Für die einzelnen Voraussetzungen dieser Bedingungen soll hier ein Hinweis im Bedingungsrechteck (siehe Abb. 2) genügen.

Abb. 2:

Faktoren zur Bildung von Rechtshilfeinstitutionen durch Dritte:

		1	2	3
I	Erzielung von Einkommen	Kommerzialisierbarkeit der Rechtshilfe	Zahlungsfähigkeit der Klienten oder sie vertretender Instanzen	
II	Kollektive Selbsthilfe	Organisations-, Konfliktfähigkeit		
III	Politische Verbandswerbung	Bestand einer an der entsprechenden Werbung interessierten Organisation	Beitrittsfähigkeit des Rechtshilfeadressaten	
IV	Religiöse oder ethische Motive	Bestand einer mit entsprechenden sachl. und pers. Mitteln ausgestatteten Organisation		
V	Öffentliche Daseinsvorsorge	Bereitstellung öffentlicher Mittel	Gleichheit in der Mittelverteilung	politische Durchsetzbarkeit
VI	Erhaltung öffentlicher Ordnung	Rechtshilfebedürfnis als Konfliktpotential	konkrete Gefährdung der öffentlichen Ordnung	öffentliche Mittel

Im folgenden sollen die einzelnen Rechtsberatungsinstitutionen ohne jeweils ausdrückliche Einordnung in diesen Bedingungszusammenhang beschrieben werden, um eine Antwort darauf zu finden, welche Möglichkeiten den Rechtsuchenden in West-Berlin bereits real zur Verfügung stehen.

1 Anwaltliche Rechtsberatung

Für die rechtliche Dienstleistung stehen in West-Berlin 1435 Rechtsanwälte (nach dem Verzeichnis des Berliner Anwaltsvereins) zur Verfügung, d.h. also auf 1412 Bürger käme ein Rechtsanwalt, eine sicherlich ausreichende Versorgungsmöglichkeit. Da die anwaltliche Beratung jedoch nicht wie die ärztliche Behandlung im konkreten Fall jeweils unentgeltlich bereitsteht, sehen sich weite Bevölkerungsteile nicht in der Lage, einen Anwalt, wenn auch nur zu einer Beratung, in Anspruch zu nehmen, zumal die Beratung für sie immer dann dringend erscheint, wenn sie bereits durch bestimmte Umstände wie Kündigung und Arbeitslosigkeit in eine ohnehin angespannte wirtschaftliche Situation geraten sind. In 71 bzw. 65 % der erfaßten Fälle dieser Untersuchung war der Konflikt akut. Immerhin müssen sie damit rechnen, im Fall einer Wohnraumkündigung bei einer Monatsmiete von DM 400,– bis zu DM 236,– für die Auskunft darüber zu zahlen, ob diese Kündigung rechtmäßig war. Ehescheidungs- und Unterhaltsfragen betreffen gleichfalls hohe Streitwerte und sind daher kostspielig. Einhellig geben alle Befragten bei der öffentlichen Rechtsberatung als Grund dafür, daß sie keinen Anwalt aufgesucht haben, an, daß ihnen hierzu die fianziellen Mittel fehlen. Auf der anderen Seite konnte in einzelnen Fällen beobachtet werden, daß bei Fragen mit geringem Streitwert vom aufgesuchten Anwalt der Verweis an die unentgeltliche öffentliche Rechtsberatung erfolgte, da der hierfür von ihm verlangte Zeitaufwand durch die Gebühren nicht abgegolten würde und er höhere Gebühren mit dem sozial Schwachen nicht vereinbaren wollte. Da Streitwerte bis DM 300,– bei einem einfachen Prozeß ohne Beweisaufnahme dem Anwalt DM 95,– und Streitwerte bis DM 500,– nur DM 116,– einbringen (dies sind etwa Verbraucherstreitigkeiten oder Mietstreitigkeiten um Mietmängel), ist fraglich, ob Streitwerte unter DM 500,– überhaupt zu einer kostendeckenden Arbeit führen, zumal bei gering gebildeten Klienten ein erheblich größerer Zeitaufwand zur Erarbeitung des juristisch relevanten Sachverhaltes und Beantwortung verstärkter Rückfragen notwendig ist. Damit wären immerhin 39 % der 1974 bei den Berliner Amtsgerichten geführten Prozesse unter der Grenze, die für einen Anwalt interessant sind (vgl. Anlage 4). Daß hierbei der Streitwert nichts über die persönliche Relevanz eines Konfliktes oder einer Forderung für den Betroffenen aussagt, dürfte in Anbetracht der unterschiedlichen sozialen Ausgangslage der Betroffenen offensichtlich sein.

Neben der absolut dominierenden finanziellen Barriere bestehen jedoch zusätzlich auch Vorstellungen bei den Ratsuchenden über Rechtsanwälte, die dazu führen, daß sie sich auch bei Unentgeltlichkeit nicht anwaltlich beraten lassen würden. So gehen einige gerade sozial schwache Bürger davon aus, daß der Anwalt ihre Interessen schon deshalb nicht angemessen vertreten würde, weil er auch im Falle des Unterliegens im Prozeß seine Gebühren in gleicher Höhe bekomme. Außerdem versuche jeder Anwalt aus jedem Fall, gleichgültig, ob erfolgversprechend oder nicht, einen Prozeß zu machen, um hieran zu verdienen (zu den weiteren Gründen vgl. Anhang 2b). Interessanterweise verlangten in der öffentlichen Rechtsberatung einige Ratsuchende nach den Adressen von Anwaltskollektiven, von denen sie aufgrund der Informationen im Fernsehen die Vorstellung hatten, daß diese rückhaltlos die Interessen der Mandanten vertreten würden. Vereinzelt wurde auch ausgesprochen, Anwälte würden sich nicht für „kleine Leute" interessieren. Zwei der ca. 100 Befragten gaben an, daß sie nicht wüßten, „wie man das beim Anwalt mache", was der Anwalt für den Klienten tun könne, ob dort jeder hingehen könne etc.

Weitgehend wird auch mit der anwaltlichen Beratung bereits eine gerichtliche Durchsetzung verknüpft, die gerade die sozial schwachen Ratsuchenden in der Regel, wenn es nur irgendwie auf andere Weise regelbar ist, vermeiden möchten. Ein Spiegel dieser Barrieren, anwaltliche Hilfe in Anspruch zu nehmen, bietet die Prozeßstatistik der Amtsgerichte für 1974, nach der im Durchschnitt aller Berliner Amtsgerichte 72,9 % der Beklagten nicht anwaltlich vertreten waren. In 38,8 % der Prozesse trat einem anwaltlich vertretenen Kläger der Beklagte ohne Anwalt entgegen. Im „Arbeiterbezirk" Neukölln war dies sogar in 43,3 % der Prozesse der Fall. In 34,1 % (Neukölln 33 %) der Prozesse waren beide Parteien nicht anwaltlich vertreten, während nur in 23 % (19,6 %) beide Parteien und in 4 % (4,1 %) allein der Beklagte anwaltlich vertreten waren (vgl. Anhang 4).

Abb. 2a:

Anwaltliche Vertretung vor den Amtsgerichten 1974	
Anwaltlich vertreten:	
Kläger allein	38,8 %
Beklagter allein	4 %
Beide	23 %
Keiner	34,1 %
nicht anwaltlich vertreten:	
Beklagter	72,9 %
Kläger	27 %

Nur in 3,4 % aller erledigten Verfahren erhielt der Kläger 1974 das Armenrecht, während der Beklagte nur in 0,4 % das Armenrecht erhielt. Dabei ist davon auszugehen, daß der Prozentsatz der Unterschicht, der mit dem Gericht zu tun hat, nur ein Drittel des entsprechenden Prozentsatzes der Oberschicht ausmacht (21). Aus einer Untersuchung von Kaupen (22) ergibt sich die Differenz der Kontakte entsprechend der sozialen Stellung, die gewisse Ähnlichkeit mit den eigenen Daten zur Klientel der beiden unten beschriebenen unentgeltlichen Rechtsberatungen haben:

Abb. 2b:

Kontakt mit Anwälten in %	
Oberschicht	77 %
berufstätige Männer	53 %
nicht berufstätige Frauen	33 %
im Durchschnitt aller Befragten	44 %

Aus dem mangelnden Kontakt zwischen Unterschichten und Anwaltsstand läßt sich nicht schließen, daß diese in geringerer Weise mit rechtlich relevanten Problemen belastet sind, da einmal die Anzahl der Mahnverfahren mit 181.491 für 1974, bei denen nur in ca. 10 % der Fälle Widerspruch eingelegt wurde, zum anderen die hohe Quote von 29,1 % Versäumnisurteilen (vgl. Anlage 4) von den erledigten Prozessen vermuten lassen, daß insgesamt nur eine geringere Abwehrbereitschaft oder Abwehrfähigkeit vorliegt. Diese Annahme wird auch dadurch bestätigt, daß in der Rechtsberatung oft Rechtsbeeinträchtigungen zur Sprache kommen, die eine Vielzahl von Mitmietern, Verbrauchern etc. betreffen, jedoch allein von dem betreffenden Ratsuchenden abgewehrt werden (23). Unrecht wird in den Unterschichten nicht selten als Recht angesehen, nur weil die Mitbürger im näheren Umkreis in gleicher Weise beeinträchtigt sind (24). Gegen die finanzielle Barriere ist auch die Rechtsschutzversicherung kein wirksames Mittel, da die durch sie hervorgerufene Dauerbelastung des Haushalts von den einkommensschwachen Schichten nicht getragen werden kann, zum anderen ihnen oft die Gefahr, in gerichtliche Verfahren hineingezogen zu werden, nicht akut genug erscheint.

Im Ergebnis kann gesagt werden, daß große Teile der Bevölkerung, soweit es den ständigen Rechtsrat für konkrete Verhaltensweisen anbetrifft, vollkommen, und soweit es die gerichtliche Durchsetzung betrifft, zum großen Teil aufgrund ihrer sozialen (ökonomischen und psychologischen) Lage, aufgrund der Kosten des Anwalts und seiner Beratungsbereitschaft von der anwaltlichen Dienstleistung ausgeschlossen sind.

2 Rechtsberatung durch Verbände

Obwohl in § 3 der Bundesrechtsanwaltsordnung (i.V. mit dem RBerG) den Anwälten die wesentliche Funktion in der Rechtsberatung und justiziellen Interessenvertretung zugesprochen ist, bedeutet ein faktischer Ausschluß von der anwaltlichen Dienstleistung noch nicht, daß der Bürger gänzlich von juristischem Rat und rechtlicher Vertretung ausgeschlossen ist.
In den konfliktträchtigen Lebensbereichen, die kollektive Interessengegensätze aufweisen, haben nicht-staatliche Organisationen immer mehr die rechtliche Beratung und Vertretung ihrer Mitglieder übernommen. Es wäre falsch, diese Funktionsübernahme, die in § 7 RBerG ihre gesetzliche Absicherung erfahren hat, aus der Lücke in der rechtlichen Betreuung breiter Bevölkerungsschichten zu erklären. Vielmehr liegt ihr Ursprung und weitgehend auch heute ihre offizielle Begründung darin, daß die kollektive Interessenwahrnehmung zur Durchsetzung der Interessen der Mitglieder alle Möglichkeiten koordiniert einzusetzen erfordert, zu denen auch die rechtliche Durchsetzung gehört. Sie unterscheiden sich daher prinzipiell von der entgeltlichen Dienstleistung des Anwaltsstandes, indem sie die rechtliche Durchsetzung in den Zusammenhang ihrer allgemeinen Politik stellen. Andererseits schließen diese Institutionen der Rechtsberatung den Inhalt der anwaltlichen Dienstleistung ein (in Einzelfällen beschränken sie sich auch auf eine bloße Ersetzung dieser Funktion) (25), so daß sie in die Betrachtung des „Rechtsverfolgungs- und -durchsetzungsnotstandes“ einbezogen werden müssen.

a) Gewerkschaften

In erster Linie sind hier die Rechtsberatungsinstitutionen der Gewerkschaften zu nennen.
Sie erteilen auf dem Gebiet des Arbeits- und Sozialrechts Rechtsauskünfte und übernehmen die Vorbereitung und Durchführung von Prozessen auf ihre Kosten, jedoch in Übereinstimmung mit dem RBerG nur an Mitglieder, wobei darüber hinaus der Nachweis der laufenden Beitragszahlung erbracht werden muß. Auf diese Voraussetzungen wird streng geachtet. Nicht-Mitglieder werden ohne Ausnahme abgewiesen. Eine Mitgliederwerbung in der Weise, daß nichtorganisierte Ratsuchende sofort beitreten können und dann rechtliche Hilfe erhalten, findet nicht statt, da eine dreimonatige Wartezeit verstrichen sein muß (Rechtsschutzrichtlinien der ÖTV, vgl. Anhang 7). In schwierigen Fällen schaltet die Gewerkschaft gleichfalls auf ihre Kosten einen Rechtsanwalt ein. Die Gewährung von Rechtsschutz setzt jedoch eine Entscheidung voraus, die insbesondere die Prüfung der Erfolgsaussicht des Begehrens mit einbezieht.
Der durch diese unentgeltliche Rechtsberatung betroffene Kreis von Arbeitnehmern ist nicht unerheblich. So umfaßt z.B. allein die ÖTV Berlin ca. 70 000 und die IG Metall Berlin ca. 60 000 Mitglieder, die rechtsschutzberechtigt sind.
Beide Gewerkschaften beschränken sich auf die Beratung und Rechtshilfe in arbeitsrechtlichen Fragen und verweisen bei sozialrechtlichen Fragen an die Rechtsberatungsstelle beim DGB in Berlin.
Die Rechtsberatungsstelle der ÖTV ist mit insgesamt 21 Beratungsstunden (3 Sekretäre mal 7 Stunden) pro Woche für die Mitglieder geöffnet. Die Beratung erfolgt durch zwei Rechtsschutzsekretäre und einen Volljuristen. Im Berichtszeitraum von

1967–1971 wurden 1.975 gerichtliche Termine wahrgenommen, 2.752 Schriftsätze und 15.964 Briefe, Berichte etc. geschrieben.
Die Rechtsberatungsstellen werden in erster Linie (entsprechend der Zusammensetzung der ÖTV) von Angestellten, in wesentlich geringerem Maße von Arbeitern und vereinzelt von Rentnern in Anspruch genommen. Pro Jahr nehmen etwa 2.000 Ratsuchende diese Beratung direkt in Anspruch, ohne daß die durch die Abteilungen und Personalräte erfolgte Beratungstätigkeit, für die sie ebenfalls in Kursen geschult werden, berücksichtigt ist. In der überwiegenden Zahl der Beratungen müssen gerichtliche Verfahren durchgeführt werden.
Bei der IG Metall arbeiten drei Rechtsschutzsekretäre mit rund 18 Stunden direkter Beratungstätigkeit. Auch hier steht die gerichtliche Durchsetzung bei weitem im Vordergrund. Nur in wenigen Fällen wird die Prozeßführung nach Anfertigung einer Klage dem Ratsuchenden überlassen. Im wesentlichen handelt es sich bei den Ratsuchenden um Arbeiter. Schätzungsweise 60 % der Klienten sind ausländische Arbeitnehmer. Rentner kommen nur vereinzelt zur Rechtsberatung.
Die Gewerkschaft Nahrungs-, Genußmittel und Gaststätten organisiert 12.000 Mitglieder und hat einen hauptamtlichen Rechtsschutzsekretär. Mit ca. 110 Gerichtsverfahren beim Arbeits- und beim Sozialgericht 1974 hat ihre Beratungstätigkeit ein entsprechend geringeres Ausmaß. Daß ihre Konzeption der Rechtsberatung aber der Vorstellung einer anwaltlichen Dienstleistung weit näher kommt, zeigt sich darin, daß sie ab 1.1.1975 alle Mitglieder in einer Familienrechtsschutzversicherung versichert hat, wodurch unentgeltlicher anwaltlicher Rechtsschutz in Schadensersatzangelegenheiten und bei schuldrechtlichen Verträgen (insbesondere also Verbraucherschutz) mit Ausnahme von Fragen der Wohnraummiete sowie bei Beratung in familien- und erbrechtlichen Fragen gewährt wird.
Mit dieser neuen Dienstleistung wird aktive Mitgliederwerbung betrieben.

Diese Rechtsschutzversicherung löst allerdings noch keinesfalls alle Rechtsprobleme der Mitglieder, da in den wichtigen Bereichen des Familien- und Erbrechts nur die reine Beratung unentgeltlich ist und so wichtige Bereiche wie das Mietrecht und die Ansprüche auf staatliche Leistungen ausgeklammert bleiben. Es besteht auch keine große Wahrscheinlichkeit, daß dieses System für einen bedeutenden Bevölkerungsteil verallgemeinert wird, da hierdurch die gewerkschaftlichen Gelder weitgehend für die teuerste Form der Interessenvertretung, nämlich die juristische, verwandt werden müssen, was dem heutigen gewerkschaftlichen Selbstverständnis nicht entspricht. Ähnliche Vorhaben bei den großen Gewerkschaften sind auch nicht bekannt.
Der gewerkschaftliche Rechtsschutz ist daher nur im Arbeitsrecht Ersatz für die anwaltliche Rechtsberatung. Außerdem bezieht er sich nur auf Mitglieder, die 1 % ihres monatlichen Bruttoeinkommens als Beiträge abführen müssen. Arbeiter und Angestellte, die diese Beträge nicht aufbringen wollen, sind ausgeschlossen. Ausgeschlossen sind aber vor allem Gruppen, die von ihrer beruflichen Stellung her sich nicht gewerkschaftlich bzw. im Beamtenbund etc. organisieren können. Hierzu zählen Schüler und Studenten (Ausnahme GEW), Hausfrauen, Kleingewerbetreibende und Kleinhändler sowie Witwen und diejenigen Rentner, die sich während ihrer Berufstätigkeit nicht organisieren konnten oder es aus anderen Gründen versäumt haben.

b) Mieterverbände

Eines anderen Lebensbereichs, nämlich der Wohnsituation, haben sich die Mieterverbände angenommen. Die drei Berliner Mieterverbände, der Berliner Mieterverein e.V. (Mitglied im Deutschen Mieterbund), die Berliner Mietergemeinschaft e.V. und der Mieterschutzbund e.V., unterhalten sämtlich Mieterberatungsstellen für ihre Mitglieder, die mit juristisch geschultem Personal, teilweise auch mit Volljuristen oder Rechtsanwälten, besetzt sind (26).
Der Berliner Mieterverein e.V. mit ca. 10 000 Mitgliedern unterhält in den verschiedenen Bezirken vier Beratungsstellen, in denen jeweils einmal in der Woche 2 Stunden durch drei Berater (ein jur. Assessor, ein Rechtsstudent und ein Nicht-Jurist) Rechtsrat an Mitglieder erteilt wird. In der monatlichen Beitragszahlung zwischen DM 2,50 und DM 5,50 ist das Recht auf unentgeltliche gerichtliche Vertretung in Mietsachen enthalten. Pro Woche werden auf diese Weise ca. 70 Personen beraten. Das Schwergewicht der Erwartungen liegt in der Interessenvertretung gegenüber dem Vermieter ohne Inanspruchnahme der Gerichte. In fast allen Fällen werden Schreiben an den Vermieter abgefaßt, während nur in ca. 20 % der Fälle eine gerichtliche Durchsetzung notwendig ist. In diesen 20 % wird entweder ein Anwalt vermittelt oder direkt Klage erhoben oder aber die Klage nur vorformuliert. Unter den Ratsuchenden fällt auf, daß insbesondere höhere Einkommensgruppen über DM 1 600,– Monatsverdienst sowie ältere Personen von der Beratungsmöglichkeit Gebrauch machen.
Die Berliner Mietergemeinschaft e.V. unterhält zwei Beratungsstellen mit 2 bzw. 3 Beratungsstunden pro Woche für ihre ca. 1200 Mitglieder. In der Beratung wechseln sich 43 Berater (Rechtsanwälte, Gerichtsreferendare und Rechtsstudenten) ab. Die Ratsuchenden sind, was auch durch den Standort der Beratung mitbedingt ist, vorwiegend Arbeiter und in zweiter Linie Schüler und Studenten. Von den ca. 50 Beratungen pro Woche führen etwa 75 % zu Formulierungshilfen bei Briefen an den Gegner, während in ca. 10 % die Mietergemeinschaft im eigenen Namen im Auftrag des Mitglieds sich an den Vermieter wendet. In 10 % der Fälle erfolgt mit Hilfe der Mietergemeinschaft eine Klageerhebung und Prozeßvertretung. Beide Mieterorganisationen unterstützen ihre Beratung durch (entgeltliche bzw. unentgeltliche) Rechtsaufklärungsbroschüren, und beide verfügen über eine eigene Zeitung. (Vom Mieterschutzbund e.V. konnte keine Auskunft erreicht werden.)
Daß durch diese Verbände nur ein geringer Teil der Mieter in West-Berlin beraten werden kann, ergibt sich schon daraus, daß weniger als 1 % der Berliner Mieter dort organisiert ist, wenngleich die Möglichkeit des Beitritts prinzipiell allen Mietern offensteht, während in berufständischen Organisationen ca. 30 % organisiert sind. Noch weitaus stärker als gegenüber der Rechtsberatung der Gewerkschaften besteht bei vielen Bürgern jedoch das Vorurteil, gegenüber der Inanspruchnahme eines Anwalts handele es sich bei dieser unentgeltlichen Beratung um Rechtsberatung zweiter Klasse. Mieterverbände seien eher für die allgemeine Durchsetzung neuer Rechte zuständig und als wohnungspolitische Organisationen für Individualhilfe wenig geeignet.
Die bestehenden Aufklärungsdefizite der Bevölkerung in Mietfragen versuchen verschiedene sehr kämpferisch eingestellte Mieter-Komitees auszugleichen, die vor Gericht oft als geschlossene Gruppen von Klägern auftreten. Über ihre Rechtsberatungstätigkeit ist nichts bekannt.

Die Jungsozialisten führen in zwei Bezirken in einem „Juso-Laden“ Beratungen durch. Ihre Werbezettel sind mit „Mieterberatung, Sanierungsfragen, Schulprobleme, Wohngeld, Beratung in sozialen Fragen“ überschrieben. Gegen zwei von den Jungsozialisten eingerichtete Beratungsbüros hat die Staatsanwaltschaft 1975 ein Verfahren wegen Verstoßes gegen das Rechtsberatungsgesetz eingeleitet, dann jedoch eingestellt, da sie, wie es in einem Schreiben heißt, davon ausging, daß dort keine konkrete Rechtsberatung, sondern nur allgemeine Aufklärung erfolge. Eine Aktivität dieser Büros im Untersuchungszeitraum war nicht festzustellen.

c) Verbraucherverbände

Gegenüber den vorstehend genannten Organisationen geben Verbraucherschutzverein e.V. und ADAC an, daß sie keine Rechtsberatung vornehmen. Der Verbraucherschutzbund wertet Beschwerden der Bürger bei bestimmten Vertragspraktiken nur für Klagen i.S. des UWG aus. Ein Antrag auf Genehmigung individueller Rechtsberatung, die nach Auffassung dieser Organisation erst einen wirklichen Informationsfluß über bestimmte Geschäftspraktiken erlauben würde, wurde vom Amtsgerichtspräsidenten abgelehnt. Auch der ADAC würde in verkehrsrechtlichen Fragen individuelle Rechtsberatungsmöglichkeiten begrüßen, sieht sich jedoch durch den bestehenden Rechtszustand ebenso wie der Verbraucherschutzbund an einer Rechtsberatung gehindert, obwohl in der Literatur (27) die Meinung vertreten wird, § 7 RBerG gelte auch für diese Organisationen.
Neben diesen privaten Formen der unentgeltlichen Rechtsberatung kann noch auf die Rentenberatungsstellen bei den Bezirksämtern sowie auf die im Rahmen ihrer juristischen Kenntnisse mögliche Rechtsberatung der Sachbearbeiter im Sozialamt hingewiesen werden, die ebenso wie die angeführten Modelle bereichsspezifisch sind.

III. Wo liegen die Defizite in der Rechtsberatung?

Die Tätigkeit der freien Anwaltschaft deckt nicht alle Rechtshilfebedürfnisse der Bevölkerung ab. In der bestehenden Lücke bieten Gewerkschaften, Mieterverbände und politische Organisationen unentgeltliche Rechtsberatung an.

Diese Rechtsberatung erfaßt jedoch wiederum nur einen bestimmten Teil der unbefriedigten Rechtsberatungsbedürfnisse, da sie einmal bereichsspezifisch ist (Arbeits- und Sozialrecht, Miet- und Wohnrecht), zum anderen auf Mitgliedschaft beschränkt ist, zu deren Voraussetzung nicht nur der Beitritt gehört. Eine dritte Selektion erfolgt aus der Form und Praxis dieser Rechtsberatung.
Erst ein Überblick über diese vier Faktoren (Finanzkraft, Beratungsbereich, Organisationsmöglichkeit, Form des Rechtsberatungsbedürfnisses) und die hierdurch bestimmte Gruppe gibt Aufschluß über den verbleibenden Rechtsnotstand, gleichzeitig aber auch über die jeweils verschiedenen Anforderungen seiner Überwindung. Über den Zugang zur freien Anwaltschaft ist bereits oben gesprochen worden. Es bleiben also die Beziehungen zu den anderen Rechtsberatungsmöglichkeiten zu erörtern.

1. Es fällt zunächst auf, daß ein so wesentliches Rechtsgebiet, wie das Familien- und Erbrecht in keiner Weise entsprechende Möglichkeiten der Interessenvertre-

tung durch große Organisationen aufweist. Dies ist um so gravierender, als gerade im Prozeß zunehmender Gleichberechtigung von Mann und Frau, Eltern und Kinder sich der allgemeine Entwicklungsstand nicht mehr durch die Kraft eines Betroffenen allein in der Familie durchsetzen läßt. Fragen der Rechte der Frau gegenüber dem Mann, Unterhaltsrechte der Kinder für ihre Ausbildung, Möglichkeiten und Folgen der Ehescheidung bleiben unbeantwortet gerade in den Schichten, in denen die wohl noch autoritärsten Familienstrukturen vorherrschen (28). Hinzu kommt, daß Fragen des Erbrechts wie Testamentaufstellung und Erbausschlagung bei überschuldetem Nachlaß von den Betroffenen ohne fremde Hilfe allein bewältigt werden müssen.
Daneben steht die fehlende Rechtsberatung im Bereich des Verbraucherschutzes. Da niedriges Einkommen und geringer Bildungsstand in der Regel kumulieren, sind gerade die Unterschichten in besonderer Weise durch unseriöse Geschäftspraktiken bedroht.

2. Neben dieser sektoriell unterschiedlichen Möglichkeit, seine Interessen mit rechtlichen Mitteln durchzusetzen, sind es bestimmte Personengruppen, die von ihrem Einkommen her für anwaltliche Beratung nicht in Frage kommen und deren besondere berufliche, soziale und bildungsmäßige Situation sie von den gesellschaftlich vorhandenen Hilfsmöglichkeiten ausschließt. Zu diesen Gruppen gehören vor allem die Rentner, Arbeitslosen, Ausländer, Schüler und Studenten sowie die Hausfrauen, soweit es um Interessen geht, deren Durchsetzung mit den Interessen des geldverdienenden Ehegatten kollidieren. Die quantitative Bedeutung dieser Gruppen in West-Berlin ist keineswegs gering.
Von der Rentenversicherung der Arbeitnehmer lebten 1974 283.574 Personen. Die Zahl der Arbeitslosen ist inzwischen auf über 40.000 gestiegen, wobei gerade die unteren Einkommensschichten der gering qualifizierten Arbeitnehmer besonders betroffen sind. 1973 waren in West-Berlin 169.529 Ausländer beschäftigt. Die Zahl der Schüler und Studenten betrug 1970 249.195.
Sicherlich gehört in diesen Gruppen, die mehr als ein Drittel der Bevölkerung ausmachen, eine große Anzahl von Personen nicht zu den sozial Schwachen, die sich keinen Rechtsanwalt leisten können, selbst wenn man realistischerweise die Einkommensgrenze hierfür nicht beim Sozialhilfesatz ansiedelt (29). Aber auch wenn man die unterste soziale Gruppe betrachtet, zeigen die Zahlen doch ein erhebliches Gewicht. Allein 71.310 Personen (= 3,56 % der Wohnbevölkerung) waren 1974 Empfänger laufender Sozialhilfeleistungen, und die Gruppe der Verwitweten mit Rentenbezug betrug im selben Jahr 121.162 Personen (= 6 %).

3. Neben dieser einkommensmäßigen Unterteilung ist eine in der Regel nicht ausnahmslos hiermit korrelierende Einteilung nach der Art des Rechtsberatungsbedürfnisses vorzunehmen. Dabei wäre zu unterscheiden zwischen den Personen, die in der Lage sind, in einer bestimmten sozialen Konfliktsituation ihre Interessen selbst zu formulieren, indem sie den Anspruchsgegner, die Konfliktursache und das erstrebte Ziel definieren können und aus der Überzeugung über die Richtigkeit ihres Ziels die Kraft für dessen Verfolgung ableiten. Auf der anderen Seite wäre die Gruppe von Personen zu nennen, bei denen die oben genannten Voraussetzungen nicht vorliegen und die allein aus der undifferenzierten Feststellung ihrer Lage ein pauschales nicht-gerichtetes Hilfsbedürfnis artikulieren können (Sozialhilfementalität). Während zu der ersten Gruppe, die insbesondere unter den Ratsuchenden bei Gewerkschaften und Mieterverbänden zu finden

sind, vor allem Personen zählen, die einen höheren Bildungsstand haben sowie in bestimmten sozialen Gruppen (wie Betriebsbelegschaft, Universität, Schule und intakter Familie), in denen eine ständige Interessendefinition und -durchsetzung erfolgt, fest eingefügt sind, läßt sich aus dem Verhalten der Ratsuchenden bei der öffentlichen Rechtsberatung schließen, daß zur zweiten Gruppe Personen mit geringer Bildung, insbesondere aber Frauen gehören, die in einer Ehe durch den Mann von jeglicher Interessenvertretung nach außen entbunden wurden. Ihr latentes Hilfebedürfnis wird erst dann akut, wenn die Fürsorge des Ehepartners entfällt, sei es, daß die Frau durch Scheidung oder Tod von ihrem Ehepartner getrennt ist, sei es aber auch, daß die Interessenvertretung sich gerade gegen den Ehepartner richtet. Zu der Gruppe der verwitweten Frauen gehören dabei in West-Berlin 258.239 und zur Gruppe der geschiedenen Frauen 85.911 Personen (1970), wobei die Gruppe der über 65 Jahre alten Frauen mit 16,2 % der Wohnbevölkerung West-Berlins (= 344.000 im Jahre 1970) ohnehin den entsprechenden Anteil der Männer mit 6,9 % (145.898) bei weitem übersteigt. Die Besonderheit des Beratungsbedürfnisses bei der Gruppe minderbemittelter alleinstehender Frauen insbesondere in der Altersgruppe über 60 Jahre sowie bei Ausländern und Hausfrauen besteht darin, daß hier im Gegensatz zum interessenbewußten Minderbemittelten eine rein rechtliche Aufklärung sinnlos ist, da die Betreffenden auch dann nicht zur Interessenvertretung in der Lage sind. Dies zeigt sich praktisch etwa darin, daß diese Personen in der Rechtsberatung eine Reihe von Papieren, darunter oft Papiere, die mit dem akuten Konflikt nichts zu tun haben, auf den Tisch legen und lediglich sagen können, daß sie damit nicht mehr fertig werden. Sie haben einfach Angst vor diesen Schriftstücken, so daß manchmal vollkommen neutrale Schreiben, wie eine Bestätigung der Mietzahlungen, als persönliche Bedrohung aufgefaßt werden. Für eine wirksame Betreuung sind dann zumindest zwei Beratungstermine notwendig.
Schließlich bleibt noch ein Konfliktfeld, das aus Gründen starker standesmäßiger Orientierung der Anwaltschaft Probleme in der Rechtshilfe aufwerfen kann. Für die Mediziner hat der Bundesgerichtshof (30) unlängst die Feststellung getroffen, „daß auch heute noch eine nicht geringe Zahl medizinischer Gutachter Schwierigkeiten hat, sich bei der Ausübung ihres Amts von überholten und in diesem Zusammenhang der Rechtsordnung widersprechenden Standesregeln freizumachen“. Auch bei der Rechtsberatung des Anwaltsvereins konnte beobachtet werden, daß die Überprüfung von Kollegen abgelehnt wurde. Ob dabei der von den Anwälten gewählten Anwaltskammer als Beschwerdeinstanz (vgl. § 56 BRAO) die nötige Unabhängigkeit und das Interesse, die Belange der Klienten zu vertreten, zuzuschreiben ist, bleibt fraglich (31). Mit 6 % unserer Stichprobe dokumentierten die entsprechenden Beratungsersuchen sozial Schwacher bei der öffentlichen Rechtsberatung zumindest ein besonderes Aufklärungsbedürfnis insbesondere für die außergerichtliche Tätigkeit von Anwälten.

Es sind nun im Hinblick darauf, wie die beiden bestehenden nicht-verbandlichen unentgeltlichen Beratungssysteme in West-Berlin auf diese Bedürfnisse antworten, deren Organisation und Praxis zu beschreiben.

IV. Unentgeltliche Rechtsberatung für sozial Schwache

Schon 1947 begann das Land Berlin, anknüpfend an die bis 1907 zurückreichende Tradition der unentgeltlichen Rechtsberatung für sozial Schwache (32), durch unentgeltliche Rechtsberatung bei den Sozialämtern der Bezirke Bürgern mit weniger als DM 150,– netto monatlichen Einkommens zu helfen. Diese Einkommensgrenze wurde 1952 auf DM 175,–, 1956 auf DM 200,–, 1961 auf DM 250,–, 1963 auf DM 270,– und 1967 dann dem BSHG angepaßt auf den zweifachen Regelsatz eines Haushaltsvorstandes zuzüglich der in § 79 Abs. 1 Nr. 3 BSHG genannten Zuschläge festgelegt. 1954 begann auch der Berliner Anwaltsverein, der die öffentliche Rechtsberatung als Eingriff in seine Zuständigkeit auffaßt, im Amtsgericht Charlottenburg mit einer unentgeltlichen Rechtsberatung, die durch Plakate, die in den Gerichten ausgehängt und an die Verbände der freien Wohlfahrtspflege sowie an die Sozialämter verschickt wurden, publik gemacht wurde. Inzwischen besteht diese Rechtsberatung des Berliner Anwaltsvereins in 5 Amtsgerichten.

Beide Rechtsberatungen wenden sich an Minderbemittelte und verstehen sich als Einrichtungen sozialer Hilfe. Während die „Grundsätze für die Rechtsberatungsstellen der Bezirksämter von Berlin" (33) die Zugangsvoraussetzungen nach dem BSHG regeln, bestimmt die „Satzung der Rechtsberatungsstellen für Minderbemittelte des Berliner Anwaltsvereins" (v. 1.1.72) ein Einkommen von DM 300,– bei einem Alleinstehenden (de facto also die Hälfte wie bei der öffentlichen Rechtsberatung) als Richtschnur der Unentgeltlichkeit, läßt im übrigen aber die Entscheidung über die Zahlungsfähigkeit beim beratenden Anwalt. Zwar sollen nach dieser Satzung zahlungsfähige Ratsuchende pauschal an Anwälte verwiesen werden, jedoch läßt die Satzung „auf Wunsch des Ratsuchenden" sowohl eine entgeltliche Beratung im Amtsgericht als auch eine Übernahme der Sache in die eigene Praxis zu. Von der Beratung ausgeschlossen sind bereits anwaltlich vertretene Ratsuchende. Die anwaltliche Tätigkeit in der Rechtsberatung des Anwaltsvereins beschränkt sich auf rechtliche Hinweise und eine Beratung für das Verhalten des Ratsuchenden, während demgegenüber die öffentliche Rechtsberatung, bei der im Gegensatz zur Beratung des Anwaltsvereins eine Sekretärin mitarbeitet, Rechtsauskünfte, Rechtsrat und praktische Hilfe (Schriftsätze, Klagen, Kontaktaufnahme mit dem Gegner) gewähren soll. Bei der Rechtsberatung des Anwaltsvereins ist eine Gebühr von DM 1,– zu bezahlen, während die öffentliche Rechtsberatung kostenlos ist. Während die 12 Bezirksämter insgesamt 165 Beratungsstunden vorsehen, umfaßt nach der Satzung die Beratung des Anwaltsvereins in 5 Stellen insgesamt 100 Stunden.

Während die öffentliche Rechtsberatung die Anzahl ihrer jährlichen Beratungen mit 24–25.000 gleichbleibend für 1966 bis 1968 bzw. 21.642 für 1973 angibt, beziffert der Anwaltsverein die Anzahl seiner Beratungen pro Jahr auf 10–12.000. Beide Zahlen sind jedoch fraglich, da in der öffentlichen Rechtsberatung bei den einzelnen Stellen teilweise die Beratungsgegenstände, teilweise aber die Ratsuchenden angegeben werden, während der Anwaltsverein nach eigener Auskunft über keine zentrale Statistik verfügt und im übrigen dort nicht nur sozial Schwache beraten werden. Praktische Rechtshilfe wurde in der öffentlichen Rechtsberatung 1966 in 5.727, 1967 in 5.505 und 1968 (Januar bis Oktober) in 4.707 und 1973 in 6.863 Fällen gewährt. Die öffentliche Rechtsberatung kostete den Senat in West-Berlin 1973 393.780,– DM, während die Kosten der Rechtsberatung des Anwaltsvereins dadurch gedeckt werden, daß die Beratungsräume in den Amtsgerichten vom Senat unentgeltlich bereitgestellt werden, die Anwälte keine besondere Vergütung erhalten

und der zusätzliche Aufwand des Anwaltsbeamten aus den Schutzgebühren abgegolten wird.
In der öffentlichen Rechtsberatung wird jede „Gewähr und jede Haftung für den Erfolg" ausgeschlossen, wobei jedoch unklar ist, ob damit auch die Richtigkeit oder nur der Erfolg der Beratung selber gemeint ist (34).
Der Anwaltsverein schließt in seiner Satzung (Ziff. 7) „jegliche Haftung ... soweit gesetzlich zulässig" aus, was aber im Hinblick auf § 38 Abs. 2 der Standesrichtlinien der Bundesrechtsanwaltskammer von 1963 nur in sehr geringem Umfang Bedeutung hat (35).
In den Verwaltungsvorschriften für die öffentliche Rechtsberatung wird besonderer Wert auf „unparteiischen Rat" (Ziff. 1), „der nicht im Sinne einseitiger Interessenvertretung erteilt werden kann" (Ziff. 13b) gelegt und eine Vermeidung „überflüssiger Inanspruchnahme der Gerichte" (Ziff. 13d) nahegelegt.
Die öffentliche Rechtsberatung hat der Vorsitzende der Berliner Anwaltskammer in einem Interview mit dem Berliner Tagesspiegel (36) als materielle Beeinträchtigung der anwaltlichen Unabhängigkeit bezeichnet. In seiner Rede vor dem Deutschen Anwaltstag (37) hat er ferner auf den Mangel an Unabhängigkeit der öffentlichen Rechtsberater hingewiesen, der insbesondere bei Konflikten des Ratsuchenden mit der Verwaltung schwer wiege. Dieser Meinung, die nach dem Eindruck aus vielen Einzelgesprächen wohl die Stimmung der Berliner Anwälte gegenüber der öffentlichen Rechtsberatung zum Ausdruck bringt, hat sich auch der Justizsenator Oxford (im Zivilberuf Rechtsanwalt) in einer Rundfunkdiskussion im SFB angeschlossen. Er hält die Rechtsanwälte für die geeigneteren Instanzen zur Rechtsberatung. Eine Bestandsaufnahme darüber, inwieweit die beiden bestehenden Rechtsberatungsinstitutionen die Bedürfnisse der Minderbemittelten abdecken, ist weder beim Senat noch beim Anwaltsverein vorhanden.
Die Funktion unentgeltlicher öffentlicher Rechtsberatung hat bisher noch das Studentenwerk der Freien Universität für die Studenten und die Rechtsberatungsstelle des DGB für sozialrechtliche Fragen sozial Schwacher wahrgenommen.
Der DGB hat jedoch diese Arbeit zum 31.12.1974 eingestellt, da er die Beratung von Nicht-Mitgliedern als eine staatliche Aufgabe ansieht, während die Rechtsberatung des Studentenwerks auf Intervention des Rechnungshofes demnächst eingestellt werden soll, weil darin eine Überschneidung mit der Rechtsberatung der Bezirksämter gesehen wird.

a) Rechtsberatungsstellen des Anwaltvereins

Die Rechtsberatung des Berliner Anwaltsvereins erfolgt in 5 Berliner Amtsgerichten, wobei die Beratungszimmer in direktem Zusammenhang mit dem Anwaltszimmer liegen und der hierin tätige Anwaltsbeamte die technische Abwicklung vollzieht. Durch die Lage im Gerichtsgebäude wird bereits eine bestimmte Klientel präjudiziert. Die Ratsuchenden verbinden mit dieser Beratung einen Zusammenhang mit der Tätigkeit des Amtsgerichts, was sich dadurch bestätigt, daß in der untersuchten Stichprobe kein Fall vorkam, bei dem ein Rechtsverhältnis zwischen Bürger und Verwaltung im Streit stand. Die bei dieser Rechtsberatungsstelle vorsprechenden Bürger kamen meistens mit einem klaren Interesse gerade an der rechtlichen einschließlich der gerichtlichen Durchsetzung ihrer Ansprüche und nur selten mit einem allgemeinen Hilfeersuchen.

Abb. 3:

Erwartungen des Ratsuchenden an die Beratung: (Mehrfachnennung möglich)	Anwaltsverein	öffentliche Rechtsberatung (in %)
Aussprache / Kontakt	–	19
Erklärung eines Sachverhalts	9	16
Entscheidungsübernahme in praktischen Fragen	–	8
Interessenvertretung	5	22
juristische Beratung	95	48

Hierzu trägt noch der Umstand bei, daß ein Teil der Ratsuchenden durch die Rechtsantragsstelle im selben Gebäude geschickt werden, wodurch gerade Personen kommen, die mit dem Vorsatz gerichtlicher Durchsetzung das Amtsgericht aufgesucht haben. Immerhin gaben 44 % der Befragten an, durch die Rechtsberatungsstelle bzw. Polizei und Verwaltung auf diese Beratung aufmerksam gemacht worden zu sein.

An der Rechtsberatung nehmen 450 Berliner Anwälte teil. Von seiten des Anwaltsvereins wurde dazu geäußert, daß mit dieser Rechtsberatung vor allem auch jungen Kollegen geholfen werden soll, eine eigene Praxis aufzubauen. Da die Satzung in Nr. 4 die Übernahme des Ratsuchenden in die eigene Praxis „auf dessen Wunsch" zuläßt, dürfte dieses Motiv für eine Vielzahl von Anwälten durchaus zutreffen. Dies wird dadurch unterstrichen, daß die Satzung als einzige Sanktion den Ausschluß von der Rechtsberatung vorsieht. Außerdem besteht für die Anwaltsbeamten nach deren Auskunft kein Problem darin, oft selbst kurzfristig bei Verhinderung des vorgesehenen Anwalts eine Vertretung zu bekommen. Einige Anwälte haben sich hierzu gegenüber den Anwaltsbeamten sogar ausdrücklich bereiterklärt.

Da viele der Beratungsfälle zu einer gerichtlichen Klärung führen, ist diese Übernahme oft schon deshalb unumgänglich, weil eine Rechtsbesorgung in der Beratungsstelle nicht stattfindet und mangels Büropersonal auch nicht stattfinden kann. Klageanfertigung und Korrespondenz kann daher nur im Büro des Rechtsanwalts erfolgen. Hinzu kommt, daß der ständige Wechsel der Anwälte und die große Zahl beratungsbereiter Anwälte eine Rückkehr in diese Stelle zur weiteren Beratung in dem in-Gang-gesetzten Prozeß der Rechtsverfolgung ausschließt, da jedesmal ein anderer Anwalt dort berät. In den meisten Fällen aber wird der Ratsuchende gerade nach der Beratung für seine Handlungen erst recht weiteren Rechtsrat benötigen. Der Anteil derjenigen, die die Beratung zum ersten Mal in Anspruch nahmen, war mit 83 % auch entsprechend hoch. Nur 2 Personen (= 7 %) kamen in derselben Sache zum zweiten Mal. Daß hierbei vor allem bei den Anwälten ein Interesse an Ehescheidungen besteht, ist verständlich, da es vor allem diese Art der Rechtsverfolgung bei den Unterschichten ist, die anwaltliche Arbeit auch dort finanziell lohnend ermöglicht. Mit 13 % der Beratungsfälle (in Neukölln sogar 25 %) scheint diese Stelle für eine solche Vermittlung durchaus geeignet, zumal die Frauen, die zu 70 % die Scheidung einreichen, gerade in den Unterschichten den direkten Weg zum Anwalt scheuen, insbesondere weil sie glauben, eine Scheidung auf diesem Wege billiger zu erreichen und oft den Anwaltszwang vor dem Landgericht nicht kennen.

Die Rechtsberatung des Anwaltsvereins wird jedoch von einigen Anwälten auch wegen der finanziellen Vorteile der Beratung selbst ausgeübt. Schon die in der Satzung angegebenen DM 300,– für Alleinstehende als Richtschnur der unentgeltlichen Beratung schließen die Unentgeltlichkeit praktisch aus, da Personen mit diesem Einkommen unter dem Sozialhilfesatz liegen würden. Auch sonst überläßt die Satzung dem Anwalt die Entscheidung über die Unentgeltlichkeit. Fällt sie negativ aus, was der Ratsuchende, wenn er nicht fragt, oft erst am Schluß der Beratung erfährt, so ist auf Wunsch des Ratsuchenden auch entgeltliche Beratung möglich. Unter den gegebenen Umständen dürfte dem Ratsuchenden psychologisch oft keine andere Möglichkeit offenstehen. In einer Beratungsstelle bestand sogar die Praxis, Personen, die unter dem Sozialhilfesatz lagen und nicht bezahlen konnten oder wollten, an die in der Nähe liegende öffentliche Rechtsberatung zu verweisen. Entsprechend verwies die öffentliche Rechtsberatung Ratsuchende, die für ihre Beratungsstelle ein zu hohes Einkommen hatten, an die Rechtsberatungsstelle des Anwaltsvereins. In einer anderen Beratungsstelle wird jeder Ratsuchende vom Anwaltsbeamten darauf hingewiesen, daß mit der Gebühr von DM 1,– die Beratung nicht abgegolten sei und der Rest mit dem Anwalt im Beratungszimmer ausgemacht werden muß. Viele kommen mit der Vorstellung, daß diese Rechtsberatung lediglich billiger als der Rat im Anwaltsbüro sei. Als Gründe, warum die Rechtsberatung des Bezirksamts derjenigen im naheliegenden Amtsgericht vorgezogen wird, war daher auch mehrfach zu hören, daß man dort bezahlen müsse. Über die Höhe der dort im gesetzlichen Rahmen von 1/10 bis 10/10 genommenen Gebühr konnte nichts festgestellt werden. Wenn auch einige Rechtsanwälte diese Beratung als ehrenamtliche Tätigkeit auffassen, so überwog doch der Eindruck, daß es sich hier im wesentlichen um normale aus der Rechtsanwaltspraxis ins Gericht ausgelagerte anwaltliche Beratungstätigkeit handelte.

Die Zusammensetzung der Ratsuchenden (siehe Abb. 4) spiegelt diese Praxis wider. Die Beratung wurde überwiegend von Männern (68 %) in Anspruch genommen. Die Altersgruppe zwischen 25 und 40 Jahren stellte mit 34 % die größte Gruppe, gefolgt von den 15- bis 25jährigen mit 25 % und den 40- bis 60jährigen mit 22 %. Nur 19 % der Ratsuchenden waren über 60 Jahre alt, während ihr Anteil an der Bevölkerung insgesamt in West-Berlin (1970) 30 % betrug und bei der öffentlichen Rechtsberatung diese Gruppe 51 % ausmachte.

Mit 36 % waren die Arbeiter am stärksten vertreten, während Rentner mit 21 % gegenüber der öffentlichen Rechtsberatung (mit 52 %) nur relativ gering vertreten waren. Ebenfalls unterrepräsentiert waren die Ausländer mit 3 % der Stichprobe. Der typische Besucher der Rechtsberatungsstelle des Anwaltsvereins war somit der alleinstehende Arbeiter oder Angestellte zwischen 25 und 40 Jahren mit deutscher Staatsangehörigkeit.

Der Schwerpunkt der Beratung lag im Bereich privater Kommunikation („Familie, Nachbarn, Bekannte") mit 51,6 %, während an zweiter Stelle Verbraucherprobleme standen.

Insgesamt läßt sich sagen, daß das Publikum der Rechtsberatungsstellen des Anwaltsvereins sich aus interessenbewußten Personen zusammensetzt, die von ihrem Alter, ihrer sozialen Stellung und ihrem Geschlecht her die Voraussetzungen der Kunden einer normalen Rechtsanwaltspraxis haben und bei arbeits- oder mietrechtlichen Problemen in der Rechtsberatung von Gewerkschaften und Mietverbänden wiederzufinden sind. Sie sehen gerade darin, daß der Beratende praktizierender Rechtsanwalt ist, einen besonderen Vorteil dieser Beratung. Der Grund, warum sie keine

Abb. 4:

Persönliche Daten der Ratsuchenden (in %)		
Alter	Anwaltsverein	öff. Rechtsberatung
15–25	25	12
25–40	34	21
40–60	22	16
über 60	19	51
Familienstand	Anwaltsverein	öff. Rechtsberatung
alleinstehend	71	72
verheiratet	29	28
Geschlecht	Anwaltsverein	öff. Rechtsberatung
männlich	68	23
weiblich	32	77
Beruf	Anwaltsverein	öff. Rechtsberatung
Rentner / Pensionär	21	52
Schüler / Student / Lehrling	12	1
Hausfrau	3	17
Arbeiter	36	18
Angestellte	18	12
Selbständige	10	–

Abb. 5:

Beratungsgegenstände im Bereich[1]	Anwaltsverein in %	öff. Rechtsberatung in %
Familie, Nachbarn, Bekannte	51,6	28,9
Arbeit	16,1	8,4
Wohnung	9,7	28,9
Verbrauch (Kauf/Kredit/Arzt/ Rechtsanwalt ...)	19,4	18
Sozialleistungen i.w.S.	–	13,3
Abwehr staatlicher Eingriffe (Erlaubnisverweigerung, Strafe etc.)	3,2	1,2
Straßenverkehr	–	1,2

private Rechtsanwaltspraxis aufsuchen, liegt weniger in ihrer objektiven Situation als vielmehr in subjektiven Einstellungen zur Anwaltspraxis. Dort befürchten sie, ohne die Möglichkeit der Überlegung in einen Prozeß hineingezogen zu werden, von dem sie vor allem die Kosten fürchten, während die „Beratung" im Gericht die Form der Unverbindlichkeit wahrt. Obwohl die meisten keine Anwaltspraxis

1) die vollständige Statistik in Anhang 3a

kennen, gehen sie doch von einer sehr vagen Vorstellung über immense Kostenbelastungen aus, was vor allem dadurch begünstigt wird, daß die Gebührenordnung der Rechtsanwälte den als normal empfundenen wirtschaftlichen Prinzipien der Entgeltbemessung wie Arbeitszeit und Arbeitsaufwand entgegengesetzt ist. Das unterschiedliche Entgelt für eine komplizierte Beratung über die Wirksamkeit eines Zeitschriftenbezugsvertrages und eine 10 Minuten dauernde Aufklärung über die offensichtliche Unwirksamkeit einer Kündigung (wofür in der Anwaltsberatung einmal unter heftigem Protest der Betroffenen DM 67,– verlangt wurden) ist dem Laien nur schwer einsichtig. Mit der Vorstellung, in der Beratungsstelle im Gericht billiger bedient zu werden, tritt dieser Personenkreis in Kontakt zum Anwaltsstand und kann seine Vorurteile abbauen. Die Rechtsberatung des Anwaltsvereins erfüllt damit eine wichtige Funktion in den Bevölkerungskreisen, die insbesondere aufgrund falscher Vorstellungen und Ängste lieber auf ihr Recht verzichten als einen Anwalt zu konsultieren, der von ihnen letztlich bezahlt werden kann und dessen Konsultation im Ergebnis für sie sicherlich in der überwiegenden Zahl der Fälle äußerst vorteilhaft wäre. Es handelt sich bei dieser Beratung nicht um materielle, sondern im wesentlichen um psychologische Hilfestellung.

Die Konkurrenz, die durch diese Stellen den Anwaltspraxen gemacht werden, ist dabei im Ergebnis unerheblich, da die Beteiligung der Anwälte außerordentlich groß ist und der Anwaltsverein eine gerechte Verteilung gewährleistet. Problematisch ist allein die Bezeichnung als Beratungsstelle für Minderbemittelte, da nicht einmal der Zwang und von den Gebühren her auch kein materielles Interesse besteht, die rechtliche Durchsetzung im Wege des Armenrechts zu betreiben, wenn arme Personen um Hilfe nachsuchen. Die bisher von den Anwaltsbeamten bei der Anmeldung vollzogene Aufklärung sollte schon durch den Namen „Beratungsstelle des Anwaltsvereins" überflüssig gemacht werden.

Die Übernahme eines Falles in die Praxis des Rechtsanwalts entspricht der tatsächlichen Funktion dieser Rechtsberatung und sollte regelmäßig möglich sein, da der Abbau von Vorurteilen und Angst bei Verweis an einen anderen unbekannten Anwalt nicht möglich ist. Würde ein solcher Verweis die Regel sein, so hätte der Ratsuchende fast ausnahmslos doppelt zu zahlen, da dem Anwalt, der die Streitsache durch gebührenpflichtige Tätigkeiten weiterführt, keine Gebühr gemäß § 20 BRAGebO zusteht, wenn es derselbe Rechtsanwalt ist, der den Rat erteilt hat.

Im Ergebnis spricht der Standort im Gericht, der ständige Wechsel der Berater sowie die fehlenden Rechtsbesorgungsmöglichkeiten sowie vor allem aber die Beobachtung, daß hier de facto meist Anwaltskosten erhoben werden und diese Beratung oft zu weiterer entgeltlicher anwaltlicher Tätigkeit führt, dagegen, daß durch die Rechtsberatung des Anwaltsvereins eine ausreichende Befriedigung der Rechtsbedürfnisse sozial Schwacher erfolgen kann.

b) Rechtsberatungsstellen der Bezirksämter

Die Rechtsberatungsstellen der Bezirksämter sind wesentlich anders organisiert. Dem Berater, der in den meisten Fällen praktizierender Rechtsanwalt ist, steht eine Hilfe zur Seite, die einmal als Vorzimmersekretärin, zum anderen als Schreibkraft arbeitet. Da sie z.T. länger arbeitet als der Berater, brauchen die Schriftsätze nicht unbedingt in der Beratung geschrieben zu werden, sondern können im Beisein des Klienten, in dessen Namen der Schriftsatz abgefaßt wird, diktiert werden, was in 36 % der beobachteten Fälle erfolgte.

Die Rechtsberatungsstelle liegt regelmäßig im räumlichen Zusammenhang mit den übrigen Stellen des Sozialamts, so daß die Ratsuchenden oft von den Sachbearbeitern auf die Rechtsberatungsmöglichkeit hingewiesen werden. 62,5 % der Befragten hatten ihre Kenntnis über diese Rechtsberatung durch Verwaltungsstellen bekommen. Dieser räumliche Zusammenhang mit dem Sozialamt ist gleichzeitig Selektionsmechanismus für die Ratsuchenden. Typisch ist etwa die Antwort eines Befragten, daß man diese Beratungsstelle vorziehe, weil man sich, wenn man Hilfe braucht, doch zuerst ans Rathaus wende (vgl. Anhang 3b). Diese im Gegensatz zur Beratung des Anwaltsvereins mehr auf praktische Hilfe ausgerichtete Einstellung spiegelt sich darin, daß über die Hälfte der Befragten nicht mit einer rein juristischen Aufklärung zufrieden waren, sondern von dem Berater eine Übernahme ihrer eigenen Geschäfte im Sinne rechtlicher Interessenvertretung (22 %) oder gar Entscheidungshilfe in praktischen Fragen (8 %) verlangten oder die Rechtsberatung zu einer allgemeinen Aussprache über ihre Probleme (19 %) benutzten (vgl. Abb. 3).
Die Art des Begehrens war jedoch außerordentlich stark von der Person des Beraters abhängig. In der Beratungsstelle, in der ein praktizierender Rechtsanwalt angestellt war, der schon durch Zwischenfragen zielbewußt auf den juristischen Sachverhalt lenkte, war ein Aussprachebedürfnis kaum manifest zu machen (11 %), während die durch eine nicht anwaltlich tätige Beraterin durchgeführte Rechtsberatung das Aussprachebedürfnis offensichtlich stimulierte (28 %).
Die Rechtsberatung beim Bezirksamt ist strikt unentgeltlich. Große Schilder im Beratungszimmer weisen darauf hin, daß dort kein Geld angenommen werden darf. Dementsprechend wird durch die Sekretärinnen darauf geachtet, daß kein Ratsuchender mehr als DM 500,– + Miete + DM 150,– pro zu versorgendes Familienmitglied verdient. Personen mit höherem Einkommen, worunter auch des öfteren telefonische private Anfragen aus der Verwaltung kommen, werden an einen Anwalt bzw. an die Rechtsberatungsstelle des Anwaltsvereins verwiesen. In der starren Grenze des Einkommens liegen jedoch Unzuträglichkeiten, die z.T. von den Beratern selbständig korrigiert werden. Theoretisch ist z.B. bei einer verheirateten Frau das Einkommen des Mannes zu berücksichtigen bzw. bei einem Schüler oder Studenten das Einkommen der Eltern. Gerade verheiratete Frauen in den Unterschichten, die sich über ihre Rechte gegenüber ihrem Ehegatten informieren wollen, sind starkem psychologischen, manchmal aber auch physischem Druck des Mannes ausgesetzt, wenn dieser von der Rechtsberatung erfährt. Da ihr Haushaltsgeld oft knapp bemessen ist bzw. sie nur im Einzelfall das nötige Geld erhalten, würde eine Kenntnisnahme bei entgeltlicher anwaltlicher Beratung oft unvermeidlich sein. Für den besonderen Fall der Eherechtsberatung ist daher der Ansatz des Ehegatteneinkommens verfehlt und würde diese wichtige Gruppe von der Beratung ausschließen. Gleiches gilt für Jugendliche, die über ihre Rechte wie z.B. die Ermöglichung einer bestimmten Ausbildung durch die Eltern oder Selbstbestimmungsrechte aufgeklärt werden sollen. Die Eltern werden ihnen schwerlich das Geld für entsprechende anwaltliche Beratung erstatten. Bei Rechtsbeziehungen zwischen Unterhaltsberechtigten, für die Rechtsrat eingeholt werden soll, spiegeln allein die tatsächlichen wirtschaftlichen Verfügungsmöglichkeiten des ratsuchenden Unterhaltsberechtigten seinen Rechtsnotstand wider. Da dieser Bereich zwischen 20 % (eigene Untersuchung) und 25 % (Jahresaufstellung der Rechtsberatung Schöneberg) ausmacht, ist die Regelung dieser Frage von erheblicher Bedeutung.

Eine Übernahme von Beratungsfällen in die eigene Praxis ist durch die Verwaltungsvorschriften nicht ausdrücklich verboten, da hier nur der Verweis an einen bestimm-

ten Anwalt ausgeschlossen ist. Es wäre also denkbar, daß ein beratender Anwalt auf Wunsch des Klienten, und dieser Wunsch war regelmäßig festzustellen, ihm die Möglichkeit aufzeigt, sich die Adresse seines Büros aus dem Anwaltsverzeichnis, das dort ausliegt, herauszusuchen. In den besuchten Beratungsstellen war eine solche Praxis nicht zu beobachten, im einen Fall, weil der Berater kein Rechtsanwalt war, im anderen Fall, weil das Büro des beratenden Rechtsanwalts in erheblicher Entfernung von der Beratungsstelle lag und der Rechtsanwalt wegen der Spezialisierung seines Büros im übrigen auch gar kein Interesse an einer Übernahme gehabt hätte.
Von Rechtsanwälten im Amtsgericht wurde jedoch behauptet, daß in einer anderen Beratungsstelle ein Rechtsanwalt regelmäßig Ehescheidungssachen in seinem Büro vertrete, die zunächst in der Beratung behandelt worden waren. Ein deutliches Vertretungsverbot für Klienten der Beratungsstelle für den beratenden Rechtsanwalt, wie es etwa seine Parallele im Behandlungsverbot für Zahnärzte, die die Reihenuntersuchungen beim Bundesgrenzschutz machen, besteht, wäre im Interesse der Klienten wie auch im Interesse der Anwaltschaft wünschenswert. Die andere Alternative, praktizierende Rechtsanwälte nicht in der Rechtsberatung anzustellen, erscheint dagegen wenig sinnvoll, da beobachtet werden konnte, daß gerade die praktischen Erfahrungen der Rechtsanwälte und ihr Status den Beratenden das Gefühl gleichwertiger Rechtsberatung gab und ihren Bedürfnissen entsprach. Zu diesen praktischen Fragen gehörten vor allem die Bezifferung der zu erwartenden Kosten, der Prozeßdauer sowie besondere Eigenheiten der zuständigen örtlichen Gerichte und Kammern, über die meist nur der praktizierende Rechtsanwalt informiert ist (38).
Auch ein anderer Vorteil ergibt sich aus der Besetzung mit erfahrenen Rechtsanwälten. Ihr berufliches Selbstverständnis einer, soweit rechtlich möglich, unbedingten Interessenvertretung wirkt auch in der unentgeltlichen Rechtsberatung fort. Sie sind es gewöhnt, persönliche Einstellungen und Wertungen der Vertretung unterzuordnen, so daß auch in der Rechtsberatung keine subjektiv gefärbte Selektion erfolgte, indem etwa aufgrund der höher eingeschätzten Interessen des Kontrahenten nicht die Aufgabe einer an sich rechtlich zustehenden Position nahegelegt wird. Demgegenüber wirkt sich die Freiheit vom finanziellen Interesse an einer bestimmten Rechtsverfolgung in der Weise positiv aus, daß dem Ratsuchenden die gesamten Risiken einer Rechtsverfolgung wie Kostenrisiko, Dauer des Prozesses, mögliche persönliche Auswirkungen der Prozeßführung (z.B. bei der Klage eines Kindes gegen die Eltern auf Unterhalt, wenn die Familienverhältnisse ansonsten intakt sind) gesagt werden können, so daß eine Abwägung zwischen materiell-rechtlicher Position und den Auswirkungen des Verfahrens ihrer Durchsetzung dem Klienten möglich ist. Diese Form der Beratung erwies sich als außerordentlich wichtig, da zwar 97 % der Befragten eine mögliche gerichtliche Durchsetzung nicht ablehnten, in der Regel aber allein keinen Prozeß durchführen wollten, wenn ihnen nicht insbesondere auch unter Berücksichtigung der Verfahrensrisiken objektiv dazu geraten würde. Die in den Verwaltungsvorschriften festgehaltene Forderung, durch Schlichtung „überflüssige Prozesse" zu vermeiden, dürfte dagegen ein gefährliches subjektives Moment in die Beratung hineinlegen, da hier kein objektiver Maßstab ersichtlich ist. Auch die Hoffnung auf Entlastung der Amtsgerichte dürfte unbegründet sein, da in vielen Fällen im Gegenteil durch die Rechtsberatung erst eine Prozeßführung ermöglicht wurde. Der gewünschte Entlastungseffekt kann jedoch langfristig eintreten, da durch die am konkreten Fall erworbene Rechtskenntnis nicht nur zukünftiges rechtliches Fehlverhalten des Ratsuchenden vermindert wird, sondern auch ein bewußtes

Auftreten gegenüber Rechtsverletzungen Dritter durch die Ratsuchenden deren Häufigkeit herabsetzen dürfte. Ob es überhaupt viele überflüssige Prozesse gibt, und damit können doch im Prinzip nur die Fälle des § 93 ZPO gemeint sein, ist im übrigen zweifelhaft. Eine Korrelation zwischen Zahlen der Rechtsberatung und dem Geschäftsanfall des entsprechenden Amtsgerichts konnte nicht festgestellt werden (39).
Die Entscheidung über eine Rechtsverfolgung sollte im Ergebnis allein durch den Ratsuchenden vorgenommen werden, wobei der Rechtsberatung die Aufgabe zufällt, den Ratsuchenden durch umfassende Information hierfür kompetent zu machen. Die Verweigerung einer Hilfe, falls diese Entscheidung trotz richtiger Würdigung aller Umstände beim Ratsuchenden anders ausfällt als beim Beratenden, würde letztlich auf eine wohlfahrtsstaatliche Verkürzung der rechtlichen Möglichkeiten sozial Schwacher hinauslaufen.
In dieser Beziehung sind Konfliktfälle zwischen Ratsuchendem und Verwaltung besonders schwierig. Einerseits ermöglicht gerade der ständige Kontakt des Beraters in der Behörde zu Sozialamt und Wohngeldamt, daß im Interesse der Ratsuchenden manche unbürokratische Hilfe durch telefonischen Kontakt möglich ist (Wohnungsbeschaffung, einmalige Sozialhilfeleistung etc.) und Fehler in der Verwaltung selbständig korrigiert werden. Dies führt andererseits je nach Dauer der Beratungszeit zu einem gewissen Vertrauensverhältnis zwischen Berater und Verwaltung, das in Fällen, in denen kein freiwilliges Einlenken der Behörde erfolgt, den Berater in der Interessenvertretung für den Ratsuchenden hemmen kann. Hieraus hatten einige Rechtsberater den m.E. vernünftigen Ausweg gefunden, solche Klagen über die eigene Bezirksverwaltung an Rechtsberater anderer Bezirke nach telefonischer Rücksprache abzugeben. Auf einen entsprechenden Fall reagierte die Behörde jedoch äußerst gereizt, indem sie alle Rechtsberater noch einmal auf die örtliche Zuständigkeit hinwies, ein solches Verfahren für rechtswidrig hielt und im übrigen polemisch anmerkte, in dem in Frage stehenden Fall habe sich im übrigen das Begehren auch als vollkommen unbegründet erwiesen. Da immerhin im Durchschnitt 13 % der Beratungsgegenstände behördliches Handeln betraf, erscheint diese Reaktion die Gleichwertigkeit dieser Rechtsberatung mit entgeltlicher anwaltlicher Beratung in Streitigkeiten mit der Verwaltung zu beeinträchtigen. Die Verordnung (Anhang 6) sollte nicht in dieser Weise interpretiert werden können. Bei den Rechtsberatern selber war ohnehin keine Motivation festzustellen, Klagen gegen die Behörde zu unterdrücken.
Die ständige Besetzung der Rechtsberatungsstelle mit nur einer Person wirkte sich in der Befragung dahin aus, daß 45 % der Ratsuchenden bereits zum zweiten Mal oder öfter die Beratung aufsuchten. 24 % kamen in derselben Sache wieder.

Abb. 6:

Häufigkeit der Beratung:	Anwaltsverein	öff. Rechtsberatung (in %)
heute zum ersten Mal	83	55
zum zweiten Mal in derselben Angelegenheit	7	24
zum zweiten Mal, aber in einer anderen Angelegenheit	10	8
komme regelmäßig	–	13

Diese Fälle waren fast ausschließlich dadurch gekennzeichnet, daß ein in der Rechtsberatung gefertigter Schriftsatz vom Gegner negativ oder einschränkend beantwortet worden war und der Ratsuchende einerseits eine Erklärung des Antwortschreibens, zum anderen aber wegen des Scheiterns einer gütlichen Einigung Rat für das weitere Vorgehen brauchte. Da mit 13 % die Anzahl der Personen, die mehrmals pro Jahr die Rechtsberatung aufsuchten, nicht unbeachtlich war, wirkte es sich positiv aus, daß der Rechtsberater die Ratsuchenden bereits persönlich kannte und einerseits etwas über den Wahrheitsgehalt ihrer Aussagen wußte, zum anderen aber abschätzen konnte, ob es sich um querulatorische Begehren handelte. Diese Kenntnis allein führte schon zu einer gewissen Selbstbeschränkung der Betroffenen, bei denen oft eine ausgeprägte Sozialhilfementalität festzustellen war, indem sie überall vermeintliche Rechte und Vorteilsmöglichkeiten sahen und nutzen wollten. Der Umgang mit diesen Personen dürfte für einen Unerfahrenen außerordentlich schwierig und vor allem langwierig sein, andererseits die Gefahr für einen solchen Berater bergen, bestimmte subjektiv als geringfügig eingestufte Begehren ohne Kenntnis der sozialen Bedeutung als querulatorisch einzustufen. Eine entsprechende psychologische Weiterbildung der Berater wäre wünschenswert.
Im Verhältnis zur Anwaltschaft ist nach den Beobachtungen zur Zeit keine Konkurrenz (mit Ausnahme des oben erwähnten nicht erwiesenen Falls der Übernahme von Ehescheidungen in die eigene Praxis) wenig wahrscheinlich. Die Ratsuchenden würden sämtlich aus finanziellen Gründen keinen Anwalt aufsuchen, so daß eine etwaige Schwellenangst für diesen Personenkreis gar nicht erst relevant werden kann. Umgekehrt erscheint es vielmehr wahrscheinlich, daß die Anwaltschaft Klientel zugewiesen bekommt, die ohne öffentliche Rechtsberatung von einer gerichtlichen Durchsetzung absehen würde. Oft ist es sogar schwierig, für die Ratsuchenden einen Anwalt zu bekommen, der die Durchsetzung im Wege des Armenrechts übernimmt. Wiederholt kamen Ratsuchende in die öffentliche Rechtsberatung zurück, weil sie für ihren Streitwert keinen Anwalt gefunden hatten. Es kommt auch vor, daß Ratsuchende, die keine finanziellen Mittel für diese Dienstleistung besitzen, von Anwälten auf die öffentliche Rechtsberatung aufmerksam gemacht werden. Aufgrund einschlägiger Erfahrungen wird bei Verweis an Anwälte den sozial Schwachen durch die Rechtsberater ausdrücklich empfohlen, auf das Armenrecht hinzuweisen und keine Honorarvereinbarung zu unterschreiben. Der Verweis an Anwälte wird noch dadurch erschwert, daß zwar Fachanwälte für Steuerrecht, nicht aber für Miet-, Arbeits- und Sozialrecht vorhanden sind. Es ist auch fraglich, ob die Anwaltschaft in größerem Umfang zur Betreuung dieser Personen, für die oft ein erheblicher, in keinem Verhältnis zum Streitwert stehender Rechtskundeunterricht erteilt werden muß, weil ihnen oft die einfachsten Verständnisvoraussetzungen fehlen, bereit ist. So erwiesen sich 44 % der Beratungsgegenstände als rechtlich nicht durchsetzbar (die Bewertung ist allerdings subjektiv), dafür waren aber in 10 % der Fälle praktische außerrechtliche Hilfestellungen erforderlich.
Vergleicht man die Klientel der öffentlichen Rechtsberatung mit den durch bestehende Rechtshilfeinstitutionen nicht abgedeckten Bedürfnissen, so scheint die Rechtsberatung der Bezirksämter gerade dort ihre wesentliche Tätigkeit zu entfalten.
Die Schwerpunkte in der Beratung liegen im Bereich familiärer Beziehungen (29 %), im Mietrecht (29 %) und im Verbraucherschutz (18 %). Unter den Ratsuchenden dominieren Alleinstehende mit 72 %. 51 % der Ratsuchenden sind über 60 Jahre alt und 77 % sind weiblich. Der Anteil der Rentner beträgt 52 %, 17 % sind Hausfrauen.

Die Merkmale der öffentlichen Rechtsberatung wie Standort, konsequente Unentgeltlichkeit, Ständigkeit des Beraters, materielle Entlohnung des Beraters aus einem Zeitvertrag, Büromöglichkeiten und praktische wie theoretische Qualifikation des Beraters lassen die öffentliche Rechtsberatung in West-Berlin als durchaus gleichwertige Beratungsmöglichkeit für sozial Schwache gegenüber entgeltlicher Rechtsberatung und Rechtshilfe erscheinen.
Es ist jedoch äußerst fraglich, ob diese Rechtsberatungsmöglichkeit ebenso wie die Rechtsberatung des Anwaltvereins ausreichend bekannt ist, da die Befragten den Hinweis ausschließlich mündlich durch Bekannte (33 %) oder die Verwaltung (63 %) erhalten hatten und jeweils fast ausschließlich nur die Beratungsstelle kannten, in der sie gerade waren. Schriftliche Information durch Massenmedien oder Hinweisschriften der Verwaltung oder des Anwaltsvereins sind selten bzw. nicht vorhanden.

V. Schlußbemerkung

Rechtshilfe ist nicht mit der Dienstleistung vergleichbar, wie sie etwa vom Arzt dem Patienten gewährt wird. Indem Recht als Resultat von Prozessen der Interessendurchsetzung selber auch in der Anwendung interessengebunden bleibt, setzt seine wirksame Inanspruchnahme die Fähigkeit, seine eigenen Interessen erkennen und wirksam vertreten zu können, voraus, was gleichzeitig wiederum Bedingung der Geltung und Fortentwicklung des Rechts im gesellschaftlichen Rahmen ist. Eine Rechtsberatung, die demgegenüber ihre Tätigkeit als Versorgung versteht, ohne die Bedingungen mit einzubeziehen, die eine eigene faktische und rechtliche Interessenvertretung der Versorgten unmöglich macht, trägt dazu bei, daß die Grundlage der Demokratie, nämlich der interessenbewußt handelnde informierte Bürger, in bestimmten Schichten auf einem vordemokratischen Niveau des Wohlfahrtsstaates verharrt.
Von dieser demokratischen Option her ist die Rechtsberatung und -vertretung durch Verbände, die gleichzeitig die in Frage stehenden Interessen als Aufgabe gesellschaftlicher Mitgestaltung erfassen und die anwaltliche sowie gerichtliche Dienstleistung in diesen Zusammenhang stellen, eine entwickeltere Form der Rechtsvertretung als die individuelle Dienstleistung. Die von diesen Verbänden gewährte Rechtsberatung verdient weitgehende Unterstützung und Anerkennung. Dies sollte durch gezielte Hinweise auf deren Rechtsberatungsmöglichkeiten für Mitglieder sowie dadurch geschehen, daß das Rechtsberatungsgesetz den Interessenverbänden wie Gewerkschaften, Verbraucherschutzvereinen, Mieterverbänden, Automobilclubs und Frauenvereinen eindeutig diese Befugnis zuweist.
Für die Teile der Bevölkerung, die von einer solchen Interessenvertretung objektiv oder durch ihren geringen Bildungsstand (noch) ausgeschlossen sind, ist eine der Berliner öffentlichen Rechtsberatung entsprechende Beratung als soziale Hilfestellung notwendig, soweit sie anwaltliche Beratung aus finanziellen Gründen nicht in Anspruch nehmen können. Diese unentgeltlichen Rechtsberatungsstellen sollten unabhängig, am konkreten Fall finanziell uninteressiert und als Interessenvertretung, nicht als Befriedungs- und Schlichtungsstelle, zur Verfügung stehen. Gleichzeitig sollte die Arbeit dieser Stelle in verschiedenen Bereichen, in denen einfache Rechtskenntnis fehlt, dadurch entlastet werden und der rechtlichen Hilflosigkeit besonders von Hausfrauen, Alleinstehenden, Alten, Ausländern sowie Schülern, Lehrlingen und Studenten entgegengearbeitet werden, daß Rechtsunterricht durch Vorträge in

Altersheimen, Schulen sowie durch kostenloses Informationsmaterial erteilt wird. Wichtige Gebiete für die allgemeine Rechtsaufklärung wären dabei die Bedeutung einer Unterschrift, Zahlungsbefehl, Verjährung, Testament, Erbschaft, Rechte der Eheleute und Scheidungsgründe sowie Scheidungsverfahren, Unterhaltsansprüche, Kosten des Rechtsanwalts und der Inanspruchnahme der Gerichte, Zurückbehaltungs- und Aufrechnungsrecht, Ausschlußfristen, Wohnraumkündigungsschutz. Für die Schichten der Bevölkerung, die allein aus psychologischen Gründen auf anwaltliche Hilfe verzichten, sollte die Rechtsanwaltschaft unabhängig von der öffentlichen Rechtsberatung Beratungsstellen unterhalten, in denen Rechtsanwälte unter Bedingungen arbeiten, die Vorurteilen und Ängsten vieler potentieller Mandanten keinen Anhaltspunkt bieten, so daß eine unnötige Kluft zwischen Anwaltsstand und Bevölkerung überbrückt wird.

Anhang 1

Allgemeine Zahlen zur Sozialstruktur

		West-Berlin		Neukölln		Schöneberg	
		abs.	%	abs.	%	abs.	%
1.	Einwohner (1970)	2 122 345		281 470		169 834	
2.	davon weiblich	1 201 095	56	157 748	56	97 545	57
3.	Ausländer	75 300	3,5	5 680	2	7 804	4,6
4.	über 60 Jahre	638 125	30	85 834	30	52 106	31
5.	davon: weiblich (% zu 4.)	422 949	66	55 783	65	35 814	69
6.	Alleinstehende (% zu 1.)	469 696	22	57 885	21	46 026	27
7.	Alleinstehende Frauen (% zu 6.)	338 596	72	42 596	74	32 092	70
8.	Erwerbstätige (% zu 1.)	959 659	45	125 595	45	80 239	47
	davon Arbeiter (in % zu 8.)		45		52		44
	davon Angestellte		39		35		40
	davon Beamte		7		6		6
	Selbständige		8		6		8
9.	Rentner / Pensionäre etc. (% zu 1.)	659 696	31	89 149	32	53 651	32
10.	Schüler / Studierende (% zu 1.)	249 195	12	30 440	11	19 097	11
11.	Sozialhilfeempfänger (1974) (laufende Leistungen) (in % der Einwohner 1974)	71 310	3,5	11 828	4,2	6 344	4,2
12.	DM-Sozialhilfe pro Kopf der Bevölkerung (Oktober 1974)	9,83		10,79		15,40	

Anhang 2

Rechtsberatung der Verbände

1. Organisation	ÖTV	IG-Metall	NGG	Mieterverein	Mieter-gemeinsch.	Jusos	Verbr. schutz-bund
2. Mitglieder in West-Berlin	70 000	60 000	14 000	10 000	1 200		4
3. Beitrag / Monat / DM	10–20	10–20	10–20	2,50–5,50			
4. Rechtsbereich	Arbeits- Beamtenrt.	Arbeitsrt.	Arbeitsrt.	Miet- und Woh. Rt.	Miet- und Woh. Rt.	Miet-recht	Wettbe-werbsrt.
5. Rechtsberatung?	ja	ja	ja	ja	ja	ja	nein
6. Beratungsstellen	1	1	1	4	2	2	1
7. Anzahl der Berater	4	3	1	3	43	?	2
8. Qualifikation der Berater							
a) Volljuristen	1	–	–	1	2	?	2
b) Referendare / Jurastudenten	1	1	–	1	41		
c) Nichtjuristen	2	2	1	1			
9. Beratungsstd. / Woche	3 + 4	3 + 3	Bürostd.	4 x 2	2 + 3		
10. Kosten der Beratung	–	–	–	–		–	
11. Anzahl der Beratungen pro Monat	ca. 250	160	30 (?)	280	200		
12. Ratsuchende (Schwerp.)							
a) Einkommensempf. bis 800,–	–	–	–	–			
800,– bis 1600,–	x	x	x	–	x		
über 1600,–	–	–	–	x			
b) Arbeiter	19 %	80 %	90 %	20 %	60 %		
Angestellte / Beamte	80 %	19 %	10 %	50 %	20 %		
Selbständige							
Rentner	1 %	1 %		20 %	10 %		
Schüler / Studenten / Lehrlinge				10 %	10 %		
c) Ausländer		60 %		5 %			
Deutsche		40 %		95 %			
d) ältere				x			
jüngere							
13. Art der Unterstützung Gerichtl. Durchsetzg.	x	x	x				
Außergerichtl. Vorgeh.				x	x		
14. Anteil der Rechtshilfeformen Formul. v. Briefen	80 %	20 %		100 %	45 %		
Anruf beim Gegner	–	20 %			1 %		
Klageanfertg. u. Durchführung	50 %	60 %	100 %	6 %			
Klageanfertg. ohne Durchführung		5 %		4 %	3 %		
Vermittl. eines RA		3 %		10 %	10 %		
15. Aufklärungsmaterial Ztg. m. rechtl. Aufkl.	„ÖTV-Magazin"	in der „Metall"	x	x	x		
Broschüren		x	x	x	x		
Inform.veranstaltungen	Betriebs-räte	Betriebs-räte	x				

(zu Anhang 3a, S. 72–79)

*) Erläuterung zur Übersicht über die Beratungen des Anwaltsvereins und der Bezirksämter:

1. Die Zahl der Beantwortungen pro Frage differiert bei den einzelnen Fragen erheblich. Gleichwohl wurde die Gesamtzahl der Antworten pro Frage jeweils gleich 100 % gesetzt, da Nichtbeantwortung nicht auf Verweigerungen sondern, darauf beruhte, daß sich aus der Beobachtung entsprechende Daten nicht entnehmen ließen und für eine nachträgliche Befragung keine Zeit blieb.
2. Mit den Zahlen in der Rubrik „off. Stat.“ wurde versucht, aus den von den Beratern geführten Nachweisen und Statistiken die Daten auf die in der eigenen Untersuchung zugrundegelegte Einteilung zu beziehen. Hierbei konnten die Zahlen der Statistik im Bezirksamt Neukölln nur zu 63,6 % zugeordnet werden. Die verbleibenden Restkategorien (z.B. Prozeßrecht) stehen quer zu dieser Einteilung und können daher nicht weiter aufgeschlüsselt werden.
   Beim Bezirksamt Neukölln konnte dabei jedoch ein größerer Zeitraum berücksichtigt werden mit insgesamt 5597 dort statistisch erfaßten Beratungsgegenständen. Im Bezirksamt Schöneberg mußte demgegenüber eine Einzelauswertung der Berichte erfolgen, so daß dort nur 300 Beratungsgegenstände (jedoch vollständig) zugeordnet werden konnten. Die Angaben über Geschlecht und Nationalität wurden jeweils aus der Besucherliste ausgezählt (in der Rubrik „off. Stat.“). Die hierdurch erfaßten Zeiträume differieren somit erheblich, so daß diese Rubrik auf Grund einer größeren Zahlenbasis mit jedoch geringerer statistischer Repräsentativität nur zur Trendüberprüfung der Ergebnisse der eigenen Beobachtung herangezogen wurde.
3. Die Prozentwerte für die Anzahl der Beratungsgegenstände (unter I.) in der Zeile „insgesamt“ bzw. „beantwortet von“ wurden jeweils gesondert aus der absoluten Zahl berechnet. Die Summe der einzelnen Prozentwerte weicht durch die Auf- und Abrundungen daher z.T. geringfügig von den Angaben in dieser Zeile ab.

Rechtsberatung des Anwaltsvereins und der Bezirksämter in Schöneberg und Neukölln

Anhang 3a *)

	Anwaltliche Rechtsberatung								
	AG Schöneberg		AG Neukölln		AG Schöneberg		AG Neukölln		
	off.	Stat.	off.	Stat.	eigene	Erh.	eigene	Erh.	eigene
	abs.	%	abs.	%	abs.	%	abs.	%	abs.
0. Anzahl der Beratungen pro Jahr (ca.) (Personen)	1650		1674						
im Monatsdurchschnitt von Aug. 74 bis Juli 75	150,5		139,5						
pro Beratungsstunde (ohne Berücksichtigung von Feiertagen)	1,9		1,7						
durchschnittliche Beratungsdauer in Min.	31		35						
Anzahl der Befragungen					22		12		28
Anzahl der entspr. Beratungsstunden					16		12		17
(Fragebogen)									
I. Beratungsgegenstand									
1. *Familie, Nachbarn, Bekannte*									
Ehescheidung/Auflösung gemeinsamer Whg.					1	5	3	25	1
Vormundschaft/Sorgerecht									1
Unterhalt					1	5			2
Erbschaft					5	26	2	17	2
Streit um Sachen (Herausgabe)					1	5			
Streit um Geld (wenn nicht vorstehend z.B. unerlaubte Handlung)					1	5	2	17	1
Beleidigung/üble Nachrede									
Insgesamt					9	48	7	59	7
2. *Arbeit*									
Kündigung/Entlassung/Einstellung					4	21			2
Lohnhöhe/Arbeitszeit/Urlaub									2
Arbeitsplatzgestaltung/Art der Arbeit					1	5			
Insgesamt					5	26			4
3. *Wohnung*									
Kündigung/Räumung					1	5	2	17	5
Mieterhöhung/Erhöhung der Nebenkosten									2
Schadensersatzforderung des Vermieters									2
Beseitigung von Mängeln der Wohnung vom Vermieter									
Untervermietung									
Störungen anderer Mieter									2
Insgesamt					1	5	2	17	11
4. *Verbraucherschutz (Kauf/Kredit/Anwalt/Arzt/etc.)*									
a) Art des Geschäfts									
Kredit (Privatdarlehen/Abzahlungsgeschäfte)									
Kauf					3	16	1	8	
Dienst-, Werkleistungen (z.B. ärztliche Behandlung)					1	5	1	8	
Anwaltskosten									3
Insgesamt					4	21	2	16	3

Öffentliche Rechtsberatung							Summe der anwaltlichen Rechtsberatung		Summe der öffentlichen Rechtsberatung	
Schöneberg				Neukölln						
Erh.	off.	Stat.	eigene	Erh.	off.	Stat.	eigene	Erh.	eigene	Erh.
%	abs.	%	abs.	%	abs.	%	abs.	%	abs.	%
	1680				2226					
	152,7				185,5					
	2,2				2,3					
	27				26					
			46				34		74	
			20				28		37	
3	23	7,7	7	14	171	3	4	12,9	8	9,6
3									1	1,2
6	61	20,3	2	4	454	8	1	3,2	4	4,8
6	32	10,7	5	10			7	22,6	7	8,4
	8	2,7			219	3,9	1	3,2		
3	6	2,0	2	4			3	9,7	3	3,6
	9	3,0	1	2	460	8,4			1	1,2
21	139	46,3	17	34	1304	23,3	16	51,6	24	28,9
6	17	5,7	1	2	128	2,5	4	12,1	3	3,6
6			2	4					4	4,8
							1	3,0		
12	17	5,7	3	6	128	2,3	5	16,1	7	8,4
16	15	5,0	6	12	499	9	3	9,7	11	13,3
6	1	0,3	2	4					4	4,8
6	2	0,7	3	6					5	6
	30	10,0	1						1	1,2
	6	2,0								
6			1	2					3	3,6
34	54	18,0	13	26	499	9	3	9,7	24	28,9
	12	4,0	2	4					2	2,4
	16	5,3	3	6			4	12,9	3	3,6
	10	3,3	5	10			2	6,5	5	6,0
9			2	4					5	6
9	38	12,7	12	24	1343	24	6	19,4	15	18

(Fortsetzung zu Anhang 3a)

	Anwaltliche Rechtsberatung				
	AG Schöneberg		AG Neukölln		
	eigene	Erh.	eigene	Erh.	eige
	abs.	%	abs.	%	abs.
b) Grund des Konflikts (Prozentangabe bezieht sich auf die Summe zu a))					
Zahlungsunfähigkeit	1				
überhöhter Preis / Zins	1				
Täuschung / Irrtum	1				
Mängel / Falschlieferung	1				
Schadensersatzforderung des Verbrauchers					
Sonstiges					
5. *Sozialleistungen*					
Rente					5
Krankenkasse					
Arbeitslosengeld/-hilfe					1
Sozialhilfe					1
Wohngeld					
Ausbildungsförderung					
Armenrechtspapiere					
Insgesamt					7
6. *Abwehr staatlicher Eingriffe*					
Aufenthalts-/Arbeitserlaubnis/Ausländerrecht					
Abwehr staatlicher Strafe			1	8	
Folgen der Verurteilung (Gerichtskosten etc.)					
Verbote/Gebote der Verwaltung					1
Insgesamt			1	8	1
7. *Straßenverkehr*					
beantwortet von insgesamt	N = 19	100	12	100	33
II. Der Konflikt					
akut	10	67	7	64	18
liegt zurück	3	20	1	9	4
steht bevor	2	13	3	27	4
beantwortet von	N = 15	100	11	100	26
III. Erwartung des Ratsuchenden (Mehrfachnennung)					
Aussprache/Kontakt					8
Erklärung eines Sachverhalts	1	8	1	10	4
Entscheidungsübernahme in praktischen Fragen					4
Interessenvertretung	1	8			7
rein juristische Beratung	12	100	9	90	14
beantwortet von	N = 12	100	10	100	29

Öffentliche Rechtsberatung							Summe der anwaltlichen Rechtsberatung		Summe der öffentlichen Rechtsberatung	
Schöneberg				Neukölln						
Erh. %	off. abs.	Stat. %	eigene abs.	Erh. %	off. abs.	Stat. %	eigene abs.	Erh. %	eigene abs.	Erh. %
	7		3				1		3	
	3		1				1		1	
	5		1				1		1	
	10						1			
	9		2				2			
15	10	3,3	2	4	187	3,3			7	8,4
	8	2,7								
3	2	0,7							1	1,2
3	4	1,3	1	2					2	2,4
	5	1,7								
	7	2,3								
			1	2					1	1,2
21	36	12,0	4	8	187	3,3			11	13,3
	7	2,3			83	1,5	1	3		
	1	0,3								
3									1	1,2
3	8	2,7			83	1,5	1	3,2	1	1,2
	8	2,7	1	2	?	?	2	6,5	1	1,2
100	300	100	50	100	(3544	63,6)	31	100	83	100
					5597	100,0				
70			23	72			17	66	41	71
15			7	22			4	15	11	19
15			2	6			5	19	6	10
100			32	100			26	100	58	100
28			4	11					12	19
14			6	17			2	9	10	16
14			1	3					5	8
24			7	20			1	5	14	22
46			17	49			21	95	31	48
100			35	100			22	100	64	100

(Fortsetzung zu Anhang 3a)

	Anwaltliche Rechtsberatung				
	AG Schöneberg		AG Neukölln		
	eigene abs.	Erh. %	eigene abs.	Erh. %	eigen abs.
IV. Erfolgsaussicht des Begehrens					
keine Erfolgsaussicht	5	50			11
rein praktische Möglichkeiten (Appell an den Gegner, Gesuch, Petition)	1	10			4
rechtlich begründet, jedoch nicht beweisbar	1	10			
unentschieden					2
rechtlich durchsetzbar	3	30			13
beantwortet von	10	100			30
V. Welche Hilfe wurde gewährt (Mehrfachnennung)					
Praktische Hilfe (z.B. Wohnung besorgt, RA vermittelt)					2
Beratung	32	100			20
Erklärung von Schriftstücken					4
Telefonische Kontaktaufnahme mit Gegnern					1
Schriftsatz an Gegner					3
Rechtsmittel eingelegt (Widerspruch, Einspruch, Beschwerde etc.)					3
Antrag an Behörde gestellt					1
Klage bzw. -erwiderung formuliert					3
beantwortet von	32	100			26
VI. Das Problem besteht					
für einen Kreis meiner Bekannten (Mitmieter, Arbeitskollegen) in gleicher Weise	2	14	3	27	6
allein für mich	12	86	8	73	20
beantwortet von	14	100	11	100	26
VII. Gerichtliche Durchsetzung wird abgelehnt					
ja	4	18			
nein	18	82			
beantwortet von	22	100			
VIII. Wurden mit dem Problem bereits andere Stellen befaßt					
niemand	11	69	9	100	10
Verwandte – Bekannte	1	6			1
Verwaltung	2	13			5
Rechtsanwalt	1	6			5
Gerichte	1	6			2
Gewerkschaften / Verbände					1
Rentenberater					1
beantwortet von	16	100	9	100	25
IX. Welche Rechtsberatungsstelle kennen Sie (Mehrfachnennung)					
Gewerkschaften / Mieter- bzw. Verbraucherverbände					1
Rechtsanwaltsbüro					26
Beratungsstelle im Gericht					1
Bezirksamt					2
Keine					22
beantwortet von					26

Öffentliche Rechtsberatung							Summe der anwaltlichen Rechtsberatung		Summe der öffentlichen Rechtsberatung	
Schöneberg				Neukölln						
Erh.	off.	Stat.	eigene	Erh.	off.	Stat.	eigene	Erh.	eigene	Erh.
%	abs.	%	abs.	%	abs.	%	abs.	%	abs.	%
37			8	26			5	50	19	31
13			2	6			1	10	6	10
			2	6			1	10	2	3
7			2	6					4	7
43			17	56			3	30	30	49
100			31	100			10	100	61	100
7									2	3
71	346	75,5	25	74			32	100	45	75
14									4	7
3									1	1,6
11	112	24,5	4	12	269	12			7	12
11			2	6					5	8
3									1	1,6
11			3	8					6	10
100	458	100	34	100			32	100	60	100
23			6	19			5	20	12	21
77			25	81			20	80	45	79
100			31	100			25	100	57	100
			1	3			4	18	1	3
			33	97			18	82	33	97
			34	100			22	100	34	100
40			18	72			22	80	28	56
4			1	4			1	5	2	4
20			2	8			2	10	7	14
20			3	12			1	5	8	16
8			1	4			1	5	3	6
4									1	2
4									1	2
100			25	100			25	100	50	100
4			1	2					2	2,8
100			46	100					72	100
4			8	17					9	12,5
8									2	2,8
85			37	80					59	82
100			46	100					72	100

	Anwaltliche Rechtsberatung				
	AG Schöneberg		AG Neukölln		
	eigene abs.	Erh. %	eigene abs.	Erh. %	eigene abs.
X. Welche Stelle davon bevorzugen Sie					
Gewerkschaften / Mieter- bzw. Verbraucherverbände	4	57			
Rechtsanwaltsbüro	1	14	3	33	
Beratungsstelle im Gericht	1	14	5	56	
Bezirksamt	1	14	1	11	
beantwortet von	7	100	9	100	
XI. Von wo haben Sie Kenntnis über diese Rechtsberatung erlangt					
Verwandte / Bekannte	5	31	7	78	2
Verwaltung/Polizei/Rechtsantragsstelle (mündlich)	10	63	1	11	11
Informationsmaterial d. Verwaltung / Zeitung	1	6	1	11	1
Rechtsanwalt					1
beantwortet von	16	100	9	100	15
XII. Seit wann lassen Sie sich hier beraten					
heute zum ersten Mal	16	88	9	75	11
zum zweiten Mal in derselben Sache	1	6	1	8	6
zum zweiten Mal in einer anderen Sache	1	6	2	17	2
komme regelmäßig					6
beantwortet von	18	100	12	100	25
XIII. Angaben zur Person					
1. *Alter*					
15 bis unter 25 Jahre	5	25	3	25	3
25 bis unter 40 Jahre	8	40	3	25	2
40 bis unter 60 Jahre	3	15	4	33	4
über 60 Jahre	4	20	2	17	12
beantwortet von	20	100	12	100	21
2. *Familienstand*					
alleinstehend	16	73	8	67	19
verheiratet	6	27	4	33	5
beantwortet von	22	100	12	100	24
3. *Geschlecht*					
männlich	16	73	7	58	7
weiblich	6	27	5	42	21
beantwortet von	22	100	12	100	28
4. Ausländer	1	5			
Deutscher	20	95	12	100	26
beantwortet von	21	100	12	100	26
5. *Beruf*					
Rentner / Pensionär	5	24	2	17	13
Hausfrau	1	5			6
Arbeiter	6	28	6	50	5
Schüler / Student / Lehrling	3	14	1	8	
Angestellte	5	24	1	8	1
Selbständige	1	5	2	17	
beantwortet von	21	100	12	100	25
davon arbeitslos	2	9	1	8	4

Öffentliche Rechtsberatung							Summe der anwaltlichen Rechtsberatung		Summe der öffentlichen Rechtsberatung	
Schöneberg				Neukölln						
Erh. %	off. abs.	Stat. %	eigene abs.	Erh. %	off. abs.	Stat. %	eigene abs.	Erh. %	eigene abs.	Erh. %
							4	25		
							4	25		
							6	37,5		
							2	12,5		
							16	100		
14			15	41			12	48	17	33
74			21	57			11	44	32	62
6			1	2			2	8	2	4
6									1	1
100			37	100			25	100	52	100
44			26	62			25	83	37	55
24			10	24			2	7	16	24
8			3	7			3	10	5	8
24			3	7					9	13
100			42	100			30	100	67	100
14			5	11			8	25	8	12
10			12	26			11	34	14	21
19			7	15			7	22	11	16
57			22	48			6	19	34	51
100			46	100			32	100	67	100
79			27	68			24	71	46	72
21			13	32			10	29	18	28
100			40	100			34	100	64	100
25	145	31,7	10	22	36	30	23	68	17	23
75	313	68,3	36	78	83	70	11	32	57	77
100	458	100	46	100	119	100	34	100	74	100
	12	2,6	1	3			1	3	1	1,5
100	446	97,4	39	97			32	97	65	98,5
100	458	100	40	100			33	100	66	100
52			24	52			7	21	37	52
24			6	13			1	3	12	17
20			8	17			12	37	13	18
			1	2			4	12	1	1
4			7	16			6	18	8	12
							3	9		
100			46	100			33	100	71	100
16							3	10	4	6

Anhang 3b

I. Anwaltsverein

pro: Gericht ist am Ort, Rechtsberatung hier ist unparteiisch, Beratungsstelle liegt am nächsten
contra: Weil man dort bezahlen muß
Wollte 10,– DM haben, obwohl es nur um 40,– DM geht
Mußte im Amtsgericht Geld bezahlen

II. Bezirksamt

pro: Weil sich jeder mit seinen Sorgen zuerst ans Rathaus wendet
Hier ist eine ungezwungenere Unterhaltung möglich
Das Rathaus ist die Beratungsstelle
Schnellere Abfertigung als beim Rechtsanwalt
Neutralere Beratung
contra: Rechtsanwaltspraxis ist kompetenter

III. Rechtsanwaltspraxis

pro: Hat mehr Kenntnisse, größere Kompetenz, vertritt stärker meine Interessen
contra: kein Geld (alle)
Anwalt ist zu teuer
bin zu arm für einen Rechtsanwalt
Weiß nicht, wie ich es beim Anwalt anfangen soll. Ich wollte außerdem ja erst einmal eine Beratung.
Ich will nicht zum Anwalt
Die Beratung beim Anwalt ist zu oberflächlich
Ich will keinen Prozeß führen
Rechtsanwälten ist es gleichgültig, ob ich gewinne oder verliere, da sie ja ohnehin Gebühren bekommen
Hatte noch keinen Kontakt zum Anwalt und kenne daher weder seine Praxis noch seine Möglichkeiten

Anhang 3c

Geschäftsanfall der Rechtsberatungsstellen bei den Bezirksämtern 1973

Bezirk	Wieviel Fälle	Rechtsauskunft, Rechtsrat	Praktische Hilfe	%	aus 1973 in % der Bevölkerung	aus 1974 in % der Sozialhilfeempfänger (laufende)	Wochenstunden
Tiergarten	2.510	1.672	838	33	2,7	70,7	11
Wedding	1.696	1.616	80	4,7	1,01	34,9	12
Kreuzberg	1.390	889	501	36	0,89	32,8	11
Charlottenburg	2.784	1.773	1.011	36,3	1,53	44,2	19
Spandau	1.788	1.188	600	33,5	0,9	43,2	13
Wilmersdorf	1.372	1.134	238	17,3	0,96	31,7	19
Zehlendorf	841	792	49	5,8	0,96	49,8	8,5
Schöneberg	1.685	1.259	426	25,3	1,08	32,2	17,5
Steglitz	1.568	966	602	38,4	0,85	53,9	13
Tempelhof	1.914	756	1.158	60,5	1,16	74,1	14
Neukölln	6.334	5.633	701	11	2,27	77,6	20
Reinickendorf	4.623	3.964	659	14,2	1,88	129,6	10
Gesamt	28.505	21.642	6.863		Ø1,35		

Anhang 4

Geschäftsanfall bei den Berliner Amtsgerichten 1974

	AG Schöneberg		AG Neukölln		West-Berlin insges.	
	abs.	%	abs.	%	abs.	%
Mahnverfahren vorausgegangen	3209		1302		16248	
Vollstreckungsbefehle	504		195		2171	
Kl. zur Niederschrift der Geschäftsstelle	107		51		351	
Vertr. durch RA						
Der Kläger allein		41,0		43,3		38,8
Der Beklagte allein		4,6		4,1		4,0
Beide Parteien		26,9		19,6		23,0
Keine Partei		27,3		33		34,1
Streitwert						
bis DM 50,–		4,7		5,2		6
DM 51,– bis DM 200,–		14,6		10,5		13,5
DM 201,– bis DM 300,–		8		5,9		7,6
DM 301,– bis DM 500,–		12,1		10,0		11,9
DM 501,– bis DM 1000,–		17,8		16,9		19,5
DM 1001,– bis DM 1500,–		12,4		15,4		14,6
DM 1501,– und mehr		30,5		36,2		26,9
Keine Anträge auf Vollstr.-erkl. eines Schiedsspruches						keine
Gewöhnliche Prozesse	7650		4281		44955	
Klage auf Räumung von Wohnraum oder Fortsetzg. des Mietverhältnisses	698	9,1	255	6,0	4673	10,4
Kindschaftssachen § 640 ZPO	150	2,0	53	1,2	544	1,2
Unterhaltsstreitigkeiten	530	6,9	393	9,2	2359	5,2
Rechtsstreitigkeiten aus AbzG	444	5,8	349	8,2	953	2,1
Wohnungssachenurteile oder Vergleiche						
Räumung		54		52,9		57,5
Forts. des Mietverhältnisses		2		13,7		6,6
Abweisung der Räumung		3		2,4		2,2
Abweisung der Mietforts.		0,3		–		0,1
Verfahren zur Abnahme eidesstaatlicher Versicher.	10908		6974		57180	

Anhang 4 (Fortsetzung)

Geschäftsanfall bei den Berliner Amtsgerichten 1974 (2)

	AG Schöneberg		AG Neukölln		West-Berlin insges.	
	abs.	%	abs.	%	abs.	%
Mahnsachen			19887		181491	
(Neuzugänge)	(9543)		(5172)		(51303)	
Erledigte Verfahren insges.	8235		4503		47272	
durch streitiges Urteil		20,3		18,6		21,1
Versäumnisurteil gegen Beklagten		25,8		29,2		29,1
Versäumnisurteil gegen Kläger		0,6		0,7		0,4
Anerkenntnisse		4,3		4,1		4,4
Vergleiche		11,8		11,3		9,9
Zurücknahme		12,2		15,1		13,3
Ruhen des Verfahrens oder Nichtbetrieb		7,3		6,0		7,3
Abgabe an anderes Gericht		10		8,2		7,8
Streitige Urteile						
ohne Beweiserhebung		61,9		71,4		56,1
mit Beweiserhebung		38,1		28,6		43,9
Armenrechtsentscheidungen						
bewilligt Kläger	357		361		1869	
bewilligt Beklagte	40		44		200	
abgelehnt Kläger	32		28		185	
abgelehnt Beklagter	7		11		26	

Anhang 5

Berliner Anwaltsverein e.V.
1 Berlin 30, Kurfürstenstr. 84, Tel.: 13 20 63

Satzung
1.1.1972

der Rechtsberatungsstellen für Minderbemittelte des Berliner Anwaltsvereins:

1.

Die Rechtsberatungsstellen des Berliner Anwaltsvereins wollen als freiwilliger Zusammenschluß von Berliner Rechtsanwälten unter Leitung des Vorstandes des Berliner Anwaltsvereins (BAV) denjenigen, die die Kosten für anwaltliche Beratung und Vertretung nicht aufbringen können, helfen.

2.

Teilnahmeberechtigt ist jeder Berliner Rechtsanwalt, der Mitglied des BAV ist und diese Satzung schriftlich als rechtsverbindlich anerkennt.
Der Vorstand des BAV kann den Ausschluß eines Anwalts von der Rechtsberatungsstelle vorläufig, endgültig oder aber auf begrenzte Zeit wegen Wegfalls der Teilnahmeberechtigung oder schwerer oder schuldhafter Verstöße gegen diese Satzung beschließen.

3.

Die Beratung erfolgt für Minderbemittelte unentgeltlich, doch wird von Ratsuchenden, die zu einer entsprechenden Zahlung in der Lage sind, ein Beitrag zur Deckung der Unkosten der Beratungsstelle in Höhe von DM 1,– erhoben.
Minderbemittelt ist derjenige, der die gesetzlichen Gebühren für die Beratung weder ganz noch teilweise zahlen kann. Grundlage der Beurteilung ist das Einkommen oder Vermögen des Betreffenden im Verhältnis zu seinen familiären Unterhaltsverpflichtungen und seinen Lebensumständen. Wer als Alleinstehender nicht mehr als DM 300,– monatlich zur Verfügung hat, wird im allgemeinen als minderbemittelt angesehen werden müssen. Bei Personen mit Einkommensgemeinschaft mit anderen ist auch deren Einkommenslage zu berücksichtigen, evtl. auch die Höhe gezahlter Kindergelder und die Anzahl der Personen, für die der Ratsuchende unterhaltspflichtig ist.

4.

Nicht beraten wird, wer die gesetzlichen Anwaltsgebühren bezahlen kann. Stellt der beratende Anwalt fest, daß dies der Fall ist, so weist er den Ratsuchenden darauf hin. Er weist ihn ferner darauf hin, daß ein Verzeichnis der Anwälte im Anwaltszimmer ausliegt und daß er sich bei jedem beliebigen Anwalt beraten lassen könne. Wünscht der Ratsuchende die Beratung durch den anwesenden Anwalt, so stellt ihm dieser frei, in seine Sprechstunde zu kommen. Wünscht der Ratsuchende die Beratung an Ort und Stelle, so weist der Anwalt zunächst darauf hin, daß dies nur gegen Zahlung der gesetzlichen Gebühren erfolgen darf. Die Beratung ist auf kurze Ratschläge und rechtliche Hinweise zu beschränken und danach gegen Erteilung einer Quittung zu liquidieren. Die Entgegennahme von Aufträgen und Vollmachten in der Beratungsstelle ist nicht gestattet, sie darf nur bei äußerster Dringlichkeit erfolgen.

5.

Nicht beraten wird, wer bereits anwaltlich vertreten ist.

6.

Die Beratung erstreckt sich auf Rechtsangelegenheiten jeder Art, Zivilrecht, Strafrecht, Verwaltungsrecht usw.

7.

Jegliche Haftung des BAV und aller, die in den Rechtsberatungsstellen oder für diese tätig sind, ist, soweit gesetzlich zulässig, ausgeschlossen.

8.

Soweit eine Beiordnung als Armenanwalt oder Pflichtverteidiger, eventuell auch Bestellung als Pfleger oder dergl. in Frage kommt, oder Gebührenzahlung in begründete Aussicht gestellt wird, ist der beratende Anwalt berechtigt, aber nicht verpflichtet, auf Wunsch des Ratsuchenden die Sache zur weiteren Bearbeitung und Vertretung in seine Praxis zu übernehmen. Er weist den Ratsuchenden auf das ausliegende Anwaltsverzeichnis und darauf hin, daß er zu jedem beliebigen Anwalt seiner Wahl gehen könne. Wünscht der Ratsuchende die Übernahme der Sache durch den anwesenden beratenden Anwalt, so stellt ihm dieser frei, in seine Praxis zu kommen und ihm dort Vollmacht und Auftrag zu erteilen.
Hält sich der beratende Anwalt, wenn die Beratung über spezielle Rechtsgebiete oder Rechtsfragen gewünscht wird, nach Art seiner Praxis nicht für zuständig, so macht er auf Kollegen aufmerksam, die sich mit den Rechtsgebieten besonders beschäftigen.

9.

Der beratende Anwalt hält sich von 10.00 bis 14.00 Uhr zur Verfügung.

10.

Zur Sicherung einer korrekten Reihenfolge der Beratung werden für den jeweiligen Beratungstag Nummern von einem Angestellten des Berliner Anwaltsvereins oder dem beratenden Anwalt ausgegeben. Schwerbeschädigte usw. können außerhalb der Reihenfolge beraten werden.

11.
Der beratende Anwalt darf sich vertreten lassen, aber nur durch einen anderen Rechtsanwalt, der auch sonst an der Beratung teilnimmt. Mitarbeiter, die nicht Rechtsanwälte sind, sind selbst dann nicht zugelassen, wenn sie als Vertreter amtlich bestellt sind.

Anhang 6

Grundsätze für die Rechtsberatungsstellen der Bezirksämter von Berlin vom 22. Januar 1974

Auf Grund des § 6 Abs. 1 AZG wird bestimmt:

I. Allgemeines

1. Die Rechtsberatungsstellen haben die Aufgabe, der einkommensschwachen Bevölkerung Berlins unentgeltlich und unparteiisch Rat und sonstige Hilfe in Rechtsangelegenheiten zu gewähren. Die Rechtsberatung umfaßt:
   a) die Erteilung von Rechtsauskünften,
   b) die Erteilung von Rechtsrat,
   c) die Gewährung von praktischer Hilfe,
   d) die Schlichtung von Interessenkonflikten.
2. In jedem Bezirk von Berlin ist eine Rechtsberatungsstelle einzurichten. Federführend für die Rechtsberatung sind die Bezirksämter – Abteilung Sozialwesen –.
3. Die Ausführungsvorschriften über die örtliche Zuständigkeit auf dem Gebiet der Sozialhilfe vom 19. Juni 1972 (Dbl. IV/1972 Nr. 42) sind entsprechend anzuwenden.
4. Die Rechtsberater müssen die Befähigung zum Richteramt nach dem Deutschen Richtergesetz haben.
5. (1) Die Dienststunden und die Sprechzeiten sind von den Bezirksämtern – Abteilung Sozialwesen – festzusetzen.
   (2) Die Dienstzeit eines Rechtsberaters soll in der Regel nicht die Zahl an Dienststunden überschreiten, die sich bei Zugrundelegung von *einer Wochenstunde auf 7500 Einwohner eines Bezirks ergibt.*
6. (1) Die Rechtsberater erhalten als nicht vollbeschäftigte Angestellte eine Vergütung nach Vergütungsgruppe II a der Anlage 1a zum BAT.
   (2) Für jede Rechtsberatungsstelle ist eine Schreibkraft der Vergütungsgruppe VIII/VII der Anlage 1a zum BAT bereitzustellen. Die Stundenzahl kann bis zu 50 vom Hundert über der Beschäftigungszeit des Rechtsberaters liegen.
7. Die Rechtsberater und die ihnen zugeteilten Kräfte sind durch den Bezirksstadtrat für Sozialwesen oder durch einen von ihm bestellten Vertreter durch Handschlag auf die gewissenhafte Erfüllung ihrer Obliegenheiten gemäß § 1 der Verordnung gegen Bestechung und Geheimnisverrat nichtbeamteter Personen in der Fassung vom 22. Mai 1943 (RGBl. I S. 351), geändert durch Gesetz vom 25. Juni 1969 (BGBl. I S. 645/GVBl. S. 966), zu verpflichten. Hierüber ist eine Niederschrift aufzunehmen.
8. *Über die Inanspruchnahme der Rechtsberatungsstellen sind ein Tagebuch und eine Monatsstatistik zu führen.* Die Rechtsberatung wird ohne Gewähr und ohne jede Haftung für den Erfolg ausgeübt.
9. In den Räumen der Rechtsberatungsstellen ist an gut sichtbarer Stelle ein entsprechendes Schild anzubringen.

II. Beratungsberechtigte

10. Die Rechtsberatung ist jedem Ratsuchenden unentgeltlich zu gewähren, der Empfänger von laufender Sozialhilfe ist; ferner ist sie Personen zu gewähren, deren monatliche Nettoeinkünfte für den Ratsuchenden selbst den zweifachen Regelsatz eines Haushaltsvorstandes,

die Kosten für die Unterkunft, einen angemessenen Zuschlag bei ofenbeheizten Wohnungen und für jedes mit ihm in häuslicher Gemeinschaft lebende unterhaltsberechtigte Familienmitglied einen Betrag in Höhe des Familienzuschlages nach § 79 Abs. 1 Nr. 3 des Bundessozialhilfegesetzes in der Fassung vom 18. September 1969 (BGBl. I S. 1688/GVBl. S. 2130) nicht übersteigen. Hinzuzurechnen sind Leistungen des Antragstellers an Unterhaltsberechtigte außerhalb seines Haushaltes.

11. Ausgeschlossen von der Rechtsberatung sind Personen, die nach ihrer Vermögenslage befähigt erscheinen, bezahlte Rechtshilfe in Anspruch zu nehmen.

III. Art und Umfang der Rechtsberatung

12. (1) Die Rechtsberatungsstellen sind für alle Rechtsgebiete zuständig.

(2) Für Angelegenheiten auf arbeits- und sozialversicherungsrechtlichem Gebiet bestehen außerdem besondere Beratungsstellen, an die Ratsuchende mit ihrem Einverständnis verwiesen werden können (z. B. Gewerkschaften für ihre Mitglieder, Versicherungsamt des Senators für Arbeit und Soziales).

13. Die Rechtsberatung umfaßt:

a) die Erteilung von Rechtsauskünften in Angelegenheiten, in denen dem Ratsuchenden durch eine bloße Auskunftserteilung geholfen werden kann;

an die Rechtsauskunft wird sich in der Regel

b) der Rechtsrat anzuschließen haben, der nicht im Sinne einseitiger Interessenvertretung erteilt werden kann, sondern auf objektive Prüfung und Würdigung der gesamten Sachlage gerichtet sein muß;

der Rechtsrat soll gegebenenfalls nicht nur in mündlichen Auskünften bestehen, sondern zur

c) praktischen Hilfe führen, die als Auswirkung des Rechtsrates die Fertigung notwendiger Eingaben, Gesuche, Schriftsätze für die Ratsuchenden umfaßt, soweit diese nicht in der Lage sind, die Rechtsantragsstellen der Gerichte (siehe Nummer 18) in Anspruch zu nehmen oder auf Grund des Rechtsrates die notwendigen Schriftsätze, Eingaben und Gesuche selbst zu fertigen;

um eine überflüssige Inanspruchnahme der Gerichte und einseitige Streithilfe zu vermeiden, kann

d) die Schlichtung von Interessenkonflikten durch eine außergerichtliche Einigung – gegebenenfalls durch Einschaltung eines Schiedsmannes – angestrebt werden; zu diesem Zweck kann die Rechtsberatungsstelle mit dem Streitgegner in Verbindung treten und auch eine gemeinsame Erörterung des Falles mit beiden Parteien anregen.

14. Auch bei der Geltendmachung von zivilrechtlichen Ansprüchen gegen das Land Berlin und bei der Anfechtung von Verwaltungsakten ist die Rechtsberatung nicht zu verweigern.

15. (1) Eingaben, Gesuche, Schriftsätze für die Ratsuchenden (Nummer 13 Buchst. c)) dürfen nicht als Dienstsachen unter der Bezeichnung „Bezirksamt" usw. abgefaßt werden, sondern sind auf neutralem Bogen, der im Kopf den Namen des Ratsuchenden aufweist, zu fertigen und von dem Ratsuchenden zu unterschreiben. Auf solchen Schreiben ist jedoch ein Stempel mit folgendem Wortlaut anzubringen:

„Dieses Schriftstück ist nach den Angaben des Antragstellers, für deren Richtigkeit keine Gewähr übernommen wird, von der zuständigen öffentlichen Rechtsberatungsstelle im Rahmen der Rechtshilfe gefertigt worden. Es enthält keine amtliche Stellungnahme.

Berlin, den .... 19..

Unterschrift des Rechtsberaters".

(2) Kopfbogen des Bezirksamtes dürfen nur verwendet werden, wenn die Rechtsberatungsstelle als Schlichtungsstelle (Nummer 13 Buchst. d)) auftritt und als solche mit dem Streitgegner in Verbindung treten muß oder wenn der Ratsuchende an eine andere zuständige Stelle verwiesen wird.

(3) Die Wahrnehmung von Terminen ist nicht Aufgabe der Rechtsberatungsstelle.

IV. Zusammenarbeit mit anderen Stellen

16. Bei der Verweisung eines Ratsuchenden an andere Behörden und Stellen ist ihm in der Regel ein Schreiben mitzugeben; fernmündliche Anmeldung ist zweckmäßig.

17. Auf die Zusammenarbeit mit den jeweils zuständigen Abteilungen und Stellen des Bezirksamtes sowie mit den Versicherungsträgern ist besonderer Wert zu legen.

18. Bei der Verweisung von Ratsuchenden an andere Stellen ist die Abgrenzung der Aufgabengebiete der Rechtsberatungsstellen und der Rechtsantragstellen der Gerichte zu beachten. Die Rechtsantragstellen haben keine beratenden Aufgaben, sondern sie haben nur Anträge und Erklärungen im Rahmen gerichtlicher Verfahren aufzunehmen. Es ist deshalb kein Ratsuchender an die zuständige gerichtliche Rechtsantragsstelle zu verweisen, ohne daß er darüber beraten worden ist, welche Anträge er stellen soll. Eine Verweisung ohne Beratung hat zu unterbleiben. In rechtlich schwierigen Fällen oder bei nicht geschäftsgewandten Ratsuchenden ist in das Schreiben an die Rechtsantragstelle (siehe Nummer 16) ein kurzer schriftlicher Hinweis auf die Art des zu stellenden Antrages aufzunehmen.

19. Wendet sich ein Ratsuchender in einer Betrugsangelegenheit an die Rechtsberatungsstelle, so ist er nach der zivilrechtlichen Beratung – in den Fällen, in denen sich der Verdacht eines Betruges annehmen läßt – an den Polizeipräsidenten in Berlin, Abteilung K – KRefB – Beratungsstelle zum Schutze gegen Betrug, 1 Berlin 62 (Schöneberg), Gothaer Straße 19, Zimmer 506, Tel.: 78 10 71, innerbetrieblich (95) 42 76, App. 16 02, zu verweisen. Dies gilt insbesondere bei Betrugsfällen von allgemeiner Bedeutung, in denen der Verdacht auf Serienbetrügereien besteht (Schwindelfirmen, betrügerische Veranstaltungen von Kaffeefahrten und ähnliche Veranstaltungen, betrügerische Teppichhändler u.ä.); gegebenenfalls hat die Rechtsberatungsstelle der Betrugsberatungsstelle Mitteilung von solchen Fällen zu machen. Bei Serienbetrügereien ist auch die Neue Hauswirtschaft und Verbraucherzentrale Berlin e.V., 1 Berlin 30, Bayreuther Straße 40, Tel.: 24 90 96, zu benachrichtigen.

20. (1) Für die erfolgreiche Ausübung der Rechtsberatung ist eine vertrauensvolle Zusammenarbeit mit der Rechtsanwaltschaft von größter Bedeutung; es ist deshalb alles zu unterlassen, was zu einer Überschneidung mit den Interessen der Anwaltschaft führen könnte. Auf die Einhaltung der Bestimmungen über die Beratungsberechtigten (Abschnitt II) ist besonders zu achten.
(2) Wird für ein gerichtliches Verfahren, auch für ein Verfahren im Armenrecht, die Beiordnung eines Anwaltes notwendig, ist jeder Hinweis auf einen bestimmten Anwalt zu unterlassen. Es bestehen dagegen keine Bedenken, den Ratsuchenden das vom Berliner Anwaltsverein e.V. herausgegebene Verzeichnis der Rechtsanwälte und Notare in Berlin vorzulegen, aus dem sie sich selber einen Anwalt auswählen können. Um den Ratsuchenden weite Wege zu ersparen, können die im jeweiligen Bezirk ansässigen Anwälte in diesem Verzeichnis besonders gekennzeichnet werden.

V. Schlußvorschriften

21. Diese Verwaltungsvorschriften treten an die Stelle der Verwaltungsvorschriften vom 18. Juni 1963 (ABl. S. 1101 – Dbl. IV/1963 Nr. 45), geändert durch Verwaltungsvorschriften vom 8. November 1966 (ABl. S. 1289 – Dbl. IV/1966 Nr. 47).

22. Diese Verwaltungsvorschriften treten am 1. April 1974 in Kraft. Sie treten mit Ablauf des 31. März 1984 außer Kraft.

Anhang 7

Rechtsschutzrichtlinien der ÖTV

I. Betreuungsbereiche

1. Dem Mitglied der ÖTV wird unentgeltlich Rechtsschutz gewährt in Streitfällen, die in unmittelbarem Zusammenhang mit dem Dienst-, Arbeits-, oder Amtsverhältnis, mit der Ausübung der beruflichen Tätigkeit und mit der Wahrnehmung berechtigter Organisations-

interessen entstanden sind. Ferner in Streitfällen aus der Sozialversicherung oder aus dem Wiedergutmachungsrecht (Wiedergutmachung nationalsozialistischen Unrechts).

2. Der unmittelbare Zusammenhang im Sinne der Ziff. 1 Satz 1 ist in der Regel gegeben,
   a) wenn es sich um einen Streitfall zwischen Arbeitnehmer und Arbeitgeber oder Beamte und Dienstgeber aus dem Dienst-, Arbeits- oder Amtsverhältnis handelt.
   b) oder ein solcher Streitfall ohne die spezielle Berufsausübung des Mitgliedes nicht oder mit großer Wahrscheinlichkeit nicht entstanden wäre, wobei die Berufsausübung das Dienst-, Arbeits- oder Amtsverhältnis betreffen muß,
   c) oder ein Mitglied durch Befolgung gewerkschaftlicher Anordnungen oder wegen gewerkschaftlicher Haltung oder Einstellung, Schädigungen, Verfolgungen oder Maßregelungen ausgesetzt war, ist oder wird.

3. Zu den Streitfällen, die mit der Ausübung der beruflichen Tätigkeit in unmittelbarem Zusammenhang stehen, gehören auch die Streitfälle, in denen Mitglieder einen Schadenersatzprozeß mit Dritten führen, wenn das schädigende Ereignis während der Ausübung des Berufs eingetreten ist.
   Das gleiche gilt für die Fälle, bei denen ein Mitglied auf dem Wege von und zur Arbeit geschädigt wurde, sofern das Mitglied einen körperlichen Schaden erlitten hat und hieraus der Streitfall resultiert.

4. Zu den Streitfällen aus der Sozialversicherung gehören auch die Streitfälle aus der Arbeitslosenversicherung sowie Streitfälle aus betrieblichen und überbetrieblichen Pensions- und Versorgungsregelungen.
   Den Streitigkeiten aus der Sozialversicherung sind diejenigen Streitigkeiten aus privaten Versicherungsverträgen gleichgestellt, die deshalb abgeschlossen werden müssen, weil das Mitglied bei Aufnahme der Tätigkeit nicht mehr die Mitgliedschaft in der Sozialversicherung erwerben kann.

5. Rechtsschutz wird ferner gewährt:
   a) In Streitfällen aus den Kindergeldgesetzen.
   b) In Streitfällen aus dem Bundesversorgungsgesetz.
   c) In Streitfällen aus nebenberuflichem Polizeidienst oder anderem gleichartigen Sicherheitsdienst.

   Umfang und Ausmaß des Rechtsschutzes dürfen in diesen Fällen nicht weiter gehen als der Rechtsschutz bei entsprechenden Streitigkeiten aus hauptberuflicher Tätigkeit.
   d) In Streitfällen aus Nebentätigkeiten, wenn die Nebentätigkeit
   aa) im Zusammenhang mit dem Arbeits-, Dienst- oder Amtsverhältnis steht (z.B. einschlägige Lehr- und Unterrichtstätigkeit) oder
   bb) im Interesse oder auf Vorschlag der Gewerkschaft erfolgt (z.B. ehrenamtliche Richtertätigkeit in der Arbeits-, Sozial-, Verwaltungs- und Disziplinargerichtsbarkeit, ehrenamtliche Tätigkeit in der sozialen Selbstverwaltung, Arbeitnehmervertreter in Aufsichtsräten).
   e) In Streitfällen, die sich aus dem Wehrdienst- oder Ersatzdienstverhältnis ergeben. Das gilt auch dann, wenn die Beitragspflicht grundsätzlich ruht. Das gleiche gilt in Streitfällen wegen Wehrdienstverweigerung und in den Fällen, in denen eine Zurückstellung vom Wehr- oder Wehrersatzdienst aus beruflichen Gründen durchgesetzt werden soll, insbesondere dann, wenn die Berufsausbildung durch den Wehr- oder Wehrersatzdienst unterbrochen wird und diese Unterbrechung eine besondere Härte darstellt.
   f) In grundsätzlichen Streitfällen aus dem Lohnsteuerrecht.

6. In Streitfällen, die in Kriegs- und Nachkriegsfolgen ihre Ursache haben (z.B. 131er Streitfälle), kann nur in Ausnahmefällen Rechtsschutz gewährt werden, sofern eine ausreichend lange Mitgliedschaft in der ÖTV vorliegt und es sich nicht um einen 131er Streitfall handelt, der aus der Mitgliedschaft in der NSDAP oder einer ihrer Gliederungen resultiert.

7. Für das aktive Auftreten eines Mitglieds als Nebenkläger in Verfahren gegen Dritte kann Rechtsschutz nur gewährt werden, wenn das Auftreten des Mitglieds als Nebenkläger nach den gesamten Umständen unumgänglich notwendig ist.

8. Rechtsschutz kann nicht gewährt werden:
   a) In Streitfällen, die sich gegen den Bestand der von der ÖTV abgeschlossenen Tarifverträge richten (siehe aber VII/6).
   b) In Streitfällen zur Erzielung einer UK-Stellung (Unabkömmlichkeitsstellung).
   c) In Streitfällen, die durch Trunkenheit am Steuer entstanden sind (siehe aber VII/6).
   d) In Streitfällen, die aus Sachschäden am privateigenen Fahrzeug entstanden sind; das gilt nicht, wenn die Schäden bei Dienstfahrten eingetreten sind.

II. Rechtsanspruch

1. Der Rechtsschutz ist eine freiwillige Leistung der ÖTV. Ein Rechtsanspruch auf Gewährung von Rechtsschutz steht weder dem Mitglied noch dessen Angehörigen oder anderen Personen zu.
2. Eine Rechtsschutzgewährung für Nichtmitglieder ist grundsätzlich unzulässig. Dies gilt nicht für Hinterbliebene von Mitgliedern, wenn der Anlaß zum Rechtsstreit aus dem Dienst-, Amts-, Arbeits- oder einem Versicherungsverhältnis (I/4) des verstorbenen Mitgliedes herrührt. Das gleiche gilt im Falle eines in Ausübung des Berufes tödlich verlaufenen Unfalles eines Mitgliedes hinsichtlich der Durchsetzung von Schadensersatzansprüchen. Voraussetzung ist in letzterem Falle, daß die Hinterbliebenen mit dem verstorbenen Mitglied in häuslicher Gemeinschaft gelebt haben, und das Mitglied für den überwiegenden Unterhalt aufkam.

III. Voraussetzungen

Wartezeit

1. Rechtsschutz kann nach einer ordnungsgemäßen Mitgliedschaft von drei Monaten, gerechnet vom Anlaßzeitpunkt des Streitfalles, gewährt werden. Diese Zeit gilt als Wartezeit.
2. Liegt der Anlaßzeitpunkt vor der Erfüllung der Wartezeit, so kann Rechtsschutz grundsätzlich nicht gewährt werden.
3. Der Anlaßzeitpunkt eines Streitfalles ist der Zeitpunkt der Entstehung eines Streitfalles, wobei der erste Anlaß, der die Streitigkeit zur Folge hat, maßgebend ist.
4. Bei der Berechnung der Wartezeit ist vom tatsächlichen Beitrittsdatum auszugehen. Ein rückwirkender Beitritt ist unzulässig.

Erfolgsaussichten

5. Rechtschutz kann nur gewährt werden, wenn ausreichende Erfolgsaussichten bestehen.

Rechtsauskünfte

6. Rechtsauskünfte werden – auch vor Erfüllung der Wartezeit – im Rahmen des Abschnitts I erteilt. Die Abschnitte VI und VII (mit Ausnahme VII Ziff. 9) finden keine Anwendung. Die Mitglieder erhalten Auskünfte und Belehrungen in Rechtssachen nur, soweit sie im Einzelfall darum ersuchen. Rechtsauskünfte sind nur verbindlich, wenn sie schriftlich erteilt werden.

IV. Rechtsschutzumfang

1. Der zu gewährende Rechtsschutz umfaßt, soweit nicht aus sachlichen Gründen Einschränkungen erforderlich sind, über die die rechtsschutzgewährende Stelle entscheidet, neben der Stellung eines sachkundigen Prozeßvertreters die Übernahme der erforderlichen Kosten des Verfahrens.
2. Bei der Rechtsschutzgewährung, insbesondere bei Strafsachen, besteht außerdem die Einschränkung, daß Kosten nur insoweit übernommen werden, als diese nicht von dritter Seite (z.B. durch die Staatskasse) zu tragen sind. Bis zur endgültigen Abrechnung nach Abschluß der Verfahren gelten die durch die ÖTV geleisteten Zahlungen als Vorschüsse.
3. Zu den „Kosten des Verfahrens" zählen grundsätzlich – außer den Kosten des eigenen Prozeßvertreters – die Gerichtskosten, die Kosten des gegnerischen Prozeßvertreters, die

erstattungsfähigen Auslagen der Gegenseite und die des Nebenklägers. Nicht zu den Kosten des Verfahrens gehören Gutachterkosten, es sei denn, es handelt sich um die Kosten für unmittelbar vom Gericht eingeholte Gutachten. Die Kosten aller übrigen im Verlauf eines Verfahrens erforderlich werdenden Gutachten werden nur im Rahmen der Ziffern 8 bis 10 übernommen.

4. Der Rechtsschutz erfaßt auch die Kosten für notwendige Nebenverfahren (z.B. Mahn- oder Vollstreckungsverfahren).
5. Verhängte Geldbußen, Geld- und Ordnungsstrafen dürfen nicht von der ÖTV getragen werden.
6. Die Kosten müssen tatsächlich entstanden sein. Die Übernahme hypothetischer Kosten und solcher Kosten, die zwar entstanden sind, aber bereits von dritter Seite gedeckt wurden, ist ausgeschlossen.
7. Alle dem Mitglied selbst im Verlaufe einer Rechtsschutzsache entstandenen Kosten, insbesondere persönliche Kosten, wie Fahrgelder, Verpflegungskosten, Übernachtungskosten u.ä. werden nicht übernommen, es sei denn, daß aus sachdienlichen Gründen von der bearbeitenden Stelle der ÖTV eine Vorladung erfolgte.
8. Die Kosten für ein im Verlauf des Verfahrens erforderlich werdendes Gutachten werden nur übernommen, wenn die Übernahme solcher Kosten vorher zugesichert wurde.
   Die Genehmigung für ein Obergutachten darf in der Regel nur erteilt werden, wenn zwei sich widersprechende Gutachten im gleichen Verfahren vorliegen.
9. Die Kostenübernahme für ein ärztliches Gutachten, dessen Einholung (insbesondere in Sozialversicherungssachen) eine Prozeßnotwendigkeit ist, kann von dem jeweiligen Prozeßbevollmächtigten zugesichert werden, sofern dieser ein hauptamtlicher Funktionär der ÖTV ist. Erfolgt die Vertretung durch DGB-Rechtsschutzsekretäre, so ist die Genehmigung der zuständigen Kreisverwaltung der ÖTV bzw. in 2. Instanz der Bezirksleitung der ÖTV erforderlich. Voraussetzung für die Übernahme der Kosten für ein Gutachten ist, daß im übrigen Rechtsschutz von der zuständigen Instanz gewährt wurde.
10. Die Kosten für technische Gutachten (Gutachten technischer Sachverständiger) können übernommen werden, wenn die zuständige Bezirksleitung die Genehmigung erteilt hat.
11. Die Genehmigung für Gutachten, die nicht in den Ziffern 9 und 10 aufgeführt sind, muß beim geschäftsführenden Hauptvorstand beantragt werden.

V. Prozeßvertretungen

1. Die Prozeßvertretung wird durch hauptamtliche Gewerkschaftsvertreter ausgeübt, soweit diese zugelassen sind.
2. Die Prozeßvertretungen in zweiter und weiterer Instanz, soweit Gewerkschaftsvertreter als Prozeßvertreter zugelassen sind, erfolgen durch die Bezirksrechtsschutzsekretäre. Der geschäftsführende Hauptvorstand kann in besonderen Fällen eine anderweitige Vertretung durch hauptamtliche Gewerkschaftsvertreter zulassen oder anordnen.
3. Sind Gewerkschaftsvertreter nicht zugelassen, oder besteht Anwaltszwang, erfolgt die Prozeßvertretung durch einen Rechtsanwalt, der durch die rechtsschutzgewährenden Stellen der ÖTV zu bestellen ist.
4. Die Prozeßvertretung vor den obersten Bundesgerichten und den Verfassungsgerichten erfolgt durch vom geschäftsführenden Hauptvorstand zu bestellende Prozeßvertreter.
5. Ohne Rechtsschutzgenehmigung darf eine Prozeßvertretung nicht übernommen werden. Das gilt auch für eine vorläufige Übernahme der Prozeßvertretung vor Erteilung der Rechtsschutzgenehmigung. Eine Ausnahme ist in letzteren Fällen nur bei drohendem Fristablauf zulässig.
6. Die in den Kreisverwaltungen der ÖTV tätigen Gewerkschaftssekretäre sind im Sinne der gesetzlichen Vorschriften (Arbeitsgerichtsgesetz, Sozialgerichtsgesetz usw.) zur Prozeßvertretung in der ersten Instanz befugt. Die Bezirksrechtsschutzsekretäre haben die gleiche

Befugnis zur Prozeßvertretung in der ersten und zweiten Instanz. Im übrigen bestimmt der geschäftsführende Hauptvorstand durch besondere Legitimationsvollmachten, welche hauptamtlichen Gewerkschaftsangestellten zur Prozeßvertretung berechtigt sind. Die gleiche Befugnis hat die Bezirksleitung für die Prozeßvertreter der 1. Instanz in ihrem Bereich, soweit diese nicht bereits gemäß Satz 1 und 2 legitimiert sind.

VI. Rechtsschutzbeantragung

1. Anträge auf Rechtsschutz sind unter genauer Schilderung des Sachverhalts über die zuständige Kreisverwaltung an die jeweilige Bezirksleitung zu stellen, soweit die Kreisverwaltungen gemäß Abschnitt VII, Ziffer 1 nicht selbst zuständig sind.
2. Ist nach Abschnitt VII die Zuständigkeit des geschäftsführenden Hauptvorstandes gegeben, sind die Rechtsschutzanträge von der zuständigen Bezirksleitung mit ihrer Stellungnahme an den geschäftsführenden Hauptvorstand weiterzuleiten.
3. Der Rechtsschutz ist für jede Instanz besonders zu beantragen. In Fällen der Zurückverweisung einer Streitsache an die Vorinstanz erübrigt sich eine erneute Rechtsschutzbeantragung, wenn die z. Z. der ursprünglichen Rechtsschutzgenehmigung in der vorherigen (höheren) Instanz vorliegenden Umstände sich nicht wesentlich geändert haben und einer evtl. Auflage durch das Mitglied Folge geleistet wurde. Die Kreisverwaltung muß die Mitgliedsunterlagen überprüfen. Die Überprüfung ist in den Rechtsschutzakten festzuhalten.
4. Der Rechtsschutzantrag für die erste Instanz ist grundsätzlich vor der Rechtshängigkeit des Streitfalles, für die weitere Instanz rechtzeitig vor Einlegung des Rechtsmittels, bzw. falls die Gegenseite ein Rechtsmittel einlegt, unverzüglich einzureichen.
5. Eine verspätete Rechtsschutzbeantragung kann nur in den Fällen berücksichtigt werden, in denen ordnungsgemäße Beantragung infolge von Umständen nicht möglich war, die von dem Mitglied nicht zu vertreten sind.

VII. Zuständigkeit zur Entscheidung über Rechtsschutzanträge, Widerrufmöglichkeit

1. Der Geschäftsführer der Kreisverwaltung entscheidet über Rechtsschutzanträge 1. Instanz in Streitigkeiten aus der Sozialversicherung einschl. der Arbeitslosenversicherung (Abschnitt I Ziff. 4 findet keine Anwendung).
2. Die jeweilige Bezirksleitung entscheidet in allen anderen Fällen über Rechtsschutzanträge 1. und 2. Instanz, soweit nicht nach Ziffer 3b der geschäftsführende Hauptvorstand zuständig ist. In Streitigkeiten aus dem Bereich der Seeschiffahrt und der Hochseefischerei, die vor den Tarifschiedsgerichten auszutragen sind, können die Bezirksleitungen ihre Entscheidungsbefugnis auf die Bezirksleitung in Hamburg übertragen.
3. Der geschäftsführende Hauptvorstand entscheidet über Rechtsschutzanträge
   a) der 3. und weiteren Instanz,
   b) jeder Instanz,
   aa) soweit es sich um Streitfälle handelt, die für einen großen Mitgliederkreis entscheidend sind oder
   bb) der geschäftsführende Hauptvorstand sich wegen der Besonderheit der Streitfälle die Entscheidung vorbehalten hat.
4. Der geschäftsführende Hauptvorstand kann in von ihm zu bestimmenden Fällen einen Teil seiner Entscheidungsbefugnisse auf die Bezirksleitungen übertragen. Die Entscheidungsbefugnis bei Rechtsschutzanträgen 3. Instanz, wenn die Oberlandesgerichte oder das Bay. Oberste Landesgericht zuständig sind, obliegt der jeweiligen Bezirksleitung.
5. Ein Verfahren bei einem obersten Bundesgericht (z.B. BGH) oder bei einem Verfassungsgericht gilt als 3. und weitere Instanz. Zur Entscheidung über Rechtsschutzanträge für die Einlegung einer Nichtzulassungsbeschwerde (Nichtzulassung der Revision im verwaltungsgerichtlichen Verfahren) ist der geschäftsführende Hauptvorstand zuständig.
6. Der geschäftsführende Hauptvorstand ist ferner für eine Entscheidung über Rechtsschutzanträge jeder Instanz in folgenden Streitfällen zuständig:

a) Streitfälle, die gegen die ÖTV oder eine andere Gewerkschaft oder den DGB und andere Dachorganisationen (einschl. der Verbandsorgane) gerichtet sind.
b) Streitfälle, die aus Maßregelungen oder Verfolgungen der Mitglieder gemäß Abschnitt I Ziff. 2c) entstanden sind.
c) Streitfälle, die durch Trunkenheit eines Mitglieds am Steuer entstanden sind.
d) Streitfälle, die sich gegen den Bestand der von der ÖTV abgeschlossenen Tarifverträge richten.
e) Streitfälle, die im Ausland ausgetragen werden müssen oder auf Vorfälle im Ausland zurückgehen.
f) Streitfälle, die auf die gewerkschaftliche Tätigkeit von Beschäftigten der ÖTV zurückzuführen sind.

7. Rechtsschutzgenehmigungen werden in der Regel nicht begründet. Dagegen sind Einschränkungen des Rechtsschutzes, soweit sie sich nicht aus diesen Bestimmungen ergeben und Rechtsschutzablehnungen zu begründen.
8. Die für eine Rechtsschutzentscheidung zuständigen Stellen der ÖTV können in besonderen Fällen, wenn die satzungsgemäßen Voraussetzungen nicht voll erfüllt sind, jedoch das Rechtsschutzbedürfnis anerkannt wird, soweit dies möglich ist, eine gewerkschaftliche Prozeßvertretung (ohne Kostenübernahme) genehmigen.
9. Der Rechtsschutz kann von der Erfüllung bestimmter satzungsgemäßer Auflagen abhängig gemacht werden (z.B. Auflage zur Beitragsangleichung).
10. Eine Rechtsschutzgenehmigung kann in begründeten Fällen zu Lasten des Mitgliedes widerrufen werden, insbesondere dann, wenn nach Erteilung des Rechtsschutzes das Mitglied mit der ordnungsgemäßen Beitragsleistung in Rückstand gekommen ist und Stundung nicht gewährt oder einer in der Rechtsschutzgenehmigung erteilten Auflage nicht Folge geleistet wurde.
11. Der Rechtsschutzbescheid der Kreisverwaltung ist vom Geschäftsführer, der Rechtsschutzbescheid der Bezirksleitung von einem Mitglied der Bezirksleitung zumindest von dem Bezirksrechtsschutzsekretär und der Rechtsschutzbescheid des geschäftsführenden Hauptvorstandes von einem Rechtsschutzsekretär des Hauptvorstandes zu unterzeichnen.

VIII. Schlußbestimmung

Der geschäftsführende Hauptvorstand erläßt die notwendigen Rechtsschutzanweisungen. Vorstehende Rechtsschutzrichtlinien treten mit Wirkung vom 5.7.1968 in Kraft. Gleichzeitig treten alle widersprechenden Rechtsschutzbestimmungen und Rechtsschutz-Anweisungen außer Kraft. Diese Richtlinien sind für alle rechtsschutzsuchenden Mitglieder, die rechtsschutzsuchenden Hinterbliebenen der Mitglieder und alle dem Hauptvorstand nachgeordneten Organe und Stellen der ÖTV verbindlich. Sind wegen der besonderen Lage eines Falles Abweichungen oder Ausnahmen notwendig, entscheidet auf Antrag einer Bezirksleitung der geschäftsführende Hauptvorstand.

Summary

In the framework of current discussion on the possibilities of giving legal aid to sections of the population hitherto largely excluded from it, it is of interest to study the case of West Berlin.
As a theoretical approach to the study four factors can be takem into consideration: the existence of legal need itself, the attainability of possibilities of legal self-assertion for the poorer and less educated classes, the articulation of legal need, and public interest in the problems surrounding legal need.
A preliminary sociological investigation sheds light on the situation in West Berlin. Legal advice may be obtained from a lawyer in private practice. Financial and psychological barriers, however, deter persons of lower social standing from taking this course. Advice is also given by certain

associations, pricipally trade unions and tenants' associations, but only in certain specific fields of law and to members only. Thus they, too, exclude large sections of the population.
In the public sphere, the Berlin Society of Lawyers (Berliner Anwaltsverein) organizes a scheme of legal aid, which exists nominally for the lowest of income groups but which in practice attracts financially slightly better placed people who can define their legal problem but are not able to overcome the psychological hurdle of having to make their way to a lawyer in private practice. The scheme is of value in as far as it brings this particular group of persons into contact with the law.
Legal aid is also given in the offices of the local administration in Berlin („Rechtsberatungsstellen der Bezirksämter von Berlin"). Statistics show that these tend to serve a section of the community (e.g. notably women and old age pensioners) who do not seek assistance from other sources. Advice is given largely in the areas of family law, tenancy rights and consumer law, fields which are not specially catered for by the above mentioned organizations. The public legal centres therefore act as a valuable complement to the other possibilities for satisfying legal need.

Anmerkungen

1 Vgl. Baumgärtel, Ist die Rechtsberatung Minderbemittelter eine Aufgabe staatlicher Behörden? ZRP 75, 65; Schoreit, Rechtsberatung Minderbemittelter durch öffentliche Rechtsauskunftsstellen oder durch Armenanwälte? ZRP 75, 62; ders. Rechtsberatung unentgeltlich, 1974; Isola, Schwierigkeiten beim Zugang zur Rechtspflege, Recht und Politik 1974, 64; Isermann, „Freie Rechtshilfe" und „Gemeinnützige Rechtsauskunftsstellen" vor 1933 in Deutschland und im Ausland, Recht und Politik 1975, 31; Herbst, Die Rechtsberatung Minderbemittelter in der Praxis, ZRP 75, 219; Röper, Rechtsschutzversicherung für sozial Schwache, ZRP 75, 252; Rasehorn, Material zur Rechtsberatung für sozial Schwache, Vorgänge Nr. 13, 1975, 14; Diskussion im „Sonderausschuß für Außergerichtliches Armenrecht" auf dem Anwaltstag 1975, abgedruckt in AnwBl 1975, 285; sowie die Diskussion zum Thema „Rechtsberatung Minderbemittelter" in der Rubrik „Echo" der ZRP zwischen Dellmann (ZRP 75, 199); Schoreit (ZRP 75, 200) und Rasehorn (ZRP 75, 296); ferner die Vorschläge des Deutschen Anwaltvereins in AnwBl. 1974, 254, sowie der Arbeitsgemeinschaft sozialdemokratischer Juristen in Recht und Politik 1974, 98; zur Diskussion im Ausland kann auf die übrigen Beiträge dieses Bandes verwiesen werden.

2 Bayern, Saarland: Das Anwaltsmodell mit Beratungsscheinen (vgl. Herbst a.a.O.); Bremen (vgl. Isola in AnwBl 1975, 286 f.), Hamburg (vgl. Schoreit, Rechtsberatung unentgeltlich, S. 32 ff.) und West-Berlin die öffentliche Rechtsberatung; Hessen gleich drei Versuchsmodelle: in Kassel Rechtsberatung durch Anwälte im Gericht; in Nidda öffentliche Rechtsberatung durch pensionierte Richter, in Darmstadt das System der Berechtigungsscheine für freie Anwälte; Rheinland-Pfalz Rechtsberatungsstellen durch Anwälte und pensionierte Richter; Niedersachsen Rechtsberatungsstellen durch freie Anwälte in 11 Amtsgerichten (vgl. zu Niedersachsen die Stellungnahme der niedersächsischen Landesregierung in AnwBl 75, 84.)

3 Rasehorn, Material zur Rechtsberatung ..., a.a.O.

4 Vgl. dazu im einzelnen den Abschnitt über die öffentliche Rechtsberatung in West-Berlin.

5 Vgl. statt aller Schoreit, Rechtsberatung unentgeltlich, S. 12.

6 Vgl. Sykes, Legal Needs of the Poor in the City of Denver, Law and Society Review, 1969/70, S. 255 ff.

7 Abel-Smith/Zander/Brooke, Legal Problems and the Citizen, London 1973.

8 Dazu Schuyt/Groenendijk/Sloot, Rechtsprobleme oder private Schwierigkeiten, in diesem Band.

9 Vgl. den Beitrag von John T. Johnsen in diesem Band.

10 Vgl. zur Definition Johnsen, Das Rechtshilfesystem in Norwegen, in diesem Band, Ziff. I, 1.

11 Im Herbst 1974 strahlte das regionale 3. Fernsehprogramm hierzu eine Sendung aus; der Vorsitzende der Anwaltskammer befaßte sich in einem Zeitungsinterview (Tagesspiegel vom 27.7.75) sowie in seiner Rede vor dem Anwaltstag in Berlin (abgedruckt in NJW 75, 1337 (1340) mit der öffentlichen Rechtsberatung; der Senat erließ 1974 die „Grundsätze für die Rechtsberatungsstellen der Bezirksämter von Berlin" (Amtsblatt von Berlin 1974, I, 289).

12 Rechtshilfe wird somit nicht als Hilfe zur Verwirklichung einer konkordanten Ordnung, der Rechtsordnung, verstanden, sondern als Teilbereich sozialer Hilfe zur Durchsetzung von im gesamten Gemeinwesen legitimierten Interessen.
13 Berliner Statistik 3/75 für Nov. 1974.
14 Berliner Statistik 3/75, S. 69; zum Vergleich 85 % im Bundesdurchschnitt und 79 % in Bayern, Stat. Jb. für die BRD 1974.
15 Stat. Jhb. der BRD 1974, S. 273/4; zum Vergleich: Bayern 57 %.
16 Dazu Schuyt/Groenendijk/Sloot, a.a.O. S. 31.
17 Rehbinder, Wandlungen der Rechtsstruktur im Sozialstaat, in KZfS Sonderheft 11 (1967), S. 197 ff. (insbes. S. 206/7).
18 Stat. Jhb. für die BRD S. 111; vgl. zur Gerichtsbelastung Anlage 4.
19 Vgl. Fechner, Kostenrisiko und Rechtswegsperre – Steht der Rechtsweg offen?, JZ 69, 349; sowie Rasehorn, a.a.O. Fn. 1.
20 Vgl. in dem obigen Rechteck I, 1.
21 Vgl. die Nachweise bei Schuyt/Groenendijk/Sloot, a.a.O. S. 20.
22 Das Verhältnis der Bevölkerung zur Rechtspflege, Jhb. für Rechtssoziologie und Rechtstheorie Bd. 3, 1972, S. 555 (558).
23 Dazu das Beispiel aus der Strafjustiz abgedruckt bei Rasehorn, Rechtlosigkeit als Klassenschicksal, Vorgänge 1, 1973, S. 20.
24 Beispiel etwa die unzulässige Forderung von Kautionen in Altbaumietwohnungen, die auch heute noch von einer Vielzahl von Mietern bereitwillig gezahlt und auch nicht zurückgefordert werden.
25 Dazu Beispiele unten.
26 Soweit die Mieterberatung durch Rechtsanwälte ausgeübt wird, ist bei fehlendem demokratischen Unterbau die Gefahr unübersehbar, daß ein solcher Verein von Anwälten aus beruflichen Gründen aufrechterhalten wird.
27 So Schoreit, Rechtsberatung unentgeltlich, S. 68 m. w. Nachw.
28 Dies wird anschaulich illustriert in Roth, Armut in der Bundesrepublik, 1974, S. 149 ff.
29 Zum Problem der Bestimmung der Armutsgrenze Sykes, Legal Needs of the Poor in the City of Denver, a.a.O. S. 257; Krupp, Arm und Reich: Wie man die Unterschiede mißt, in Transfer Nr. 1, 1975, S. 62.
30 BGH NJW 75, 1463 (1464).
31 Daß hier Zweifel geboten sind, läßt sich auch mit der Erfahrung mit den Handelskammern in der Bekämpfung unlauteren Wettbewerbs begründen, wo zwar Gesichtspunkte der Konkurrenz, kaum jedoch des Verbraucherschutzes relevant geworden sind.
32 Vgl. Schoreit, Rechtsberatung unentgeltlich, 1974, S. 41.
33 Amtsblatt für Berlin, Teil I, 1974, S. 289.
34 Ein Rechtsberater hielt die Haftung für die Richtigkeit der Auskunft für gegeben.
35 Vgl. Boergen, Haftungsbegrenzungen beratender Berufe, insbes. der Rechtsanwälte, NJW 69, 913.
36 Tagesspiegel vom 27.7.1975.
37 Abgedruckt in NJW 75, 1337 ff. „Sinn und Grenzen anwaltlicher Unabhängigkeit".
38 Beispiel: Zur öffentlichen Zustellung im Ehescheidungsverfahren gegen einen abwesenden Ehegatten verlangen die Berliner Gerichte meist die Aufgabe einer Suchanzeige beim DRK als Voraussetzung.
39 Vgl. dazu die Statistik im Anhang 4.

Götz von Aulock

Rechtshilfe für untere Schichten und Anwaltschaft

I. Die Tätigkeit der Anwaltschaft

1 Ursachen für die mangelnde Frequentierung der Rechtsanwälte durch untere soziale Schichten

Wenn die Situation unterer sozialer Schichten heute vielfach als unbefriedigend angesehen wird auch was ihre Versorgung mit Rechtshilfe angeht, so wird dabei vorausgesetzt, daß in diesen Schichten häufig Rechtsprobleme vorkommen. Daß nicht nur diese Voraussetzung richtig ist, sondern daß es sogar kaum einen schichtenspezifischen Unterschied in der Zahl der Probleme gibt, das haben einige Umfragen gezeigt (1), aber auch der Geschäftsumfang von erfolgreich arbeitenden Rechtsberatungsstellen, wie etwa derjenigen von Hamburg, wo etwa 60 000 Beratungen im Jahr an Bürger mit geringem Einkommen erteilt werden.
Ist also die Zahl der Rechtsprobleme bei unteren Schichten mindestens ebenso groß wie bei oberen, so muß angenommen werden, daß das Bedürfnis nach Rechtsberatung ebenfalls mindestens ebenso groß ist. Da in unteren Schichten die Möglichkeiten zur Selbsthilfe auf Grund des bildungsmäßigen Defizits noch geringer sind als in oberen, sind diese sogar noch mehr auf professionelle Rechtshilfe angewiesen. Fraglich ist nun, ob die Anwaltschaft in der Lage ist, diesem Bedürfnis zu entsprechen, oder ob nicht vielmehr durch die verschiedenartigsten Hindernisse der Weg zu dieser wichtigsten Rechtshilfeeinrichtung für untere Schichten weitgehend versperrt ist.
Eine wichtige Ursache dafür, daß untere Schichten weniger häufig in der Lage sind, Rechtshilfe in Anspruch zu nehmen, ist in ihrer Mentalität begründet; und zwar in einer allgemeinen resignativen Einstellung, die aus den gemachten sozialen Erfahrungen resultiert und sich in Passivität, Autoritätsgläubigkeit etc. niederschlägt. Dieses Zugangshindernis zur Rechtshilfe kann nicht allein durch eine strukturelle Veränderung der Institution beseitigt werden, sondern muß auf allgemeiner gesellschaftlicher Ebene angegangen werden und kann dann im Bereich der Rechtshilfe durch kompensatorische Maßnahmen wie etwa Öffentlichkeitsarbeit begleitet werden.
Andere Hindernisse, die den Weg zum Anwalt versperren, haben ihre Ursachen sowohl in der Struktur der unteren Schichten als auch der Anwaltschaft. Zum Beispiel:

a) Der Schichtunterschied zwischen Anwalt und Klient bringt Kommunikationsschwierigkeiten mit sich und für die Klienten die Angst, sich gegenüber dem Angehörigen einer anderen Schicht bloßzustellen. Dadurch daß der Anwalt nur selten mit solchen Klienten zu tun hat, kann er sich auch nicht auf diese Schwierigkeiten einstellen.
b) Der Anwalt darf keine Werbung betreiben. Da untere Schichten an gängige Konsummuster besonders angepaßt sind, finden sie daher schwerer Zugang zu einer Anwaltskanzlei.

c) Im Freundes- und Verwandtenkreis gibt es nur selten einen Juristen. Damit ist der informelle Weg zu juristischen Problemen erschwert, ebenso wie der Weg zum Anwalt.
d) Die Anwaltspraxen liegen in der Innenstadt oder in wohlhabenderen Vierteln der Städte. Sie sind also weder in der Nähe des Arbeitsplatzes noch der Wohnung von Arbeitern.
e) Die untere Schichten betreffenden Rechtsgebiete werden in der juristischen Ausbildung vernachlässigt. Dadurch sind hier bei Anwälten Kenntnisse und Interesse geringer und die Gefahr, keine optimale Rechtsbesorgung leisten zu können größer.
f) Die Anwaltskosten übersteigen die Leistungskraft breiter Schichten der Bevölkerung. Darüberhinaus schreckt die Ungewißheit über die Kosten von einem Besuch einer Anwaltskanzlei ab.

Nur bezogen auf die Struktur der Anwaltskanzleien, aber für die Rechtshilfe unterer Schichten von erheblicher Bedeutung sind folgende Hypothesen, die hauptsächlich im Anschluß an Carlin (2) formuliert wurden:

a) Je älter und erfahrener die Anwälte werden, desto höher ist der Anteil der Gewerbebetriebe und der wohlhabenden Privatpersonen in der Mandantschaft.
b) Dasselbe gilt von größeren gegenüber kleineren Sozietäten.
c) In größeren Sozietäten sind qualifiziertere Anwälte.
d) Diese wiederum sind in höherem Maße spezialisiert.
e) Die einfache Beratung, bzw. die Kurzinformation machen nur einen geringen Teil der Praxistätigkeit aus.
f) Einige Rechtsgebiete werden von der Mehrzahl der Anwälte vernachlässigt.

Obwohl es für die gesamte Rechtspflege von großer Bedeutung wäre, fehlen bisher systematische Untersuchungen sowohl über die Struktur wie über die Klientel der Anwaltschaft.

2 Fragebogenaktion bei Münchner Anwälten

Ausgehend von den oben genannten Thesen wurde zur Anregung und Vorbereitung von umfassenderen Untersuchungen im September 1975 der in der Anlage beigefügte Fragebogen an etwa 130 Münchner Anwälte versendet.

Bedauerlicherweise war der Rücklauf nur sehr gering und erreichte noch nicht einmal 10 %, wobei die zurückgesandten Fragebogen auch noch überwiegend von persönlich bekannten oder empfohlenen Anwälten kamen.

Daher können die ermittelten Ergebnisse keinerlei Anspruch auf Repräsentativität erheben. Dennoch sollen sie hier teilweise wiedergegeben werden, da sie die oben aufgeführten Thesen im wesentlichen bestätigen und so als Anregung zu einer weiteren wissenschaftlichen Nachprüfung dienen können.

Es ergab sich in der Tat, daß Nichterwerbstätige und Arbeiter mit jeweils weniger als 10 % in der Klientel der Anwälte unterrepräsentiert und Selbständige mit fast 50 % der Klienten stark überrepräsentiert sind. Außerdem sind mehr als 60 % der Klienten Gewerbebetriebe. Pro Anwalt werden nur durchschnittlich 244 Fälle von 113 Klienten jährlich bearbeitet. Es spielen dabei Kurzberatungen mit etwa 5 % der Fälle nur eine untergeordnete Rolle, während mehr als ein Drittel strittige Sachen mit gerichtlichem Verfahren sind. Das Sozialrecht spielte bei den befragten Anwälten mit weniger als 2 % der Fälle kaum eine Rolle.

Vergleicht man die einzelnen Kanzleien miteinander, so lassen sich die einzelnen Typen unterscheiden: Das Spektrum reicht dabei von der auf Wirtschaftsrecht spezialisierten großen Sozietät mit 95 % Gewerbebetrieben in der Klientel, überwiegender Beratungstätigkeit und hohen Streitwerten – bis zur Kanzlei des jungen Anwalts mit fast ausschließlich Privatklienten, darunter überdurchschnittlich viele Nichterwerbstätige und Arbeiter, wo hauptsächlich Prozesse und diese mit geringen Streitwerten geführt werden.
Es scheint also so zu sein, daß nicht nur die privaten Rechtsprobleme eines großen Teils der Bevölkerung in den bestehenden Anwaltskanzleien nur unzureichend behandelt werden, sondern daß auch die Struktur dieser Kanzleien wenig dazu geeignet ist, eine massenhafte Rechtsberatung und Rechtsbesorgung im außergerichtlichen Bereich sicherzustellen.

II. Geschichtlicher Überblick zur öffentlichen Rechtsberatung und ihrer Beziehungen zur Anwaltschaft

1 Von den Anfängen am Ende des vorigen Jahrhunderts bis 1933

Die Entwicklung der öffentlichen Rechtsberatung begann in Deutschland um die Jahrhundertwende. In dieser Zeit entstanden große Kodifizierungen, aber auch völlig neue Rechtsgebiete wie etwa das Sozialrecht. Da der Anwaltschaft von Anfang an diese sozialpolitischen Fragen fern lagen, (3) entstand durch das große Bedürfnis der Bevölkerung nach Rechtsberatung einmal das sogenannte Winkeladvokatentum, d.h. die Rechtsbesorgung durch Personen ohne spezielle Ausbildung außerhalb der Anwaltschaft, zum anderen schufen die verschiedensten sozialen Organisationen gemeinnützige Rechtsberatungsstellen. Schon 1902 hatte beispielsweise die katholische Kirche 30 sogenannte Volksbüros und die Gewerkschaften und Arbeitervereine 32 Arbeitersekretariate eingerichtet, die in erheblichem Umfang Rechtsberatung betrieben. (4) Bis zum Jahre 1906 waren dann auch die Kommunen auf diesem Gebiet tätig geworden und hatten in 6 Großstädten, in 15 mittleren und 7 kleineren Gemeinden Rechtsberatungsstellen eingerichtet. (5)
Diesen Bemühungen standen die Anwälte von Anfang an kritisch gegenüber, da sie die öffentlichen Rechtsberatungsstellen als Konkurrenz empfanden (6). Einige Jahre später entschloß sich dann jedoch auch die Anwaltschaft, auf diesem Gebiet tätig zu werden: Der Anwaltsverein empfahl seinen Mitgliedern, bei bestehenden Rechtsauskunftsstellen mitzuarbeiten oder eigene Organisationen ins Leben zu rufen. Daraufhin arbeiteten bei 18 von 127 Rechtsauskunftsstellen Anwälte mit. Die selbständigen Gründungen waren aber nicht sehr erfolgreich, und die wenigen Versuche scheiterten oft mangels Interesse von Seiten der Ratsuchenden, da nur Beratung und keine Hilfe beim Anfertigen von Schriftstücken und Verhandlungen mit dem Gegner gewährt wurde.
Im Gegensatz dazu nahm die öffentliche Rechtsauskunft gerade in den Jahren vor dem 1. Weltkrieg einen erheblichen Umfang an. So gab es im Jahre 1912 insgesamt 912 Stellen, die mehr als 1,8 Millionen Auskünfte erteilten und 468 000 Schriftsätze anfertigten. (7)
Damit war aber auch das Maximum der öffentlichen Rechtsberatung in Deutschland erreicht. Im 1. Weltkrieg mußten die meisten Beratungsstellen wegen Personalmangels aufgelöst werden, und nach dem Krieg verhinderten die knappen finan-

ziellen Mittel und die schlechte wirtschaftliche Lage Deutschlands einen Neuaufbau, obwohl gerade in dieser Zeit eine breite Rechtsaufklärung dringend nötig gewesen wäre.
Erst in den Jahren 1926/27 kam es wieder zu größeren Aktivitäten auf dem Gebiet der öffentlichen Rechtsberatung. Es wurde der Verband der Gemeinnützigen Rechtsauskunftsstellen zu neuem Leben erweckt und die Zeitschrift des Verbandes begann wieder zu erscheinen.
Auch die Anwaltschaft hatte sich in der Rechtsberatung Minderbemittelter offenbar nicht sehr hervorgetan, da 1930 an sie die Aufforderung ergehen mußte, sie möge von der stillen Duldung zur aktiven Teilnahme übergehen (8).
Nach zähen Verhandlungen einigten sich der oben genannte Verband und der Deutsche Anwaltsverein im Jahre 1932 über die generelle Mitarbeit der Anwaltschaft bei der Rechtsfürsorge und erließen gemeinsam eine Mustersatzung für die Einrichtung anwaltlicher gemeinnütziger Rechtsauskunftsstellen. (9)
Bei den daraufhin erfolgten etwa 20 Neugründungen wurde diese Mustersatzung allerdings nicht immer eingehalten, so daß einige der neuen Einrichtungen auf die Kritik des Verbandes stießen. So hielt der Verband z.B. das Geraer Modell, bei dem sich die Anwälte bereit erklärten, gegen den Nachweis der Bedürftigkeit in ihren Kanzleien Rechtsauskunft zu erteilen, aus der Erfahrung heraus für wenig erfolgversprechend, da sie als rein karitative Lösung nicht von den Rechtsuchenden akzeptiert würde. (10) Bei einem anderen Modell wurde kritisiert, daß es den Anwälten erlaubt war, Klienten, die sie in der Beratungsstelle beraten hatten, in ihre eigene Kanzlei als Mandanten zu übernehmen und sich diesen als Armenanwalt beiordnen zu lassen.

2 *Die Rechtsberatung im III. Reich*

Längere Erfahrungen konnten mit diesen anwaltlichen Beratungsstellen nicht gemacht werden, da sie schon bald nach der Machtübernahme wie die meisten anderen Rechtsauskunftsstellen in die nationalsozialistische Rechtsbetreuung übernommen wurden.
Die sehr umfangreiche nationalsozialistische Rechtsbetreuung entwickelte sich aus einer Initiative von Bezirksfachgruppen des Bundes Nationalsozialistischer Deutscher Juristen, zu dem sich bereits 1934 13 000 Rechtsanwälte zusammengeschlossen hatten. Die Einrichtung der Stellen beruhte auf Richtlinien des Reichsrechtsamtes der NSDAP (11), denen zufolge an jedem Amtsgericht eine oder mehrere Rechtsbetreuungsstellen eröffnet werden sollten, wo die Anwälte „als Auswirkung einer selbstverständlichen kameradschaftlichen Ehrenpflicht der nationalsozialistischen deutschen Anwaltschaft gegenüber allen minderbemittelten Volksgenossen Dienst zu tun hatten" (12). Der Ausbau dieser Stellen schritt auch zügig voran, und 1934 soll schon die erstaunliche Menge von 1004 Beratungsstellen bestanden haben, die 700–800.000 Beratungen erteilten. (13) Dieser Umfang konnte später allerdings nicht aufrechterhalten werden, so daß 1936 nur noch von 343.524 Beratungen berichtet wird. (14)
In der ansonsten gleichgeschalteten Literatur wurde zu dieser Zeit sogar vorsichtige Kritik an dem Konzept der nationalsozialistischen Rechtsberatung geäußert, indem darauf hingewiesen wurde, daß die Anwälte Gefahr liefen, zur Wahrung ihrer wirtschaftlichen Interessen den Begriff „minderbemittelt" zu eng auszulegen; außerdem

bestehe die Möglichkeit, daß sie nicht mit der bei bezahlten Mandaten üblichen Sorgfalt arbeiten, da sie ja unentgeltlich tätig würden; ferner bedinge der ständige Wechsel der Berater in der Beratungsstelle, daß ein Fall nicht bis zu seinem Abschluß von einem Berater behandelt werden könne. (15)
Auf der anderen Seite wurden gerade in dieser Zeit, besonders im Jahre 1935 von dem nationalsozialistischen Staat besondere Maßnahmen zum Schutz der Anwaltschaft vor Konkurrenz getroffen. Vor allem das Rechtsberatungsmißbrauchgesetz (RBerMG) sorgte dafür, daß die Tätigkeit der Rechtsberater und Rechtsbeistände, auch abwertend ‚Winkeladvokaten' genannt, ungesetzlich wurde. Es ist anzunehmen, daß viele Juristen, die auf Grund des Gesetzes über die Zulassung zur Anwaltschaft vom 7.4.1933 (16) aus rassischen oder politischen Gründen nicht als Anwalt zugelassen wurden, sich auf diese Weise den Lebensunterhalt verdienten. Diesen wurde dann mit dem Gesetz endgültig die Existenzgrundlage entzogen. Das Rechtsberatungs-Mißbrauchsgesetz diente darüberhinaus dazu, die noch nicht in die nationalsozialistische Rechtsbetreuung eingegliederten Rechtsberatungsstellen gleichzuschalten, wogegen das Gesetz, mit dem die Zuständigkeitsgrenze der Amtsgerichte von 1000 auf 500 Mark herabgesetzt wurde, und das Gesetz, mit dem ein Pflichtprobejahr vor der Zulassung zur Anwaltschaft oder die Bedürfnisprüfung in jedem Amtsgerichtsbezirk vorgeschrieben wurde, in erster Linie den Schutz der bestehenden Anwaltschaft bezweckte.
Über die Tätigkeit der öffentlichen Rechtsberatung liegen nach 1936 keine Berichte mehr vor, sie dürfte jedoch mit zunehmender Totalisierung des Staates und mit dem dann ausbrechenden 2. Weltkrieg immer bedeutungsloser geworden sein.

3 Die Entwicklung der Rechtshilfe nach dem 2. Weltkrieg

Nach dem Krieg wurden Anstrengungen für eine Rechtshilfe Minderbemittelter, auch nachdem die größte Not überwunden war, nur in geringem Umfang gemacht. Ursache dafür war unter anderem die Identifizierung der öffentlichen Rechtsberatung mit der nationalsozialistischen Rechtsbetreuung und dem Nationalsozialismus. Außerdem machte das Rechtsberatungsgesetz, wie das Rechtsberatungs-Mißbrauchsgesetz (RBerMG) in der Neubekanntmachung im Bundesgesetzblatt heißt, nichtstaatliche Initiativen fast unmöglich. Die örtlichen Anwaltsvereine hatten es bis 1972 auf 34 Beratungsstellen gebracht, die 1972 insgesamt 35 000 Rechtsfälle erledigt hatten. (17) Nur die berufsständischen Organisationen und die Mietervereine führten Rechtsberatung in nennenswertem Umfang durch, allerdings auch nur für ihre Mitglieder. In der juristischen Fachliteratur wurde die Problematik der Rechtsberatung für Minderbemittelte nur sporadisch behandelt.
Erst als 1973 das Bundesministerium der Justiz den Deutschen Anwaltverein aufforderte, ein Modell für die außergerichtliche Rechtsberatung auszuarbeiten, kam die Diskussion über diese Fragen in Gang. Besonders der Deutsche Anwaltverein wurde aktiv, um seinen Vorschlag des außergerichtlichen Armenrechts verwirklicht zu sehen, bzw. um die Einrichtung von öffentlichen Rechtsberatungsstellen durch öffentliche Körperschaften zu verhindern: 1974 erschienen im Anwaltsblatt mindestens 10 Aufsätze zu diesem Thema, während es 1973 nur vier, 1972 drei und in den vorangehenden Jahrgängen nur jeweils ein Beitrag waren. Auf dem Anwaltstag 1975 in Berlin wurde eine Plenumsdiskussion über das außergerichtliche Armen-

recht veranstaltet, bei dem jeder Beitrag, der sich gegen öffentliche Beratungsstellen aussprach, mit Beifall bedacht wurde.
Von der Anwaltschaft wird also eine Politik verfolgt, die derjenigen der amerikanischen Anwaltschaft im Augenblick sehr ähnelt und die die englische schon erfolgreich betrieben hat: Es soll die Rechtsberatung Minderbemittelter ganz unter der Regie der Anwaltschaft, aber mit öffentlichen Mitteln durchgeführt werden.
Ein Versuch, der in diese Richtung geht, wird seit Januar 1975 in Bayern durchgeführt. Erste Daten hierüber lassen Rückschlüsse darauf zu, welche Erfolgschancen einem derartigen Modell einzuräumen sind.

III. Bayerische Versuchsmodelle für eine Rechtsberatung Minderbemittelter

1 Grundlagen der Modelle

Die Versuche beruhen auf einem Beschluß der Bayerischen Staatsregierung vom 30.7.1974 und Vereinbarungen mit den örtlichen Anwaltsvereinen.

a) Modell I

Bei den Amtsgerichten werden Rechtsberatungsstellen eingerichtet, die mit Rechtsanwälten besetzt sind. Berechtigt zur Beratung sind Bedürftige mit dem Wohnsitz im Amtsgerichtsbezirk, die sich sonst eine anwaltliche Beratung nicht leisten können (§ 114 ZPO). Die Bedürftigkeit soll durch Lohnstreifen, Rentenbescheid o.ä. glaubhaft gemacht werden. Im Einzelfall soll nicht kleinlich verfahren werden. Der Ratsuchende muß einen Unkostenbeitrag von DM 10,– zahlen, der auch erlassen werden kann. Der Rechtsanwalt erhält DM 30,– in der Stunde. Die Differenz trägt die Staatskasse.

b) Modell II

Bei der für sie zuständigen Rechtsantragsstelle des Amtsgerichts können Personen, die nach den gleichen Kriterien wie in Modell I bedürftig sind, einen Berechtigungsschein erhalten, mit dem sie bei einem Anwalt ihrer Wahl gegen Zahlung von DM 10,– Rechtsberatung erhalten. Der Berechtigungsschein soll aber nur erteilt werden, wenn die Rechtsantragsstelle die Sache nicht durch eigene Auskunft oder Verweisung an eine Behörde oder eine Rechtsauskunftsstelle erledigen kann. Gegen Vorlage des Berechtigungsscheins erhält der Anwalt seinerseits weitere DM 20,– aus der Staatskasse.

2 Erste praktische Erfahrungen mit den Modellen

Die Versuche mit den Rechtsberatungsmodellen laufen seit dem 1. Januar 1975. Für die ersten 6 Monate wurden nun die Ergebnisse veröffentlicht. (18)

a) Modell I

Beratungsstellen bestehen in München, Aschaffenburg und Rosenheim. In München ist die Stelle an 3 Vormittagen jeweils 3 Stunden geöffnet und mit 2 Anwälten besetzt. In Aschaffenburg und Rosenheim waren die Stellen zunächst an einem oder zwei Wochentagen jeweils 2 Stunden geöffnet, später gab es nur noch einen wöchentlichen Sprechtag. In den Beratungsstellen suchten 1414 Personen Rat.
Von diesen Fällen waren (auf- bzw. abgerundet) 80 % Beratungen, 4 % Entwürfe und Besprechungen mit dem Gegner, 8 % Ablehnungen wegen Mutwilligkeit, 5 % Verweisungen an andere Beratungsdienste, 2 % Ablehnungen wegen Unzuständigkeit. 52 % der Fälle benötigten bis zu 15 Minuten, 43 % 15–30 Minuten, 3 % 30–60 Minuten und 1 % mehr als 60 Minuten. An die in den Stellen tätigen Anwälte wurden insgesamt 17 580 DM bezahlt. (19)
Für eine Beratung mußten also rund DM 17,70 aufgewendet werden. Da die Stellen in München und Rosenheim schon eingerichtet waren, brauchten diese keine Anlaufzeit, um bekannt zu werden. Es ist also nicht damit zu rechnen, daß die Stellen bis zum Ende des Jahres von mehr als 3 000 Personen aufgesucht werden. Bei etwa 2 Millionen Gerichtseingesessenen in diesen Bezirken ergeben das 1,5 Beratungen pro 1 000 Einwohner im Jahr.

b) Modell II

Dieses Modell besteht in Augsburg, Bamberg, Ingolstadt, Landau a.d. Isar, Memmingen, Nürnberg, Regensburg, Schweinfurt und Würzburg. Insgesamt beantragten 2769 Personen eine Beratung. 948 Sachen wurden durch eigene Auskünfte der Rechtsantragsstelle erledigt, 357 Anträge von ihr aufgenommen und 719 Berechtigungsscheine erteilt, von diesen wurden 233 von den Anwälten zur Vergütung zurückgereicht. Die Anwälte erledigten 16 % der Fälle in bis zu 15 Minuten, 43 % in 15 bis 30 Minuten, 28 % in 30 bis 60 Minuten und 13 % in mehr als 60 Minuten. Für Modell II wurden DM 4 660,– aufgewendet. (20)
Rechnet man die 2769 Beratungen im Halbjahr auf die rund 2 Millionen Gerichtseingesessenen um, so ergeben sich etwa 2,7 Beratungen auf 1000 Einwohner im Jahr. Da jedoch nur 719 Berechtigungsscheine erteilt wurden, also nur in diesen Fällen die Chance einer ausführlichen Rechtsberatung bestand, verringert sich die Zahl auf 0,71 pro 1000 Einwohner im Jahr. Es wurde aber nur ein Teil der Berechtigungsscheine von den Anwälten zurückgereicht. Von diesen ‚verschwundenen' Scheinen wird sicher ein Teil auch bei den Ratsuchenden verblieben sein, die sich nicht für einen Anwalt entscheiden konnten, oder die der Mut auf dem Wege dorthin verließ. Nimmt man an, daß die Hälfte der verschwundenen Scheine bei den Ratsuchenden und die andere Hälfte bei den Anwälten ist, weil der Fall noch nicht abgeschlossen ist oder dem Anwalt das Ausfüllen nicht lohnt, dann ergibt sich eine Gesamtzahl von 0,47 tatsächlich erfolgten Beratungen pro 1000 Einwohner im Jahr.
Diese Zahlen liegen noch niedriger als die entsprechenden im Saarland, wo ein ganz ähnlicher Modellversuch im Dezember 1974 in drei Amtsgerichtsbezirken begonnen hat. Dort kamen 2,29 Ratsuchende auf 1000 Einwohner im Jahr und 1,19 Berechtigungsscheine.

3 Auswertung der Erfahrungen

Vergleicht man die Anzahl der Beratungen pro 1000 Einwohner mit etwa derjenigen der ÖRA in Hamburg (30/1000 E) oder dem in den USA geschätzten Bedarf von 10–20 Beratungen/1000 E, dann wird deutlich, daß die Modelle wohl keine optimale Lösung des Problems der rechtlichen Versorgung unterer Schichten darstellen. Entgegen der Ansicht von Herbst (21) wurde zwar die Werbung für die Rechtsberatung sehr vernachlässigt, denn es wurde nur bei ihrer Einführung durch Presse und Fernsehen davon berichtet, und es fehlen Hinweisschilder in den Behörden und Inserate in den Zeitungen, worauf in den Geschäftsstellen auch wiederholt hingewiesen wurde; zu diesem niedrigen Bekanntheitsgrad kommen jedoch grundsätzliche Mängel, auf die die geringe Inanspruchnahme ebenso zurückzuführen ist, denn es gibt keinerlei Grund für die Annahme, daß gerade in Bayern das Bedürfnis nach Rechtsberatung so viel geringer sein sollte als anderswo. Für das Modell I sind das im wesentlichen die folgenden:

a) Die Beratung findet im Amtsgerichtsgebäude statt; dadurch überträgt sich die grundsätzlich negative Einstellung, die untere Schichten gegenüber der Justiz haben, auch auf die Beratungsstelle. (22)

b) Das Amtsgericht ist vor allem in Großstädten für untere Schichten nicht leicht zu erreichen, denn es liegt weder in ihrem Arbeits- noch Wohnbereich.

c) Die Zeiten für die Beratung sind ungünstig. Es gibt keine Möglichkeit, sich außerhalb der Arbeitszeit beraten zu lassen.

d) Der Berater wechselt jeden Tag, so daß der Ratsuchende sich nicht zweimal von demselben Berater in seiner Sache beraten lassen kann.

e) Die sehr wichtige Rechtshilfe, die über die Kurzberatung hinausgeht, kann nur in Ausnahmefällen gewährt werden.

f) Die Bedürftigkeitsprüfung ist abschreckend und diskriminierend. Da überdies mehr als 50 % Kurzberatungen unter 15 Minuten sind, ist sie auch unrationell und unangemessen.

g) Die Anwälte, die turnusmäßig Dienst machen in der Beratungsstelle, haben keine Möglichkeit, sich in die Materien einzuarbeiten, die für Klienten einer derartigen Beratungsstelle typisch sind. Auch wenn er ansonsten ein hervorragender Anwalt ist, wird er in den 2 Stunden, die er im Jahr in der Beratungsstelle Dienst tut, keine optimale Rechtsberatung geben können.

Auch das Modell II hat Mängel, die einen Erfolg als sehr unwahrscheinlich erscheinen lassen:

h) Das Verfahren ist umständlich. Für eine Auskunft, die evtl. weniger als 15 Minuten dauert, müssen 2 Stellen mit Wartezeiten etc. aufgesucht werden.

i) Die negative Einstellung zum Gericht kumuliert hier mit der ‚Schwellenangst' vor der Anwaltskanzlei. Das zeigt auch die große Zahl der ‚verschwundenen' Berechtigungsscheine.

k) Der Anwalt hat kein wirkliches Interesse an der Beratung und kann es auf Grund seiner Kanzleistruktur auch nicht haben, denn die Kurzberatungen passen nicht in den allgemeinen Kanzleibetrieb, die Vergütung ist nicht ausreichend und der Werbeeffekt einer derartigen Beratung ist ohne Bedeutung, da nicht damit zu rechnen ist, daß der minderbemittelte Klient mit einer lohnenden Sache wiederkommt.

l) Bei diesem Modell hat zwar der Ratsuchende die Möglichkeit, in derselben Sache noch einmal zu demselben Anwalt zu gehen, das bedeutet jedoch für den Anwalt eine finanzielle Belastung, da er die Beratungsgebühr nur einmal liquidieren kann. Er wird also den Ratsuchenden nicht gerade ermuntern, noch einmal wiederzukommen.

m) Die Punkte f und g gelten auch hier. Da hier alle Anwälte aufgesucht werden können, wird die Streuung der Ratsuchenden mit Berechtigungsscheinen ziemlich groß sein, so daß auch der Anwalt nicht die Möglichkeit hat, sich zu spezialisieren. Andererseits ist es für eine Kanzlei aus finanziellen Gründen auch nicht möglich, eine größere Zahl von minderbemittelten Klienten zu beraten.

IV. Rechtsberatungsstellen in München

1 Übersicht über die Rechtsberatung bei den wichtigsten Organisationen

Um das notwendige Vergleichsmaterial zur Verfügung zu stellen, sollen hier die wichtigsten Stellen beschrieben werden, bei denen Rechtsberatung zu erhalten ist.

a) Gemeinnützige Rechtsberatungsstelle für Minderbemittelte der Rechtsanwälte

Diese 1956 gegründete Stelle wird vom Münchner Anwaltverein organisiert. Sie wurde im Januar 1975 in den Modellversuch I der Bayerischen Staatsregierung mit einbezogen, so daß die Aufwandsentschädigung jetzt aus öffentlichen Mitteln bezahlt wird. Die Stelle liegt im Amtsgerichtsgebäude, sie ist an drei Tagen in der Woche mit zwei Anwälten, die täglich wechseln, und einer Sekretärin besetzt. Beratung wurde früher nur an Minderbemittelte mit einem Höchsteinkommen von 500–600 DM im Monat gegen Vorlage des Lohnstreifens o.ä. gewährt. Jetzt wird nach den Anordnungen des Justizministeriums verfahren. 1974 wurden etwa 1000 Beratungen hauptsächlich im Familien-, Miet- und Abzahlungsrecht durchgeführt und nur gelegentlich Verhandlungen mit dem Gegner.

b) Rechtsberatungsstelle des Caritas Verbandes, Erzdiözese München-Freising e.V.

Sie besteht seit 1969 und ist mit einem pensionierten OLG-Richter besetzt, der neben der Schulung seiner Mitarbeiter Rechtsberatung erteilt. Die etwa 1200 Beratungen und 120 Schriftsätze und Verhandlungen mit dem Gegner im Jahr werden hauptsächlich im Familienrecht, aber auch auf anderen Rechtsgebieten durchgeführt.

c) Rechtsberatungsstelle des Studentenwerks der Universität München

Hier wird seit 10 Jahren an Studenten gegen Vorlage des Studienausweises Rechtsberatung auf allen Rechtsgebieten, insbesondere aber in BAFöG – numerus clausus – und Asylfragen durch einen Anwalt erteilt. Es wurden etwa 1500 Beratungen im Jahr durchgeführt, 1000 Schriftsätze angefertigt und in 30 % der Fälle mit dem Gegner verhandelt und in 16 % prozessiert.

d) Mieterverein München e.V.

An Mitglieder (Mitgliedsbeitrag 24,– DM im Jahr) wird von Anwälten und Angestellten des Mietervereins seit 1922 Rechtsberatung gewährt. Der Umfang ist mit etwa 15.500 Beratungen und etwa 7500 Schriftsätzen im Jahr erheblich. Hinzu kommen noch in etwa 50 % der Fälle Verhandlungen mit dem Gegner und Vertretungen in Räumungsprozessen.

e) Mieter-Selbsthilfe, München-Nord, e.V.

Ebenfalls im Mietrecht wird von dieser Stelle, die seit 1968 besteht, an Mitglieder (Mitgliedsbeitrag 12,– DM im Jahr) Rechtsberatung gewährt. Hauptsächlich von Rechtsreferendaren wurden etwa 3000 Beratungen, 1000 Schriftstücke und 150 Kontakte mit dem Gegner erledigt.

f) Verband der Kriegs- und Wehrdienstopfer, Behinderten und Sozialrentner Deutschlands, Landesverband Bayern e.V.

Der Verband gewährt auf dem Gebiet des Sozialrechts an seine Mitglieder etwa 6–7000 Beratungen und eine große Zahl von Verhandlungen mit dem Gegner im Jahr.

g) Gewerkschaften und DGB

Diese leisten die umfangreichste Rechtshilfe im Raum München mit etwa 25.000 Beratungen im Jahr. Durch die Gewerkschaftssekretäre, die teilweise Juristen und teilweise von der Gewerkschaft ausgebildete Mitarbeiter sind, werden auch Verhandlungen und Vertretungen in großer Zahl durchgeführt. Etwa 3/5 davon betreffen das Arbeitsrecht und 2/5 das Sozialrecht.

h) Arbeitsgericht München

Das Arbeitsgericht ist durch die Initiative seines Präsidenten in die Lage versetzt worden, auch Rechtsberatung in Arbeitsrechtsfragen zu gewähren. Von 3 Rechtspflegern in den Rechtsantragsstellen wurden 1974 etwa 19.000 Personen beraten und 2000 Klagen aufgenommen. Der Kontakt zu den Richtern wird als gut bezeichnet, so daß hier für die nötige Information der Rechtspfleger gesorgt ist. Grundsätzlich ist die Geschäftsstelle jedoch nur zur Entgegennahme von Anträgen und zur Hilfestellung dabei befugt.

i) Verbraucherzentrale Bayern e.V.

Sie ist der Ansicht, für eigentliche Rechtsberatung nicht befugt zu sein. Dennoch spielen bei den Reklamationen Fragen des Kauf-, Werk- oder Dienstvertragsrechts

eine erhebliche Rolle. Die etwa 3 700 Auskünfte auf diesem Gebiet werden von Diplomoecotrophologinnen und Beraterinnen erteilt.
Außer in der anwaltlichen Rechtsberatungsstelle (a) werden alle Beratungen gebührenfrei erteilt.
Die mitgliedschaftlich organisierten Stellen verstehen sich alle als Interessenvertretung für ihre Mitglieder und sehen darin ein Schwergewicht ihrer Arbeit.

2 Bedeutung der Rechtsberatungsstellen

Insgesamt werden in München etwa 70 000 Rechtsberatungen im Jahr von den verschiedenen Stellen durchgeführt. Es sind dabei nicht Behörden berücksichtigt, die Rechtsberatung in ihrem eigenen Aufgabenbereich machen; wie etwa die Mietbehörde, das Sozialamt oder die Landesversicherungsanstalt. Umgerechnet auf die rund 1,5 Mill. Einwohner sind das 46,6 Beratungen pro 1000 Einwohner im Jahr. Diese Zahl ist nicht unbeträchtlich, obwohl hier auch kurze Informationen oder Verweisungen mitgezählt wurden.
Die Verteilung auf die einzelnen Rechtsgebiete hängt wesentlich von dem Aufgabenbereich der Organisation ab. Etwa 42 % der Auskünfte entfallen auf das Arbeitsrecht, 26 % auf das Mietrecht, 20 % auf das Sozialrecht, so daß nur 12 % von den übrigen, nicht spezialisierten Stellen erteilt werden. Da aber auch hier (Stellen a–c) das Mietrecht eine erhebliche Rolle spielt, kann festgestellt werden, daß in sehr wichtigen Bereichen wie dem Familienrecht, dem übrigen Schuldrecht und dem öffentlichen Recht nur in ganz geringem Umfang von diesen Stellen Rechtsberatung betrieben wird. Daß jedoch auch hier ein großes Bedürfnis nach Rechtsberatung besteht, zeigen die Erfahrungen der Hamburger ÖRA, in der im Familienrecht fast 32 % der Auskünfte erteilt werden.
Über die Einkommensverhältnisse und die Schichtzugehörigkeit der Ratsuchenden konnten keine genaueren Angaben ermittelt werden, da hierüber keine Statistiken geführt werden. Es muß jedoch vermutet werden, daß die Beratungsstellen zwar einen erheblichen Beitrag zur Rechtsaufklärung allgemein leisten, daß jedoch auch hier die unteren Schichten unterrepräsentiert sind. Da die meisten Beratungen von Stellen geleistet werden, die mitgliedschaftlich organisiert sind, andererseits aber untere Schichten in erheblich geringerem Umfang Organisationen angehören als andere Schichten, ist auch ihr Zugang zu den hier genannten Beratungsdiensten geringer. So beeindruckend die Zahl und die Vielfalt der bestehenden Stellen zunächst erscheint, so muß doch festgestellt werden, daß wichtige Rechtsgebiete und ein Großteil der Bevölkerung von diesen nicht erfaßt werden.

V. Zusammenfassung

Eine ausreichende Versorgung mit Rechtsrat ist in den bestehenden Anwaltskanzleien weder bei der freien Gebührenabrechnung noch bei der Kostenübernahme durch den Staat für untere soziale Schichten sichergestellt. Ebensowenig wird das erreicht durch die neuerrichteten anwaltlichen Beratungsstellen oder die bestehenden Rechtsberatungsstellen der verschiedenen Organisationen.
Für die ersteren drei Möglichkeiten wurden hier einige strukturelle Mängel aufgezeigt, die es unwahrscheinlich erscheinen lassen, daß diese Modelle zu einer nennens-

werten Verbesserung der Situation beitragen können. Die Rechtsberatungsstellen der Organisationen leisten auf ihren Gebieten zwar erhebliches, sie sind in ihrer Wirkung aber auf bestimmte Rechtsgebiete und auf die bei ihnen organisierten Mitglieder beschränkt.
Aus dem geschichtlichen Überblick konnten die vielfältigen Bemühungen ersehen werden, die in Deutschland vor allem in den Jahren vor dem 1. Weltkrieg unternommen wurden, um die Lage der unteren Schichten beim Zugang zu Recht zu verbessern. Diese Anstrengungen wurden allerdings nur in Ausnahmefällen von der Anwaltschaft unterstützt. Obwohl es auch zu früheren Zeiten an Hinweisen nicht gefehlt hat, daß eine Verbesserung der Rechtsberatung z.B. durch öffentliche Rechtsberatungsstellen für die Anwaltschaft keine Konkurrenz bedeutet, sondern dadurch möglicherweise sogar neue Klientel gewonnen werden kann, wurden diese Initiativen für derartige Beratungsstellen überwiegend als Bedrohung der anwaltlichen Standesinteressen angesehen.
Auch in der seit etwa drei Jahren neu in Gang gekommenen Diskussion um eine Neuordnung der Rechtsberatung für untere soziale Schichten in der Bundesrepublik muß der Eindruck entstehen, daß die organisierte Anwaltschaft dieser differenzierten Problematik nicht das notwendige Verständnis entgegenbringt. Das sich aus dem Rechtsstaatsprinzip und dem Gleichheitssatz der Verfassung ergebende Recht auf Zugang zur Rechtspflege wird in der Anwaltschaft einseitig als Kostenproblem betrachtet. Als Lösung wird nur die Abwicklung der Rechtshilfe in den herkömmlichen Anwaltskanzleien bei Übernahme der Kosten durch den Staat angesehen. Eine wirkungsvolle Rechtshilfe muß jedoch neue Wege gehen, um unteren Schichten eine ihren Bedürfnissen angepaßte Einrichtung zur Verfügung zu stellen.

Summary

The reasons why people of lower social status seek a lawyer's advice less often than other sections of the population do not stem from their having less legal problems. A most important cause lies in their own mentality – their resignation and their unwillingness to seek out a lawyer in private practice.
The results of a questionnaire sent out to a number of Munich lawyers indicate that not only do lawyers in West Germany serve a small stratum of the population but also that the very structure of lawyers' practices and the average nature of the work done by them does not equip them well to cater for the needs of the poor and less privileged citizens.
A look at the history of legal aid in Germany shows the support given to it by lawyers in private practice to be relatively small. Not untill 1973 did the Society of German Lawyers (Deutscher Anwaltsverein) become active in trying to enforce its policy of having schemes of legal aid put under the direction of privately practising lawyers.
Two model schemes operating along these lines are at present on trial in Bavaria. First statistics indicate that they attract a considerably smaller percentage of the community than, for examle, ÖRA, the public law centre in Hamburg. A number of reasons can be given for this; all are inherent in the structure of the schemes so that their ultimate success must be put in doubt.
There exist in Munich other possibilities for obtaining legal advice (for example at the Legal Centre of the Munich Society of Lawyers (Gemeinnützige Rechtsberatungsstelle für Minderbemittelte der Rechtsanwälte)) but all of these serve only a small slice of the community and give inadequate coverage of important areas of law such as family law. Thus, despite this panorama of possibilities the legal needs of the lower classes are still largely not catered for. It is evident that, for their needs to be met, new forms of legal aid must be conceived.

Anmerkungen

1 Abel-Smith, Zander and Brooke, Legal Problems and the Citizen, London 1973 und Mayhew, Reiss, The Social Organization of Legal Contacts, American Sociological Rev. Vol 34, p. 309.
2 Carlin, Ethics of the Legal Profession, zit in: Carlin, Howard, Legal Representation and Class Justice, UCLA Law Rev. 1965, p. 382.
3 Philipp Stein, Erfahrungen aus der Tätigkeit einer Rechtsauskunftstelle, Sociale Praxis 15. Jahrg. 1905/06, Sp. 746.
4 Sociale Praxis 14. Jahrgang 1904/05. Sp. 597.
5 Ministerialblatt der Preußischen Handels- und Gewerbeverwaltung 1906, S. 180.
6 Philipp Stein, a.a.O. Sp. 749.
7 Reichsarbeitsblatt 1913, Sonderheft ‚Die Rechtsberatung minderbemittelter Volkskreise im Jahre 1912'.
8 Hannes Kaufmann in: Die Rechtsauskunft 1930, S. 42.
9 Helmuth Grimm, Die Verhandlungen des Verbandes der Rechtsauskunftsstellen mit dem Deutschen Anwaltverein über die Mitarbeit der Rechtsanwaltschaft bei der Rechtsfürsorge, Die Rechtsauskunft 1932, S. 33.
10 Die Rechtsauskunft 1933, S. 82 ff.
11 JW 1934, S. 1034 ff.
12 Raeke, Die Rechtsbetreuung für alle minderbemittelten deutschen Volksgenossen JW 1934, S. 1001.
13 Rechtsbetreuung des Deutschen Volkes, Deutsche Justiz 1934, S. 1420.
14 JW 1937, S. 668.
15 Lehmann, Otto, Die öffentliche Rechtsberatung Minderbemittelter, Diss. Jena 1936, S. 52 f.
16 RGBl I 1933, S. 188.
17 Schoreit, Armin, Rechtsberatung unentgeltlich, Karlsruhe 1974, S. 22.
18 Ministerialrat Dr. Gerhard Herbst, Die Rechtsberatung Minderbemittelter in der Praxis, ZRP 1975, S. 219.
19 Alle Zahlenangaben aus. Herbst, a.a.O. S. 220 f.
20 Alle Zahlenangaben aus: Herbst, a.a.O. S. 221.
21 Herbst, a.a.O. S. 220.
22 Kaupen, Rasehorn, Das Verhältnis der Bevölkerung zur Rechtspflege, NJW 1971, S. 498.

Fragebogen für Rechtsanwälte

Hinweis: Für den Zweck der Untersuchung genügen auch Ihre Schätzungen, falls es sich dennoch um genau ermittelte Angaben handelt, bitte Antworten unterstreichen.

1. In welchem Postbezirk liegt die Kanzlei
2. Die Kanzlei ist (a) Einzelkanzlei, (b) Bürogemeinschaft, (c) Sozietät

Mitarbeiter

4. Gesamtzahl der Mitarbeiter
5. Anzahl der zugelassenen Anwälte
6. davon sind als Sozii tätig
7. und als Angestellte
8. Anzahl der sonstigen Juristen z.B. Referendare
9. Anzahl der Bürovorsteher
10. Anzahl der Schreibkräfte
11. Die Anwälte sind in ihrem Beruf seit wieviel Jahren tätig (bitte für jeden gesondert angeben)
12. An neu eintretende Mitarbeiter werden oder würden besondere Anforderungen durch Promotion
13. durch Examensergebnis gestellt
14. Die Anwälte sind auf bestimmte Rechtsgebiete spezialisiert
15. Die Spezialisierung besteht auf folgenden Rechtsgebieten

16. Die folgenden Angaben erfolgen (a) für die gesamte Kanzlei, (b) nur für mich persönlich

Klienten

17. Gesamtzahl der Klienten im Jahr 1974
18. davon sind 1974 neu hinzugekommen ... %
19. sind mehrjährige Stammklienten ... %
20. sind Gewerbebetriebe ... %
21. sind Privatklienten ... %
22. Das Einkommen der Privatklienten beträgt unter 1000,– DM netto / Monat bei ... %
23. 1000,– bis 3000,– DM netto / Monat bei ... %
24. über 3000,– DM netto / Monat bei ... %
25. Von den Privatklienten sind Nichterwerbstätige ... %
26. Arbeiter ... %
27. Angestellte ... %
28. Beamte ... %
29. Selbständige ... %
30. Von den Gewerbebetrieben sind Kleinbetriebe ... %
31. Mittelbetriebe ... %
32. Großunternehmen ... %

Art der Tätigkeit			
33.	Gesamtzahl der 1974 bearbeiteten Fälle		
34.	davon nur Kurzberatungen		%
35.	nur Beratung, Anfertigung einer Urkunde, Vertrag, Testament etc.		%
36.	streitige Fälle ohne Prozeß		%
37.	mit Prozeß		%
38.	Von den Prozessen waren anhängig beim Amtsgericht		%
39.	Landgericht		%
40.	OLG		%
41.	Bei den bearbeiteten Fällen betrugen die Streitwerte bis 1000,– DM bei		%
42.	von 1000,– bis 3000,– DM bei		%
43.	von 3000,– bis 10 000,– DM bei		%
44.	über 10 000,– DM bei		%
45.	Der Schwerpunkt des Falles lag auf dem Gebiete des Familienrechts bei		%
46.	Miete, Pacht bei		%
47.	Sachmängel		%
48.	Abzahlungskäufe		%
49.	übriges Schuldrecht		%
50.	Sachenrecht		%
51.	Erbrecht		%
52.	Arbeitsrecht		%
53.	Sachenrecht		%
54.	Strafrecht		%
55.	Verwaltungsrecht		%
56.	Sozialrecht		%
57.	Steuerrecht		%
58.	eines sonstigen Rechtsgebiets		%
Gebühren			
59.	Für eine einfache Rechtsauskunft bis zu einer Stunde ist folgende Gebühr zu zahlen		DM
Rechtsberatung Minderbemittelter			
60.	Bei Neueinrichtung einer allgemeinen Rechtsberatung für Minderbemittelte würde ich den Vorzug geben dem DAV-Modell des außergerichtl. Armenrechts		
61.	der Beratung in bestehenden Anwaltskanzleien mit Hilfe von Berechtigungsscheinen		
62.	der Einrichtung von anwaltlichen Beratungsstellen		
63.	der Einrichtung von öffentlichen Beratungsstellen		

Kees Schuyt / Kees Groenendijk / Bernard Sloot

Rechtsprobleme oder private Schwierigkeiten

Die Inanspruchnahme von Rechtshilfe in den Niederlanden

1.1 Einleitung

Zum vierten Mal in diesem Jahrhundert wurde die Ungleichheit des Zugangs zum Rechtssystem Gegenstand der öffentlichen und politischen Diskussion in den Niederlanden. Frühere Wellen der Aufmerksamkeit gab es 1903–1914, 1924–1930 und 1949–1957. Wir fanden die erneute Aufmerksamkeit für das Problem der Rechtshilfen auch in anderen westlichen Ländern wie in den USA, Großbritannien und den skandinavischen Ländern. Es gibt Experimente, Forschung und Diskussionen. Das wachsende Interesse für dieses Gebiet kann in Verbindung zur immer problematischer werdenden Position des Individuums im Wohlfahrtsstaat gesehen werden:

- das wachsende Bedürfnis nach Selbständigkeit (Mündigkeit) für den Bürger gegenüber ‚seinem' Staat;
- die Tendenz, soziale Verhältnisse, die bis jetzt durch Wohlfahrt, Fürsorge, Ermessen oder Behandlung gekennzeichnet waren, in juristische Kategorien zu gießen und diese in Rechten und Pflichten zu spezifizieren;
- erneute Beachtung nach 1945 für Bürgerrechte, Menschenrechte und konstitutionelle Garantien.

Das Gebiet, auf dem rechtliche Hilfe notwendig oder relevant wird, wurde wesentlich erweitert. Die weitreichende Ausbildung der jungen Generation und die Massenkommunikation trugen dazu bei, daß ein latenter Bedarf nach Rechtshilfe manifest wurde und sich artikulierte.

Neben diesen allgemeinen Bedingungen können drei weitere, konkretere, angegeben werden. Die eine ist der Einfluß, den neues Recht auf den Bedarf an Rechtshilfe und rechtlicher Vertretung haben mag. Dies kann z.B. an der Entwicklung des Arbeitsrechts in Holland gezeigt werden. So brachte der ‚Workman's Compensation Act' von 1901 eine neue Entwicklung in der Rechtshilfe: Die Gewerkschaften schufen eigene Einrichtungen zur Rechtshilfe, die bis heute bestehen.

Eine neue Gesetzgebung kann den Weg zu einer neuen, besseren Organisation auf dem Gebiet der Rechtshilfe weisen. Es scheint so, daß die weitgehende legislative Ausdehnung des Wohlfahrtsstaates nach dem zweiten Weltkrieg neue unerfüllte Rechtsbedürfnisse hervorrief, an denen man nicht mehr unbemerkt vorbeigehen kann. Von der Minimaleinkommens-Verordnung von 1965, der Arbeitsunfähigkeits-Verordnung von 1967 und den drastischen Veränderungen im Mietrecht (1967–1972) waren vor allem Leute aus den Bevölkerungskreisen betroffen, die nicht zu den traditionellen Klienten der Rechtsanwälte gehörten. Neue Rechte für neue soziale Gruppen rufen nach der Durchsetzung dieser neuen Rechte und erzeugen folglich wachsenden Bedarf für Rechtshilfe.

Zweitens: Die Wirkungslosigkeit des traditionellen Rechtshilfesystems, diese (neuen) Bedürfnisse zu befriedigen, bringt Forderungen nach einer Reform der Rechtsberatung mit sich. Offiziell ist das holländische Rechtshilfesystem gut entwickelt. Seit 1958 erhalten die Rechtsanwälte einen festen finanziellen Ausgleich bei Rechtsbeistand für die Armen. Die vom Staat gezahlten Vergütungen wuchsen in den letzten zehn Jahren erheblich. Die Anzahl der behandelten Fälle verdreifachten sich zwischen 1958 und 1972. 1972 wurde in fast der Hälfte der Zivilfälle vor holländischen Gerichten Rechtshilfe gewährt. Ein großer Teil der Rechtsanwälte reagierte daher erstaunt, wegen Vernachlässigung der Rechtshilfe für die Armen angeprangert zu werden. Aber 75 % dieser Rechtshilfefälle lagen auf dem Gebiet des Familienrechts (Scheidung und Unterhaltszahlung). Das Anwachsen war in der Hauptsache dem Anwachsen der Scheidungsrate zuzuschreiben.
Die Klagen über die öffentlichen Rechtshilfesysteme konzentrierten sich
– auf die ungleichen und erniedrigenden Verfahren, die nötig sind, um einen Rechtshilfeanwalt zu bekommen,
– auf die Tatsache, daß wenig Hilfe außerhalb des Gerichts gegeben wurde (Rechtsberatungsdefizit),
– darauf, daß viele unterprivilegierte Gruppen nicht wußten, wie man einen Rechtsanwalt bekommt oder wie sie ihre Bedürfnisse in einen Zusammenhang mit dem Rechtssystem bringen können,
– auf die Tatsache, daß, obwohl die Möglichkeit einer Rechtshilfe vor den Sozial- und Verwaltungsgerichten bestand, davon selten Gebrauch gemacht wurde.

Die dritte besondere Bedingung für die gegenwärtige Rechtshilfediskussion lag in dem aktiven Engagement der Studenten, die die Aufmerksamkeit auf die Wirkungslosigkeit des Systems zogen. Kurz nachdem Peter Kandler seinen 'London Law Shop' eröffnet hatte, übernahmen Jurastudenten in den Niederlanden das Modell und gründeten das erste holländische Rechtshilfebüro. Eine besondere Ausgabe des holländischen Studentenjournals 'Ars Aequi' (Juni 1970), den unerfüllten Rechtsbedürfnissen und dem erklärten Versagen der Anwaltschaft gewidmet, beschleunigte die Debatte. Die ersten Reaktionen der Anwaltschaft waren voll von Unschlüssigkeit und Abneigung. Junge Rechtsanwälte jedoch übernahmen die Initiative der Anwaltschaft in Sachen ‚Reform und Rechtshilfe'. Nach fünf Jahren ist nun ein buntes Bild das Ergebnis. Ungefähr 89 private Rechtsbüros, besetzt mit Studenten und jungen Rechtsanwälten, sind im ganzen Land in Betrieb. Diese Büros haben Zweigstellen in den Armenvierteln, sie haben auch besondere Bürozeiten. Sie erhalten eine geringe finanzielle Unterstützung von der Regierung, den Universitäten und Schulen, arbeiten aber hauptsächlich auf freiwilliger Basis. Neben den Rechtsbüros wurde ein S.O.S.-Telefondienst von Rechtsanwälten für Strafrechtsfälle eingerichtet. Seit 1974 wurde dies offiziell verordnet und finanziert und gibt den Beklagten das Recht, sich einen Rechtsanwalt als erste Unterstützung auf Polizeirevieren zu nehmen. Weiter entstanden nicht-juristische oder parajuristische Dienste (eine private TV-Vertrauensperson) oder wurden ausgeweitet (die Anzahl der Hilfsbüros für Bürger verdoppelte sich in den letzten 5 Jahren).
Insoweit gleicht diese Entwicklung den neuen Rechtshilfeprojekten in anderen Ländern: den amerikanischen OEO-Rechtshilfe-Programmen (1965–1971), Nachbarschaftszentren, dem ‚Jusbus' in Oslo (1971) und den ‚Rechtsläden' in Belgien (1971). Ein interessanter Unterschied zwischen den OEO-Rechtshilfe-Programmen und den holländischen ‚Rechtsläden' besteht darin, daß die holländischen Büros in der Hauptsache von unbezahlten Jurastudenten (mit Unterstützung einiger junger

Rechtsanwälte) besetzt wurden, während die Angestellten des OEO-Programmes bezahlt sind und von Studenten als Freiwillige unterstützt werden. In ihrer Ideologie sind beide Projekte beinahe identisch (Betonung auf Vertragsrechtsfälle; stark dezentralisiert, in Armenvierteln, usw.).

Während dieser Entwicklung empfand man einen wachsenden Bedarf an Forschung. Sozialwissenschaftliches Material bestand hauptsächlich aus Untersuchungen in den USA.

Zweifel kamen auf, ob die Hypothesen, die für Amerika aufgestellt wurden, auf Holland übertragen werden können. Unsere Untersuchung, 1974 begonnen, ist ein Ergebnis dieses Bedarfs. Sie ist politikorientiert, obgleich wir der Ansicht sind, daß nichts so praktisch ist wie eine gute Theorie.

Das ganze Projekt besteht aus vier Teilen.

- eine theoretische Analyse der Entstehung des Konzepts von ‚Rechtshilfe' einschließlich eines historischen Rückblicks; eine Darstellung der sozialwissenschaftlichen Theorien über Rechtshilfe;
- ein Überblick über den Bedarf der Bürger an Rechtshilfe und -rat;
- eine Beschreibung und Analyse der Einrichtungen im Bereich der Sozialarbeit und anderer Organisationen wie Gewerkschaften, Automobil-Clubs, Verbraucherschutzgruppen, die Rechtshilfe und rechtlichen Rat geben, ohne dies als ihre Hauptaufgabe anzusehen.

Der vorliegende Beitrag enthält eine Übersicht über die Ergebnisse der ersten zwei Teile unseres Projekts*. (1)

1.2 Sozialwissenschaftliche Theorien über Rechtshilfe

Sozialforschung über latente Rechtsbedürfnisse wurden vor allem in den USA, in Großbritannien und in Norwegen betrieben. Es handelt sich dabei um verhältnismäßig neue Studien. Ältere Untersuchungen beschäftigen sich mit Klassenunterschieden in der rechtlichen Vertretung; sie stützen sich auf Beobachtungen von Rechtsanwälten bei ihrer Arbeit. Der Klassiker auf diesem Gebiet ist R. Smith, 'Justice and the poor' (1919), der die sozialen Faktoren zusammenfaßt, die Klassenunterschiede verursachen, unter ihnen – und nicht der unwichtigste Faktor – die soziale Organisation der amerikanischen Rechtsanwaltschaft selbst. Der Unterschied zwischen Sozialforschung über Rechtshilfe und jenen Erfahrungsberichten von Anwälten über ihre Arbeit liegt nicht so sehr in der Qualität des produzierten Materials, sondern in der *systematischen* Gültigkeit verallgemeinerungsfähiger Aussagen und Vorschläge über Art und Ursache der Unterschiede bei Rechtshilfe. Weiter zielt sozialwissenschaftliche Forschung auf die Entwicklung einer Theorie, die die Befunde in einen breiteren Zusammenhang stellen will. Korrelationen mit anderen sozialen Phänomenen, sozialen Prozessen und Strukturen müssen gesucht werden. Es ist schwierig, diese Art von Korrelationen in Zusammenhang von Alltagsbeobachtungen in der Rechtspraxis aufzuzeigen. Eine Reihe von Fakten fehlt einfach oder wird wegen ihrer Irrelevanz für die Handhabung des Rechtsfalles nicht

* Die historische Analyse, die Entstehung des Konzepts, sozialwissenschaftliche Theorien und die Ergebnisse der Erhebung, zusammen mit einigen Schlußfolgerungen und Reformvorschlägen, sind unter dem Titel "de weg naar het recht" (Der Weg zum Recht – ein Forschungsbericht über den Bedarf der Bürger nach Rechtshilfe) veröffentlicht worden.

ermittelt. Aber auch wenn sie irgendwie erfaßt würden, wäre die Zahlenbasis für die Entwicklung von Theorien zu klein. Der Aussagewert solcher Zahlen schwankt je nachdem, ob man sie im Rahmen rechtlicher, politisch-praktischer oder theoretischer Argumentation verwendet.

Sozialwissenschaftliche Theorien über Rechtshilfe können durch zwei Grundüberlegungen gekennzeichnet sein. Die erste leitet die Mängel direkt aus der Struktur der Ungleichheit in der Gesellschaft ab, während die zweite eine kompliziertere, indirekte und nicht-mechanische Korrelation zwischen der sozio-ökonomischen Position des Bürgers und dem Zugang zum Rechtssystem annimmt. Innerhalb dieser beiden Richtungen wiederum können wir grob zwei Varianten unterscheiden. Innerhalb der ersten Richtung wurde eine Theorie der *ökonomischen Ressourcen* formuliert, in der Einkommen und Besitz als die entscheidendsten Faktoren für ungleiche Zugangschancen angesehen werden. Die zweite Variante betont die *sozialpsychologischen Ressourcen* wie Wissen, soziale Beziehungen, Initiative, rechtliche und bürgerliche Kompetenz. Innerhalb der zweiten Richtung finden wir eine Theorie, die die Hauptbetonung auf *Beteiligung* im wirtschaftlichen und sozialen Leben legt, was rechtliche Risiken mit sich bringt. Die andere Variante sieht als Hauptursache die Art an, wie Rechtsinstitutionen, besonders die Rechtsanwaltschaft, organisiert wurden *(Organisations-Theorie)*. Die selektive Aufmerksamkeit, die Rechtsanwälte bestimmten Rechtsproblemen schenken, besonders Problemen im Zusammenhang mit Eigentum und Vertrag, und die Art, wie diese Aufmerksamkeit routinisiert wurde, ist als Hauptursache für die ungleiche Inanspruchnahme von Rechtsanwälten angesehen worden. Wir werden diese vier theoretischen Konzepte kurz diskutieren.

Carlin und Howard (2) haben die Theorie der Ressourcen in ihrem einflußreichen Artikel "Legal representation and class justice" deutlich formuliert. Gestützt auf eine Sekundäranalyse von fünf Berichten fanden sie eine ungleiche Inanspruchnahme von Rechtsanwälten in allen Berichten. Ungefähr 2/3 der höheren Einkommensgruppen gegenüber 1/3 der niederen Einkommensgruppen haben je einen Rechtsanwalt aufgesucht. Ökonomische Ressourcen (Einkommen und Besitz) korrelierten stark mit der rechtlichen Vertretung. Aber die ökonomischen Ressourcen als solche genügten nicht als eine Erklärung. Carlin und Howard erklärten den Unterschied, indem sie auf die sozialen und psychologischen Wechselbeziehungen hinwiesen: Vier Schwellen müssen von Leuten, die Rechtshilfe und -rat suchen, überwunden werden:

1. das Bewußtsein eines Problems als eines Rechtsproblems und die Kenntnis von rechtlichen Mitteln zur Hilfe,
2. die Bereitschaft, rechtliche Schritte zu unternehmen,
3. der Gang zum Rechtsanwalt und
4. die gegenseitige Übereinkunft mit dem Rechtsanwalt.

Leute mit geringerem Einkommen haben einfach nicht die Fähigkeiten, diese vier Schwellen zu überwinden. Für sie stellt sich dies dar als eine Art Hindernisrennen gegenüber Leuten, die auf ebener Bahn laufen. Wegen früherer Erfahrungen mit dem Recht haben sie kein Zutrauen in das Rechtssystem. Sie kennen keine Rechtsanwälte und haben ziemlich ungenaue Vorstellungen von den Kosten einer Rechtsberatung. Sie befinden sich in einem allgemeinen Zustand der Abhängigkeit und Unsicherheit und fürchten Gegenmaßnahmen, wenn sie einem stärkeren Gegner gegenüberstehen. Aus all diesen Gründen nehmen sie lieber Zuflucht zu politischer Unterstützung als zur Rechtsberatung. Schließlich zeigen auch Rechtsanwälte geringe

Bereitschaft, Leute mit niedrigem Einkommen als Mandanten zu vertreten. Als Faktoren, die die Entscheidungen der Rechtsanwälte beeinflussen, (3) werden genannt: der geringe finanzielle Nutzen, das geringe Prestige, das diese Klienten dem Rechtsanwalt geben, und die manchmal geäußerte Meinung, daß diese Fälle der Armen „juristisch weniger interessant" seien.

Die „Vier-Schwellen-These" von Carlin und Howard wurde in den Niederlanden sehr bekannt. Einige kritische Bemerkungen müssen jedoch dazu gemacht werden.

1. Die Berichte, die Carlin und Howard benutzten, wurden 1940, 1949, 1952 und 1963 verfaßt, zu einer Zeit, in der Rechtshilfe in den USA noch schlecht organisiert war. Nach 1965, dem Jahr, in dem ihr Artikel erschien, und auch nach der Entwicklung des OEO-Rechtshilfeprogramms, standen neue Daten zur Verfügung.
2. Der Prozentsatz von Rechtskontakten, nämlich 2/3 für die höheren und 1/3 für die niedrigeren Schichten, ist ziemlich hoch für die Gesamtbevölkerung. Hier müssen wir die Tatsache beachten, daß amerikanische Rechtsanwälte Arbeiten übernehmen, die in den Niederlanden und anderen Ländern Europas von einem anderen Berufsstand, dem des Notars, bearbeitet werden. Der Notar ist Spezialist für Eigentumswechsel, Testamente und Grundstücke. Dies macht die *nichtspezifizierten* Rechtskontakte in den USA-Studien schwer vergleichbar mit den holländischen. Schlüsse, die aus der Carlin-Howard-Studie gezogen werden können, sind daher nicht direkt anwendbar auf unsere Situation.
3. Obwohl in mancher Hinsicht die niedrigeren Einkommensgruppen in den Niederlanden tatsächlich gleiche Charakteristika wie in den USA zeigen, unterscheidet sich im allgemeinen die Armutskultur in den USA – dort ungefähr 25 % der Gesamtbevölkerung (4) – von der in den Niederlanden. Armut in den Niederlanden hat angesichts des weiter entwickelten Systems der sozialen Sicherheit ihre eigenen Probleme, die den Zugang zum Rechtssystem beeinflussen: z.B. der hohe Anteil an Rechtsproblemen mit dem komplizierteren Sozialversicherungsgesetz, den wir in unserer Untersuchung fanden.

Carlin und Howard entwickelten ihre Theorie zwei Jahre später zusammen mit S. Messinger weiter. (5) Als Hauptfaktor für den verschiedenen Zugang zum Recht nennen sie jetzt: das Recht selbst mit seinem doppelten System des Rechts für die Reichen und des Rechts für die Armen; die Anwendung des Rechts, das System rechtlicher Vertretung und die soziale Schichtung innerhalb der Anwaltschaft, sowie die Charakteristika der niedrigen Einkommensgruppen selbst. Die ersten drei Faktoren haben organisatorische Merkmale gemeinsam. Die Forschung über das Rechtssystem muß sie ebenso wie die Charakteristika von Gruppen und Individuen als Elemente einer Analyse in Betracht ziehen. Diese Faktoren zeigen die Grenzen einer Forschung, die sich auf Charakteristika von Gruppen und Individuen konzentrieren würde.

Zu den schon erwähnten Merkmalen niedriger Einkommensgruppen können folgende hinzugefügt werden:

> mangelnde Initiative, etwas zu unternehmen; die insgesamt begrenzte Welt; das Gefühl von Machtlosigkeit; die geringe soziale Teilnahme; die Tatsache, daß ihre Mittel in Problemsituationen schnell erschöpft sind; und besonders der Mangel an rechtlichem Vorverständnis. (6) Man braucht einen gewissen Überschuß: an Geld, an psychologischer und sozialer Gewandtheit, um Rechtsprobleme vermeiden zu können, wenn die Zeiten hart sind.

Die Ressourcen-Theorie gründet sich jedoch nicht vollständig auf Untersuchungsdaten. Carlin, Howard und Messinger erkennen in ihrer Schlußbetrachtung selbst, daß „die Überprüfung der Ergebnisse über die Inanspruchnahme des Zivilrechts durch die Armen zwangsläufig auf sehr begrenzten Daten basierte, vieles ließe sich ernsthaft infragestellen.“ (7) Aber ihre sorgfältigen und kreativen theoretischen Gedanken ermöglichen es uns, diese zu präzisen Hypothesen über die Art und die Ursachen der Ungleichheit in der Inanspruchnahme von Rechtshilfe zusammenzufassen. So war ihre Theorie ein ausgezeichneter Leitfaden für unser Forschungsvorhaben.

Die Theorie wurde von R. Blom weiterentwickelt. Er verbindet die ökonomische Ressourcen-Theorie mit einer marxistischen Analyse der Klassenstruktur der gegenwärtigen europäischen Gesellschaft. Darüber hinaus unterscheidet Blom zwischen der Wirklichkeit existierender Rechte („Anwendung von Recht“) und der Umgestaltung sozialer Bedürfnisse in Rechte („Formulierung von Recht“). Er behauptet, daß die Unterschiede zwischen den Klassen der Besitzenden und der Nicht-Besitzenden im Prozeß der Formulierung von Gesetzen am größten seien. Dieser Prozeß beeinflußt auch die soziale Organisation der Rechtshilfe: „Die Probleme unterer Klassen wiederholen sich nicht, sie versprechen niedriges Honorar, und man kann ihnen nicht vorbeugen; die Probleme höherer Klassen sind fortlaufend, vorbeugend, verbunden mit Planen und Rechtsvereinbarungen und beinhalten als Dienstleistung die Beeinflussung des Prozesses der Gesetzesformulierung.“ (8)

Die Carlin/Howard-These scheint jedoch in manchen Punkten widerlegt zu sein, seitdem neue und detailliertere Untersuchungen über Rechtshilfe mit dem Auftreten neuer Formen von Rechtshilfe zur Verfügung stehen.

1.3 Einige neue Untersuchungen aus Denver (9), Detroit (10), London (11) und Oslo (12)

Eine Reihe von Forschungsprojekten aus der Zeit von 1967 bis 1974 hat unser Wissen über Rechtshilfe und ihre Voraussetzungen verbessert. Einer der wichtigsten Unterschiede zu den fünf Carlin/Howard-Berichten besteht in der Unterscheidung zwischen *Rechtskontakten* als solchen und anderen Kontakten sowie der Art von Rechtsproblemen, für die ein Rechtsanwalt aufgesucht wird. Hier werden nun Leute nach ihren Problemen gefragt, auch wenn sie nicht zum Rechtsanwalt gegangen sind. Das Material, das diese Forschungsprojekte hervorbrachten, ermöglichte einige Korrekturen und Spezifizierungen früher formulierter Theorien. Sykes fand in seiner Untersuchung in Denver, daß 43 % seiner Befragten (N = 402) berichteten, Rechtsprobleme gehabt zu haben, aber nach einer Analyse der Interviews unter Beteiligung von sechs Rechtsanwälten schienen 62 % der Befragten Probleme gehabt zu haben. Von den 43 %, die berichteten, Probleme gehabt zu haben, hatten 75 % Kontakt zu einem Rechtsanwalt aufgenommen. Sykes schloß daraus, daß die Armen nicht so „zögernd“ seien, wie bisher angenommen wurde. Aber es zeigte sich, daß wenige das traditionelle Rechtshilfebüro kannten, obwohl das Büro schon mehr als 50 Jahre bestand.

Der Hauptbeitrag der Denver-Studie zur Theoriegestaltung kann in seiner *Teilnahme-Theorie* gesehen werden. Arme Leute haben weniger Probleme und benötigen möglicherweise somit auch weniger einen Rechtsanwalt. Die Anzahl der Probleme wächst mit dem Einkommen und der Erziehung:

> „Es scheint so, daß die Anzahl von Rechtsproblemen, die ein Individuum hat, die Teilnahme des Individuums in der Gesellschaft widerspiegelt. So paradox es erscheinen mag, es scheint, daß mit dem Anwachsen des Einkommensniveaus einer Familie ihre Mitglieder häufiger in Situationen verwickelt werden, die Rechtsfragen mit sich bringen – wie ein Auto kaufen und fahren, der Erwerb von Konsumgütern auf Ratenzahlung usw. Der materielle Wohlstand unserer Gesellschaft scheint manchmal Schwierigkeiten mit sich zu bringen." (13)

Wir müssen daran erinnern, daß die Denver-Untersuchung die niedrigsten Einkommensgruppen betrifft. Die höchste Einkommensgruppe in diesem Bericht verdient im Durchschnitt 600 Dollar, womit man in der niedrigsten Einkommenskategorie anderer Berichte stünde. Es mag sein, daß die gefundene Korrelation für die niedrigeren Einkommensgruppen zutrifft, aber nicht für die Gesamtbevölkerung. Um es anders auszudrücken: Die sehr Armen haben keine Rechtsprobleme, weil sie sich keine Waren leisten können, die Superreichen haben auch keine Probleme, da sie die besten Waren kaufen. So führt uns dies zu unserer Hypothese, daß die mittleren Einkommensgruppen und die oberste Schicht der Unterschichten sich verhältnismäßig vielen privaten Rechtsproblemen gegenübersehen.

Die Beziehung zwischen ökonomischen Mitteln und dem Zugang zum Rechtssystem kann demgemäß durch eine dritte Variable beeinflußt werden: durch die „erfahrenen Rechtsprobleme", die durch größere Risiken in der sozialen Teilnahme hervorgerufen werden. Oder wie es ein Kritiker der Ressourcen-Theorie formulierte:

> „Eine wichtige Schwäche der Ressourcen-Theorie ist das Nicht-Unterscheiden zwischen Mitteln als Möglichkeiten und Mitteln als Zwängen. Die normale Interpretation, bezogen auf die Verbindung zwischen Einkommen und den Gebrauch von Rechtsdiensten, besagt, daß Einkommen den Bürger *befähigt*, Nutzen aus der Rechtshilfe zu ziehen. Ist der Einfluß nicht eher indirekt? Einkommen verhilft zur Beteiligung an der Institution des Eigentums und Eigentum als Institution ist so organisiert, daß es die daran Beteiligten in Kontakt mit Rechtsanwälten bringt." (14)

Mayhew und Reiss kritisierten die Ressourcen-Theorie wie auch die Teilnahme-Theorie. Ihrer Ansicht nach ist nicht die Anzahl, sondern die Art von Rechtsproblemen entscheidend für die Inanspruchnahme von Rechtsanwälten. Die Armen haben nicht weniger, sondern andere Rechtsprobleme. Die Rechtsanwälte sind an diese Probleme nicht gewöhnt. Daher erhalten mittellose Bürger nicht die Hilfe, die sie benötigen. Rechtsanwälte orientieren sich nur an einigen gesellschaftlichen Bereichen, und ihre Aktivitäten sind um diese Bereiche organisiert und routinisiert. Der Mangel an Rechtshilfe steht nicht in *direkter* Beziehung zur ökonomischen und gesellschaftlichen Position, sondern zum Leben und Arbeiten in einem Bereich, der nicht die Aufmerksamkeit des Rechtsanwalts auf sich zieht. Es gibt eine Häufung von sozialer Ursächlichkeit: Traditionelles Rechtsdenken, Rechtserziehung und Vorstellungen (15) von dem, um was es im Recht geht, spielen eine genauso wichtige Rolle wie die Unfähigkeit niederer Einkommensbezieher, ihre Probleme zu lösen. Eine Schwelle (um zu einem Anwalt zu gehen) ist nicht nur für die untere Einkommensgruppe zu überwinden, sondern diese besteht auch innerhalb der Anwaltschaft, die eingebettet ist in ihre traditionellen Rechtskonzepte, welche sie davor bewahren, ihren Horizont der Rechtshilfe auf neu entstehende Bereiche hin zu erweitern. (16)

„Es ist wichtiger, etwas über den Charakter der Routine zu wissen, über organisierte Aktivität innerhalb rechtlicher Institutionen, über die soziale Organisation des institutionellen Angebots für rechtliche Regelungen. Aus den sozialen Beziehungen zwischen diesen ergeben sich die Routine-Muster für die Kontakte zwischen der Rechtsinstitution und der Öffentlichkeit." (17)

Sie folgern daraus, daß „die Armen nur weniger Rechtsprobleme haben in dem engeren Sinn, daß sie weniger Probleme haben, die die juristische Profession gewöhnlich bedient."
Mayhew und Reiss interviewten nicht in Armenvierteln, sondern sie zogen eine Stichprobe in der Stadt Detroit (N = 780). Sie fanden heraus, daß 69 % aller Befragten Kontakt mit einem Anwalt hatten. Die häufigsten Probleme, die zu diesen Kontakten führten, waren Einkommens- und Hauseigentumsfragen. Wenn wir die Kontakte nach Schichtzugehörigkeit aufteilen, sind die Unterschiede bei Eigentumsfragen groß, werden aber geringer und verschwinden sogar vollständig im Familienrecht (Scheidung, Unterhaltszahlung). Diese Spezifizierung bestätigt eine Folgerung bezüglich organisatorischer Effekte:

„Zusammenfassend kann man sagen, daß Einkommen und Wohnort nicht nur über die Versorgung mit wichtigen Ressourcen Kontakt mit Anwälten ermöglichen, sondern auch durch die Definition der Probleme, die die Leute haben. Jedes Problem hat seine eigenen Grenzen und Voraussetzungen für die Inanspruchnahme von Rechtshilfe. Bürger werden nicht bloß durch ihre Ressourcen mit der juristischen Profession in Kontakt gebracht, sondern durch ihre Probleme, deren institutionalisierte Definition und die soziale Organisation der Problemlösung." (18)

Forschung über Rechtshilfe hat sorgfältig die routinemäßige Art in Betracht zu ziehen, mit der Bürger ihre eigenen Probleme lösen: Rechtshilfe als Problemlösungsprozeß.
Die Unterscheidung zwischen der Frage, ob jemand Rechtskontakte gehabt hat, und derjenigen nach seinen Rechtsproblemen sowie die Spezifizierung verschiedenartiger Rechtskontakte hat die Diskussion sehr viel weiter gebracht. Den Nutzen dieser Unterscheidung bemerkte man auch in der Londoner Studie von Abel-Smith, Zander und Brooke. (19) In einer Untersuchung von 1971 – in drei Londoner Vororten – benutzten sie eine Liste von 17 spezifizierten Rechtsproblemen und fragten die Bevölkerung, ob sie mit diesen Problemen innerhalb der letzten sieben Jahre konfrontiert worden ist. Einige Probleme schienen unter den verschiedenen Gruppen und Klassen der Bevölkerung gleich verteilt zu sein (z.B. Scheidung, Unterhaltszahlung, Verkehrsunfälle, Nichterscheinen vor Gericht, Verbrauchsgüter). Die oberen Schichten berichteten häufiger über Hauskäufe (in England zum Aufgabenbereich des Anwalts gehörend), Leasing und Wohnungskündigung; die unteren Schichten berichteten über nicht-durchgeführte Reparaturen, Ratenzahlungsprobleme.
Das Resultat: Es wurden sowohl Fälle von unerfülltem Rechtsbedarf als auch ein weitgefächerter Bedarf an Anwaltsdiensten gefunden. Die tatsächliche Inanspruchnahme in den letzten sieben Jahren lag bei 53 % und 44 % in den zwei oberen, 28 % und 17 % in den zwei mittleren und 20% und 16 % in den zwei unteren Schichten. Aber nach der Spezifizierung der Art der Probleme variierte die Korrelation zwischen sozialer Schicht und rechtlichen Kontakten mit der Art des jeweiligen Problems.
Diese Untersuchungsergebnisse waren die wichtigsten Leitlinien für unseren For-

schungsansatz. Die Thesen der verschiedenen Theorien zeigten die Richtung an, in die wir zu gehen hatten. Unsere Forschung zielt auf einen weiteren Beitrag zur Theoriebildung und auf einige schwierige methodologische Fragen in der Rechtshilfeforschung (z.B. „wie findet man realistischerweise Rechtsprobleme heraus?").
Wir zogen großen Nutzen aus dem detaillierten Londoner Forschungsbericht und benutzten eine vergleichbare Liste von Rechtsproblemen. Aber bevor wir über unsere Feldforschung berichten, übersetzen wir die rivalisierenden Theorien in 33 überprüfbare Hypothesen und in das folgende Schema:

Die Schlüsselkonzepte jeder Theorie werden in sechs Gruppen von Variablen (A bis F) zusammengestellt.

A: Der Platz in der Sozialstruktur (Einkommen, Beruf, Alter, Geschlecht, Bildung, soziales Bezugssystem).
B: Soziale und psychologische Charakteristika: soziale Gewandtheit, rechtliche Kompetenz, soziale Teilnahme, Einstellung gegenüber dem Gesetz, Kenntnis von Rechtshilfeeinrichtungen.
C: Selbst wahrgenommene Rechtsprobleme: Anzahl, Art, Relevanz.
D: Lösungsmöglichkeiten: Selbsthilfe-Institutionen, Bürgerberatungsbüros usw.
E: Die tatsächlich in Anspruch genommene Rechtshilfe: Anzahl der Kontakte, frühere Erfahrung, Meinung über den letzten Besuch, Meinung über die Hilfeleistung.
F: Merkmale von Rechtshilfeeinrichtungen: soziale Schichtung innerhalb der Anwaltschaft, Nachfrage nach Rechtshilfe, staatlich bezahltes Honorar für den Anwalt.

Schema:

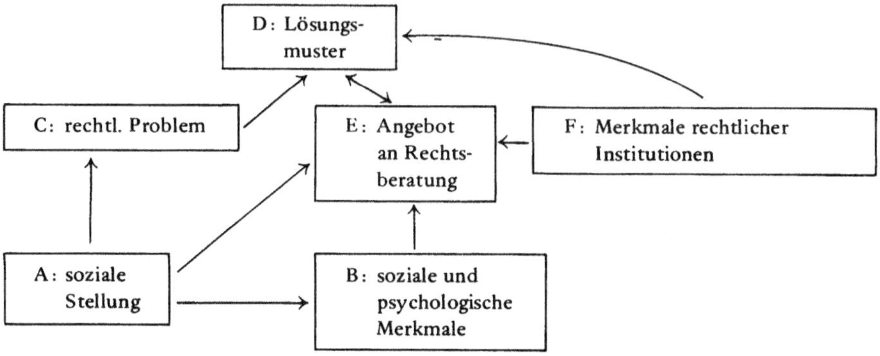

Die verschiedenen Theorien können durch Pfeile dargestellt werden, wobei ein Pfeil jeweils den entscheidenden Faktor für die Erklärung der Unterschiede in der Wahrnehmung bestehender Rechtshilfeeinrichtungen angibt.

- ökonomische Ressourcen Theorie: $A \rightarrow E$
- sozialpsychologische Ressourcen-Theorie: $AB \rightarrow E$
- Teilnahme-Theorie: $AB \rightarrow C \rightarrow E$
- Organisationstheorie: $AB \rightarrow C \rightarrow D \leftrightarrow E \rightarrow F$

Die neueren Studien (Sykes; Abel-Smith, Zander und Brooke; Caplowitz (20)) zogen Stichproben in einem oder in mehreren Armutsvierteln. Die Wahl der Grundgesamtheit zielte auf die Rechtsbedürfnisse der Armen. Mayhew und Reiss zogen ein geschichtetes Sample von der Bevölkerung der Stadt Detroit. Ihre Untersuchung versetzte sie in die Lage, Reiche und Arme zu vergleichen. Sie führte zu einer Korrektur der Ansicht über den Bedarf an Rechtshilfe: Ein Unterschied zwischen Reichen und Armen kann für gewisse Arten von Rechtsproblemen nicht gefunden werden. Sie bestreitet nicht die rechtlichen Bedürfnisse der Armen, aber sie führte zu der Schlußfolgerung, daß man nicht eine *übermäßige* Ungleichheit in der Rechtshilfe betonen sollte, indem man von unerfüllten rechtlichen Bedürfnissen ausgeht.
Um die Organisations-Theorie und die Ressourcen-Theorie zu überprüfen, entschieden wir uns, drei Stichproben in drei verschiedenen Teilen von Holland zu ziehen: in der Metropole Amsterdam, in der Stadt Heerlen, einer mittelgroßen Provinzstadt im holländischen Kohlerevier in der Nähe der deutschen Grenze, und in einem ländlichen Gebiet, Valburg. Insbesondere Heerlen wurde wegen seiner vielen sozialen und rechtlichen Probleme ausgesucht, die nach der von der Regierung angeordneten Schließung der Kohlengruben zu erwarten waren: eine hohe Arbeitslosenrate und viele Sozialhilfeempfänger.
In diesen drei Gebieten bestehen auch Unterschiede in der Anwaltsdichte und im Angebot neuer Formen von Rechtshilfe. Amsterdam hat eine hohe Anwaltsdichte und andere Rechtshilfeeinrichtungen, einschließlich vieler ‚Rechtsläden‘. Heerlen hat eine geringe Anwaltsdichte und keinen Rechtsladen. Auf dem Land gibt es keinerlei Rechtshilfe, dafür jedoch ein oder zwei Notare.
Das Befragungsergebnis besteht aus 456 Interviews, durchgeführt in:

Heerlen	173 (August bis Oktober 1974),
Valburg	95 (Januar bis Februar 1975),
Amsterdam	188 (März bis April 1975).

Das Sample erwies sich als repräsentativ für die drei Gebiete.
Wir entschieden uns, Tiefeninterviews durchzuführen sowie diese selbst vorzunehmen. Dies bedeutete eine Einschränkung der Anzahl der Interviews, aber das Ergebnis, so hofften wir, würde einen besseren Einblick in die Probleme der Verwendbarkeit und des Bedarfs an Rechtshilfe geben. Wir hatten uns hiermit für eine von Abel-Smith stark abweichende Strategie entschieden. Sie schreiben:

> „Aufgrund unserer Vorstudien-Erfahrungen gaben wir die offeneren Ansätze der Vorstudien auf und legten Interviewer wie auch Befragte auf enger eingegrenzte und genauere Fragen fest. Es zeigte sich allerdings eine Grenze, bis zu der dies möglich war, ohne die Mitarbeit des Befragten zu verlieren oder ohne Widerstreben zu erzeugen.“ (21)

Wir benutzten, im Gegensatz zu Abel-Smith u.a., nur offene Fragen. Ein Ergebnis dieser Entscheidung ist z.B.: 1651 Interviews in der Londoner Studie mit einem Durchschnitt von 45 Minuten pro Interview gegenüber 456 Interviews in unserer Untersuchung mit einem Durchschnitt von zwei Stunden (einige Interviews beanspruchten zwei Besuche und acht Stunden).

Wir wissen nicht, ob die Londoner Studie auf die *Vorgeschichten* der ermittelten Rechtsprobleme einging oder nicht. Da wir die Vorgeschichte erfragten, können wir etwas über routinisiertes Vorgehen und über die Verhaltensmuster aussagen, mit denen Bürger ihre Probleme lösen. Durch unsere qualitative Befragung wurden typische Definitionen von Problemsituationen ermittelt. Dies geschah jedoch auf Kosten der Verallgemeinerungsfähigkeit der Aussagen über die *Anzahl* gelöster Rechtsprobleme in der holländischen Bevölkerung.

In unseren Interviews ließen wir Raum für die eigenen Geschichten der Befragten. Dadurch bekamen wir induktiv Daten, die nicht nur für die Nachfrage nach Rechtshilfe, sondern auch für weitere Theoriebildung über das Rechtssystem von Bedeutung sind. Wir erhielten in unseren Interviews viele subjektive Bemerkungen – sogar Theorien – über Gesetz und Gerechtigkeit, über Gefühle relativer Benachteiligung bei Regelungen und Entscheidungen. Wir meinen, daß diese Empfindungen und Gedanken sowohl in der politischen Praxis als auch in den Sozialwissenschaften ernstgenommen werden sollten.

Gestützt auf die Studien in Denver, Detroit und London benutzten wir eine Prüfliste von Rechtsproblemen, eine Art von rechts-biographischen Fragebogen, um Rechtskontakte und vertragliche Beziehungen der Befragten herauszufinden: im Familienrecht (Scheidung, Unterhaltszahlung), Haftungsrecht (Autoversicherung), Kauf (Mängel, nicht durchgeführte Reparaturen, Ratenzahlungen, illegale Verkaufspraktiken), Beziehungen zur öffentlichen Verwaltung (Lizenzen, Sozialleistungen, Subventionen, Stipendien), Miete (Preise und nicht durchgeführte Reparaturen), Hauskauf, Steuerprobleme, Arbeitsrecht (Einstellung, Kündigung, Zahlungen, Urlaubsansprüche), Anwaltsberatung im Geschäftsleben, bezüglich Strafrecht und schließlich bei Testamenten. Aufgrund dieser Prüfliste wurden uns Fälle genannt, die meist in den letzten fünf Jahren aufgetreten waren. Jedes genannte Problem wie seine Vorgeschichte wurde von dem Interviewer auf eine eigene Karte aufgeschrieben. Soweit möglich, wurden die Bemerkungen und wörtlichen Zitate des Interviewten notiert. So erhielten wir 1203 Karten, die die Hauptdaten unserer Analyse der erfahrenen Rechtsprobleme und deren Lösungsmuster darstellen.

2.1 Hauptergebnisse I: Rechtskontakte in den Niederlanden

Die Anzahl der tatsächlichen Rechtskontakte, die die Befragten *je* mit einem Anwalt gehabt haben, wurde als Indikator für die Ungleichheit im Zugang zu Anwälten genommen. (22) Dies ist nur ein grober Indikator. Die Art des Kontaktes und die Art, wie er zustandekam, wurde nicht in Betracht gezogen. Das Verhältnis zwischen Anwalt und Klient blieb ebenfalls außerhalb der Analyse. Nur die Kontakte, die tatsächlich stattfanden, wurden gezählt. Die Häufigkeit dieser Kontakte kann als ein ex-post-Indikator für die Nachfrage nach anwaltlichem Rat interpretiert werden: Leute, die zu einem Anwalt gehen, artikulieren offensichtlich einen latenten Bedarf in einem deutlichen Verlangen. Das Verlangen wird von dem Anwalt gestillt. Die Unterschiede in der artikulierten Nachfrage stellen ein Maß für Gleichheit oder Ungleichheit dar. (Carlin und Howard legten ihrer Analyse einen solchen Indikator zugrunde).

Tabelle 1 zeigt Holland als ein ziemlich prozeßunfreudiges Land. Nur ein Viertel der Bevölkerung hat je einen Anwalt aufgesucht. Verglichen mit Studien in den USA ist dies ein auffallend geringer Prozentsatz. Das Ergebnis bedarf eher einer vergleichenden Untersuchung über kulturelle Variationen in der Inanspruchnahme von Rechtshilfe. Tabelle 1 zeigt weiter, daß die Häufigkeit von Kontakten mit dem

Tab. 1: Die Verteilung der Rechtskontakte: Der Prozentsatz aller Befragten, die *je* einen Anwalt und andere Rechtsberatungseinrichtungen aufgesucht haben.

	Kontakt mit:	Anwalt	Notar	Gewerkschaftl. Rechtshilfe	Firmenanwalt	„Rechtsläden"	Anwalt und Notar zus.
	TOTAL n = 456	25 % (114)	46 % (208)	12 % (53)	4 % (17)	6 % (25)	55 % (250)
Gebiet:	Mittelgroße Stadt	23	42***	12	3	0,6***	50***
	Ländliches Gebiet	24	72	12	3	5	74
	Amsterdam	28	36	12	5	10	50
Geschlecht:	männlich	28	46	14	4	5	56
	weiblich	21	45	9	3	6	54
Alter:	16–24 Jahre	5***	10***	3***	1	3**	14***
	25–34 Jahre	22	42	5	3	14	52
	35–44 Jahre	27	52	11	1	5	63
	45–54 Jahre	35	57	14	6	4	71
	55–64 Jahre	32	60	20	8	4	65
	65 und mehr Jahre	31	56	21	2	0	65
Ausbildung:	nur Volksschule	32	40**	16	2	3	56
	Lehre	23	43	14	2	5	54
	Mittelschule	23	52	10	4	6	55
	höhere Schule	22	48	7	9	7	50
	Universität	17	53	2	4	11	60
Beruf:	Arbeiter	25	32**	12**	3	9	44**
	Angestellte	18	38	5	5	5	46
	höhere Angestellte	29	70	11	11	5	71
	Geschäftsleute	45	69	10	0	10	81
	Studenten	7	10	0	0	10	17
	Hausfrauen	19	50	14	1	4	58
	Pensionäre	30	55	17	4	0	62
	Wohlfahrtsempfänger	34	47	23	9	4	62
Einkommen:	weniger als 833 Gulden mtl.	23	34***	4	0	7	46**
	834–1040 Gulden	29	46	13	0	6	54
	1041–1250 Gulden	28	38	17	4	2	52
	1251–1666 Gulden	21	42	15	6	8	53
	1667–2080 Gulden	20	44	15	5	6	48
	2081 Gulden u. mehr	32	76	3	8	3	79
Berechtigung zu Rechtshilfe:	unentgeltliche Rechtshilfe	30*	26***	12	0*	6	45***
	Rechtshilfe mit Beteiligung	18	38	15	4	8	46
	knapp über Grenze	26	52	12	5	5	58
	weit über Grenze	32	76	7	6	2	78

* $p \leqslant .05$ ** $p \leqslant .01$ *** $p \leqslant .001$

Alter zunimmt. Die höchste Anzahl von Kontakten liegt in der Altersgruppe zwischen 45 und 54 Jahren. Zwischen den geographischen Gebieten gibt es keine signifikanten Unterschiede. Ein leichter Unterschied zwischen Männern und Frauen ist festzustellen, obwohl er statistisch nicht signifikant ist.
Unternehmer (Arbeitgeber, Bauunternehmer und kleine Geschäftsleute) weisen mit 45 % den höchsten Prozentsatz an Rechtskontakten auf. Unterscheiden wir zwischen großen und kleinen Unternehmern, wird sogar noch deutlicher, daß die volle Teilnahme an der Welt der Verträge und Lieferungen, der Mängelrügen, des Eigentums und des Konkurses die Inanspruchnahme von Rechtsrat und Rechtshilfe zu einer normalen und routinemäßigen Frage macht. 74 % der Unternehmer großer Betriebe (mit 50 Angestellten oder mehr) und 40 % der von kleinen hatten in unserer Stichprobe einen oder mehrere Rechtskontakte. Aus statistischen Gründen (n = 42) müssen wir diese beiden Gruppen allerdings zusammenfassen. Die Berufszugehörigkeit erklärt jedoch auch dann noch den unterschiedlichen Zugang zum Anwalt besser, als es Einkommensunterschiede tun.

2.1.1 Einkommen, Eigentum und Zugang zu Anwälten

Unsere Untersuchung bestätigt nicht die oft gehörte Behauptung, daß der Zugang zu den Anwälten in den unteren Einkommensgruppen am schlechtesten sei. Es gibt keine lineare Korrelation zwischen Einkommen und der Inanspruchnahme von Anwälten, wenigstens nicht in unserem holländischen Sample. Es ist auffallend, daß gerade die niedrigsten Häufigkeiten der Inanspruchnahme unter den mittleren Einkommensgruppen gefunden wurden (zwischen 1250 und 2000 Gulden im Monat, Steuern und Sozialversicherung abgezogen).
Das monatliche Einkommen allein zeigt jedoch noch nicht an, was jemand tatsächlich verdient, wieviel er ausgeben kann, oder ob er es sich leisten kann, Hauseigentümer zu werden. Als einen anderen Indikator für die finanzielle Position der Befragten benutzten wir die Rechtshilfeberechtigung. Dieses Maß berücksichtigt neben dem Einkommen das Hauseigentum und die Anzahl der Kinder. Wir glauben, daß dieser Indikator genauer ist. Ferner hat er den Vorteil, daß wir mit dem Kriterium „Rechtshilfeberechtigung", d.h. „erfüllt die Voraussetzung, Rechtshilfe in Anspruch zu nehmen", einen tatsächlich geltenden Maßstab in der Hand haben. Wir benutzten bei jedem Befragten die offiziellen Rechtshilfemaßstäbe mit folgendem Ergebnis:

Tab. 2: Berechtigung zu Rechtshilfe

Berechtigt zu unentgeltlicher Rechtshilfe	111	24 %
Berechtigt mit Selbstbeteiligung von höchstens 1000 Gulden	159	35 %
knapp über der Grenze	82	18 %
weit über der Grenze	94	21 %
fehlende Daten	10	2 %
	456	100 %

Fast 60 % der Bevölkerung in unseren drei Gebieten fallen unter das, was die Rechtshilfe-Gesetzgebung ‚mittellos' nennt. Diese rechtliche Formel wird häufig mit der kleinen Gruppe der Bezieher von Niedrigsteinkommen verbunden. Die 60 % sind vielleicht vergleichbar mit den nach den britischen Rechtshilfe-Maßstäben Berechtigten; sie unterscheiden sich dagegen offensichtlich von den 20 % der Amerikaner, die Rechtshilfe in Anspruch nehmen können. Die geringe Häufigkeit von Rechtskontakten unter den mittleren Einkommen mag durch die Tatsache erklärt werden, daß viele von ihnen sich für „nicht berechtigt" halten. Oder sie scheuen vor der notwendigen finanziellen Überprüfung zurück. Widerstreben gegen diese Art von sozialer und ökonomischer Überprüfung ist im allgemeinen ausgeprägter bei aufsteigenden Gruppen als bei den untersten, bei denen die Überprüfung so normal ist wie ihre Machtlosigkeit. Hier liegt vielleicht auch die Erklärung für die Tatsache, daß in unserem Sample die Gruppen mit den niedrigsten und den höchsten finanziellen Mitteln am häufigsten einen Anwalt aufsuchten (30 %–32 %), während die „Selbstbeteiligungs"-Gruppe und die „Knapp darüber"-Gruppe (26 %) zurückblieben. Die Relation zwischen Kontakten und der finanziellen Position gleicht einer U-Kurve. Die mittleren Einkommensgruppen haben offensichtlich ihre eigenen Probleme mit dem Zugang zur Rechtshilfe. (23)

Was ist über die Diskrepanz zwischen den holländischen und den ausländischen Zahlen zu sagen? Eigentlich ist es nicht so schwierig, diese Unterschiede zu erklären. Wir erwähnten schon, daß englische Anwälte Sachen übernehmen, die in Holland zum Arbeitsgebiet des Notars gehören, wie Ankauf und Verkauf von Grundstücken und Testamente.

Der Notar erscheint in unserem Sample als die am häufigsten frequentierte rechtliche Dienstleistung (46 % hatten einen Notar aufgesucht, 25 % einen Anwalt). Der Notar arbeitet eher für die höheren Einkommensgruppen. Die lineare Relation zwischen Einkommen und Aufsuchen von Anwälten in den ausländischen Studien besteht in den Niederlanden nur für den Notar. Ziehen wir die Kontakte mit Anwälten und Notaren zusammen – wie in der letzten Spalte von Tabelle 1 – ergibt sich eine vergleichbare Situation mit der britischen Rechtshilfepraxis der Anwälte. Das Ergebnis ist dann ungefähr dasselbe: Ungefähr 70 % der höchsten Einkommensgruppen hatten Kontakte mit einem Rechtsanwalt und/oder Notar, 40 % der niedrigsten Einkommensgruppen haben je einen Anwalt oder Notar aufgesucht.

Die Art, in der Rechtshilfe und Rechtspraxis in unserem Land organisiert sind, beeinflußt den Zugang zum Rechtsanwalt. Ein holländischer Bürger besucht weniger häufig einen Anwalt als ein Amerikaner oder ein Brite. Bedeutet dies, daß die soziale Distanz zwischen Anwälten und Bürgern sich vermindern würde, wenn der holländische Anwalt das Recht hätte, notarielle Aufgaben zu übernehmen, d.h. wenn es nur einen anstelle von zwei getrennten Rechtsberufen gäbe. Als eine Antwort auf die wachsenden Bedürfnisse großer Firmen kann der kürzliche Zusammenschluß zwischen großen Rechtsfirmen und großen Notarbüros verstanden werden, ein Zeichen für den Bedarf von integrierten rechtlichen Dienstleistungen.

Wie weit rechtliche Dienstleistungen vom Notar bestimmt werden können, kann aus Tabelle 1 abgelesen werden. Die regionalen Unterschiede in den Kontakten mit Notaren sind verhältnismäßig wichtig. Auf dem Land sind diese Kontakte zweimal so häufig wie in Amsterdam. Der erklärende Faktor ist das Hauseigentum: In Amsterdam sind 15 %, in der mittelgroßen Stadt Heerlen 20 % und auf dem Land 53 % der Befragten Hauseigentümer.

Der Notar auf dem Land wird jedoch nicht nur in Eigentumsfragen tätig, sondern auch auf anderen Gebieten und auch für einfache und mittellose Leute. Oft ist er die einzige Quelle der Information. Er ist Bestandteil eines informellen sozialen Kontaktnetzes, das in städtischen Gebieten vielfach fehlt. Nichtsdestoweniger ist

die Anzahl der unerfüllten Rechtsbedürfnisse (wie sich weiter unten zeigen wird) in ländlichen Gebieten verhältnismäßig hoch. Dies gilt besonders für jene Leute, die in ländlichen Gebieten leben, am informellen sozialen Leben aber nicht teilnehmen oder sozial benachteiligt sind (z.B. geschiedene Frauen).
Neben dem „organisatorischen" Faktor der Tätigkeit gibt es einen anderen erklärenden Faktor für die Tatsache, daß wir nicht – wie angenommen – Unterschiede der Rechtskontakte zwischen Reichen und Armen fanden. Wenn wir die Fälle des letzten Besuchs beim Anwalt spezifizieren, tauchen eigentümliche neue Unterschiede auf.

Tab. 3: Art des letzten Besuchs und Berechtigung zu Rechtshilfe

	Berechtigung zu Rechtshilfe:				
Art des Falles beim letzten Besuch:	unentgeltliche Rechtshilfe	Selbstbeteiligung	knapp über Grenze	weit über Grenze	total
Privatrecht	7	1	7	15	30
Familienrecht (Scheidungen)	12	14	5	5	36
andere Fälle	9	14	2	9	41
	28	29	21	29	107

$x^2 = 19{,}84$; $p = .01$

Die Hälfte aller Fälle in der „weit-über"-Gruppe besteht aus Privatrechtsfällen, gegenüber einem Viertel in der Gruppe der zur unentgeltlichen Rechtshilfe Berechtigten. Bei Scheidungen ist das Gegenteil der Fall. Die Unterschiede sind statistisch signifikant.
Leute mit niedrigem Einkommen gehen meistens wegen einer Scheidung zum Anwalt, solche mit höherem Einkommen wegen Scheidung und wegen anderer Rechtsprobleme. Die Häufigkeit der Rechtskontakte unter den unteren Einkommensgruppen in unserem Sample beruht auf der großen Anzahl der Scheidungen. Ohne Scheidungen betragen die Häufigkeiten der Rechtskontakte in der Gruppe der unentgeltlichen Rechtshilfe 14 %, in der Gruppe mit Selbstbeteiligung 9 %, in der knapp über der Grenze liegenden Gruppe 20 % und in der weit darüber liegenden 26 %.
Hier werden dieselben organisatorischen Wirkungen des routinemäßigen Rechtshilfeangebots in Scheidungsfällen sichtbar, wie in der Studie von Mayhew und Reiss. Unsere Daten lassen nicht auf eine übermäßige Ungleichheit im Zugang zu Anwälten für die Armen schließen. Aber wir können nicht folgern, daß die Armen (unterhalb der Berechtigungsgrenzen für Rechtshilfe) die Anwälte bekommen, die sie brauchen, denn die einseitige Natur ihrer Rechtskontakte läßt die Antwort auf diese Frage noch offen.

2.1.2 Andere Rechtshilfeinstitutionen

Neben Kontakten mit traditioneller Rechtsberatung fragten wir nach Kontakten mit Gewerkschafts-Rechtsbüros, mit Anwälten der Arbeitgeber der Befragten

(„Firmenanwalt") und mit „Rechtsläden". Die Gewerkschaften haben eine lange Tradition in der Rechtsberatungspraxis. In jeder unserer drei Fallstudien betrug der Prozentsatz der Rechtskontakte mit den Gewerkschaften 12 %. Wenn man bedenkt, daß in den Niederlanden ungefähr jeder dritte Arbeitgeber Mitglied der Gewerkschaft ist, geben diese 12 % eine realistische Größenordnung an. Leute, die zur Gewerkschaft gehen, sind meistens älter, mit geringer Ausbildung (entsprechend der Gesamtkorrelation zwischen hohem Alter und geringer Ausbildung). Gewerkschaftsmandanten jedoch unterscheiden sich von den Klienten der Firmenanwälte und denen der Rechtsläden in unserem Sample. Obwohl es in den Fällen, die Gewerkschaften, Firmenanwälte und Rechtsläden bearbeiten, kaum einen Unterschied gibt, ist der Bildungsgrad der Klienten von Firmenanwälten und Rechtsläden höher. Der Firmenanwalt schien die Leute aus dem Berufsleben anzuziehen, die in sozialer Hinsicht nicht zu verschieden von ihm sind (Angestellte, Manager, Akademiker), obwohl hier die absolute Anzahl der Kontakte in unserem Sample sehr klein ist. Das Gefüge der sozialen Organisation und der sozialen Interaktion kann als ein Einflußfaktor für den Zugang zu den verschiedenen Rechtshilfeeinrichtungen angesehen werden. Für diejenigen, die außerhalb der Organisation und der sozialen Interaktion stehen – und etliche Gruppen fallen darunter, wie die jungen Leute, Hausfrauen, die alten Leute, unorganisierte Arbeiter und die, die bei kleinen Firmen arbeiten – sind die nichtoffiziellen Rechtseinrichtungen (Rechtsläden, CAB, Vertrauensleute) relevant. Leute, die nicht mehr im Produktionsprozeß stehen (Pensionäre, Wohlfahrtsempfänger) gehen verhältnismäßig häufig (17 % und 23 %) zu den Gewerkschaften.
Der Anteil der Rechtsläden an der gesamten Rechtshilfe ist noch klein (6 %). Nichtsdestoweniger zeigen die Amsterdamer Zahlen (10 %) einen wachsenden Anteil. Dabei ist zu berücksichtigen, daß Rechtsläden erst seit fünf Jahren bestehen, während die anderen Organisationen und Rechtshilfeeinrichtungen viel länger existieren. So haben sie eine größere Chance, aufgesucht zu werden. Nehmen wir allerdings die letzten fünf Jahre, so fällt der Prozentsatz der Rechtskontakte

mit den Anwälten auf	12,5 %
mit dem Notar auf	22,0 %
mit der Gewerkschaft auf	6,0 %.

So werden die Rechtsläden wenigstens quantitativ eine wichtige Einrichtung. Der Unterschied zwischen dem Prozentsatz der Mandanten von Rechtsläden in Amsterdam (10 %) und in Heerlen (0,6 %) ist ebenfalls wichtig. Wir haben absichtlich eine Stadt ohne Rechtsladen zur Zeit der Interviews ausgesucht. Aber da wir nun wissen, daß das Volumen der unerfüllten Rechtsbedürfnisse in Heerlen größer ist als in Amsterdam (siehe unten), können wir daraus schließen, daß der Bedarf an neuen rechtlichen Dienstleistungen in anderen Gebieten und weniger bevorzugten Städten groß ist. Die regionalen Ungleichheiten werden in der Rechtshilfediskussion in den Niederlanden vernachlässigt.

2.2 Hauptergebnisse II: Rechtsprobleme oder private Schwierigkeiten – eine Analyse von 1087 Problemfällen

Braucht man einen Anwalt für jedes Rechtsproblem, das sich einem stellt? Wahrscheinlich nicht. Aber genau hier liegt die methodologische Schwierigkeit, um die selbst berichteten Rechtsprobleme herauszufinden. Wenn es wahr ist, wie Carlin

und Howard behaupten, daß oft einschlägige Probleme nicht als rechtliche wahrgenommen werden, dann wird es sogar noch schwieriger, Leute danach zu fragen, „welche Rechtsprobleme sie hatten". Durch die Verwendung einer Prüfliste wird das Problem etwas gelöst, aber auch dann sieht sich der Interviewer der Schwierigkeit gegenüber, daß spezielle Rechtsprobleme in den Nennungen unterbesetzt waren, wie es bei uns der Fall war.
Preble Stolz wies in seiner Kritik an vielen Rechtshilfe-Berichten auf die geringe Anzahl der Probleme Scheidungen, Verbrechen und uneheliche Kinder, verglichen mit den nationalen statistischen Quellen, hin. (24) Er verweist ferner auf die Schwierigkeiten der Entscheidung, wessen Problem als ein ‚Problem' gezählt werden kann. Wir sahen uns denselben Schwierigkeiten gegenüber und fanden heraus, daß „Rechtsprobleme" nicht so sehr charakteristisch für isolierte Individuen sind, sondern mehr für soziale Einheiten. Wenn ein Junge das Auto seiner Mutter fährt und damit einen Verkehrsunfall verursacht, so ergibt sich daraus sowohl für seine Mutter ein Rechtsproblem als auch für ihn selbst. Befragen wir z.B. die Mutter, so werden wir die Geschichte des Jungen hören und ihre Klagen über die Versicherung. Wir entschieden uns, eine soziale Einheit (Familie, Freundeskreis) als Analyseeinheit zu nehmen. Es zeigte sich, daß 87 % aller berichteten Probleme die der Befragten selbst waren, 5 % die des Ehemannes oder der Ehefrau, 2 % die der Eltern, 4 % die der Kinder und die letzten 2 % Fälle von anderen Verwandten und Nachbarn. Interessant ist, daß die Frauen häufiger über die Probleme ihrer Ehemänner berichteten als umgekehrt.
Die größte Schwierigkeit liegt jedoch im Messen der Wichtigkeit oder der Bedeutung der berichteten Probleme. Hier spottet Preble Stolz über die Forschung anderer (25), ohne zu versuchen, selbst eine Lösung anzubieten. Erhard Blankenburg hat recht, wenn er sagt, daß „die Definition von Rechtsproblemen nicht ohne normative Annahmen vorgenommen werden kann". (26) Die Bewertung der berichteten Probleme war in der Tat unser schwierigstes Untersuchungsproblem. Wie grenzt der Forscher Probleme mit geringer Bedeutung ab? Wie beurteilt er die Bedeutung(slosigkeit)? Wir lösten das Problem, indem wir entschieden, daß *alle* Probleme, von denen die Interviewten auf eigene Initiative berichteten wie auch die, die wir anhand unserer Prüfliste feststellten, in Betracht gezogen werden sollten. Wir taten es deshalb, weil es kaum möglich ist, dasselbe Rechtsproblem von Leuten in unterschiedlichen sozialen Positionen zu bewerten. Oder sollte die Bedeutung(slosigkeit) der Probleme armer oder alter Leute dadurch definiert sein, daß Rechtsanwälte oder Mittelklasse-Sozialforscher sie als „unbedeutend" oder wenigstens „finanziell unbedeuten" bezeichnen? Wir sind uns aber darüber im klaren, daß wir selbst bei Berücksichtigung aller berichteten Probleme immer noch einen normativen Ansatz benutzen: die Entscheidung, daß die privaten Probleme des einen genauso wichtig sind wie die von irgend jemand anderem.

Anstatt unsere ganze Energie auf die Konstruktion (und Überprüfung) einer Art „Wichtigkeits- oder Bedeutungsskala" zu verwenden, haben wir nach Möglichkeit versucht, der Vorgeschichte eines jeden Problems nachzuspüren. Vielleicht ist es damit möglich, einige alltägliche Problemlösungsmuster zu entdecken.
Darüber hinaus betrachteten wir die Lösung (oder Nicht-Lösung) eines jeden Problems als eine besondere Variable mit den folgenden Werten:
1. zur Zufriedenheit beendet,
2. nicht zur Zufriedenheit beendet,
3. unter Resignation beendet,

4. ohne Widerstand akzeptiert,
5. Bearbeitung läuft – mit Hilfe eines Anwalts oder anderer Stelle,
6. Fall zieht sich hin,
7. nicht gelöst, bis jetzt noch nichts unternommen.

Besonders die letzte Kategorie von Problemen, „bis jetzt noch nichts unternommen", wird für die Frage der unerfüllten Rechtsbedürfnisse relevant. Aber die Kategorien „nicht zur Zufriedenheit beendet" und „unter Resignation beendet" sind ebenfalls für unseren Gegenstand interessant. Eine genaue Analyse all dieser Probleme wird uns den gewünschten Einblick geben.

Welche Leute resignieren bei welcher Art von Problemen? Wo sind die „bis-jetzt-noch-nichts-unternommen"-Probleme am häufigsten? Die Qualifikationen „zufrieden" oder „unzufrieden", „Resignation" wurden aus der Vorgeschichte der Befragten entnommen, d.h. durch eine Inhaltsanalyse der Karten mit den notierten Rechtsproblemen.

Bei diesem Verfahren erhielten wir 1203 Probleme bei 456 Befragten, was einen Durchschnitt von 2,6 Probleme pro Person ausmacht. Tabelle 4 gibt die Häufigkeit wieder:

Tab. 4: Anzahl der Rechtsprobleme in Prozenten aller Befragten

Anzahl der Probleme	Anzahl der Befragten	Gesamtanzahl der Probleme	% aller Befragten
0	66	0	15
1	95	95	20
2	102	204	22
3	64	192	14
4	47	188	10
5	32	160	7
6	26	156	6
7	9	63	2
8	5	40	1
9	4	36	1
10	2	20	0,4
11	2	22	0,4
12	1	12	0,2
15	1	15	0,2
	456	1203	99,2

Aus praktischen (computertechnischen) Erwägungen nahmen wir nicht mehr als 5 Probleme pro Befragten in unsere Analyse auf. Dies bedeutet, daß von 1203 Problemen 1087 (90,5 %) analysiert wurden. Die verbleibenden 116 Probleme müssen nachträglich noch ‚per Hand' analysiert werden.

2.2.1 Welche Leute haben welche Probleme?

Mayhew und Reiss stellten fest, daß die „Armen seltener die Art Rechtsprobleme haben ... für die die juristische Profession gewohnt ist, Hilfe anzubieten". (26a) Carlin und Howard stellten fest, daß die Armen nicht weniger, sondern daß sie andere Probleme haben.

Unsere Stichprobe bestätigt die These von Mayhew und Reiss ebenso wie die von Carlin und Howard. Wie Tabelle 5 zeigt, ist die durchschnittliche Anzahl an Rechtsproblemen fast für jede Gruppe dieselbe. Aber für die verschiedenen Rechtsgebiete wurden signifikante Unterschiede gefunden. Die Gruppen mit dem niedrigsten Einkommen haben mehr Probleme mit dem Sozialversicherungs- und den Sozialfürsorgerecht, mit dem Arbeits- und dem Mietrecht; die Gruppen mit hohem und besonders mit dem höchsten Einkommen haben mehr Probleme auf dem Gebiet des Privatrechts, sie sind häufiger Gläubiger, und die Wahrscheinlichkeit, Opfer eines Verbrechens zu werden, ist für sie größer. Beide Gruppen haben in der Tat ihre eigenen spezifischen Rechtsprobleme.

Tab. 5: Art der Rechtsprobleme und Rechtshilfeberechtigung

Anzahl der Probleme in:	unentgeltliche Rechtshilfe abs.	%	Rechtshilfe mit Beteiligung abs.	%	knapp über Grenze abs.	%	weit über Grenze abs.	%	insgesamt abs.	%
Sozialfürsorge	46	16	41	11	16	9	6	3	109	10
Arbeitsrecht	41	14	39	10	13	7	8	4	101	9
Unterbringung, Miete	51	18	74	20	34	18	23	11	182	17
Anderes Privatrecht	65	22	101	27	61	33	80	38	307	29
Familienrecht	26	9	41	11	10	5	21	10	98	9
Steuerrecht	19	7	22	6	6	3	17	8	64	6
Strafrecht	16	5	17	4	8	4	6	3	47	4
Gläubiger, Wirtschaft	11	4	15	4	16	9	27	13	69	7
Verwaltungsrecht	14	5	21	6	19	10	15	7	69	7
Opfer von Verbrechen	2	0,6	7	1,8	4	2	9	4	22	2
insgesamt	291	100,6	378	100,8	187	100	212		1068	100
n =	(111)		(159)		(82)		(94)		(446)	
Durchschnitt	2,6		2,4		2,3		2,3		2,4	

Die Durchschnittsanzahl der Rechtsprobleme und die Anzahl der Rechtsprobleme, die die Befragten in den verschiedenen Rechtsgebieten haben, wurden mit sozioökonomischen Variablen korreliert. So fanden wir heraus, daß Fürsorgeklienten im Durchschnitt die meisten Rechtsprobleme hatten (3,2), gefolgt von den Arbeitgebern (2,9). Im Durchschnitt haben Leute mit höherer Bildung etwas weniger Probleme. Kein Unterschied in der Durchschnittsanzahl der Rechtsprobleme konnte bei den sieben Einkommensgruppen (vgl. Tabelle 1) gefunden werden. Im Durchschnitt haben die jungen wie die alten Leute weniger Probleme. Keine Unterschiede ergaben sich zwischen Frauen und Männern.

Die Zahl der Rechtsprobleme, die jeder Befragte hat, kann mit anderen Ordinal- oder Intervallskalen korreliert werden – mit folgendem Ergebnis: Wie Tabelle 6 zeigt, sind die Probleme der Leute in den unteren Schichten der Gesellschaft erheblich häufiger bezogen auf das Sozialfürsorgerecht, das Arbeitsrecht, Miet- und Strafrecht. Aber diese Rechtsgebiete sind, mit der Ausnahme des Strafrechts, genau diejenigen, die von der Anwaltschaft nicht so gut vertreten werden. Die Probleme der höheren Schichten sind die, um die sich traditionsgemäß die Rechtspraxis (Privat- und Wirtschaftsrecht), stärker kümmert. Es gibt keine Korrelation zwischen Familienproblemen und sozioökonomischem Status, so daß wir daraus schließen können, daß auf diesem Rechtsgebiet niedrige wie hohe Einkommensgruppen gleichermaßen bedient werden, da Scheidungen zum traditionellen und routinemäßigen Geschäft des Anwalts gehören.
Die Tabelle zeigt weiter mehr Wohnungs- und Mietprobleme in Amsterdam, besonders im Zentrum der Stadt. Verwaltungsrechtsprobleme sind eher in ländlichen Gegenden zu finden. Wahrscheinlich resultieren aus der Anwendung nationaler Gesetze in dem (informellen) ländlichen Rahmen häufiger Schwierigkeiten.

2.2.2 Wer ist der Gegner?

Marc Galanter hat die Begriffe von "one shooter" und "repeat player" als erklärende Faktoren im zivilen Rechtsstreit eingeführt. (27) Er nimmt an, daß „in Amerika das Individuum grob gesagt dem OS (one shooter) entspricht und Organisationen eher dem RP (repeat player)". (28)
Erhard Blankenburg macht ähnliche Bemerkungen: „In einer Gesellschaft, die durch eine wachsende Bürokratie geformt wird, sind Gerichte überwiegend mit Konflikten beschäftigt, in denen wenigstens eine Partei an irgend eine bürokratische Institution gebunden ist. Private Parteien bringen selten einen Fall vor Gericht. Tun sie es, geschieht es oft mit der Unterstützung einer Organisation." (29) Diese zwei interessanten Beobachtungen veranlaßten uns zu einer sorgfältigen Untersuchung der *Gegner* der Rechtsprobleme unserer Befragten – mit einem Ergebnis, das sehr interessant und anregend für die weitere Theoriebildung ist: Die zunehmende Kontrolle des Individuums durch Organisationen und Bürokratie ist nicht nur im Zivilgerichtsverfahren zu finden, sondern taucht schon früher auf. In unserem Sample sind 63 % der Rechtsprobleme Probleme von Individuen im Konflikt oder in Schwierigkeiten mit einer Behörde oder einer privaten Organisation (s. Tabelle 7). Die meisten dieser Probleme werden jedoch wahrscheinlich nie vor Gericht kommen. Vermutlich spiegeln diese Konstellationen im zivilen Rechtsstreit, wie sie aus den Beobachtungen von Galanter und Blankenburg zu entnehmen sind, nur den grundsätzlichen Konflikt zwischen Individuum und Organisation in unserer modernen Gesellschaft wider.
Es ist verlockend, an diese Zahlen einige theoretische Überlegungen anzuknüpfen. Es gibt interessante Unterschiede zwischen der Anzahl der Probleme aus lang- und kurzfristigen Beziehungen: Das Recht als problemlösender Mechanismus ist am relevantesten in kurzfristigen Sozialbeziehungen. Die Unterschiede zwischen Mietproblemen mit individuellen und organisierten Vermietern weisen auf Formalisierungsprozesse hin, deren Resultat dann weniger oder andersartige Probleme sind. Besonders wichtig ist, daß die Tabelle Strukturveränderungen unserer Gesellschaft anzeigt. Der überwältigenden Bedeutung der Organisationen (30) tragen die Rechts-

Tab. 6: Welche Leute haben welche Rechtsprobleme?

Anzahl der Rechtsprobleme auf dem Gebiet von:	Verstädterung (ländlich – mittel – hauptstädtisch)	Peripherie – Stadt – Zentrum	Stellung im Produktionsprozeß (draußen – niedrig – hoch)	Bildungsgrad (niedrig – hoch)	Einkommen (niedrig – hoch)	Alter (jung – alt)	allein – nicht allein	männlich – weiblich	Rechtshilfestandard (berechtigt – knapp darüber – weit darüber)
Sozialfürsorgerecht			–.10	–.15	–.19	.10			–.22
Arbeitsrecht		–.07	–.07	–.14	–.08				–.19
Mietrecht	.18	.09				.10	–.10		–.12
anderes Privatrecht				.07	.16		.09		.11
Familienrecht						.08	–.11		
Gläubiger- und Wirtschaftsrecht			.21	–.09	.08	.11		–.07	.13
Steuerrecht	.10					.09	–.10		
Strafrecht				–.11				–.11	–.08
Verwaltungsrecht	–.13						.07		
Opfer von Verbrechen	.18		.14		.10				.11

r .08 p = .05; r .11 p = .01; r .15 p = .001; (n = 456)
(r unter .07 wurde weggelassen)

Tab. 7: Wer ist der Gegner bei 1087 Rechtsproblemen?

	abs.	%
Staatliche Behörde	148	13,6
Lokale Behörde	136	12,5
halbstaatliche Einrichtung	49	4,5
nichtstaatl. Organisation (kurzfristige Beziehung)	225	20,7
nichtstaatl. Organisation (langfristige Beziehung)	7	0,6
Behörde als Arbeitgeber	19	1,7
Großunternehmen als Arbeitgeber	36	3,3
Kleinunternehmen als Arbeitgeber	35	3,2
Behörde als Vermieter	22	2,0
nichtstaatl. Organisation als Vermieter	45	4,1
individueller Vermieter	76	7,0
Familie; Ehemann, Ehefrau	70	6,4
Individuum (kurzfristige Beziehung)	101	9,3
Individuum (langfristige Beziehung)	34	3,1
Gegner unklar	21	1,9
kein Gegner (allgemeine Informationssuche)	63	5,8
	1087	99,7 %

Tab. 7a: Gegner zusammengefaßt

Behörde	374	34,4
nichtstaatl. Organisation	313	28,8
Individuum	316	29,0
unklar	21	1,9
kein Gegner	63	5,8
	1087	99,9 %

institutionen noch nicht Rechnung: Die Regeln der meisten Gerichtsverfahren unterscheiden immer noch nicht zwischen Organisationen und Individuen. Anwälte beraten und vertreten Individuen vorwiegend bei Ehescheidungen, kaum dagegen in Konflikten mit Behörden oder Organisationen. Im Gegenteil, Anwälte arbeiten eher für Unternehmen und große Organisationen. Die liberale Rechtsideologie konzentriert sich noch auf das Individuum als ein freies und rational kalkulierendes Wesen, während die Gesellschaft sich derart veränderte, daß ausgerechnet Unternehmen und Organisationen wie freie, selbständige und rational kalkulierende Wesen handeln. Sie tun dies in der Hauptsache auf Kosten des Individuums.

2.2.3 Zu welchen (Rechts-)Institutionen gehen die Leute?

Viele Leute sehen Anwälte als Rechtsspezialisten an, die man wirklich nur dann braucht, wenn nichts anderes mehr möglich ist, als einen Konflikt oder Streit auf rechtliche Weise beizulegen. Man sollte versuchen, den Anwalt zu meiden, wie man versucht, den Besuch beim Mediziner zu vermeiden. In der Frühphase eines Konflikts oder Problems braucht man eine Art allgemeinen Praktiker, der Rat gibt, Unterstützung, Information, oder manchmal nur den Rat einer anderen Institution überprüft. Hier taucht die allgemeine Frage auf, ob Anwälte für die Lösung sämtlicher Rechtsprobleme zuständig sein müssen. Sykes erwähnte in seinem Artikel, daß die Befragten in dem Denver-Sample im Falle von Schwierigkeiten zu einem Rechtsanwalt (88 %), zu einem Priester (61 %), zu einem Verwandten oder Freund (58 %), einem Arzt (50 %), einem Sozialarbeiter (41 %) oder einem Politiker (27 %) gehen würden. „Es ist schwer zu sagen", behauptet er, „ob es besser ist, einen hoch qualifizierten Dienst, beschränkt auf wenige, oder ein Produkt geringerer Qualität, auf alle verteilt, zu haben". (31)
Wir fragten unsere Interviewten nicht nur, wo sie hingehen würden, sondern auch, wohin sie *wirklich gingen,* um ihr Problem zu lösen. Die Behörden, die, wie wir sahen, die Hauptgegner waren, sind auch die häufigst genannten Beratungsinstitutionen (33 % von 839 Problemen). Anwälte stehen an zweiter Stelle (20 %). Dann kommen die Gewerkschaften (12 %), ähnliche Rechtsdienste (Rechtsläden) (12 %), Sozialarbeiter und Bürgerberatungsstellen zusammen (7 %) und informelle soziale Kontakte (7 %), Firmenanwälte (4 %) und andere (4 %).
Eine Korrelationsanalyse zeigt uns den interessanten Unterschied zwischen den informellen sozialen Kontakten von Leuten mit niedriger Ausbildung und denen mit einer höheren. Für die letzteren ist ein Anwalt eher erreichbar. Im allgemeinen gehen Leute mit besserer Ausbildung sofort zur richtigen Stelle oder Institution. Wenn wir Behörden in rechtliche (wie Mieterberatungskomitee oder Rechtshilfebüro) und nicht-rechtliche Institutionen (wie Arbeitsbüro oder Sozialfürsorgeeinrichtungen) aufteilen, finden wir denselben Unterschied. Besser Ausgebildete gehen

häufiger zu rechtlichen, weniger gut Ausgebildete zu den nicht-rechtlichen Institutionen. Hier finden wir ein durchgängiges Muster der Abhängigkeit der unteren Schichten in der Welt der Verwaltungsbürokratie. Vielleicht erreichen sie schließlich die richtige Institution, aber normalerweise war ihr Weg länger. Dies trifft bei Armen ebenfalls für den Gang zum Rechtsanwalt zu. Wenn sie einen Rechtsanwalt brauchen (z.B. für eine Scheidung), bekommen sie letztlich einen, aber sie mußten mehr Zeit, mehr psychische Energie und mehr Ärger investieren.
Tabelle 8 zeigt die Rechtsgebiete, um die sich die verschiedenen Institutionen am meisten kümmern. Die höchste Korrelation zeigt sich bei den Rechtsanwälten. Niedergelassene Rechtsanwälte arbeiten in erster Linie für Gläubiger und Geschäfts-

Tab. 8: Welche Rechtsprobleme behandeln welche Institutionen?

Anzahl der Probleme auf dem Gebiet von: / Anzahl der Kontakte mit:	Sozialfürsorgerecht	Arbeitsrecht	Miete und Wohnung	anderes Privatrecht	Familienrecht	Steuerrecht	Strafrecht	Gläubiger, Wirtschaftsrecht	Verwaltungsrecht
informelle Kontakte (nicht-rechtlich)		.07			.10				.07
informelle Kontakte (Anwalt oder Jurist)		.07		.13	.07				
Unternehmenseinrichtung		.16							
Firmenanwalt					.08				
Gewerkschaft	.25	.26			.10	.10		.08	
Sozialarbeiter	.25		.17		.10				.14
Behörde (nicht rechtlich)	.33	.13	.15	.09	.19				.14
Behörde (rechtlich)			.15	.16	.12	.21	.28	.11	.10
Niedergelassener Anwalt				.08	.22		.08	.57	.10
Rechtshilfeanwalt	.09		.07		.45		.14		
Notar					.30				
Rechtsladen					.12		–.06		
halbrechtliche bezahlte Institut.			–.09	.23				.37	
Bürgerberatungseinrichtung	.23	.11	.15			.09			
Verbraucherunion				.25		.10			
Gerichtsvollzieher					.08			.35	
„weit entfernte Adressaten" (Königin, Politiker)	.23		.16					.11	.08

r .08 p = .05; r .11 p = .01; r .15 p = .001; (n = 456)
(r unter .07 wurde weggelassen)

leute, während die (kostenlosten) Rechtshilfeanwälte hauptsächlich Scheidungen und Straffälle sowie einige wenige Sozialfürsorgefälle behandeln. Die traditionellen Aktivitäten der Anwälte und ihre routinisierten Problemlösungsmuster sind deutlich zu erkennen. Aber wie wir schon sahen, liegen viele Probleme der Armen gerade im Bereich des Sozialversicherungs- und Wohlfahrtsrechts, des Arbeitsrechts und der Beziehungen zwischen Vermietern und Mietern. Diese Zahlen werden durch eine andere Untersuchung, die wir 1970 und 1973 unter jungen Anwälten durchführten, bestätigt. Die Masse der Fälle, die sie bearbeiteten, bestand aus Scheidungen und Unterhalts-Fällen. (32)
Tabelle 8 zeigt weiter die Hauptaktivitäten der Gewerkschaften: Sozialversicherungs- und Arbeitsrecht. Für andere Fälle, die privates Recht (viele Verbraucherprobleme eingeschlossen) betreffen, fanden wir eine hohe Korrelation mit den bezahlten halbrechtlichen Einrichtungen. Diese Institutionen arbeiten auch für Gläubiger.
Das Hauptergebnis jedoch, das aus der Tabelle zu entnehmen ist, ist eine weitere Bestätigung der These von Mayhew und Reiss, daß nämlich Anwälte nur bestimmte Rechtsprobleme für eine bestimmte Öffentlichkeit bearbeiten. Die verbleibenden Rechtsbedürfnisse müssen daher von anderen Institutionen übernommen werden. Zwischen der Öffentlichkeit und dem Rechtsspezialisten benötigt man eine Art Rechts-„Familiendoktor", um diese Lücke zu füllen.

2.2.4 *Bewertung der Rechtshilfe*

Der auffallende Erfolg der holländischen ‚Rechtsläden' kann durch Faktoren erklärt werden, die mit der Einschätzung der verschiedenen Rechtsdienste durch die Klienten zusammenhängen. In unseren Interviews fanden wir einen Bedarf an ganz unterschiedlichen Arten von Rechtshilfe. Die Rechtshilfeeinrichtung sollte ihre Hilfe und ihren Rat je nach den Gesichtspunkten der Klienten geben. Das allgemeine und vage Mißtrauen gegen Anwälte mag seine Gründe in der – richtigen oder falschen – Vermutung unserer Befragten haben, daß Rechtsanwälte und andere Institutionen sich an anderen Interessen orientieren. Von jungen Studenten in einem Rechtsladen nimmt man (noch) nicht an, daß sie sich mit den ‚höheren' Schichten der Gesellschaft verbünden. Eigenartig war allerdings, daß das einzige Mißtrauen gegen Rechtsläden, das wir fanden, sich auf den Ausbildungsstand bezog („Studenten kennen ihren Kram noch nicht").
Obwohl es wichtige Unterschiede in der sozialen Wahrnehmung von Anwälten und Jurastudenten gibt, bleibt es schwierig, die verschiedenen Arten von Dienstleistungen, die diese beiden Gruppen anbieten, zu beurteilen. Soll man nach der Einschätzung des Klienten fragen, nachdem die Arbeit gemacht ist (mit der Möglichkeit, daß der Laie ganz andere Dinge berücksichtigt als der Experte? Wie kann die Arbeit der Anwälte überhaupt beurteilt werden? (33) Soll man den Anwalt selbst fragen (oder seine Kollegen) – mit dem Risiko einer positiv gefärbten Antwort – oder den Klienten – mit dem Risiko, daß dieser das Ergebnis seines Falles und die Leistung des Anwalts vermischt? Diese beiden Fragen erfordern jeweils einen andersartigen Untersuchungsansatz.
Eine wichtige Unterscheidung muß zwischen sozialer Wahrnehmung und Bewertung gemacht werden. Eine der auffallenden Erfahrungen während unserer Interviews war der Unterschied zwischen den verhältnismäßig realistischen Urteilen über Anwälte von seiten derjenigen, die tatsächlich mit ihnen Kontakt hatten, und den

Stereotypen derjenigen, die nie Anwälte kontaktiert hatten. Allgemeine Einstellungen gegenüber dem Recht und den Juristen spielen eine wichtige Rolle im öffentlichen Wissen über rechtliche Dienstleistungen. Aber sobald Leute persönliche Erfahrungen sammeln, gute oder schlechte, wird ihr Urteil, was die Kosten und die Erwartungen über die Qualifikation der Anwälte betrifft, realistischer.
Da es zu weit führen würde, detaillierte Ergebnisse der öffentlichen Kenntnisse und sozialen Wahrnehmungen wiederzugeben, begnügen wir uns hier mit der Beurteilung der Rechtskontakte, die stattgefunden haben. Als schwachen Indikator benutzen wir die *subjektive* Einschätzung des Klienten. Wie Tabelle 9 zeigt, sind die Klienten, die ihren Anwalt selbst bezahlten, seltener zufrieden, als die Rechtshilfe-Klienten. Diese interessante Feststellung kann vielleicht erklärt werden mit den unterschiedlichen Erwartungen, mit denen diese beiden Gruppen ihren Anwalt aufsuchen. Wenn man nicht zu bezahlen braucht, können die Erwartungen ziemlich niedrig sein, hat man aber einen beträchtlichen Geldbetrag zu bezahlen, so sind die Forderungen wahrscheinlich höher. Auf jeden Fall widerlegen diese Zahlen, daß die Armen nach ihrer eigenen Darstellung mit den Rechtshilfeanwälten unzufrieden sind.

Tab. 9: Einschätzung der Kontakte

	Anzahl der Kontakte	Anzahl der Unzufriedenen	Unzufriedenheit in %
Niedergel. Anwalt	99	25	25,2
Rechtshilfeanwalt	64	10	15,6
Gewerkschaft	85	19	22,4
Rechtsladen	21	4	19,0
Bürgerberatungsbüro	35	2	5,7
Wohlfahrtseinrichtungen	72	21	29,2

Auffallend ist auch der Unterschied zwischen dem Prozentsatz der Unzufriedenen mit dem Bürgerberatungsbüro und den Wohlfahrtseinrichtungen.

2.2.5 *Welche Leute helfen sich selbst?*

Rechtliche Kompetenz erwies sich als ein sehr nützliches Konzept im Erklären von Verschiedenheiten im Zugang zu Rechtsdiensten. Wir benutzten zwei Arten von Indikatoren, um dieses Konzept zu operationalisieren. Zuerst hatten wir eine Liste von elf hypothetischen Rechtsproblemen und fragten die zu Befragenden, was sie unternehmen würden, um diese Probleme zu lösen. Dies erinnert stark an R. Marks' Vorgehen. (34) Als nächstes zählten wir die von den Befragten unternommenen Versuche der Selbsthilfe, zur Lösung ihrer Rechtsprobleme.
In einem Viertel aller 1087 Probleme wurde zur Selbsthilfe gegriffen. Die Hauptformen der Selbsthilfe bestanden im Briefeschreiben oder in eingeschriebenen Briefen, im Organisieren von Gruppen (in der Hauptsache in Mietfällen) und im Auftreten als Sprecher einer Interessengruppe. In einigen wenigen Fällen (2 %) versuchten die Befragten ihr Recht auf eigene Faust durchzusetzen. Dies korrelierte mit ‚männlich' und ein wenig mit niederer Ausbildung. Diejenigen, die diese Form

der Selbsthilfe im Bereich des Privatrechts übten, hatten auch mehr Strafrechtsprobleme. Nicht überraschend wurde ‚Selbsthilfe' in ihren verschiedenen Formen als Lösungsform am häufigsten von den Gebildeteren und am seltensten von alten Leuten und weniger gut Ausgebildeten genannt. „Interessenpolitik" wurde am häufigsten in ländlichen Gebieten und besonders im Verwaltungsrecht (‚eine Lizenz bekommen') genannt. Höhere Einkommensgruppen benutzten diese Art häufiger als andere; das gleiche gilt für die Kategorie „da mache ich Krach!"
Wir beabsichtigen, die Lösungsmuster der tatsächlich erlebten Rechtsprobleme mit den Antworten zu den elf hypothetischen Rechtsproblemen zu vergleichen. Wir hoffen, dadurch eine größere Einsicht in die Faktoren zu erhalten, die „rechtliche Kompetenz" erklären. Allerdings steht dieser Teil der Analyse noch aus.

2.2.6 Wie enden die Probleme?

Manche Probleme lösen sich von selbst oder durch Zufall. Andere verschwinden einfach. Der Ausgang der Rechtsprobleme wird unserer Meinung nach einige Aspekte des unerfüllten Bedarfs an Rechtshilfe enthüllen. Dies gilt für die Probleme in unseren Interviews, in denen der Befragte „bis jetzt noch nichts unternommen" hatte, wie auch für die Probleme, bei denen der Befragte noch immer unzufrieden mit dem Ergebnis war. Es ist unmöglich, die Lösung eines Problems unter der Bedingung zu rekonstruieren, daß angemessene Rechtshilfe zur Verfügung gestanden hätte. Aber die Fälle, die gelöst wurden, weil der Befragte resignierte, sind insofern interessant, als wir etwas über die Vorstellungen des Klienten oder Laienvorstellungen von Recht und Gerechtigkeit erfahren. Mit solchen Informationen wird es möglich, das Problem der Rechtshilfe mit anderen Merkmalen der Rechtskultur und der Rechtsinstitutionen in Verbindung zu bringen. So zeigen die starken Gefühle relativer Deprivation (i.e. der Benachteiligung im Vergleich zu anderen Mitgliedern der Gesellschaft) besonders auf dem Gebiet der sozialen Sicherheit und sozialen Fürsorge, daß die Gesetzgebung auf diesen Gebieten materielle Bedürfnisse gesichert hat und somit etwas soziale Gerechtigkeit brachte, daß jedoch auf abstrakter oder verbaler Ebene das Gefühl sozialer Ungerechtigkeit nicht vermindert worden ist. Im Gegenteil, der Mechanismus relativer Deprivation erinnert uns an die soziale Gerechtigkeit auf anderen Gebieten (Lizenzen, freier Telefondienst, kostenloses Auto für ständig Behinderte, usw.). Der Wohlfahrtsstaat, verstanden als System wachsender Erwartungen, hat zwar mehr materielle soziale Sicherheit gebracht, zur gleichen Zeit sind aber neue Gefühle sozialer (Un-) Gerechtigkeit aufgekommen. Anhand unserer empirischen Daten zeigt sich hier ein generelles Charakteristikum eines jeden demokratischen Rechtssystems als eines Systems steigender Erwartungen.
Die meisten Rechtsprobleme wurden zur Zufriedenheit der Befragten beendet. Tabelle 10 zeigt die Häufigkeiten.

Als nächstes bringen wir den Abschluß der Problemfälle mit anderen Variablen in Verbindung. Die Zahlen lassen wichtige Unterschiede zwischen dem Land, der mittelgroßen Stadt und der Metropole erkennen. In der mittelgroßen südlichen Stadt im Zentrum eines Bergbaugebiets ist die Zufriedenheit mit dem Ergebnis der Fälle niedriger (42 % gegenüber 52 % in der Metropole Amsterdam). Gleichzeitig herrscht eine gewisse Tendenz zu größerer Resignation. Die „bis-jetzt-noch-nichts-unternommen"-Probleme sind am häufigsten in der mittelgroßen Stadt (17 %), etwas seltener auf dem Land (15 %), aber weit seltener in Amsterdam (8 %). Die ge-

Tab. 10: Wie endeten die Probleme?

	abs.	%
Zur Zufriedenheit beendet	527	48
nicht zur Zufriedenheit beendet	203	19
unter Resignation beendet	85	8
ohne Widerstand akzeptiert	26	2
Bearbeitung läuft – mit Hilfe	85	8
Fall zieht sich hin	28	3
bis jetzt noch nichts unternommen	133	12
	1087	100

samtgesellschaftliche Ungleichheit in der Verteilung der rechtlichen Dienstleistungen, die am verbreitetsten in dichtbesiedelten Gebieten sind, resultiert in größerer Häufigkeit unbefriedigter Rechtsbedürfnisse in Gebieten weitab von der Hauptstadt Amsterdam. Die besondere Aufmerksamkeit aller Reformer (in der Regierung wie in den Rechtsläden) für die Situation in den Städten erscheint damit in einem weniger positiven Licht. Wenn nicht das Amsterdamer Rechtshilfeangebot als ein Modell für andere Gebiete genommen wird, werden große Ungleichheiten bestehen bleiben, auch wenn die Einrichtung und Finanzierung der neuen, unoffiziellen Rechtshilfe verbessert würde. Der Prozentsatz der „bis-jetzt-noch-nichts-unternommen"-Probleme war auch unter denjenigen mit dem niedrigsten Einkommen am höchsten (18 % gegenüber 6 % unter den höchsten Einkommen). Männer waren mit dem Ergebnis etwas häufiger zufrieden als Frauen (52 % gegenüber 45 %).
Tabelle 11 faßt die Korrelationen in einer Matrix zusammen.

Resignation korreliert mit geringer Ausbildung, geringem Einkommen und einem niedrigen Platz in der Berufsstruktur. Ein Problem ohne Widerstand zu akzeptieren, ist typisch für Gebildetere und die mit höherem Einkommen, d.h. für diejenigen, die einen Streit oder einen Konflikt aus jedem privaten Problem vermeiden können. Diese Leute haben gewissermaßen einen Überschuß an Ressourcen (Geld, psychischer Energie, Beziehungen und/oder Einfluß), der sie befähigt, ihre Probleme angemessen zu bewältigen. Für sie bedeutet es nichts, wenn ihr Auto plötzlich streikt, wenn Versicherungsbeiträge oder Steuern nicht bezahlt wurden, etc. Die entgegengesetzte Beziehung zeigt sich bei den Sachen, die sich „lange hinziehen": eine (allerdings niedrige) Korrelation mit kurzer Ausbildung und geringem Einkommen. Vielleicht sind die Probleme zu schwierig für eine schnelle Lösung, oder vielleicht soll, gerade mit dem Hinweis, daß sich eine Sache „lange hinzieht", demonstriert werden, wie groß die erfahrene Abhängigkeit und Machtlosigkeit ist.
Ein Teil der „bis-jetzt-noch-nichts-unternommenen"-Probleme zeigt einen ungedeckten Informationsbedarf an. Mangel an Information ist in den unteren Schichten der Gesellschaft verhältnismäßig häufig. Die komplexe Gesellschaft fordert offenbar ihren Preis besonders von denen, die nicht in der Lage sind, oder nicht die Möglichkeit oder die Chance haben (wie alte Leute z.B.), sich im Dschungel des Rechts und der Bürokratie zurechtzufinden. Eine angemessene Versorgung mit Rechtshilfe wird daher immer wichtiger: nicht nur, um dem liberalen Wert der Gleichheit vor dem Gesetz gerecht zu werden – sondern auch, um dem Bürger ein Gefühl von Autonomie in einer Massengesellschaft zu geben. Neue rechtliche Dienstleistungen, mehr und besser funktionierend als die traditionellen, spielen eine wichtige Rolle in der immer weniger überschaubaren Gesellschaft.

Tab. 11: Wie endeten die Rechtsprobleme?

Anzahl der Probleme	Verstädterung (ländlich – mittel hauptstädtisch)	Peripherie – Stadtzentrum	Stellung im Produktionsprozeß (draußen – niedrig – hoch)	Bildungsgrad (niedrig – hoch)	Einkommen (niedrig – hoch)	Alter (jung – alt)	allein – nicht allein	männlich – weiblich	Rechtshilfestandard (berechtigt – knapp darüber – weit darüber)
zur Zufriedenheit beendet	.10		.12			.13			
nicht zur Zufriedenheit beendet	.13					.12			
unter Resignation beendet			–.14	–.08	–.09				
ohne Widerstand akzeptiert				.07	.07				
Bearbeitung läuft						–.08			
Fall zieht sich hin				–.07	–.09	.08			–.12
bis jetzt noch nichts unternommen	–.11	–.08		–.07	–.12				–.07

r .08 p = .05; r .11 p = .01; r .15 p = .001; (n = 456)
(r unter .07 wurde weggelassen)

3.4 Einige Schlußbemerkungen

Wir sind zu dem Schluß gelangt, daß die 1087 Rechtsprobleme, denen wir in unseren Interviews begegneten, als eine Sammlung von „privaten Schwierigkeiten" angesehen werden können, welche, gemäß der berühmten Bemerkung von Wright Mills, in „öffentliche Angelegenheiten" übersetzt werden müssen.
Die auftauchenden öffentlichen Angelegenheiten stellen sich wie folgt dar:

- Die wachsende Abhängigkeit des Individuums gegenüber Organisationen als Widerspiegelung der sich wandelnden Struktur unserer Gesellschaft; die sich verringernden Chancen für ein Überleben der Autonomie im Massenzeitalter.
- Die Gesetzesanwendung, besonders im Sozialversicherungs- und Sozialfürsorgerecht. Dieses Phänomen könnte man die Unsicherheit der sozialen Sicherheit nennen: Obwohl viele neuen Rechte für Leute in abhängigen Situationen geschaffen werden, ergeben sich neue Zwänge aus der Sprache des Rechts und aus der komplexen Verfahrensstruktur zur Durchsetzung dieser Rechte.
- Die Entstehung neuer Rechte, Entwicklung neuer Verfahren und die Anpassung der rechtlichen Dienstleistungen; ohne Einrichtung angemessener Zugangsmöglichkeiten zu diesen neuen Verfahren und damit zu den neuen Rechten werden

diese ineffektiv sein; oft dauert es zu lange, ehe die traditionellen Institutionen der Rechtsberatung die neuen Gesetze verstehen und in der Lage (und bereit?) sind, denjenigen Hilfe und Rat zu geben, die auf die neuen Rechte angewiesen sind. Unsere Untersuchung stützt stark die These von Ch. Reich, wonach Wohlfahrtsrechte als neue Besitzrechte angesehen werden sollten. (35)

Wir stellten fest, daß ein relativ großer Teil aller 1087 Rechtsprobleme nicht die Beachtung der traditionellen rechtlichen Institutionen fand. Vielleicht erklärt sich dies daraus, daß sie für Anwälte ein zu geringes finanzielles Interesse beinhalten, oder weil diese auf solchen Gebieten zu wenig Erfahrung besitzen. Die Betroffenen reagieren darauf, indem sie nicht zu Anwälten gehen, um für solche Probleme eine Lösung zu finden. Nichtsdestoweniger wurde in einer nicht unerheblichen Anzahl von Fällen die Handhabung und das Ergebnis des Problems als Ungerechtigkeit erlebt – eine „vernachlässigte" Ungerechtigkeit, die nur der Betroffene selbst zur Kenntnis nimmt. Die sozialen Effekte dieser subjektiv erfahrenen Gefühle von Ungerechtigkeit zusammen mit starken Gefühlen relativer Entbehrung werden ebenfalls vernachlässigt. Das Resultat: Rückzug vom öffentlichen Leben, Machtlosigkeit, psychische wie physische Beschwerden, Unsicherheit und Spannungen, dies sind die modernen Variationen der Entfremdung vom Recht. Das Wirken der Großorganisationen produziert nichtbeachtete Ungerechtigkeit: langsame oder sehr langsame Entscheidungsprozesse, fehlende Einrichtungen zur angemessenen Information der Klienten und verfahrensrechtliche Eigenmächtigkeit. Diese können als Indikator einer neuen Abhängigkeit im Wohlfahrtsstaat interpretiert werden: ein neu entstehender Feudalstaat.

Summary

As result of several factors of both general and specific character a new wave of interest in legal aid has arisen in the Netherlands. Previous research has produced two main trends in the theory on legal aid, each encompassing two principal variants. Problems of inequality with respect to the access to law are thought, on the one hand, to be rooted in the structure of society itself (in the distribution of economic resources; in the distribution of socio-psychological resources) and, on the other hand, to stem from an indirect correlation between the socio-economic situation of the citizen and his access to law (from the extent of his participation in the economic and social spheres; from the organization of existing legal institutions). These theories are subjected to a critical appreciation.

With the aim of contributing to theory in this field an empirical study was carried out in three different places in Holland. The results of the study show that low income groups do not consult a lawyer less often than high income groups but that they do so for a far smaller scale of reasons. It was found that the less privileged have the same number of legal problems as the better situated (a legal problem having been defined as that which the individual feels to be a problem), the lower class problems being, however, different in nature from the upper class problems and being the ones on which lawyers in private practice are commonly less used to working.

Data were also gathered on the nature of the interviewees' legal opponents, their choice of legal service (lawyer in private practice, trade union advice bureau, law centre), on their opinion of the legal service offered there, on the extent of legal self-help and on their solution to their legal problems.

It is evident from the findings that a large proportion of problems is not dealt with adequately by the traditional legal services, that there exists a great need for education and information about legal assistance among the lower classes and that new and better functioning forms of legal aid are necessary if the individual citizen is not to resign in the face of ever increasing legislation.

Anmerkungen

1 G. M. Sykes, Legal needs of the poor in the city of Denver, in: Law and Society Review, Bd. 4, Nr. 2, S. 255–276 (1969).
L. Mayhew and A. J. Reiss, The social organization of legal contacts, in: American Sociological Review, Bd. 34, Nr. 3, S. 309–318 (1969).
B. Abel-Smith, M. Zander and R. Brooke, Legal problems and the citizen, London 1973.
S. Eskeland and J. Finne, Rettshelp, Oslo 1973 (norwegisch). Einen Überblick über ältere Studien gibt P. Stolz, The legal needs of the public: a survey analysis, Research contributions of the American Bar Foundation, 1968, Nr. 4.

2 J. E. Carlin and J. Howard, Legal representation and class justice, in: U.C.L.A. Law Review, Bd. 12, S. 381–431 (1965); nachgedruckt in: V. Aubert (Hrsg.), Sociology of Law, Penguin modern sociology Readings, Harmondsworth 1969, p. 332–350.

3 Ebenda.

4 M. Harrington, The other America, poverty in the United States, Penguin special (1963), G. Kolko, Wealth and Power in America, London 1962.

5 J. E. Carlin, J. Howard and Sh. Messinger, Civil Justice and the Poor, New York 1967.

6 Ebenda, S. 61–76.

7 Ebenda, S. 77.

8 R. Blom, The satisfaction of legal needs: some theoretical ideas, Tampere (Finnland), 1974, p. 12.

9 Sykes, a.a.O.

10 Mayhew and Reiss, a.a.O.

11 Abel-Smith, Zander and Brooke, a.a.O.

12 Eskeland and Finne, a.a.O.

13 Sykes, a.a.O., S. 266.

14 Mayhew and Reiss, a.a.O., S. 312.

15 Zur Diskussion über Laienvorstellungen von Recht und Gerechtigkeit vgl. G. Gottlieb, Is law dead? in: E. Kent (Hrsg.), Revolution and the rule of law, Englewood Cliffs (1971).

16 Vgl. hierzu J. ter Heide, Young Lawyers Conference 1971, (holländisch), S. 19.

17 Mayhew and Reiss, a.a.O., S. 312.

18 Ebenda, S. 317.

19 Abel-Smith u.a., a.a.O., S. 153–156.

20 D. Caplowitz, The poor pay more, London 1967.
D. Caplowitz, Consumers in trouble, London 1974.

21 Abel-Smith u.a., a.a.O., S. 113.

22 Vgl. Carlin and Howard, a.a.O.

23 Vgl. B. F. Christensen, Lawyers for people of moderate means, American Bar Foundation, Chicago 1970.

24 P. Stolz, a.a.O., S. 3.

25 Ebenda, S. 3.

26 E. Blankenburg, Studying the frequency of civil litigation in Germany, in: Law and Society Review, Bd. 9, Nr. 2, S. 316 (1975).

26a Mayhew and Reiss, a.a.O., S. 317.

27 M. Galanter, Why the "haves" come out ahead: Speculations on the limits of legal change, in: Law and Society Review, Bd. 9, Nr. 1, S. 95–160 (1974).
M. Galanter, Afterword, Explaining litigation, in: Law and Society Review, Bd. 9, Nr. 2, S. 348 (1975).

28 Ebenda.

29 Blankenburg, a.a.O., S. 318.

30 J. S. Coleman, Power and the structure of society, New York, 1974.

31 Sykes, a.a.O., S. 268.

32 C. J. Schuyt, Young lawyers-apprentices, in: Dutch Lawyers Journal 1970 and again in 1973 (holländisch).

33 Vgl. Aubert, The legal professions as a system of roles, Oslo 1971.

34 F. R. Marks, The legal needs of the poor: a critical analysis, American Bar Foundation series legal services for the poor, Chicago 1971, S. 6.

35 C. Reich, The new property, in: Yale Law Journal, Bd. 73, (1964).

Richard H. H. White

Rechtshilfe in England

1. Im Vereinigten Königreich hat jedes der drei Länder England und Wales, Schottland sowie Nordirland eigene Gerichte, Gesetze und Systeme der Rechtshilfe. Die Rechtshilfe in Schottland und Nordirland ist zwar nicht völlig identisch, aber ziemlich ähnlich der in England und Wales. Die juristischen Berufe sind in allen drei Ländern in gleicher Weise organisiert; die Profession der Rechtsanwälte unterteilt sich in Solicitors und Barristers. (1)

2. Die Gesetze zur Rechtshilfe und Rechtsberatung sehen zwei Arten von Hilfe in zivilrechtlichen Angelegenheiten vor: Rechtshilfe bei Gerichtsverhandlungen und Rechtsberatung und Unterstützung in anderen Fällen, wobei sich die Regeln für beide geringfügig unterscheiden. Die "Law Societes" jedes der drei Länder, die die Berufsorganisation der Solicitors bilden, sind verantwortlich für die Durchführung der Verordnungen unter der Oberaufsicht des zuständigen Ministers. (2) Die konkrete Umsetzung der Hilfsmaßnahmen, einschließlich der Entscheidungen über Gewährung oder Verweigerung von Rechtshilfe für Prozesse, ist Ausschüssen der Law Societies anvertraut, die sich aus praktizierenden Juristen beider Berufszweige zusammensetzen und über das ganze Land verteilt sind. Die Maßnahmen werden teils durch staatliche Zuschüsse, teils durch von unterlegenen Opponenten gezahlte Gelder finanziert, zum Teil auch durch Anwälte, die in Rechtshilfefällen vor höheren Gerichten auf 10 % ihrer Gebühren verzichten.
Die Law Societies sind für den Rechtshilfefond verantwortlich, aus dem alle Ausgaben getätigt werden und in den alle Einnahmen fließen.

3. *Rechtsberatung und Rechtsbeistand*

Das System der Rechtsberatung und des Rechtsbeistands ist neu. Es wurde in England und Wales und in Schottland 1973 eingeführt, um ein früheres beschränkteres Modell zu ersetzen. Das neue System ermöglicht es jeder Person mit begrenzten finanziellen Mitteln, zu geringen Kosten oder unentgeltlich Beratung und Beistand nach englischem oder schottischem Recht durch einen Rechtsanwalt (solicitor) zu erhalten. Das Geld zur Bezahlung des Rechtsanwalts kommt hauptsächlich aus dem Rechtshilfefonds und vom Klienten selbst, der u.U. einen nach seinen Einkünften gestaffelten Anteil bezahlen muß.
Der Vorgang ist einfach: Im Büro des Anwalts füllt der Klient ein Formular hinsichtlich seiner finanziellen Mittel aus. Der Anwalt errechnet auf der Grundlage dieser Angaben, ob der Klient die Unterstützung in Anspruch nehmen kann und welchen Anteil – wenn überhaupt – er bezahlen soll. Dann gibt der Anwalt dem Klienten den benötigten Rat und Unterstützung und erhält später seine Gebühren und anderen Ausgaben alle vom Rechtshilfefonds erstattet, wenn nicht ein Anteil vom Klienten selbst bezahlt wird.

4. Nach dem Modell darf der Anwalt dem Klienten auf jede normale Weise und in jeder Sache helfen, die gewöhnlich von einem Anwalt behandelt wird. Das kann einschließen: Rechtsberatung, Verhandeln und Briefeschreiben im Auftrag des Klienten, Aufsetzen von Dokumenten und Einholung der Meinung eines Barristers. Es umfaßt nicht Prozeßvorbereitungen und Verwaltungsgerichtsverfahren. Die Grenze für die Gebühren für Beratung und Beistand liegt bei 25 £, aber sie kann mit Zustimmung des örtlichen Rechtshilfeausschusses erweitert werden.

5. *Rechtshilfe*

Rechtshilfe in Gerichtsverhandlungen gibt es seit 1950 für jeden, der ein Anliegen vor Gericht vorzubringen oder zu verteidigen hat und der rechtshilfeberechtigt ist. Rechtshilfe wird in wirklich allen Fällen von zivilrechtlichen Verfahren gewährt, außer bei Verleumdung, und für alle gerichtlichen Instanzen bis hinauf zum House of Lords. Sie ist jedoch bis jetzt noch nicht allgemein erhältlich für Verwaltungsgerichtsverfahren. Wie die Rechtsberatung kann Rechtshilfe umsonst gewährt werden oder gegen eine den Einkommensverhältnissen der unterstützten Person entsprechende finanzielle Beteiligung. Darüber hinaus kann Rechtshilfe für einen Teil oder auch für das gesamte Verfahren gewährt werden.

6. Um Rechtshilfe zu erhalten, muß man normalerweise einen Antrag bei einem der örtlichen Ausschüsse einreichen. Der Antragsteller, der eine natürliche Person sein muß (Firmen und Vereinigungen sind nicht zugelassen), hat zwei grundlegende Bedingungen zu erfüllen. Einmal muß er nachweisen, daß er vernünftige rechtliche Gründe hat, vor Gericht zu gehen, und daß es sinnvoll ist, ihn hierin zu unterstützen. Die Ablehnung kann bei einem höheren Ausschuß angefochten werden. Zum zweiten müssen seine finanziellen Mittel innerhalb der festgelegten Grenzen liegen. Zu diesem Zweck wird sein Einkommen durch die "Supplementary Benefits Commission", das für soziale Sicherheit zuständige Ministerium, geprüft und eingestuft. In dringenden Fällen kann Rechtshilfe, wenn es im Rechtsinteresse liegt, auch im Schnellverfahren gewährt werden. Es gelten jedoch die gleichen Bedingungen.

7. Während des Verfahrens, für das sie gewährt worden ist, deckt die Rechtshilfe alle Leistungen der Vertretung durch einen Solicitor und im Bedarfsfalle ebenso für einen Barrister. Die Tatsache, daß Rechtshilfe gewährt wird, betrifft das Verhältnis zwischen Anwalt und Klient nicht.

8. Um sicherzustellen, daß keine unnötigen Ausgaben durch ungerechtfertigte Inanspruchnahme der Gerichte verursacht werden, können ausdrückliche Beschränkungen der Rechtshilfe ausgesprochen werden und später gegebenenfalls wieder aufgehoben werden. Wenn Verfahrensschritte voraussichtlich sehr teuer sind (z.B. die Hinzuziehung eines Zeugen aus dem Ausland), muß die Einwilligung des Regionalausschusses dafür eingeholt werden. Wenn die unterstützte Person darauf besteht, ihren Fall unvernünftigerweise weiterzuführen, sind die Anwälte verpflichtet, dieses den Ausschüssen zu berichten, die die Rechtshilfe zurückziehen können. Darüber hinaus unterliegen die Anwaltsgebühren, die dem für eine unterstützte Person arbeitenden Anwalt zu zahlen sind, der Untersuchung durch einen Gerichtsbeamten oder der Law Society. Dies soll gewährleisten, daß die Kosten eines Rechtshilfefalles angemessen sind. Auch sind Sanktionen gegen Mißbrauch des Systems durch unterstützte Personen oder ihre Anwälte vorgesehen.

9. Es wurde auch für nötig befunden, die Position des Gegners der unterstützten Partei zu sichern. Eine Partei ist berechtigt, die Law Society darüber zu informieren, warum der Gegner keine Rechtshilfe erhalten sollte. Wenn sie selbst keine Rechtshilfe erhält und den Prozeß gewinnt, kann sie unter bestimmten Bedingungen die eigenen Kosten vom Rechtshilfefonds zurückerhalten.

10. *Finanzielle Berechtigungsgrenzen*

Gegenwärtig (1975) ist die obere finanzielle Grenze der Berechtigung für *Rechtsberatung* ein „verfügbares" Einkommen von 29 £ pro Woche und „verfügbares" Kapital von 250 £; für *Rechtshilfe* ein „verfügbares" Einkommen von 1580 £ pro Jahr und „verfügbares" Kapital von 1200 £. Die letztere Begrenzung kann in bestimmten Fällen überschritten werden, wobei ein angemessener Satz an Eigenbeteiligung vereinbart wird. Die Überprüfung der Mittel muß bei der Rechtsberatung einfacher sein, da die Berechnung vom Anwalt selbst durchgeführt wird, während bei der Rechtshilfe die Berechung von der Supplementary Benefits Commission vorgenommen wird, wobei es um größere Summen öffentlicher Gelder geht. Im wesentlichen folgen aber beide Systeme den gleichen Grundsätzen und erzielen annähernd die gleichen Resultate.
„Verfügbare" Mittel sind der Nettobetrag nach angemessenen Abzügen. Das verfügbare Einkommen erhält man durch Abzug der Lebenshaltungskosten wie Miete, Steuern, Unterhalt von Abhängigen und anderen notwendigen Ausgaben. Das verfügbare Kapital wird errechnet, indem man alle bewertbaren Gegenstände und Ersparnisse addiert und davon den Wert bestimmter, besonders spezifizierter Dinge abzieht, wie das Haus, die Möbel und das Handwerkzeug des Antragsstellers.
Bestimmte Freibeträge werden für Abhängige gewährt. Bei einem Antrag auf Rechtshilfe wird der Teil der finanziellen Mittel des Antragstellers, der Streitgegenstand ist, bei der Errechnung der verfügbaren Mittel ausgeklammert.

11. *Selbstbeteiligung*

Im Fall von *Rechtsberatung* kann vom Bewerber verlangt werden, zu einem Teil den Anwalt selbst zu bezahlen nach einem abgestuften Schema, wenn seine verfügbaren Mittel bestimmte Grenzen überschreiten. Im Falle von *Rechtshilfe* erhalten die Anwälte ihre Bezahlung vom Rechtshilfefonds und dürfen von keiner anderen Seite Geld annehmen. Wenn aber die verfügbaren Mittel des Bewerbers bestimmte Grenzen überschreiten, wird von ihm als Bedingung für die Gewährung von Rechtshilfe verlangt, dem Fonds einen angemessenen Beitrag bis zu einem von der Supplementary Benefits Commission errechneten Maximum zu zahlen. Eine Beteiligung, die aus Kapital zahlbar ist, muß normalerweise bezahlt werden, bevor Rechtshilfe gewährt wird. Ein aus Einkommen zu zahlender Teil wird in Raten über eine Zeit bis zu 12 Monaten abbezahlt. Jede nach Abschluß des Falles im Fonds verbliebene Differenz wird dem Bewerber zurückerstattet.

12. *Gebühr für das wiedererlangte Eigentum*

Neben der von der unterstützten Person zu leistenden Abgabe steht dem Rechtsanwalt (im Falle der Rechtsberatung) und dem Rechtshilfefonds (im Falle der Rechtshilfe) eine erste Gebühr für jegliches Geld oder Eigentum zu, das er für die zu beratende Person wiedererlangt oder gerettet hat, um die Zahlung der ausstehenden Verpflichtung für die Kosten zu sichern. Von dieser Gebühr sind bestimmte Zahlungen, wie z. B. Unterhaltszahlungen, ausgenommen.

13. *Umfang der Rechtshilfe und Rechtsberatung*

Rechtshilfe wird bei einem wesentlichen Teil der Fälle gewährt, die vor Britische Gerichte kommen. Im letzten Jahr wurde 180.000 Personen in England und Wales Rechtshilfe gewährt. Die beratenen Personen gewannen in 81 % der Fälle, in die sie verwickelt waren, weitere 8 % führten zu einem Vergleich. Seit das Rechtsberatungssystem 1950 eingerichtet wurde, wurde 1.350.000 Personen Rechtshilfe gewährt, und für die unterstützten Personen wurde ein Gesamtbetrag von 140 Mill. £ Schadenersatz erstritten.

14. *Probleme der Rechtshilfe*

Im Zusammenhang mit der Gewährung von Rechtshilfe gibt es zwei besondere Probleme: Das erste ist das Problem der finanziellen Abgrenzung. In einer inflationären Phase müssen die finanziellen Grenzen laufend überprüft werden, um Ungerechtigkeiten zu vermeiden. Daraus ergibt sich die weitere Frage, ob die Aufstellung finanzieller Grenzen richtig ist, oder ob alle bei Zahlung eines angemessenen Beitrags als rechtshilfe-berechtigt erachtet werden sollten. Das zweite Problem, das über die Rechtshilfe hinausgeht, ist die Notwendigkeit, die Dienstleistungen der Rechtsberater allen Menschen in allen Klassen und Gebieten zukommen zu lassen. Diese Probleme werden in Großbritannien intensiv beraten. Der erste Schritt würde sein, die Rechtsberatung, insbesondere Law Centres (Rechtszentren), auszuweiten. Die Frage der Ausweitung der Rechtshilfe auf die Vertretung vor Verwaltungsgerichten ist z. Z. ebenfalls im Gespräch.

15. *Rechtshilfe in der Praxis*

In seinem 23. Jahresbericht, der am 12. März 1974 veröffentlicht wurde, hat das Beratungskomitee des Lordkanzlers die Mängel der gegenwärtigen Rechtsberatung aufgeführt und im einzelnen dargelegt:

(a) „Es gibt viele Menschen, die aus einer Vielzahl von Gründen gegenwärtig ihre gesetzlichen Rechte nicht wahrnehmen.

(b) Einige von ihnen sind sich nicht einmal bewußt, daß sie solche Rechte besitzen; andere wissen zwar davon, aber sie wissen nicht, wie sie Hilfe zur Durchsetzung ihrer Rechte erhalten, oder es fehlt ihnen an Geld oder Geschick, ihre Rechte durchzusetzen.

(c) Auf dem Lande ist die Anwaltsdichte sehr gering: Rechtsanwälte sind, hauptsächlich aus wirtschaftlichen Gründen, geographisch zu schlecht verteilt, um vielen der ärmeren und benachteiligten Gruppen der Bevölkerung zu helfen.

(d) Es gibt beträchtliche Rechtsbereiche, besonders in Miet-, Grundstücks- und Pachtangelegenheiten und im Bereich der Sozialhilfe, wo sachverständige Beratung und Unterstützung dringend benötigt wird, aber oft kaum zu erhalten ist."

16. Nach dem Erhalt dieses Berichtes entschied der Lordkanzler, daß sein Amt eine ausführliche Erforschung des Ausmaßes latenter Bedürfnisse für Rechtsberatung in die Wege leiten sollte, insbesondere in ländlichen Gegenden. Dies galt der Untersuchung der möglichen Schritte, die unternommen werden sollten, um die verfügbare Beratung zu verbessern. Obwohl diese Erforschung faktisch abgeschlossen ist, ist dem Kabinett noch kein vollständiger Bericht vorgelegt worden. Es mag jedoch von Interesse sein, einige der Fragen aufzuzeigen, die untersucht worden sind.

(Anm. Hrg.: Inzwischen ist eine "Royal Commission" mit der Untersuchung dieser Problemkomplexe befaßt. Sie wird in Kürze ihre Empfehlungen vorlegen.)

17. *Das gegenwärtige Modell der Rechtsberatung*

Die Ausgaben der Regierung für Rechtshilfe verteilen sich auf ca. 50 % straf- und 50 % zivilrechtliche Angelegenheiten. Von den zivilrechtlichen Fällen betreffen 87 % das Ehe- und Familienrecht. Weitere 9 % der zivilrechtlichen Fälle beziehen sich auf Unfälle; es bleibt also nur ein sehr kleiner Anteil für alle anderen Arten rechtlicher Probleme. Das Beratungskomitee hat nachdrücklich darauf hingewiesen, daß Rechtsberatung in solchen Bereichen wie Mietrecht und Sozialrecht zu wenig genutzt wird. Wäre es richtig, den Prozentsatz der Fälle in diesen anderen Bereichen zu erhöhen? In diesem Zusammenhang sollte nicht unerwähnt bleiben, daß die Ausgaben der Regierung für zivil- und strafrechtliche Beratung 30 Mill. £ pro Jahr betragen, und in einer Zeit der schonungslosen Einschränkungen der öffentlichen Ausgaben erscheint es zweifelhaft, ob es richtig wäre, zu einer massiven Ausweitung der Rechtshilfe im gegenwärtigen Modell zu ermutigen. Eine Alternative ist es zu versuchen, die Arbeitsbilanz innerhalb der bestehenden Ausgabenfestlegung zu ändern. In diesem Zusammenhang brauche ich wohl kaum darauf hinzuweisen, daß es einen engen Zusammenhang zwischen Rechtshilfe und den Regeln des Zivilverfahrens gibt. Eine Vereinfachung der Verfahrensregeln in Bereichen, in denen Rechtshilfe stark genutzt wird, könnte zu erheblichen Einsparungen der Ausgaben für Rechtshilfe führen, ohne das Ausmaß der Rechtshilfe für die Öffentlichkeit zu beeinträchtigen. Es gibt einen engen historischen Zusammenhang in unserem Rechtssystem zwischen der Scheidungsreform und dem Druck, der durch die Ausgaben für Rechtshilfe ausgeübt wird.

18. Es ist schon häufig aufgezeigt worden, daß seit den 50er Jahren ein enger Zusammenhang in England und Wales zwischen der Häufigkeit von Scheidungen und der Möglichkeit, Rechtshilfe zu erhalten, besteht. Als die finanziellen Grenzen für Rechtsberatung ausgedehnt wurden, stieg auch die Scheidungsrate an. Wenn die finanziellen Grenzen eng gesteckt wurden, dann sanken auch die Scheidungen. Der Druck, der durch die Scheidungshäufigkeit ausgeübt wurde, war ein Hauptgrund zur Reform des materiellen Rechts, des Prozeßrechts und der Rechtsprechung.

Ausschlaggebend für die Änderung war teilweise der Arbeitsdruck, der auf den Gerichten lastete, teilweise waren es die Kosten, die der Schatzmeister zur Finanzierung der von der Rechtshilfe betreuten Fälle aufwenden mußte. Entsprechend wurde die Scheidungsrechtsprechung vom "High Court" zum "County Court" transferiert. Das Scheidungsreformgesetz schaffte das Ehevergehen ab. Nach dem jetzigen System kann in einfach gelagerten Fällen, die hinsichtlich der Kinder und der Unterhaltszahlungen unstreitig sind, ohne Anwaltsbeteiligung die ganze Angelegenheit schriftlich ohne einen einzigen Gerichtstermin erledigt werden. Daher überrascht es nicht, daß ein Siebtel aller Scheidungen in London nur durch die prozeßführende Partei in persona geführt wird.

19. In einer öffentlichen Rede wies der Lordkanzler darauf hin, daß er eine Entwicklung begrüßen würde, die aufgrund der Reform des Scheidungsrechts zu einer Minderbelastung der Rechtsanwälte führt, so daß sie ihre Aufmerksamkeit den Bereichen des Sozialrechts, Miet- und Arbeitsrechts widmen könnten.

20. Auf alle Fälle kann man feststellen, daß die Art und der Umfang der Arbeit, die im Rahmen der Rechtshilfe geleistet wird, nicht einfach das Ergebnis eines freien Marktes ist. Sie hängt teilweise von den Erwartungen der Gerichte ab, teilweise von den bestehenden Arbeitspraktiken und Traditionen der Rechtsanwälte und ihrer Büros. Weiterhin von der Wahrnehmung, die die Bevölkerung von den Problemen hat, die geeignet erscheinen, um Rechtsberatung nachzusuchen (eine Überlegung, die sehr stark von den ersten beiden beeinflußt wird). Eine gewisse Rolle spielt auch das tatsächliche Auftreten rechtlicher Probleme jeglicher Art unter der Bevölkerung.

21. *Unbewußtes Bedürfnis nach Rechtsberatung*

Die Verwendung des Begriffs „Bedürfnis“ soll nicht suggerieren, daß es sich dabei um ein leicht meßbares und abgrenzbares Phänomen handelt, es ist vielmehr ein relativer und variabler Begriff – und zwar aus folgenden Gründen:

a) Das Bedürfnis nach einem Rechtsanwalt setzt das Vorhandensein eines Rechtsanspruchs voraus. Es werden jedoch von Zeit zu Zeit, besonders durch Gesetzgebung, neue Rechte geschaffen.

b) Das Bedürfnis ist bis zu einem gewissen Grad subjektiv. Man kann sich beispielsweise einen Klienten vorstellen, der es vorzieht, ein an sich einer außergerichtlichen Lösung zugängliches Problem nicht auf dieser Ebene zu lösen, sondern vielmehr in einen formalen Disput mit der anderen Partei einzutreten.

c) Das Bedürfnis hängt auch von den Definitionen der Rechtsanwälte hinsichtlich des von ihnen wahrgenommenen Arbeitsbereiches und von der Beratung ab, die Rechtsanwälte üblicherweise anbieten. In diesem Zusammenhang können sich neue Horizonte eröffnen, wenn Rechtsanwälte einen neuen Rechtsbereich übernehmen, in dem sie bisher nicht tätig waren, z. B. den Bereich des Sozialrechts.

d) Das Bedürfnis hängt von den individuellen Fähigkeiten des Klienten und den ihm verfügbaren Hilfen ab.
Einige Klienten sind in der Lage, ihre Rechtsprobleme ohne Unterstützung eines professionellen Beistands zu lösen, andere haben Zugang zur Rechtshilfe, z.B. durch die Rechtsabteilungen der Gewerkschaften.

e) Die Existenz des Bedürfnisses wird bis zu einem gewissen Grad von den Politikern definiert. Die Feststellung „jeder braucht zur Scheidung einen Anwalt“ gehört wohl zu dieser Kategorie.

f) Wir verweisen auf unerfüllte Bedürfnisse nach „Rechtsberatung". Diese Kategorie umfaßt einen variablen Bereich; sie ist gewiß umfassender als die Rechtshilfe, die von privaten Anwälten geleistet wird. Sie umfaßt ohne Zweifel die von bezahlten Rechtszentren geleistete Arbeit, kann aber auch die Hilfe von erfahrenen Laien besonders in Citizen Adivice Bureaus (Bürgerberatungsstellen) umfassen (ein unabhängiges Netz von ca. 600 Beratungsstellen erstreckt sich über das ganze Land).

22. Die obige Aufzählung soll zur Vorsicht mahnen, nicht aber zur Aufgabe jeglicher Hoffnung veranlassen. Trotz seiner Offenheit ist der Begriff „Bedürfnis nach Rechtsberatung" wohl nicht weniger präzise als Begriffe wie „Recht auf Erziehung" oder „Gesundheitsvorsorge" und ist vermutlich präziser als „Gemeinschaftsfürsorge" oder „urbane Deprivation". Konkret interessiert uns die Durchsetzung bestimmter gesetzlicher Rechte und Pflichten, die Verwirklichung bestimmter Rechtsbeziehungen und die Schaffung bestimmter Einrichtungen, mit deren Hilfe die Durchsetzung oder Verwirklichung erreicht wird.

23. Ferner muß festgehalten werden, daß auch eine ganz spezifische Rechtshilfe nur „Zwischenstation" ist; Miet-, Erziehungs- und Einkommensunterstützung sind die Endstationen; Rechtshilfe ist ein Mittel zur Erlangung von erwünschten Gütern oder zur Abwendung von unerwünschtem „Unglück" (z.B. der Auferlegung einer Strafe oder des Verlustes der Sicherheit des Hausbesitzes). Es wird freilich auch von manchen behauptet, angemessener Zugang zu Rechtshilfe sei ein Ziel an sich, weil es Bürgersinn und Vertrauen in die Rechtsordnung schaffe.

24. Obwohl es fast unmöglich scheint, das Maß unerfüllter Rechtsbedürfnisse zu bestimmen, halte ich es für möglich, das Vorhandensein des Rechtsbedürfnisses innerhalb verschiedener Bevölkerungsgruppen zu vergleichen. Damit entsteht ein äußerst wichtiges Problem hinsichtlich der Vorgehensweise. Auf welcher Grundlage sollten Mittel für Rechtshilfe eingesetzt werden? Sollte man versuchen, für alle Einkommensschwachen im Lande völlig gleiche Vorkehrungen zu treffen? Oder sollte man sich hauptsächlich auf spezielle Klientengruppen konzentrieren, z.B. auf die Jungen oder Älteren? Oder sollte man sich auf jene konzentrieren, die besondere Probleme haben, z.B. Eheprobleme oder Mietprobleme? Oder sollte eine Konzentrierung in den Gegenden vorgenommen werden, in denen sich besondere Formen der Deprivation konzentrieren?

25. Soweit ich feststellen kann, bewegen wir uns in Großbritannien jetzt auf eine Situtation zu, in der eine gewisse Minimalversorgung an Rechtshilfe innerhalb des Landes gewährleistet ist, wenn sie auch abhängig von der behördlichen Einkommensermittlung bleibt. Die Variationen hängen nur von der Verfügbarkeit der frei praktizierenden Rechtsanwälte ab, die dazu neigen, ihre Arbeit auf die Gebiete der Ehescheidung, der Unfälle und der Verbrechen zu konzentrieren. Wir können außerdem erwarten, eine besondere Vorsorge in den Gegenden zu finden, die aus historischen und anderen Gründen besondere Voraussetzungen für Benachteiligung haben.

26. *Gegenden mit besonderen Bedürfnissen*

Mit diesem Ziel vor Augen hat der Lordkanzler versucht, diejenigen Gegenden (besonders in Großstädten) herauszufinden, in denen vermutlich eine hohe Konzentration von Rechtsproblemen und vielleicht auch von unerfüllten Rechtsbedürfnissen herrscht. Wir haben uns hauptsächlich auf Daten aus Volkszählungen beschränkt und haben dabei besonders auf Informationen über schlechte Mietbedingungen und

Arbeitslosigkeit geachtet. Wir mußten darauf achten, daß wir nicht nur die Gegenden mit sehr schlechten Wohnungen in privater Hand erfaßten, sondern wir mußten auch die Gegenden mit städtischen Wohnungen einbeziehen.
Nachdem wir solche Gebiete ausfindig gemacht haben, wollen wir unsere Befunde mit den Erfahrungen der Gerichtsbeamten und der Sozialarbeiter vergleichen. Auch untersuchen wir den Umfang der Dienstleistung, die z.Z. in den Gebieten zur Verfügung stehen, einschließlich der Juristen in Anwaltsbüros, Law Centres (Rechtszentren) und Citizen Advice Bureaus (Bürgerberatungsbüros).

27. *Mögliche Maßnahmen*

Sie werden mindestens von mir erwarten, daß ich einige Angaben über die Möglichkeiten mache, die der Regierung zur Verfügung stehen, um den rechtlichen Bedürfnissen der Bevölkerung entgegenzukommen. Sie werden aber auch Verständnis dafür haben, daß ich bei der nachfolgenden Auflistung dieser Möglichkeiten nicht sagen kann, welche wir schließlich dem Kabinett vorlegen werden. Sie müssen ferner in Betracht ziehen, daß wir uns in England z.Z. in einer Situation schonungsloser Einschränkung der öffentlichen Ausgaben befinden, wo ein Rechtshilfeprogramm, das nicht besonders populär ist, bei neuen Ausgaben wahrscheinlich nicht an erster Stelle stehen wird.
28. Der Katalog möglicher Maßnahmen umfaßt sieben Punkte. Der erste und offensichtlichste ist in diesem Beitrag bereits erwähnt worden. Es geht darum, das materielle und das Verfahrensrecht zu vereinfachen, um zur Selbsthilfe in Konfliktfällen zu ermutigen. Dies ist besonders wichtig in den Bereichen der Ehescheidung und kleiner Verbraucherprobleme.
29. Zweitens wäre zu versuchen, die Stellung der nicht rechtlichen Hilfsorganisationen wie Citizen Advice Bureaus und Rechtsabteilungen der Gewerkschaften zu stärken, so daß sie z.B. in der Lage sind, Fälle vor Verwaltungsgerichten zu verhandeln, die sich mit Angelegenheiten des Sozialversicherungs- und des Arbeitsrechts befassen.
30. Hinsichtlich der gesetzlichen Rechtshilfe gibt es drei verschiedene Möglichkeiten; Ergebnis würde die Ausweitung der Verfügbarkeit von Rechtshilfe durch frei praktizierende Anwälte sein. Als erstes wären die finanziellen Grenzen bei den Bewerbern um Rechtshilfe anzuheben, so daß mehr Leute mit höherem Einkommen oder größeren Ersparnissen als bisher für die Inanspruchnahme des Systems in Frage kämen. Es wäre außerdem möglich, das Rechtshilfesystem auf weitere Rechtsgebiete auszudehnen. Die offensichtlichste Veränderung würde bei der Ausweitung der Rechtshilfe auf Verwaltungsgerichtsverfahren eintreten. Eine weitere Maßnahme könnte darin bestehen, die Gebühr anzuheben, die den Juristen für ihre Arbeit gezahlt wird.
31. Schließlich haben wir die Gegenden mit besonderen Bedürfnissen, wo wenige Anwälte zur Verfügung stehen, und wo noch dazu die wenigsten von ihnen Rechtshilfearbeit leisten. In diesen Gegenden ergeben sich zwei Möglichkeiten. Es mag einerseits hilfreich sein, den frei praktizierenden Anwälten Zuschüsse anzubieten, um sie so zur Einrichtung von Büros in diesen Gegenden zu bewegen. Die andere Möglichkeit besteht darin, Law Centres (Rechtszentren) einzurichten. Dies sind Einrichtungen mit angestellten Rechtsanwälten, die gewöhnlich unter der Anleitung

einer örtlichen Verwaltungskommission stehen und mit anderen Sozialeinrichtungen am Ort zusammenarbeiten.

32. *Law Centres (Rechtszentren)*

Die Law Centres sind Einrichtungen, die sich in den letzten 5 Jahren praktisch ohne jegliche Regierungsinitiative entwickelt haben. Einige von ihnen werden durch örtliche Behörden finanziert, andere begannen unter Mithilfe von Wohltätigkeitsorganisationen. Nach ein- oder zweijähriger Arbeit stellten einige der Law Centres fest, daß es schwierig ist, genügend Geld von Wohlfahrtsorganisationen und anderen privaten Quellen zu erhalten und baten das Lordkanzleramt um Unterstützung. In den letzten zwei Finanzjahren hat der Lordkanzler einer Zahl von Law Centres direkte Unterstützung zukommen lassen.

33. Die englische Law Centre-Bewegung geht auf die 1968 erfolgte Veröffentlichung eines Berichts mit dem Titel „Gerechtigkeit für alle" zurück. Diese programmatische Stellungnahme wurde von einer Kommission der der Labour Party angeschlossenen Juristenvereinigung herausgegeben (vergleichbar dem Arbeitskreis sozial-demokratischer Juristen (ASJ, Hrg.). Die Forderung, daß festbezahlte Rechtszentren in benachteiligten Regionen nötig sind, wurde von der "Law Society" und von dem Komitee für Rechtshilfe und Rechtsberatung beim Lordkanzler anerkannt. Obwohl 1972 die gesetzliche Grundlage für die Errichtung von Law Centres, geführt von der Law Society, geschaffen wurde, konnte die Errichtung hauptsächlich aus Geldmangel nicht verwirklicht werden. In der Zwischenzeit wird öffentlich diskutiert, ob die Law Centres durch die Law Society oder andere Einrichtungen geführt werden sollten. Es sind inzwischen ca. 20 unabhängige Law Centres eröffnet worden. Die Law Centres konzentrieren sich auf Fälle, die von frei praktizierenden Anwälten normalerweise nicht übernommen werden, insbesondere Probleme des Wohnens, der öffentlichen Gesundheit, der sozialen Sicherheit, der Beschäftigung und bis zu einem gewissen Grad auch Verbraucherprobleme. Die Law Centres gehen davon aus, daß zur Vertretung in einer Scheidungs- oder Unterhaltssache und in schweren strafrechtlichen Angelegenheiten normalerweise ein frei praktizierender Anwalt gefunden werden kann. Sie übernehmen jedoch eher Notfälle und Jugendsachen. Sie sind stolz darauf, in Notfällen schnell handeln zu können, z. B. unrechtmäßiger Kündigung durch den Hauseigentümer.

34. Es ist bemerkenswert, daß sich die Law Centre-Bewegung aus dem Enthusiasmus von hauptsächlich jüngeren Rechtsanwälten, Sozialarbeitern und Wohlfahrtsarbeitern entwickelt hat und daß dieses ohne gesetzliche Regelung durch die Regierung geschah. Abgesehen von dem offensichtlichen Ziel, Rechtshilfe jenen zu verschaffen, denen sie sonst versagt würde, fallen fünf besondere Charakteristika auf:

a) das Interesse, die rechtlichen Probleme auf einer breiteren Basis als der des individuellen Falles zu behandeln. Das setzt voraus, nach jenen Problemen Ausschau zu halten, in denen ein rechtlicher Sieg den benachteiligten Gruppen oder der benachteiligten Bevölkerungsschicht zugute käme, besonders im Bereich des Wohnens und der sozialen Sicherheit.
b) das Bestreben, die Selbsthilfe der örtlichen Bevölkerung zur Lösung ihrer Rechtsprobleme zu fördern. Dieses setzt die Zusammenarbeit mit Mieter-Organisationen und Zusammenschlüssen von Anspruchsstellern sowie Erziehungsarbeit großen Umfangs voraus. Es umfaßt die Versorgung mit "do-it-yourself-Führern" für die-

jenigen, die sich fähig fühlen, ihre eigene Scheidung in Angriff zu nehmen oder selbst eine gerichtliche Verfügung gegen die rechtswidrige Kündigung zu erwirken.

c) die Taktik, Vertreter örtlicher Wohlfahrtseinrichtungen in die Leitung von Rechtszentren hineinzuziehen und sie Entscheidungen über die Aufteilung der spärlichen Mittel treffen zu lassen. Alle Law Centres sind überlastet, und ein neues Rechtszentrum findet schnell heraus, daß es besonderer Maßnahmen zur Einschränkung des Arbeitsanfalls bedarf. Wird dies nach dem Prinzip „wer zuerst kommt, mahlt zuerst" getan oder nach dem Kriterium eines enggefaßten geographischen Einzugsbereichs oder durch Auswahl der besonders verbreiteten oder akuten Fälle, und führt dies zum Ausschluß anderer? Dies ist weitgehend eine Angelegenheit der örtlichen Beurteilung.

d) die besondere Bereitschaft, Probleme derer aufzugreifen, die Grund zur Klage gegen Regierungsstellen oder lokale Behörden haben; ferner die Bereitschaft, Mittel einzusetzen, welche vom Parlament vorgesehen wurden, die jedoch in Vergessenheit geraten sind. Dieses führt zu einer Anzahl von Klagen und Fällen gegen Wohnungsbehörden, Sozialversicherungsanstalten und Polizei.

e) der generelle Wunsch, den Rechtsberuf von innen heraus zu erneuern. Einmal durch „Entprofessionalisierung" der angebotenen Hilfen und zum anderen dadurch, daß man dem Berufsstand die Verantwortung klarmacht, die er gegenüber der Bevölkerung trägt.

35. Natürlich erheben sich bei diesen Charakteristika der Law Centre-Bewegung gewisse Zweifel und Bedenken. Es besteht die Gefahr, daß die Konzentration auf Fälle, die wegen ihrer Wichtigkeit für die Allgemeinheit übernommen werden, der Behandlung von ganz individuellen Problemen im Wege stehen könnte. Es wird gelegentlich kritisiert, daß die Rechtszentren bei ihrer Arbeit politisch motiviert sind. Ihr Wunsch, den Rechtsbedarf zu verändern, und ihre Beziehung zur Bevölkerung machen sie nicht immer bei allen Mitgliedern des Berufsstandes beliebt. Außerdem gibt es das Problem der Lebensfähigkeit. Das Lordkanzleramt beabsichtigt, diese Probleme mit den Law Centres in einer ständigen Rechtshilfekonferenz zu diskutieren, die vom Rechtshilfe- und Beratungskommitee des Lordkanzlers unterstützt wird.

36. Law Centres stellen eine spezielle Form der Öffentlichkeitsarbeit dar. Wo immer ein Law Centre eröffnet wird, wird es sofort mit Arbeit überschwemmt, die den Einsatz von hilfsbereiten Rechtsanwälten und anderen Helfern erfordert. Die Ergebnisse dieses Einsatzes zeigen sich in zurückerlangten Wohnungen, bei durchgesetzten Sozialrechten und bei Jugendlichen, denen in einem Strafverfahren geholfen wurde. Nicht alle Fälle werden gewonnen; es gibt auch Fälle, die verloren werden. Auch letztere sind nicht unwichtig, denn der Klient weiß, daß alles Menschenmögliche für ihn getan worden ist.

37. Die Law Centres spielen eine wichtige Rolle bei der Verbreitung eines Gefühls der „Mündigkeit des Bürgers" bei benachteiligten Bevölkerungsschichten, die sie bei diesen Bevölkerungsgruppen demonstrieren, daß sie das Rechtssystem in Anspruch nehmen können, um die Durchsetzung oder Verteidigung ihrer Rechte zu erzwingen. Sie leisten somit einen wichtigen Beitrag zur öffentlichen Propagierung der Rechtshilfe.

38. *Schluß*

Während ohne Zweifel die Hauptversorgung mit Rechtshilfe weiterhin durch frei praktizierende Rechtsanwälte erfolgen wird, die im Rechtshilfesystem mitarbeiten, ist festzustellen, daß neue Dimensionen hinzugekommen sind; erstens durch die Zunahme der Selbsthilfe, zweitens durch die Entwicklung von Rechtshilfe durch Citizen Advice Bureaus und drittens durch die Errichtung eines wachsenden Netzes von Law Centres.

Summary

The organization of legal aid services is basically similar in the three countries of the United Kingdom. There are two kinds of professional help available in legal matters: *legal aid*, which is granted for court proceedings, and *legal advice and assistance*, which is given in matters dealt with by a solicitor, a means test determining in both cases a client's elegibility.
An Advisory Committee reports annually to the Lord Chancellor on the running of the scheme of legal aid. In their 23rd Annual Report (published in 1974) the Advisory Committee listed the deficiencies in the present provision of legal services. A detailed investigation was made into the extent of unmet needs for legal services and it was suggested that they are under-used in certain areas of law, such as housing and welfare benefit. An increase in the funds available for legal aid cannot be expected but money could be released if savings were made by simplifying rules of civil procedure.
The concept of the „need for legal services" is of a relative and variable nature and hard to quantify. An important policy problem arises in this context: who „needs" legal aid most and on what principles should resources be allocated?
In the United Kingdom it is becoming the case that minimum provision is given to low income groups – in areas of law, however, in which solicitors in private practice concentrate their work. It can be expected that special provisions will be made in certain deprived areas.
There is a range of possibilities open for meeting the legal needs of the public, one of which is the setting up of new law centres. These have arisen within the last five years as the result of a community initiative and their work has its own distinctive features. These, together with a new element of legal self-help and certain para-legal organizations, are adding new dimensions in the field of legal aid, but the main burden of the work done under the Legal Aid Scheme is still carried out by solicitors in private practice.

Anmerkungen

1 *Anm. d. Hrsg.*: Solicitors entsprechen in ihrer Tätigkeit im wesentlichen den Rechtsanwälten; sie dürfen jedoch vor bestimmten höheren Gerichten nicht auftreten. Die Barristers, in der Zahl wesentlich weniger als die Solicitors, haben das alleinige Vorrecht, vor den höheren Gerichten aufzutreten. Sie werden dabei von den Solicitors, die den Fall in allen Einzelheiten vorbereitet haben, mit der Terminwahrnehmung beauftragt.

2 In England und Wales ist das der Lordkanzler, unterstützt von einem beratenden Ausschuß, der sowohl Juristen wie Nichtjuristen umfaßt und jährlich einen Bericht anfertigt.

Martin Partington

Die Entwicklung der Rechtshilfe in England Aktuelle Reformbestrebungen

Einführung

Schon sehr früh finden sich in der englischen Rechtsgeschichte Ausführungen darüber, daß man im Interesse der Gerechtigkeit den Armen helfen solle, zu ihrem Recht zu kommen. Die *Magna Charta* z.B. forderte:

> „Recht oder Gerechtigkeit soll niemandem verkauft, niemandem vorenthalten werden."

Ausführlicher spezifizierte ein Statut von Henry VII., 1495:

> „... (Die) Gerichte ... sollen allen Armen Rechtsbeistand nach Bedarf und unentgeltlich geben; ... und ebenso sollen die Gerichte für diese Armen Rechtsanwälte bestellen ..."(1).

Es gab jedoch immer eine große Kluft zwischen Wunsch und Wirklichkeit hinsichtlich der tatsächlichen Rechtshilfeleistungen für die Armen in England.(2) Obwohl dieser Frage im 20. Jahrhundert in zunehmendem Maße Beachtung geschenkt wurde, behaupten immer noch viele Leute in Großbritannien, daß diese Kluft trotz der Fortschritte, die durch den Legal Aid Act, 1949 (Rechtshilfe für Strafverfahren) und den Legal Advice and Assistance Act, 1972 (Rechtsberatung und Rechtshilfe) (3) erzielt wurden, noch nicht überbrückt worden ist.
Dieser Beitrag untersucht diese Argumente; er besteht aus fünf Abschnitten:
1. Weshalb besteht ein Bedarf an der Verbesserung der Rechtshilfeleistungen?
2. Eine Bilanz der Entwicklungen von 1968 bis 1975
3. Bestehende Mängel der Rechtshilfe
4. Reformvorschläge
5. Schlußfolgerung: Welche Folgen können solche Entwicklungen haben?

1. Weshalb besteht ein Bedarf an der Verbesserung der Rechtshilfeleistungen?

Ich glaube, daß die Forderung nach Verbesserung der Rechtshilfeleistungen als Teil eines umfassenderen Problems, nämlich der sogenannten „Wiederentdeckung der Armut" in Großbritannien, angesehen werden kann oder sollte. (4) Nach dem 2. Weltkrieg glaubte man, daß mit der Schaffung eines breit angelegten Sozialversicherungssystems (5) durch die damalige Labour-Regierung die schlimmsten Probleme der Armut in Großbritannien beseitigt worden seien. Viele Jahre wurde diese selbstgefällige Ansicht akzeptiert. Im Jahre 1962 führten jedoch Abel-Smith und Townsend ein Forschungsprojekt durch, das zeigte, daß viele Familien, in denen der Ernährer vollbeschäftigt war, an jedem Wochenende eine Lohntüte erhielten, in der weniger war als das staatlich festgelegte Existenzminimun. (6)

Dieses Projekt entfachte eine viel breitere Diskussion mit folgenden Schwerpunkten:

a) das Problem des niedrigen Einkommens,
b) die Angemessenheit staatlicher Unterstützung für die Arbeitslosen,
c) die Wirksamkeit der Gewährleistung von Rechtshilfe nach vorheriger Einkommensprüfung,
d) die Angemessenheit des Kindergeldes,
e) Unterstützung der Älteren,
f) Unterstützung von Behinderten etc.

Neben diesen finanziellen Fragen gewannen auch Wohnprobleme in Großbritannien wieder an Bedeutung, ebenso die Tatsache, daß es nachfolgenden britischen Regierungen nicht gelungen war, die Slums auszurotten und allen Familien angemessenen Wohnraum zu verschaffen. Dies hatte eine Zunahme der Aktivitäten von Interessengruppen zur Folge; (7) ferner eine Reihe von Reaktionen seitens der Regierung (8) und beträchtliche akademische Anstrengungen. (9) An dieser Stelle soll nicht ausführlich auf die gegenwärtige Debatte über Armut eingegangen werden. Es genügt der Hinweis, daß seit Mitte der 60er Jahre Armut wieder ein öffentliches Diskussionsthema geworden ist. (10)
Vor diesem Hintergrund überrascht es vielleicht nicht, daß auch etliche Juristen begonnen haben, über die möglichen Zusammenhänge zwischen Armut, Recht und Rechtssystem nachzudenken. Hieran lassen sich folgende Fragestellungen anknüpfen:

a) Inwieweit repräsentiert das geltende Recht tatsächlich die legitimen Interessen verschiedener Gruppen der Gesellschaft? Ist das Gleichgewicht in der Rechtsordnung gestört? Oder repräsentiert das Recht nur die Interessen der herrschenden Klasse?

Derartige Fragen wurden bislang noch nicht ausreichend analysiert, zumindest nicht von Juristen in Großbritannien. Es besteht eine Tendenz zu der Annahme, daß das britische Recht mehr oder weniger ausgeglichen ist. Natürlich geht eine solche Annahme an dem Kern der Frage vorbei.
Zum Beispiel wird von vielen Juristen angenommen (und dies zeigt sich häufig in der Gesetzgebung, etwa zur Stadtplanung, Stadterneuerung und zum Wohnungswesen), daß das Eigentum von Grundstückseigentümern geschützt werden müßte oder, falls es nicht geschützt werden kann, die Eigentümer für ihren Verlust an „Rechten" entschädigt werden sollten, und zwar oft sehr großzügig. Dieselben Juristen fragen aber nicht zunächst, warum die Grundstückseigentümer überhaupt „Rechte" haben sollen.
Die Nichtbehandlung dieser Probleme könnte letztlich bedeuten, daß eine Verbesserung der Rechtshilfeleistungen nichts Wesentliches für die Armen und Unterprivilegierten der britischen Gesellschaft bringt. Ich werde auf diese Frage weiter unten in Abschnitt 5 zurückkommen.

b) Wie kann die Rechtshilfe für die Armen verbessert werden? Gibt es unbefriedigte Rechtsbedürfnisse? Können die Institutionen zur Beilegung von Streitfällen geändert werden? Können Gerichtsverfahren geändert werden?

Unter der Voraussetzung, daß das englische Recht ausgeglichen *ist*, sind Juristen auf eine zweite Problemgruppe gestoßen, die wir als „technische Probleme" bezeichen wollen – und zwar in dem Sinne, daß sie Fragen zu technischen Problemen aufwerfen, etwa wie man Leute zu Anwälten bekommt, wie man Rechtshilfe zu denjenigen bringt, die sie brauchen, wie man zu billigen und flexiblen Gerichtsverfahren kommen kann und so weiter. Auf diese Fragen haben sich Juristen in den leezten

Jahren weitgehend konzentriert. Die nächsten drei Abschnitte beschreiben, was in dieser Hinsicht geschehen ist.

2. *Eine Bilanz der Entwicklung von 1968 bis 1975*

a) *„Gerechtigkeit für alle"* (11)

Ein Bericht unter diesem Titel gab den ersten Anstoß zu einer Diskussion über die Frage der Rechtshilfeleistungen. In diesem Bericht analysierte die Society of Labour Lawyers (12) die Auswirkungen des' Legal Aid Act, 1949, berichtete über einige Erfolge und, viel wichtiger, über Mißerfolge und macht eine Reihe von Reformvorschlägen. (13) Der radikalste dieser Vorschläge – den amerikanischen Erfahrungen entnommen – war, die Hilfeleistungen örtlicher Rechtszentren Leuten, die in ärmlichen Gegenden wohnen, ohne Einkommensüberprüfung zugänglich zu machen.

b) *Legal Advice and Assistance Act, 1972*

Dieses Gesetz wird in dem Beitrag von Richard White (in diesem Band) behandelt; es trat 1973 in Kraft und entwickelte die – allgemein sehr unbefriedigend angesehenen – Einrichtungen der Rechtsberatung des Legal Aid and Advice Act von 1949 (13a) weiter.

c) *Nachbarschafts-Rechtszentren*

Es gibt eine kleine Anzahl (ungefähr 15) freiwillige Rechtszentren. Sie beschäftigen angestellte Rechtsanwälte und versuchen, einigermaßen umfassende Rechtshilfe für die Mitglieder der Gemeinden, in denen sie sich befinden (üblicherweise ärmliche Gegenden in den Städten – die meisten davon befinden sich in London), anzubieten. Der Umfang ihrer Arbeit richtet sich nach Vereinbarungen, die die Anwälte (solicitors) mit der Law Society getroffen haben, wonach sie sich verpflichtet haben, gewisse Fälle, vor allem An- und Verkauf von Häusern und Eherechtsangelegenheiten, nicht zu übernehmen. Damit soll sichergestellt werden, daß sie den frei praktizierenden Anwälten am Ort nicht die Arbeit wegnehmen, die einerseits einträglich ist, für die diese Anwälte andererseits aber auch beträchtliche Erfahrungen haben.
Eine Variante dieses Modells stellen ein oder zwei Gemeinde-Anwälte dar.

d) *Rechtsberatungs-Zentren*

Darüber hinaus ist die Anzahl der Zentren für einfache Rechtsberatung immens gestiegen. (14) Sie könnten sich für die Propagierung umfassenderer Rechtshilfeleistungen in bestimmten Gegenden als besonders wichtig erweisen.

e) Andere Informations- und Beratungszentren

Die Forschungsergebnisse haben das weite Spektrum der Beratungsmöglichkeiten aufgezeigt, die (gewöhnlich auf freiwilliger Basis) zur Verfügung stehen und auch Rechtshilfe umfassen. (15)

f) Mieterberatungs- und
g) Verbraucherberatungs-Zentren

Diese beiden speziellen Arten von Zentren, die üblicherweise von lokalen Behörden betrieben werden, breiten sich ebenfalls aus. Auch sie sind in der Lage, auf bestimmten Gebieten Rechtsberatung anzubieten.

h) Interessengruppen

Eine Anzahl Anti-Armuts- und anderer Interessengruppen beschäftigen jetzt Juristen damit, Rechtsberatung zu leisten und Musterprozesse anzustrengen; es handelt sich insbesondere um die Child Poverty Action Group, SHELTER und den National Council for Civil Liberties.

i) Pflichtanwalts-System

In einigen Städten haben Anwälte freiwillige Dienstpläne organisiert, um sicherzustellen, daß alle Leute, die aufgrund von Straftaten vor Gericht stehen und keine Rechtsvertretung haben, tatsächlich vertreten werden. (16)

k) Rechtliche Aktionsgruppe

Diese neue, 1972 gegründete Interessengruppe wurde mit dem Ziel der Verbesserung der Rechtshilfeleistungen und des Gerichtsverfahrens gegründet. In ihrem *Bulletin* (17) bietet sie – einmalig in Großbritannien – Quellenmaterial über „Sozialrecht“ (im weiteren Sinne).

l) Forschung

Die Nuffield-Stiftung hat ein großes Forschungsprojekt über „unbefriedigte Rechtsbedürfnisse“ (noch nicht abgeschlossen) finanziert. Darüber hinaus hat das Institute of Judicial Administration, Birmingham University, begonnen, Berichte zu diesem Thema zu verfassen. (18)

m) Ausbildung

An britischen Rechtsschulen ist zunehmendes Interesse an Kursen über Sozialrecht, Stadtentwicklungsrecht und ähnliche Gebiete festzustellen. (19)

n) *Offizielle Maßnahmen*

Die inoffiziellen Aktivitäten schlagen sich auch auf offizieller Ebene nieder. Das Lordkanzleramt konnte beim Finanzministerium ad hoc-Geldbeträge flüssig machen, um die bestehenden Fonds aufzubessern und um neue Rechtszentren zu errichten. Darüber hinaus hat das Lordkanzleramt eigene Berater ernannt, um die Wirksamkeit des Rechtshilfesystems zu prüfen.

3. *Bestehende Mängel der Rechtshilfe*

Angesichts der oben erwähnten Entwicklung und als Ergebnis mancher diesbezüglicher Aktivitäten lassen sich inzwischen die hauptsächlichsten Mängel der Rechtshilfe beschreiben.
Diese Mängel kann man in zwei Gruppen unterteilen:
a) aufhebbare Mängel und
b) strukturelle Mängel.

a) *aufhebbare Mängel* sind jene, die mit mehr staatlichen Mitteln und verhältnismäßig geringen Änderungen der Gesetze behoben werden könnten. Da viele hiervon in Richard White's Beitrag beschrieben werden, begnüge ich mich hier mit einer bloßen Aufzählung:

- aa) Die Einkommensgrenzen sind zu niedrig;
- bb) die Beteiligungssätze sind zu hoch;
- cc) die Gebühr bei erfolgreich eingeklagtem Schadensersatz ist zu hoch, besonders für diejenigen, die geringe Forderungen geltend machen;
- dd) die „Vernünftigkeits"-Prüfung (wonach Rechtshilfe nur in Fällen gegeben wird, die die Rechtshilfestellen für „vernünftig" halten) ist zu begrenzt und führt zu Ungereimtheiten bei der Gewährung von Rechtshilfe;
- ee) die finanzielle Entschädigung für Anwälte ist zu niedrig, besonders für außergerichtliche Rechtsberatung und Rechtshilfe;
- ff) die Kosten der erfolgreichen Gegenpartei von Prozeßparteien, die Rechtshilfe erhalten haben, werden nicht häufig genug erstattet;
- gg) für die Vertretung vor den meisten Gerichten gibt es keine Rechtshilfe;
- hh) bei der Beantragung von Rechtshilfe können praktische Schwierigkeiten entstehen; die auszufüllenden Formulare sind lang und kompliziert;
- ii) Rechtshilfe wird zu zufällig gewährt;
- kk) die Organisation der Rechtshilfe (aufgeteilt zwischen der Law Society, der Supplemantary Benefits Commission, den Gerichten und Anwälten, mit der rechtspolitischen Kompetenz beim Lordkanzleramt) ist verwirrend und irrational. Darüber hinaus bedeutet dies, daß es keine klare Zuständigkeit eines Ministeriums gibt.

b) *Strukturelle Mängel*

Selbst wenn die aufgeführten Mängel beseitigt würden, bliebe das Problem, ob es dem Rechtshilfesystem gelingen kann, allen Mitgliedern der Gesellschaft „wirksame" Rechtshilfe zukommen zu lassen.

Die Schwierigkeit liegt darin, wie „wirksam“ definiert werden soll. Vielleicht hilft es, wenn man untersucht, was unter „strukturellen Mängeln“ zu verstehen ist.

aa) Sitz der Rechtsanwälte

In den meisten Städten steht die Lage des Büros der Rechtsanwälte der Entwicklung eines umfassenden Rechtsberatungsdienstes völlig entgegen, da sie sich vorwiegend in Stadtzentren befinden und unbequem zu erreichen sind. (20)

bb) Psychologische Barrieren

Abel-Smith, Brooke und Zander entdeckten, daß es viele Leute grundsätzlich ablehnen, zu einem Anwalt zu gehen. (21)

cc) Unkenntnis von Rechten

Viele Leute verstehen das Recht nicht oder wie es ihnen helfen könnte. Manchmal sehen sie nicht einmal, daß ihre Probleme eine „rechtliche“ Seiten haben. (22)

dd) Ausbildung und Hintergrund der Juristen

Viele Juristen können einfach die Probleme der Armen nicht verstehen oder wie sie das Recht anwenden müßten, um sie zu schützen. Auch schenkt die juristische Ausbildung diesen Problemen meist keine Beachtung.

ee) Gesellschaftliche Probleme

Außerdem wird oft argumentiert, daß die bestehende juristische Ausbildung und Praxis die Juristen dazu ermutigt, ihre Fälle als Kämpfe zwischen einzelnen Individuen anzusehen und irgendwelche darüber hinausgehenden Zusammenhänge zu ignorieren.

Einer der wichtigen Beiträge der Rechtszentren (siehe oben) sind ihre Versuche, einige der Probleme zu erkennen, die nicht nur als individuelle, sondern als gesellschaftliche Probleme auf sie zukommen. Diese Perspektive fehlt der Arbeit der frei praktizierenden Anwälte.

Wenn wir akzeptieren, daß diese und ähnliche Probleme die „strukturellen Mängel“ sind, und weiter argumentieren, daß sowohl diese als auch die „behebbaren Schäden“ beseitigt werden müssen, sehen wir, daß ein „wirksames“ Rechtshilfesystem viel mehr bedeutet als nur die Gewährung von Rechtshilfe, die grundsätzlich von frei praktizierenden Anwälten geleistet wird.

Dies bedeutet auch, daß die Öffentlichkeit über ihre Rechte aufgeklärt werden muß; daß diese Öffentlichkeit nach ihren Rechtsbedürfnissen ausgewählt werden muß; daß neue Hilfen geschaffen werden müssen, die zugänglicher sind – physisch oder psychisch – als die Anwaltsbüros; daß das Bewußtsein wie das Handeln der Juristen durch Ausbildung verändert werden muß.

4. *Reformvorschläge*

Nach dieser Analyse wollen wir uns nun den vorliegenden Reformvorschlägen zuwenden. Augenblicklich stammen die bekanntesten Vorschläge von der Law Society, der Legal Action Group und der Law Centres Working Party. Außerdem hat die Society of Labour Lawyers einen Unterausschuß zur Erörterung dieser Fragen eingerichtet.

a) Die Law Society (23)

Die Law Lociety gibt zu, daß viele der oben aufgeführten „aufhebbaren Mängel" beseitigt werden müssen. Bezüglich der strukturellen Mängel ist sie der Ansicht, daß viele von wesentlicher Bedeutung sind. Es bleibt nur die Frage offen, wie diese behoben werden können.

Für die Law Society ist es von Bedeutung, über jegliche neue Entwicklungen die Kontrolle zu behalten. Sie betont, daß sie nicht nur frei praktizierende Anwälte, sondern *alle* Rechtsanwälte (solicitors) vertritt. Darüber hinaus „ist es die Hauptaufgabe der Gesellschaft, dem juristischen Berufsstand zu helfen, den Interessen der Allgemeinheit zu dienen" (24).

Zur Lösung der genannten Probleme setzt die Law Society großes Vertrauen in ihre Idee der Advisory Liaison Officiers, die das bestehende Rechtshilfesystem ergänzen sollen. (25) Und zwar sollten sie zwei Dinge tun:

aa) „im Rahmen des neuen erweiterten Beratungssystems ... eine viel wirksamere Ausnutzung der vorhandenen Dienstleistungen der Anwaltschaft gewährleisten. Um dies zu erreichen, muß eine enge Verbindung zwischen den vielen Sozialeinrichtungen, insbesondere den Bürgerberatungsbüros, und der Anwaltschaft hergestellt werden, um eine enge Zusammenarbeit zwischen Anwaltschaft und Sozialeinrichtungen zu ermöglichen ..."

bb) „Trotz dieser Maßnahmen würden Lücken bleiben, die die Beratung in privater Praxis nicht schließen könnte und die nur durch die Einrichtung von unterschiedlichsten Büros mit angestellten Anwälten ... abgedeckt werden könnten." (26)

Hinsichtlich der Frage der „Interessen der Allgemeinheit" argumentiert die Law Society, daß dies weitgehend gelöst werden könnte, wenn das „Verbindungsmodell" funktioniert. Sie stellt aber auch fest, daß es nach englischem Recht schwierig, wenn nicht sogar unmöglich ist, mit Hilfe der Verbandsklage Musterprozesse vor den Obersten Gerichtshof zu bringen. Dieses besondere Problem muß – wenn überhaupt – durch Gesetzgebung gelöst werden und nicht durch Veränderungen der Rechtshilfe. (27)

Generell ist die Law Society jedoch sehr darum besorgt, daß die Rechtszentren nicht dazu benutzt werden, „politische und quasi-politische Konfrontation, weit davon entfernt, gleichen Zugang zum Rechtsschutz zu sichern", hervorzurufen. (28) Die Law Society betont, daß „der Anwalt in seiner Eigenschaft als Anwalt dafür verantwortlich ist, daß die rechtmäßigen Interessen seines Mandanten nach geltendem Recht vertreten werden ... Es wäre vermessen, wenn Anwälte glaubten, es sei ihre Aufgabe, ‚die Welt zurechtzurücken', obwohl sie als Staatsbürger das Recht und die Pflicht haben, zusammen mit ihren Mitbürgern für den sozialen Fortschritt einzutreten". (29)

b) Die Arbeitsgemeinschaft der Rechtszentren (30)

Hinsichtlich der „strukturellen Mängel" plädiert sie für:

aa) eine neue, unabhängige Rechtshilfe-Kommission, die die Verantwortung für die Praxis und die Weiterentwicklung der Rechtshilfe von der Law Society übernehmen sollte; letztere ist mit der Anwaltschaft zu eng verbunden, um die Rechtshilfe im Interesse der Allgemeinheit zu verbessern;
bb) eine Kette („einige hundert") von Rechtszentren, die gleichzeitig im ganzen Land errichtet werden sollten, um Rechtshilfe ohne Einkommensüberprüfung anzubieten;
cc) Fonds für diese Zentren von der Legal Services Commission;
dd) tägliche Kontrollen der Zentren durch besondere Aufsichtsgremien aus den Gegenden, in denen sich die Zentren befinden.

c) Die Legal Action Group (31)

Wir übergehen auch ihre Ansichten über die „aufhebbaren Mängel"; sie setzt sich ein für:

aa) *eine Rechtshilfe-Kommission.* Sie anerkennt ebenfalls die Bedeutung einer neuen, unabhängigen Kommission mit der Aufgabe, die Rechtshilfe für das ganze Land zu planen;
bb) *regionale Rechtshilfe-Ausschüsse*, die der Kommission ermöglichen sollen, den örtlichen Bedürfnissen und Wünschen nachzukommen. Sie sollten sich aus Laien und Juristen zusammensetzen;
cc) *Rechtszentren*, „wo sich ein Bedarf zeigt"; „in vielen benachteiligten Vierteln der Großstädte besteht ein großer Bedarf an Nachbarschafts-Rechtszentren";
dd) *andere Arten von Rechtshilfe* in anderen Gebieten des Landes;
ee) *Geldmittel*, die von der Rechtshilfe-Kommission kommen sollen;
ff) *Mitglieder der Gemeinden* sollten sich an der Verwaltung der Zentren beteiligen; man weiß aber nicht genau, welchen Einfluß die bestehenden Zentren auf die Gemeinden haben.
gg) Außerdem wird darauf hingewiesen, daß Gemeinden, die lange Zeit hinsichtlich materieller Unterstützung wie auch hinsichtlich professioneller Rechtshilfe benachteiligt waren, besonderer Hilfe bedürfen („positive Diskriminierung"), um sie erst einmal in die Lage zu versetzen, gleichen Zugang zum Recht zu erlangen. Dieser Punkt wird hervorgehoben, um dem Argument der Law Society entgegenzutreten, daß Rechtsanwälte sich *nur* mit einzelnen Klienten befassen sollten.

d) Society of Labour Lawyers

Ein Unterausschuß erarbeitet zur Zeit Vorschläge zur Form von Rechtshilfe. (32)
Die bisherigen Ausführungen umfassen die wesentlichen Aspekte des augenblicklichen Diskussionsstandes über Rechtshilfe. Jedoch ist auch zu beachten, daß es mächtige Faktoren gibt, die derartige Entwicklungen aufhalten. Dazu gehört einmal *die wirtschaftliche Lage*. Die Behörden dürfen keinerlei Vorschläge unterstützen, die zu große öffentliche Ausgaben verursachen. (33)

Die zweite Gegenströmung geht von der *British Legal Association* aus, einer Fraktion von Rechtsanwälten, die in der Rechtszentren-Bewegung eine ernsthafte Gefahr für privat praktizierende Anwälte sehen. Und schließlich scheinen sogar im Lager der politischen Linken viele (die meisten?) Gewerkschaften der Idee eines größeren Rechtsberatungssystems ablehnend gegenüberzustehen, da sie befürchten, daß dies den Hauptanreiz an einer Mitgliedschaft untergraben würde, über den sie zur Zeit verfügen. (34)
Im übrigen gehen die Reformvorschläge von der Voraussetzung aus, daß andere Aspekte des Rechtssystems unverändert bleiben. Jedoch gibt es (z.B.) bereits Vorschläge zur Entformalisierung der Ehescheidung, zur Einführung der „schuldfreien“ Unfallhaftung und zur Verbilligung von Grundstücksübertragungen. Wenn diese üblicherweise sehr profitreichen Arbeitsbereiche von Rechtsanwälten wesentlich verändert würden, könnte dies einen dramatischen Einfluß auf die Haltung der Anwaltschaft zu den in diesem Beitrag dargelegten Problemen haben.

5. *Schlußfolgerung: Welche Folgen können solche Entwicklungen haben?*

Ich bin mir darüber im klaren, daß ich mit der Darstellung dieser Vorschläge den Fragen ausgewichen bin, die viele (35) als die grundlegenden Probleme betrachten: Warum wollen wir eine Reform? Was wollen wir mit einer Reform erreichen? Können Änderungen in der Rechtshilfe irgendetwas erreichen, wenn das Recht einer Gesellschaft nur die Interessen der herrschenden Klasse berücksichtigt? Wird hierbei nicht höchstens eine vorübergehende Verbesserung einer Reihe von sozialen Problemen herauskommen und eine grundlegende Veränderung der Gesellschaftsstruktur (Revolution?), die viele für nötig halten, hinausgeschoben?
Ich möchte hier nicht den Eindruck hinterlassen – besonders nicht bei einer von Rechtssoziologen organisierten Konferenz –, daß mir die tieferen intellektuellen, theoretischen Probleme einer solchen Diskussion entgangen wären. Jedoch sollte ja das Faktenmaterial, das ich in meinem Beitrag dargestellt habe, zur Diskussion über die Praxis der Rechtshilfe beitragen.
„Konservative“ Juristen könnten meinen, daß es keine Ausdehnung der Rechtshilfe geben sollte, da dies zu einem Rückgang ihres hochbezahlten Arbeitsanfalls führen würde und somit zu einer Verminderung ihrer Einnahmen.
Ganz radikale Juristen könnten im Ergebnis in der gleichen Richtung argumentieren: Nur wenn die Rechtshilfe in dem augenblicklichen (unzureichenden) Umfang bestehen bleibt, kann die Arbeiterklasse den wahren Klassencharakter des englischen Rechts erkennen. Sie könnten der Ansicht sein, daß, wenn das Rechtssystem sowie die wichtigsten Gesetze die Arbeiterklasse in ihrem Bemühen um Verbesserung ihrer gesellschaftlichen Lage frustrieren, dies um so schneller und deutlicher zur Forderung nach einer „neuen Gesellschaft“ führt. Nach ihrer Ansicht würde die Ausdehnung der Rechtshilfe nur eine verschleiernde Maßnahme sein, die sich letzten Endes gegen die Interessen der Arbeiterklasse auswirken würde.
Eine solche Analyse setzt allerdings voraus, daß das englische Recht vollständig auf Klassenvorurteilen beruht und daß diese Vorurteile von einer großen Anzahl von Leuten leicht als solche erkannt werden. Ich befürchte, das Recht ist hierfür zu komplex.
Ich möchte behaupten, daß es Gesetze gibt, die die Interessen der Arbeiterklasse schützen können, wenn sie von Juristen wirksam vertreten werden, die diese Gesetze richtig verstehen.

Wenn wir den Armen und Unterprivilegierten helfen, sich des geltenden Rechts zu bedienen, würde es diese im übrigen dazu erziehen zu erkennen, daß das Recht nicht ein schreckliches Geheimnis ist, als das es oft erscheint; so könnten diese Leute in Zukunft genügend Selbstvertrauen gewinnen, sich für Rechtsänderungen als Teil des Kampfes um die Beseitigung der Ungleichheit in der Gesellschaft einzusetzen.
In einer kurzfristigen Perspektive bin ich der Ansicht, daß die Ausdehnung der Rechtshilfe als Bestandteil des Kampfes um „soziale Gerechtigkeit" angesehen werden kann, und damit meine ich nicht nur großartige, aber abstrakte Programme für „Gleichheit" und „Gerechtigkeit", sondern das eher begrenzte Ideal der Sicherung des „gleichen Zugangs zum Recht". Wenn breitere Kreise unserer Bevölkerung mit Hilfe von Anwälten lernen, sich des Rechts zu bedienen, werden sie entweder Vorteile erkennen, die sie bisher nicht für möglich hielten, oder sie werden erkennen, daß das Recht ohne begleitende politische Veränderungen nicht in der Lage ist, ihre legitimen Interessen zu schützen.

Summary

The demand for improvements in the British legal services should be seen as part of a wider issue, namely that of the so-called „rediscovery of poverty" in Britain. In connection with renewed public interest in the nature of poverty a number of lawyers were stimulated to think about the relationship between poverty, law and the legal system. Issues raised in this context concern the extent to which the law represents the interests of all different groups in society and the manner in which legal services for the poor can be changed to suit their particular needs better.
There were several important developments in the field of legal aid from 1968 to 1975 (to name but a few examples, the passing of the Legal Advice and Assistance Act in 1972, the founding of Neighbourhood Law Centres and Legal Advice Centres, the forming of anti-poverty and other pressure groups employing lawyers etc.).
All these developments have helped to reveal the defects of the British legal aid scheme. These defects can be put into two categories – on the one hand, remediable defects (i.e. ones which are capable of alteration within the existing framework), for example, the low level at which the means test limits are set, and structural defects (i.e. ones basic to the structure of the legal aid scheme), for example, the unbalanced distribution of solicitors' firms around the country.
Proposals for reform have come from the Law Society, the Law Centres Working Group and the Legal Action Group. Although these groups make other varying suggestions, they have in common the proposal that legal offices or centres of some sort should be set up, particularly in deprived areas. It must be added that there exist constricting factors (in the form of the present economic situation and groups working against changes in the existing legal aid scheme) which may limit developments in this direction.
Some changes, however, are necessary if equal access to the law is to be ensured and, via this, ultimately greater soical justice.

Anmerkungen

1 Earl Johnson Jr., *Justice and Reform*, (Russell Sage Foundation, 1974), S. 3.
2 Der beste kurze Überblick ist zu finden in B. Abel-Smith und R. Stevens, *Lawyers and their Corts* (Heinemann, 1964, Kap. 6 und 12. Sieh auch dies., *Search of Justice* (Allen Lane, 1968).
3 Glücklicherweise sind diese Gesetze jetzt in den Legal Aid Act von 1974 eingegangen.
4 Den Anstoß hierzu gaben B. Abel-Smith und P. Townsend, *The Poor and the Poorest* (Bell, 1965).
5 Zugrundegelegt wurde ein Bericht von Sir William Beveridge, *Social Insurance and Allied Services* (H.M.S.O., 1942, Cmd. 6404).

6 Seinerzeit die „National Assistance Scale Rates"; seit 1966 die „Supplementary Benefits Scala Rates".
7 Unter den einflußreichsten sind: Child Poverty Action Group; SHELTER (eine Kampagne für die Obdachlosen); Help the Aged (Hilfe für die Alten); Disablement Income Group (Einkommen für die Behinderten).
8 Programme wie Community Development Projects; Urban Aid Programme; die Errichtung von Educational Priority Areas.
9 Es gibt zunehmend Literatur in allen Zweigen der Sozialwissenschaften über Art und Ausmaß der Armut in Großbritannien.
10 Trotz der öffentlichen Debatten zwischen Intellektuellen, liberalen Akademikern, radikalen politischen Gruppen, einigen Regierungsstellen und einigen Politikern ist es vielleicht nicht allzu zynisch zu behaupten, daß Armut kein Problem von nationalem öffentlichem Interesse geworden ist. Selbst heute können nicht viele Stimmen mit einer Kampagne für den Kampf gegen Armut gewonnen werden.
11 Fabian Research Servies 273 (Fabian Society, Dezember 1968). Siehe auch Society of Conservative Lawyers, *Rough Justice* (1968).
12 Ihre Mitglieder sind alle Juristen, die auch Mitglieder der britischen Labour-Partei sind.
13 Nicht alle Kritik ist neu. Sogar die Law Society, als verantwortliche Institution für die Organisation der Rechtshilfe, wies auf eine Reihe von Mängeln seit Einführung des Programms im Jahre 1950 hin.
14 Siehe den Bericht der Legal Action Group: „Legal Advice Centres – An Explosion?" (1972); und *Law Society Gazette*, 28.7.1974, S. 727. Unentgeltliche Rechtsberatung ist durchaus keine neue Erscheinung; beträchtliche Einrichtungen haben bestanden und sich seit 1890 entwickelt. Was jetzt vielleicht anders ist, ist, daß die Leute heute die Zentren eher als „Mittel zum Zweck" (zu einer umfassenderen Rechtsberatung) ansehen. (Siehe M. Partington, *Recent Developments in Legal Services to the Poor: Some Reflections on Experience in Coventry*, 1975).
15 Siehe die Untersuchungen von Rosalind Brooke in: *Information and Advice Centres* (Bell 1972) und in: *Legal Problems and the Citizen* (mit B. Abel-Smith und M. Zander) (Heinemann, 1973).
16 Besprochen von S. Hillyard, *Law Society Gazette*, 3.6.1975; *Legal Action Group Bulletin*, (1974), S. 207–210.
17 Erhältlich von der LAG, 28a Highgate Road, London NW5 1NS. (Cf. American *Clearing House Poverty Law Review*).
18 Siehe z.B. Borrie und Varcoe, *Legal Aid in Criminal Proceedings* (1970); Lee Bridges et al., *Legal Services in Birmingham* (1975). Letztgenannter Bericht ist sehr wichtig, da er zeigt, wie schwer es für frei praktizierende Anwälte ist, Rechtshilfe zu leisten, ohne finanzielle Einbußen zu erleiden.
19 Einige dieser Entwicklungen werden besprochen in M. Partington, „Teaching Welfare Law: Report of a Symposium" (1974, *Law Teacher*).
20 Siehe K. Foster „The Location of Solicitors" (1973) 36 *Modern Law Review*, S. 153 ff. Siehe auch *Legal Services in Birmingham, op. cit.*
21 *Legal Problems and the Citizen, op. cit.*
22 Siehe wieder Abel-Smith et al., *Legal Problems and the Citizen*. Auch M. Zander, „The Unused Rent Acts", *New Society*, 12.9.1968.
23 Vieles in diesem Abschnitt bezieht sich auf „Legal Aid at the Cross Roads", Appendix 18, Bericht Nr. 24 oder Law Society über Rechtshilfe (H.C. 20 1974, H.M.S.O.).
24 *Ibid.*, Abs. 13. Es ist gerade die Tatsache, daß der Berufsstand an erster Stelle steht, die die Kritiker zu der Annahme veranlaßt, daß die Law Society nur ein begrenztes Hilfsprogramm für die Allgemeinheit entwickeln kann. Siehe unten die weitergehenden Reformvorschläge.
25 Die Möglichkeit für ihre Ernennung ist im Legal Aid Act, 1974, enthalten, die jedoch noch nicht in Kraft getreten ist.
26 „Legal Aid at the Crossroads", *op. cit.*, Abs. 5.
27 *Ibid.*, Abs. 9.
28 *Ibid.*, Abs. 12.
29 *Ibid.*, Abs. 11.
30 Hier wird Bezug genommen auf den Beitrag „Towards Equal Justice" (1974), erhältlich bei der Legal Action Group, 28 Highgate Road, London NW5 INS (50 S.).

31 Hier wird Bezug genommen auf den Beitrag „Legal Service for the Future. Paper 1" (1974). Erhältlich vom LAG.

32 Der Verfasser dieses Beitrags ist Mitglied dieses Unterausschusses.

33 Während Reformverfechter sich durch den Mangel an Finanzen entmutigen lassen könnten, sollte man bedenken, daß eine kurze Verzögerung Gelegenheit bieten könnte, noch mehr über eine optimale Lösung der Probleme einer Verbesserung der Rechtsberatung nachzudenken.

34 Siehe R. Lewis und G. Latte, 123 *New Law Journal* 386; und *British Journal of Industrial Relations*, XII, No. 1.

35 Pauline Morris z.B. wirft dies den „Reformisten" in ihrem Aufsatz „A Sociological Approach to Research in Legal Services", in: *Social Need and Legal Action* (1973), Martin Robertson, vor.

Amedeo Cottino / Ulf Drugge / Eva Christina Johansson / Gudrun Nordborg

Die schwedische Rechtshilfereform

Einleitung

Dieser Bericht beruht auf den wichtigsten Ergebnissen eines Untersuchungsprojekts*, das im Zusammenhang mit der schwedischen Rechtshilfereform von 1973 steht. Dabei werden zwei generelle Fragen behandelt: Die eine betrifft die Rolle, die das Recht in der Gesellschaft spielt; die andere betrifft das Maß, in dem die von offizieller Seite angegebenen Ziele des neuen Gesetzes tatsächlich erreicht wurden. Diesen Fragen entsprechen zwei Ansätze: eine historische Gesamtsicht sowohl des Gesetzgebungsprozesses als auch der allgemeinen gesellschaftlichen Entwicklung; andererseits ein analytischer und konkreter Ansatz, um das Ausmaß abschätzen zu können, in dem das derzeitige Gesetz erfolgreich gewesen ist.

Natürlich besteht ein Zusammenhang zwischen diesen beiden Ansätzen. Auf der einen Seite ist das Wissen über Sozialpolitik, ihre Beziehung zur kapitalistischen Entwicklung und ihre zunehmende Bedeutung als ein Mittel sozialer Kontrolle ein strategischer Schlüssel, um die strukturellen Grenzen zu ermitteln, in denen eine derartige Rechtsreform wirken kann. Andererseits bietet die Art der Bedürfnisse der Bevölkerung, wie sie bei der Inanspruchnahme von Rechtshilfe in Erscheinung treten, einen – wenn auch groben – Anhaltspunkt sowohl für den Problembereich, als auch für den Bereich, der von ihr ausgespart wird. Der Schwerpunkt dieses Berichts wird allerdings auf der Beschreibung und Beurteilung der Reformbemühungen liegen, die historischen und anderen Bezüge werden nur am Rande behandelt. Zunächst werden wir den Hintergrund und ein Bild der bestehenden Gesetzeslage zeichnen. Daran schließen sich einige empirische Ergebnisse an, die die soziale und geographische Verteilung sowohl der Antragsteller als auch ihrer Probleme betreffen. Den Abschluß des Berichts bildet eine kurze Zusammenfassung und Gesamteinschätzung.

1. Historischer Hintergrund

Verglichen mit anderen Ländern in Europa begann die Gesetzgebungsarbeit auf dem Gebiet der Rechtshilfe in Schweden verhältnismäßig spät. Dies trifft allerdings für die meisten Gesetzgebungsvorhaben im Zusammenhang mit sozialer Sicherheit und Sozialpolitik zu. Dies ist wiederum darauf zurückzuführen, daß die Industrialisierung hier erst spät einsetzte. So findet man erst im Jahre 1919 ernsthafte Bemühungen um eine Lösung der Rechtshilfeprobleme. Allerdings sind Fragen bezüglich rechtlichen Beistands bereits im Jahre 1734 zu beobachten, als statuiert wurde, daß

* Aus ungefähr 6000 Anträgen, die während des ersten Jahres der Tätigkeit des Rechtshilfebüros gestellt wurden, wurde eine Zufallsstichprobe von ungefähr 800 Anträgen gezogen und analysiert.

die Gerichtshelfer armen Leuten bei Gericht ohne Entgelt beistehen sollten. Diese Einrichtung – in anderen europäischen Ländern als die ‚Armenadvokaten' bekannt – war allerdings niemals wirksam. Ihre Ineffektivität beruht teilweise auf dem Mangel an zugelassenen Juristen; aber auch und grundsätzlicher spiegelte sie die Schwierigkeit wider, in einer auf Privilegien beruhenden Gesellschaft eine Regelung einzuführen, die den Abbau genau dieser Privilegien erfordert hätte, um effektiv zu werden. Bis zum Inkrafttreten des Rechtshilfegesetzes von 1919 gab es nur unbedeutende und begrenzte Regelungen. Im ersten Jahrzehnt dieses Jahrhunderts wurden verschiedene Anläufe unternommen, um ein Rechtshilfeprogramm auszuarbeiten. Aufgrund der unterschiedlichen Meinungen zwischen den Parteien im schwedischen Parlament und der widersprüchlichen Entscheidungen in beiden Kammern wurden jedoch keine konkreten Ergebnisse vor 1917 erzielt; in diesem Jahr arbeitete ein Rechtsausschuß einen Gesetzesvorschlag aus, der zwei Jahre später gebilligt und im Jahre 1919 als Gesetz verabschiedet wurde. Hier wurde u.a. festgelegt, daß Rechtshilfe jeder Bürger erhalten soll, der über keine ökonomischen Ressourcen verfügt, um die Prozeßkosten bezahlen zu können, aber auch jeder, der nicht genügend Mittel hat, um seinen Unterhalt nach Zahlung der Prozeßkosten finanzieren zu können. Dazu wurden jedoch Einschränkungen gemacht. So wurde beispielsweise Rechtshilfe in Strafprozessen nur zugestanden, wenn der Staatsanwalt Strafantrag gestellt hatte, und vor allem nur dann, wenn der Antrag auf Rechtshilfe nicht gänzlich unbegründet war. Diese letztere Einschränkung hatte eine Prüfung zur Folge, bevor Rechtshilfe gewährt wurde.
Der Gesetzesvorschlag des Rechtsausschusses wurde hauptsächlich von der konservativen Partei unterstützt. Die aus Liberalen und Sozialdemokraten gebildete Minderheitsregierung erreichte jedoch einige Abänderungen des ursprünglichen Vorschlags, u.a. daß die geforderte vorherige Überprüfung der Antragsteller gestrichen wurde.
Die Gründe, eine Regelung für die rechtliche Situation der Armen nicht besonders zu forcieren, hatten zu Anfang dieses Jahrhunderts einen großen Teil ihrer Relevanz eingebüßt. Neue ökonomische und soziale Bedingungen verbunden mit der Industrialisierung und einem entsprechenden Anschwellen der Arbeiterklasse lenkte die Aufmerksamkeit auf die Arbeitsverhältnisse und ihre verschiedenen negativen Folgewirkungen. Zum ersten Mal gelangten schlechte Arbeitsbedingungen und die Schutzbedürfnisse in den Mittelpunkt der Diskussion. Hinzu kam, daß wenige Jahre später ein Konflikt zwischen Industriellen- und Kleinaktionärsinteressen auftrat, der das Problem der Rechtshilfe wieder aktualisierte. Jedoch war dies weder eine Folge nur der neuen ökonomischen und sozialen Bedingungen noch eines günstigeren politischen Klimas als Ergebnis wachsender Stärke der Liberalen und Sozialdemokraten. Die Gesetzgebung von 1919 stellt einen wichtigen Schritt im Prozeß der ideologischen Stärkung des Rechtssystems und dadurch des Wirtschaftssystems dar. Armen sollte der Zugang zum Gericht erleichtert werden, nicht nur durch die Rechtshilfe sondern auch, indem ihnen gewisse Werkzeuge an die Hand gegeben wurden, diese Rechte durchzusetzen. Einer Arbeiterschaft, die täglich mit kapitalistischer Ausbeutung konfrontiert war, konnte der illusionäre Charakter der Herrschaft von „Freiheit, Gleichheit und Bentham", wie sich Marx ironisch ausdrückte, nicht verborgen bleiben. Es war deshalb wichtig, die Glaubwürdigkeit der grundlegenden bürgerlichen Rechte zu stärken.
Von 1919 bis 1973 treten wenig Veränderungen auf; sie bewegen sich alle im Rahmen des bestehenden Rechtssystems. Von ihnen muß das Gesetz von 1946 erwähnt

werden, das die außergerichtliche Rechtshilfe verbesserte. Konkret bedeutet dies, daß einige Regionalverwaltungen ein Übereinkommen mit der schwedischen Rechtsanwaltsvereinigung trafen. Dieses Übereinkommen sah vor, daß viele ihre Mitglieder, die in der Regionalverwaltung arbeiten, Rechtshilfe leisten können. Die Kosten tragen zu gleichen Teilen der Staat und die Kommunalverwaltung. 1970 wurde dieses System in den meisten schwedischen Regionalverwaltungen eingeführt. Das Parlament und die verschiedenen gesellschaftlichen Instanzen, denen das Problem der Rechtshilfe vorgelegt wurde, stimmten im großen und ganzen völlig bezüglich der Wichtigkeit einer neuerlichen und erweiterten Rechtshilfereform überein. Jedoch fand eine grundsätzlichere Diskussion über die möglichen Alternativen, die zentrale Frage der Gleichheit vor dem Gesetz anzugehen, niemals statt. Die Diskussion befaßte sich in erster Linie mit den inhaltlichen Einzelheiten des neuen Gesetzes.
Als Grund für die Novellierung betrachtete die Regierung – der Parlamentsdebatte zufolge – einen gestiegenen Bedarf an rechtlichem Schutz. Obwohl ein Reformprojekt in Arbeit war – mit dem Ziel, ein weniger kompliziertes und billigeres Instrument zu schaffen, mit dem bestimmte Arten zivilrechtlicher Konflikte angegangen werden konnten, genügte dies nach allgemeiner Auffassung nicht. Es wurde argumentiert, daß, wenn rechtlicher Schutz das Hauptziel wäre, ökonomische Möglichkeiten für die Vereinfachung des Zivilprozesses erforderlich wären, um wirklichen Erfolg zu haben. Dann würde ein verbessertes Rechtshilfesystem auch ein wichtiges Instrument darstellen, um nicht nur dem Einzelnen einen angemessenen rechtlichen Schutz zu ermöglichen, sondern auch generell mehr Gleichheit zu schaffen. Verglichen mit früheren Diskussionen zur Rechtshilfe hatte die gegenwärtige Debatte einen anderen und neuen Zug. Gleichheit wird als Voraussetzung für rechtlichen Schutz angesehen. Frühere Gesetze wurden hauptsächlich deshalb kritisiert, weil Menschen in gewöhnlichen Einkommensgruppen der Zugang zur Rechtsberatung verwehrt war. Die Kritiker führten an, daß die gestiegenen Kosten für Rechtsberatung zu Folgen geführt hätten, die unvereinbar mit dem Prinzip der Gleichheit vor dem Gesetz wären: In den meisten Fällen wären ökonomische Faktoren wie Einkommen und Unterhaltsverpflichtungen entscheidend, wenn die Prozeßkosten zu bezahlen seien. Daneben hätte die Regierung früher ihre Aufmerksamkeit hauptsächlich den gewöhnlichen Gerichtsfällen zukommen lassen. Jedoch gäbe es ein großes Bedürfnis an Rechtsauskunft und Beistand in Fragen, die nicht vor ein ordentliches Gericht oder vor ein Verwaltungsgericht gebracht würden. Schließlich bedeutete der Umstand, daß öffentliche Initiativen zur Rechtshilfe auf soviel verschiedene Behörden ohne Koordination verteilt waren, daß deren Wirksamkeit gering und eine Kontrolle über die Kosten, die dem staat entstanden, nur schwer durchzuführen wäre.

2. *Das derzeitige Rechtshilferecht*

Das derzeit geltende Gesetz wurde Mitte 1973 verabschiedet. Im wesentlichen brachte es eine Erweiterung der ökonomischen Hilfe. So kann heute (1976) jeder mit einem Jahreseinkommen bis zu 29.000 skr (ca. DM 20.500) alle entstehenden gerichtlichen Kosten von der öffentlichen Hand bezahlt bekommen. Die obere Grenze ist 77.600 skr (ca. DM 54.500); darüber hinaus wird keine Rechtshilfe geleistet. Für die dazwischen liegende Gruppe variiert die gewährte Hilfe nach dem jeweiligen Einkommen. Bei der Berechnung der verschiedenen Einkommensgruppen werden Unterhaltsverpflichtungen mitberücksichtigt. Das Rechtshilfegesetz kann sogar in Fällen angewendet werden, die nicht vor Gericht gebracht werden, so etwa wenn Rechtsauskunft benötigt wird oder eine Frage von einem Verwaltungsgericht behandelt wird. Wenn im letzteren Fall Meinungsfreiheit oder persönliche Integrität Gegenstand des Verfahrens ist, wird eine besondere Art von Rechtshilfe gewährt, die keine Vorprüfung der ökonomischen Situation des Antragstellers voraussetzt. Ein weiterer Grund für die Novellierung war die Absicht, eine einheitliche und auf Zusammenarbeit angelegte Rechtshilfeorganisation zu schaffen. Das zentrale Justizverwaltungsgremium, das gleichzeitig die Berufungsinstanz in Fragen der Rechtshilfe ist, gibt Informationen und Instruktionen an die regionalen und lokalen Einrichtungen, die (private) Rechtsanwälte oder öffentliche Anwaltsbüros sind. In allen Orten mit einer zivil- und/oder strafrechtlichen Berufungsinstanz besteht ein Rechtshilfebüro, das sich aus einem Richter und vier Mitarbeitern zusammensetzt. Zwei der Mitarbeiter neben dem Richter müssen eine rechtliche Ausbildung haben, die verbleibenden sind Laien, die von der Regionalverwaltung gewählt werden. Alle können Rechtshilfeentscheidungen treffen; die Routinefälle werden an juristisch angelernte Beamte delegiert. Der Arbeitsplatz der öffentlichen Anwälte ist das örtliche Rechtshilfebüro; dessen Tätigkeit wird durch eine besondere Dienstanweisung geregelt, jedoch sind seine Funktionen die gleichen wie die eines selbständigen Rechtsanwalts.

3. Faktoren, die die Inanspruchnahme der Rechtshilfe beeinflussen

Es ist betont worden, daß das Wissen der Bevölkerung über neue Gesetze von großer Wichtigkeit dafür ist, wie diese Gesetze von verschiedenen Personen beachtet werden. Es ist bekannt, daß Wissen in hohem Maße das Ergebnis einer indirekten Kommunikation über lokale, informelle ‚opinion-leaders' ist. Es ist weiterhin bekannt, daß geographische und sozio-ökonomische Elemente eine Bedeutung für die Erklärung haben, wie Rechtsnormen auf verschiedene Teile der Bevölkerung wirken. Es kann deshalb angenommen werden, daß neue Gesetze in manchen Kreisen stärker durchdringen als in anderen. Die soziale Integration einer Person ist ein wichtiger Faktor in ihrer Beziehung zu verschiedenen informellen ‚option-leaders'. Generell kann gesagt werden, daß je besser jemand integriert ist, er auch umso eher Informationen erhalten wird, während es für diejenigen, die aus verschiedenen Gründen gesellschaftlich isoliert sind oder die am gesellschaftlichen Leben weniger aktiv teilnehmen, länger dauert, bis sie Informationen erhalten.

Es gibt auch Gründe anzunehmen, daß gesellschaftliche Integration und, als Folge, Wissen über neue Gesetze innerhalb der Altersgruppen unterschiedlich sind. In den meisten Fällen nehmen die jüngsten nicht selbst direkt am gesellschaftlichen Leben teil, sondern tun dies eher vermittelt durch die ältere Generation. Daneben zieht sich ein großer Teil älterer Leute aus dem gesellschaftlichen Leben zurück. Sie scheiden aus dem Arbeitsprozeß aus, und viele von ihnen werden aufgrund ihres Alters auch in vielen anderen Bezügen inaktiv. Im großen und ganzen werden viele von ihnen weiterhin den Lebensstil pflegen können, den sie sich angewöhnt haben. Es ist deshalb anzunehmen, daß die neuen Gesetze den Ältesten und den Jüngsten in der Gesellschaft am unbekanntesten sind.

Eine Altersgruppe zwischen den Ältesten und den Jüngsten herauszugreifen, von der erwartet werden kann, daß hier die gesellschaftliche Integration am höchsten ist, ist sehr problematisch. Das Alter beeinflußt nicht unmittelbar das Maß der Integration, sondern eher andere Elemente, die jedoch in weitem Umfang mit dem Alter korrelieren. Die Berufstätigkeit ist von überragender Bedeutung für die gesellschaftliche Integration. Diejenigen, die einen Arbeitsplatz haben, verfügen auch über eine größere Anzahl von sozialen Kontakten. Folglich sind sie auch Informationen besser ausgesetzt. Die Möglichkeiten, von Informationen erreicht zu werden und Kenntnis von Gesetzen zu haben, sind bei Personen mit Arbeit größer als bei Personen ohne Arbeit. Es ist sicherlich sehr schwierig, hier generelle Aussagen über so heterogene Gruppen wie Beschäftigte bzw. Nicht-Beschäftigte zu machen. Gesellschaftliche Integration und die Existenz von informellen ‚opinion-leaders' variieren stark zwischen den verschiedenen Berufsgruppen und hängen davon ab, auf welcher hierarchischen Stufe man arbeitet. So wurde festgestellt, daß die Information und ihre Kanäle sich zwischen Arbeitern und Angestellten unterscheiden. Entsprechend kann man annehmen, daß sowohl Informationen als auch ‚opinion-leaders' ebenfalls in den verschiedenen Gruppen der Nichtbeschäftigten unterschiedlich sind, wie z. B. bei Hausfrauen, Rentnern, Studenten und Arbeitslosen. Wie groß die Unterschiede sind, ist im gegebenen Fall auch eine Sache des Informationstyps. Eine Gruppe, die aus vielen Gründen weniger integriert sein dürfte, sind die Ausländer. Aufgrund der Sprach- und Verständigungsschwierigkeiten oder kultureller Unterschiede werden Ausländer in der Regel isolierter sein und ein großer Teil von Information wird sie niemals erreichen.

Bislang wurde die Argumentation darauf abgestellt, daß die Information über die Rechtshilfegesetze weithin über die örtlichen informellen ‚opinion-leaders' erfolgt. Man sollte jedoch nicht die Information, die über Massenmedien verbreitet wird, vernachlässigen. Man weiß aus Studien zur Wirkung verschiedener Massenmedien über die Korrelation zwischen Ausbildung und Umfang und Typ der empfangenen Information.

Wenn die Anwendung des neuen Rechtshilfegesetzes lediglich als Informationsproblem betrachtet werden könnte, wäre es recht einfach vorherzusagen, welche Bevölkerungsgruppe die neuen Gesetze nutzen würde. Die Frage ist jedoch komplizierter. Zunächst muß es ein *rechtlich relevantes* Problem geben. Zweitens muß es die betreffende Person auch als Problem auffassen. Dies ist teils subjektiv, teils jedoch auch Frage des Kontakts mit Personen, die Rechtsausbildung oder Einsicht in rechtliche Problematik haben. Drittens muß die Person sich entscheiden, das Problem vor Gericht zu bringen. In diesem Augenblick muß sie aber wissen, daß eine Möglichkeit besteht, Hilfe zu erhalten. Wahrscheinlich ist diese vierte Bedingung erfüllt, wenn die Person, einmal entschlossen, die Sache vor Gericht zu bringen, einen Juristen aufsucht. Dieser muß seinerseits den Klienten über die Rechtshilfe informieren können. Folglich können nicht viele Personen die Möglichkeit verfehlen, den Rechtsbeistand zu nutzen, *nachdem* sie einen juristischen Ratgeber aufgesucht haben. Jedoch kann Wissen über die Rechtslage bereits vor dem Besuch bei dem Juristen sehr wichtig sein, weil schon allein die Tatsache der Existenz einer freien Rechtshilfe Personen ermutigen könnte, rechtlichen Rat einzuholen, die sonst aus Kostengründen davor zurückschrecken würden. Schließlich müssen die Bedingungen einer Berechtigung zur Rechtshilfe erfüllt sein.

Wenn unsere obigen Annahmen richtig sind, steht man vor einer Reihe von Fragen, die sich sowohl auf die Personen oder den potentiellen Antragsteller als auch auf das rechtliche Problem beziehen. So kann man einerseits fragen: Wer hat Rechtsprobleme? Wer interpretiert sie als rechtlich relevant? Wer weiß etwas über die Rechts-

hilfegesetze? Wer erfüllt die Bedingungen, Rechtshilfe zu bekommen? Andererseits kann man fragen: Sind rechtliche Probleme in der Bevölkerung gleichmäßig verteilt? Wenn nicht, warum? Es ist bekannt, daß verschiedene Typen rechtlicher Probleme nicht gleich verteilt sind und daß einige wesentliche Grundvoraussetzungen erfüllt sein müssen, daß ein rechtliches Problem entsteht. Dies können z. B. Beschäftigungs- oder Einkommensniveau sein. Was veranlaßt eine Person, ihr Problem als rechtliches zu begreifen?
Ferner gibt es offensichtlich ein Bündel unabhängiger Variablen, die von strukturellen Faktoren in der Stadt/Land-Dimension bis zu den persönlichen Attributen sozioökonomischer Eigenschaften reichen, die je nach Problemtyp auf den Prozeß einwirken und schließlich zur Inanspruchnahme der Rechtshilfe führen. Mit einer gewissen groben Vereinfachung werden wir die wesentlichen Ergebnisse der Untersuchung so darstellen, als ob die verschiedenen unabhängigen Faktoren voneinander getrennt untersucht werden könnten. Wir werden mit der Verteilung der Rechtshilfe bei Alters- und Berufsgruppen beginnen. Daran knüpft die Analyse der Einflüsse der Stadt/Land-Dimension auf die Rechtshilfe an, und schließlich wollen wir die Frage diskutieren, *was* rechtlich relevant ist und *für wen*.

4. *Inanspruchnahme der Rechtshilfe nach Alter und Beruf*

Im ersten Jahr der Rechtshilfegesetze entwickelte sich die Zahl der eingereichten Anträge so, daß wir sie leicht durch jahreszeitliche Schwankungen erklären können: Im ersten Monat nach dem Inkrafttreten des Gesetzes (Juli), gab es sehr wenig Anträge, was aber eher auf die Ferien zurückgeführt werden kann als auf die mangelnde Information der Bevölkerung bezüglich des neuen Gesetzes. Zu Weihnachten, Ostern und zu Beginn des Sommers nahm die Zahl der Anträge ab. Während der ersten sechs Monate gab es geringfügig mehr Anträge als in der zweiten Hälfte, was andeutet, daß die Information über das neue Gesetz zur Rechtshilfe die Bevölkerung recht schnell erreichte.
Die größte Gruppe unter den Antragstellern steht im Alter von 30–44 Jahren. Auch wenn die Altersverteilung im Laufe des Jahres etwas variiert, tritt diese Altersgruppe deutlich hervor. Dies ist im Sommer und zu Weihnachten besonders auffallend und ebenso ergibt sich diese Tendenz zu Ostern, das heißt, in Perioden, in denen die Arbeit in den Rechtshilfebüros aufgrund z. B. von Urlaub leicht abnimmt. Die nächstgrößte Gruppe sind die 45–64-Jährigen; sie ist jedoch nur wenig größer als die Gruppe der 20–29-Jährigen. Am seltensten sind Antragsteller über 65 Jahre. Die 30–44-Jährigen machen besonders im Sommer, zu Weihnachten und zu Ostern den größten Anteil aus; im übrigen besteht eine Tendenz zur gleichmäßigen Verteilung, jedoch bleibt die angegebene Reihenfolge bestehen. Es ist unmöglich, irgend einen auffälligen Wechsel in einer bestimmten Richtung während des ersten Jahres festzustellen. Es gibt deshalb keinen Grund zur Annahme, daß die Information bezüglich des neuen Gesetzes die verschiedenen Altersgruppen zu unterschiedlicher Zeit erreicht hat. So müssen die Unterschiede in der Altersverteilung auf andere Weise erklärt werden.
Berufstätige Personen machen den größeren Anteil aus, allerdings mit einer leichten Abnahme im Laufe des Jahres. Die Nichtberufstätigen nehmen entsprechend zu. Unter den berufstätigen Personen sind Arbeiter ungefähr doppelt so häufig wie Angestellte vertreten. Der Anteil der Angestellten nimmt leicht ab, was weitgehend auch die Abnahme des Anteils der Berufstätigen insgesamt ausmacht. Dies kann

erklärt werden: Bei Angestellten und Berufstätigen können wir generell erwarten, daß die Informationen sie schneller erreichen als die Nichtberufstätigen, außerdem die Angestellten schneller als andere Berufsgruppen. Sobald die Information die Masse der Bevölkerung erreicht hat, zeigen diese Gruppen logischerweise eine relative Abnahme. Geschäftsleute, Landwirte und Personen mit einer Universitätsausbildung nehmen Rechtshilfe während des ganzen Jahres kaum in Anspruch. Hausfrauen und Rentner machen die größte Gruppe unter den Nichtberufstätigen aus, gefolgt von den Studenten, deren Zahl großen Schwankungen während des Jahres unterliegt. Nur gering ist die Zahl der Arbeitslosen.

Wenn man Arbeiter und Angestellte und Personen mit einer Universitätsausbildung nach der erforderlichen Ausbildung klassifiziert, kann man eine relative Zunahme bei den Berufsgruppen feststellen, die auszuüben keine Ausbildung voraussetzt. Der relativen Zunahme hier entspricht eine Abnahme des Anteils der Berufsgruppen, die zwei oder mehr Jahre Berufsausbildung voraussetzen. (Es muß jedoch darauf hingewiesen werden, daß die Unterschiede nur gering sind.) Nach den bekannten Informationstheorien ist dieses Ergebnis zu erwarten: Je höher die Ausbildung, umso schneller erreicht die Information die Zielperson.

Der Schluß aus den obigen Ergebnissen muß sein, daß die Information über die neuen Rechtshilfegesetze zu Beginn und über den untersuchten Zeitraum hinweg sich gleichmäßig auf die verschiedenen Gruppen verteilt, obwohl einige kleinere erwartete Unterschiede festgestellt werden konnten. Wenn ein Jahr ausreicht, Information über ein neues Gesetz zu erhalten, dann müssen die Unterschiede zwischen den verschiedenen Gruppen auf andere Faktoren zurückgeführt werden. Einige Ergebnisse sind eine direkte Folge der Einkommensgrenze, die vom Gesetz festgelegt worden ist. Sehr wenige Anträge wurden von Personen mit höherem Einkommen gestellt; dies erklärt auch in gewissen Grenzen den Unterschied zwischen den Berufsgruppen. Daneben gibt es aber auch Unterschiede, die nicht von ökonomischen Bedingungen verursacht sind, beispielsweise die Altersverteilung und die Verteilung der Rechtssachen, die weiter unten näher dargestellt wird. Nicht einmal die Verteilung der Berufstätigen kann völlig durch die Einkommensgrenzen erklärt werden. Eine genauere Untersuchung der verschiedenen Verteilungen zeigt, daß die Altersverteilung hoch mit den Verteilungen der Beschäftigung und der Rechtssachen korreliert. So ist es dann ein wichtiges Ergebnis, daß die Rechtshilfe von bestimmten Beschäftigten- und Berufsgruppen mehr in Anspruch genommen wird als von anderen und eher aufgrund der Rechtssache als aus anderen Gründen.

Die Unterschiede der Inanspruchnahme von Rechtshilfe zeigen keine eindeutige Beziehung zu der offiziellen Absicht, ökonomisch unterprivilegierten Gruppen beizustehen. Ein Grund könnte sein, daß die Rechtshilfe leichter bei bestimmten Rechtssachen angewendet werden kann und daß diese Rechtssachen bei den verschiedenen Berufsgruppen unterschiedlich häufig vorkommen, oder daß die Neigung, ein Problem als rechtlich relevant zu interpretieren, zwischen den verschiedenen Berufsgruppen unterschiedlich ist. Unterschiede bei der Inanspruchnahme des Gesetzes können aber auch, und das ist sehr wahrscheinlich, das Resultat der Wirkung beider dieser Faktoren sein.

5. *Stadt/Land-Differenzierung, rechtliche und soziale Dienstleistungen und Rechtshilfe*

Ein grundlegender Anlaß, sich mit den Faktoren auseinanderzusetzen, die in Bezug zur geographischen Verteilung der Rechtshilfeantragsteller stehen, ist der Charakter des untersuchten Gebiets. Unsere Untersuchung schließt die nördlichsten Verwaltungsbezirke ein, die ungefähr ein Viertel des Gesamtgebiets Schwedens ausmachen. Es gibt jedoch bedeutende geographische und andere Unterschiede innerhalb des untersuchten Gebiets: außerordentlich dünn besiedelte Bezirke im Inland und in ausgedehnten Landstrichen am Botnischen Meerbusen.

Die erste Frage ist, welche sozialen Bedingungen die Reaktionen der Bevölkerung auf rechtliche Probleme beeinflussen. Generell kann angenommen werden, daß in ländlichen Gebieten eine Tendenz besteht, rechtlich relevante Angelegenheiten eher ohne richterlichen Eingriff zu regeln, als dies in städtischen Gebieten der Fall ist. Gewöhnlich kann dieser Unterschied auf besser entwickelte informelle soziale Kontrolle in ländlichen Gebieten zurückgeführt werden.

Entsprechend kann man erwarten, daß der Grad der Verstädterung die Neigung von Personen beeinflußt, Rechtshilfe zu beantragen. Grundlegende Voraussetzung ist offensichtlich, daß die Personen von der Rechtshilfe wissen. Informationskanäle sind dabei sowohl die Massenmedien als auch die direkte Information von Person zu Person. Wir betonen hier besonders die Informationskanäle der Massenmedien. Weiter haben wir – je nach Charakter der Informationsquelle – zwei Kategorien unterschieden: einerseits Informationen mit Bezug zur Aktivität gerichtlicher Instanzen, andererseits mit Bezug zu staatlichen und kommunalen Behörden. Man muß jedoch beachten, daß es keine scharfen Trennungslinien zwischen diesen beiden Typen gibt.

Was die Information betrifft, die von Personen oder Institutionen innerhalb des Rechtssystems kommt, so sind verschiedene Wege ihrer Übermittlung vorstellbar. Ein erster verläuft über die offiziellen Debatten während des Gesetzgebungsprozesses und durch den Erlaß des Gesetzes selbst. Jedoch ist die Information aus diesen Quellen wahrscheinlich nur von geringer Bedeutung. Wichtiger scheinen die Informationen durch die Juristen zu sein. So ist anzunehmen, daß in Regionen, in denen es leichter möglich ist, mit juristischen Ratgebern in Kontakt zu kommen und sie zu fragen, die Chance, über die Rechtshilfe informiert zu werden, größer ist als in Gebieten mit unzureichender juristischer Dienstleistung. Bezüglich des Informationsdienstes durch staatliche Behörden wurden Broschüren, die über das Rechtshilfegesetz informierten, in bestimmten Verwaltungsgebäuden ausgelegt. Darüber hinaus wurden Informationen auch direkt oder indirekt durch Personen in staatlichen Positionen gegeben. So kann angenommen werden, daß die Wahrscheinlichkeit, über die Rechtshilfe Informationen zu haben, positiv mit dem Niveau der sozialen Dienstleistungen und den Möglichkeiten, mit Behörden in Kontakt zu kommen, korreliert. Insgesamt wird also erwartet, daß sowohl das Vorhandensein von Juristen als auch das Niveau sozialer Dienstleistungen und die Möglichkeit, mit Behörden in Kontakt zu kommen, für die Inanspruchnahme von Rechtshilfe relevant sind.

Die Regierungsbezirke innerhalb des Wirkungskreises des Rechtshilfebüros von Umeå wurden diesen drei Variablen entsprechend aufgeteilt. Dies ist natürlich eine Simplifizierung, die ein hohes Maß von Homogenität der ökonomischen, rechtlichen und verwaltungsmäßigen Struktur jedes Bezirks hypostasiert. Der Vorteil dieses Verfahrens ist, daß es ein Bild der Beziehung zwischen Strukturen und der Inanspruchnahme von Rechtshilfe möglich macht. Zunächst wurden die Regierungsbezirke in drei

Gruppen entsprechend der Beschäftigungsstruktur in ländliche, städtische und gemischte aufgeteilt. Ein entsprechendes Verfahren wurde für die sozialen Dienstleistungen angewendet: aufgrund modifizierter offizieller Schätzungen der Sozialausschüsse in den Regionalverwaltungen der Gebiete Vesterbotten und Norrbotten wurden vier Stufen innerhalb der sozialen Dienstleistungen und vier verschiedene Gruppen von Bezirken eingeführt. Drittens wurden die Verwaltungsbezirke in Bezug auf die Verfügbarkeit von Juristen als Indikator des Vorhandenseins juristischer Dienstleistung unterteilt. In einem ersten generellen Hinweis kann man feststellen, daß sich eine verblüffende Ähnlichkeit zwischen den Tendenzen durch die Umgruppierung der Bezirke nach den drei oben erwähnten Variablen abzeichnet. Anders gesagt sind in städtischen und gemischten Bezirken zusammen mit Bezirken, die durch ein hohes Niveau von sozialer und rechtlicher Dienstleistung gekennzeichnet sind, erheblich mehr Rechtshilfeantragsteller pro Einwohner festzustellen als in anderen Bezirken. Die Unterschiede sind besonders deutlich, wenn man Bezirke mit verschiedenen ökonomischen Strukturen vergleicht. So ist nicht überraschend, daß ein Zusammenhang zwischen einem gewissen Typ von Beschäftigungsstruktur und verschiedenen Stufen sozialer und juristischer Dienstleistung besteht. Aber selbst wenn man die Richtung dieser Tendenzen erwartet, scheinen die Unterschiede in der Stärke dieser Tendenzen anzuzeigen, daß sowohl soziale als auch juristische Dienstleistungen von geringerer Wichtigkeit sind als die ökonomische Struktur, um Unterschiede in der Inanspruchnahme von Rechtshilfe zu erklären.

Eine interessante Frage ist die Beziehung zwischen der Verteilung der Rechtshilfe und der ‚rechtlichen Nachfrage'. Es besteht eine positive Korrelation zwischen der Zahl der Gerichtsverfahren und der Zahl der Anträge auf Rechtshilfe: Bezirke, die durch eine relativ hohe Zahl von Rechtshilfefällen charakterisiert sind, zeigen auch eine hohe Zahl von Gerichtsverfahren. Allerdings ist dies keine ausreichende Basis um anzunehmen, daß die Information über das Rechtshilfegesetz in irgendeiner Weise durch die Unterschiede in Bezug auf soziale und juristische Dienstleistungen beeinflußt wurde: Sowohl die Unterschiede zwischen Bezirken bezüglich der rechtlichen Nachfrage als auch bezüglich der Rechtshilfefälle könnten lediglich die weithin bekannten Unterschiede zwischen geographischen Gebieten widerspiegeln, deren ökonomische Strukturen sehr verschieden sind.

Eine andere Frage ist, wie Rechtshilfefälle in den Bezirken verteilt sind, die eine unterschiedliche ökonomische Struktur und ein unterschiedliches Niveau von sozialen und juristischen Dienstleistungen aufweisen. Da die Untersuchung nur eine kurze Zeitspanne umfaßt, müssen Aussagen über die unterschiedlichen Verteilungen in zeitlicher Hinsicht mit Vorsicht gemacht werden. Eine ‚common-sense'-Hypothese ist, daß, je besser der Zugang zu sozialen und juristischen Dienstleistungen ist, man umso eher Information über die Rechtshilfe erhält. Die entgegengesetzte Tendenz ist in den Bezirken zu erwarten, in denen der Zugang zu sozialen und juristischen Dienstleistungen schlecht ist. Wenn man die vierteljährliche Verteilung der Rechtshilfefälle in den verschiededenen Verwaltungsbezirken vergleicht, erwartet man, daß in den Bezirken mit hoher Dienstleistungsquote eine höhere Fallzahl zu finden ist als in Bezirken mit niedriger Dienstleistungsquote. Tatsächlich läßt sich jedoch nicht nachweisen, daß der Zugang zu sozialen oder juristischen Dienstleistungen den Umfang der Informationen über die Rechtshilfe und entsprechend die Verteilung der Fälle im Untersuchungszeitraum beeinflußt hat.

Schließlich wurde die Wirkung von Variablen untersucht wie: Art der Rechtsprobleme, Beruf und Einkommen der Antragsteller, und – als abhängige Variable – die

Bereitschaft, Rechtshilfe zu beantragen. Insgesamt zeigt das Material, daß Personen aus ländlichen Bezirken und aus solchen mit einem niedrigen Niveau sozialer und juristischer Dienstleistungen auch oft ein geringes Einkommen haben; sie sind seltener beruflich tätig (Rentner und Hausfrauen sind die zwei dominierenden Kategorien). Hier wird überwiegend Rechtshilfe für Geldforderungen sowie andere Zivilklagen beantragt. Umgekehrt haben Antragsteller aus Bezirken mit hoher Industrieansiedlung ein höheres Einkommen; sie sind eher Angestellte und Studenten, ihr zentrales Rechtshilfeproblem sind Scheidungen.

6. *Probleme, für die Rechtshilfe beantragt wird*

Die Untersuchung der rechtlichen Probleme, um die es in den verschiedenen Fällen geht, ist eine gute Illustration, für welche Art von Konflikten das Rechtshilfegesetz in Anspruch genommen wurde.

1) Die größte Fallgruppe entfällt auf Familienrechtssachen. Innerhalb dieser Gruppe betreffen mehr als die Hälfte Scheidungsfragen. Dabei ist wichtig festzustellen, daß die überwiegende Mehrzahl der Fälle in dieser Gruppe Rechte und Pflichten berührt, die nicht von den Parteien selbst geregelt werden können. Sie müssen immer vor Gericht gehen (selbst in den Fällen, wo eine Übereinkunft erreicht wird: nämlich um diese bestätigen zu lassen). Dieser nicht-dispositive Charakter von Rechtsproblemen bedeutet, daß nicht immer ein Konflikt zwischen den Parteien vorliegt; vielmehr ist er Ausdruck dafür, daß das schwedische Rechtssystem das Eingreifen des Gerichts dort verlangt, wo öffentliche und private Interessen im Konflikt stehen könnten.

2) Administrative Fälle machen weniger als 10 % der Gesamtheit aus (unter ‚administrativen Fällen' werden hier solche verstanden, wo Konflikte zwischen einem Individuum und einer Behörde vorliegen). In der verbleibenden Gruppe – die Fälle, in denen ökonomische Interessen berührt sind – sind die häufigsten Forderungen Schadensersatzklagen.

Wenn man nun diese Verteilung mit den offiziellen Zahlen der Rechtshilfe vergleicht, wie sie in den Jahren vor der Novellierung gewährt wurde, stellt man fest, daß die Verteilung der Rechtsprobleme sich nur wenig unterscheidet. So sind die familienrechtlichen Fälle gleich häufig, administrative Fälle sowie Schadensersatzklagen sind in dieser Gruppe nur geringfügig häufiger.

Von größter Wichtigkeit ist, daß die Reform keinerlei Veränderung der Verhältnisse von dispositiven zu nichtdispositiven Fällen gebracht hat. Statistiken zeigen, daß die Quote der zivilrechtlichen Fälle pro 1000 Einwohner für die Jahre 1870–1875 ungefähr dieselbe ist wie 100 Jahre später von 1970–1975. Während dieses Zeitintervalls sind jedoch große Änderungen im Verhältnis von dispositiven zu nichtdispositiven Fällen eingetreten: Während die letzteren ein relativ gleichförmiges Ansteigen zeigen, zumindest von Beginn der Dreißiger Jahre an, trifft auf die dispositiven Fälle das Gegenteil zu. Die wachsende Rate der nicht-dispositiven Fälle kann durch Zunahme der Scheidungen und mit ihr in Zusammenhang stehenden Angelegenheiten erklärt werden. Schwieriger ist es hingegen, die Abnahme der dispositiven Fälle zu erklären. Ein Faktor dabei könnte sein, daß seit 1948 die Möglichkeit eines Verfahrens besteht, um Geldforderungen schnell und billig einzutreiben. Die abnehmende Tendenz war jedoch bereits vor diesem Datum bemerkbar, und sie hielt nach dem Inkrafttreten des Gesetzes an. So ist die Annahme begründet, daß andere Konfliktlösungen als der Gang zum Gericht häufiger geworden sind

(eine ähnliche Tendenz wurde z.B. in Italien und Norwegen beobachtet). Praktisch bedeutet dies, daß Schiedsstellen und Beratungsinstanzen auf Kosten des gerichtlichen Verfahrens an Popularität gewonnen haben.
Es ist schwierig, alle Folgen dieser *Privatisierung des Rechts* abzuschätzen. Wir fürchten jedoch, daß diese alternative Konfliktlösung für die Partei von Vorteil ist, die sozial und ökonomisch stärker ist. Auch könnte man sagen, daß der Gesetzgeber sich mit alternativen Konfliktlösungsmöglichkeiten abgefunden hat, ja: sie sogar unterstützt. Es ist z. B. die Regel, Rechtshilfe auch dann zu gewähren, wenn ein Fall nicht gerichtlich abgewickelt wird. Auf der Grundlage dieser Überlegung war nach der Rechtshilfereform die Zunahme an dispositiven Fällen erwartet worden. Diese Wirkung trat jedoch nicht ein.
In diesem Zusammenhang müssen zwei weitere Gesetze erwähnt werden: Das erste ist das Gesetz zur Verfahrensvereinfachung für Rechtsfälle mit geringen Streitwerten (1976 definiert als Werte unter 4850 skr = DM 3.400). In diesen Fällen ist weder Rechtshilfe noch rechtlicher Beistand notwendig. Das zweite Gesetz von Januar 1974 zielte auf eine Vereinfachung des Scheidungsverfahrens. Unsere Ergebnisse zeigen jedoch einen höheren Anteil der Scheidungen während des ersten Monats nach Inkrafttreten des neuen Gesetzes. (Wahrscheinlich hatten die Scheidungswilligen auf die Reform gewartet.) Danach fällt der Anteil der Scheidungen, während andere Rechtssachen in familienrechtlichem Zusammenhang zunehmen. Insgesamt halten sich alle Familienrechtsfragen während des Untersuchtungszeitraums auf gleichem Niveau. Offensichtlich hat keines der Gesetze, die in gleichem Zeitraum wie das Rechtshilfegesetz in Kraft traten, die Tendenz zur Privatisierung des Rechts aufgehalten. Wenn man die Ablehnung von Rechtshilfeanträgen betrachtet, stellt man fest, daß nahezu alle Anträge genehmigt wurden. Abweisungen machen 5 % aller Fälle aus. Die nicht-dispositiven Fälle haben die geringste Ablehnungsquote. Eine hohe Ablehnungsquote ist dagegen für die administrativen Fälle typisch. Zieht man die administrativen Rechtshilfefälle ab, ist der Unterschied zwischen den Zahlen für Ablehnung und Bewilligung von Rechtshilfe auf nur wenige Prozent reduziert. Der Unterschied zwischen dieser Gruppe und den dispositiven Fällen wird auf diese Weise noch deutlicher akzentuiert.
Die höhere Ablehnungsquote bei administrativen Fällen läßt an der Bereitschaft des Staates und des Rechtshilfebüros zweifeln, sich auf die Situation der Antragsteller einzulassen, obwohl alle Voraussetzungen für Rechtshilfe gegeben sind: Es besteht ein Konflikt, es besteht Bedürfnis nach Rechtsschutz, es sind persönliche Interessen (durch staatliche Behörden) bedroht. (Diese Interpretation kann allerdings vom Untersuchungsmaterial her nur unzureichend geprüft werden. Was man feststellen kann ist eine ideologisch neutrale und selbstsichere Tonart, in der Ablehnungen begründet werden, die anzeigen soll, daß der Staat und die staatliche Bürokratie über jeden Zweifel erhaben sind, und daß folglich Rechtshilfe überhaupt nicht benötigt wird).
Das generelle Bild, das sich aus diesen Daten gewinnen läßt, ist recht enttäuschend. Trotz der Tatsache, daß Arbeit und Wohnung zusammen mit Familienangelegenheiten die wichtigsten Seiten unseres Lebens darstellen, sind hauptsächlich familienrechtliche Fragen durch die Reform zur Rechtshilfe gelangt.
In welchem Umfang Familienangelegenheiten wirksam einen Vorteil von der Rechtshilfe zweifellos die Funktion, formale Anforderungen zu erfüllen. Dies geschieht in den nicht-dispositiven Fällen, wo, wie oben festgestellt, das Individuum gezwungen ist, vor Gericht zu gehen, obwohl der ursprüngliche Konflikt bereits oft von den

Parteien selbst geregelt wurde. Als Beleg für diese Interpretation kann festgestellt werden, daß in 40 % der Fälle die Rechnung des Rechtsanwalts unter 500 skr (ca. DM 350) und in weiteren 40 % zwischen 500–1000 skr (ca. DM 350–700) lag. Offensichtlich wird vom Rechtsbeistand in den meisten Fällen lediglich erwartet, daß er sich der formalen Aspekte der Probleme annimmt. Konfliktlösende Beiträge oder Teilnahme an den Beratungen im Gericht waren dagegen recht selten.

Ganz deutlich ist, daß verschiedene grundlegende soziale Bedürfnisse nicht befriedigt werden, weil sie nicht rechtlich relevant sind: In einem ökonomischen System, in dem ein gewisses Maß von Arbeitslosigkeit oft als gesellschaftlich funktional betrachtet wird, kann man kaum erwarten, daß es ein Recht auf Arbeit gibt und noch weniger Rechtshilfe, um Arbeit zu bekommen. In einem ökonomischen System, in dem, wie die Franzosen sagen, „Freiheit" die Freiheit der reichen Leute ist und das Recht der Armen, unter den Brücken zu schlafen, kann man kaum erwarten, daß es ein Recht auf Wohnung gibt und noch weniger Rechtshilfe, um dieses Recht auch durchzusetzen.

Prinzipiell bedeutet dies nicht Kritik an der Rechtshilfereform. Zweifellos legt die Art und Weise, in der das Gesetz bislang funktioniert hat, Zeugnis ab von einer für das System günstigen Wirkung. Ob dies allerdings auch von den Wirkungen für das Individuum gesagt werden kann, ist eher zweifelhaft. Gerade zentrale individuelle Bedürfnisse können kaum rechtlichen Schutz durch eine Reform dieser Art erhalten.

Schlußbemerkungen

Nach offiziellen Angaben ist es der Zweck des Rechtshilfegesetzes von 1973, jedem die Möglichkeit zu geben, das Rechtssystem als Mittel zur Konfliktlösung einzusetzen. In dieser Perspektive wird das Recht als ein Mittel gesehen, um besseren juristischen Schutz zu erhalten. Zweifellos ist dies grundsätzlich das Ziel der Reform, wie das Material und die Diskussionen zum Problem der ‚Gleichheit vor dem Recht', die zur Vorbereitung des neuen Gesetzes dienten, zeigen. Wie weit war die Rechtshilfereform beim Erreichen dieses Ziels erfolgreich? Auf der Grundlage unserer Ergebnisse ergibt sich kein Hinweis, daß sich mehr Personen des Rechtssystems bedienen oder daß Konflikte damit eher als vorher einer Lösung zugeführt werden. Weder die geographische Verteilung noch die Verteilung der Rechtsprobleme zeigt eine Erhöhung der Bedeutung des Rechts als konfliktlösenden Mechanismus. Offensichtlich kann die Beziehung zwischen dem Individuum und dem Gerichtssystem kaum dadurch beeinflußt werden, daß man das Individuum hierbei finanziell unterstützt.

Es ist überraschend festzustellen, daß die Fälle, in denen Rechtshilfe gewährt wurde, auf Gruppen mit unterschiedlichem ökonomischen und sozialem Hintergrund gleichmäßig verteilt sind, und dies, obwohl wir wissen, daß Probleme stark schichtspezifisch und klassengebunden sind. Offensichtlich hängt die Tatsache, daß Personen sich nicht auf die Rechtshilfe verlassen, in hohem Maße davon ab, daß entweder ihr Problem in juristischen Begriffen nicht definiert werden kann, oder daß es die jeweilige Person nicht tut. In beiden Fällen wird offenkundig das Rechtssystem nicht als echte Problemlösungsalternative angesehen.

Eine Änderung einzuleiten und dem Rechtssystem eine neue Funktion zu geben, erfordert, andere Lösungsmöglichkeiten zu finden, als sie traditionell vom Recht über die Rechtshilfe angeboten werden. Dies könnte dadurch erreicht werden, daß in das

Konzept eines rechtlichen Schutzes auch andere Aspekte einbezogen werden. Die Menschen benötigen nicht nur ökonomische Mittel, um ihre Möglichkeiten zu verbessern, das Rechtssystem in Anspruch nehmen zu können. Sie brauchen politische Mittel, und dies bedeutet, daß die gesamte Frage der Rechtshilfe (wie jede Frage der Sozialpolitik) die strukturellen Grenzen in Frage stellt, die eine Gesellschaft als Klassengesellschaft kennzeichnet.

Summary

This paper is based on the findings of a research project carried out into the 1973 reform of the Swedish legal aid system. An outline of the history of legislation on legal aid in Sweden is given, where no serious attempts at providing legal aid existed until 1919 when it was introduced for the poor. No major changes took place until 1973 at which time the whole question of equality before the law was taken up. The legislation introduced in 1973 meant above all a broadening of economic aid but it also provided for legal aid being given, for legal advice in matters dealt with by the administrative courts and it made an attempt to co-ordinate work done in the field of legal aid and establish a uniform system.

The use made of a legal aid system depends partly on the extent to which the population knows it (and here different levels of knowledge can be expected depending on the age and occupation of the individual and thus on the degree of his social integration) and partly on the complex of factors connected with the having of and perceiving of a legal problem and the decision to seek out a lawyer. Statistical data give information on which age, occupational and income groups sought legal aid most and in which areas of law. An empirical investigation also sheds light on the social conditions (urban or rural background, quality of local social and legal services, economic structure) under which the highest rate of utilization of legal aid was found.

In the view of the author the findings of the study cast doubt on the effectiveness of the 1973 reform. First, the nature of the cases attended to has hardly varied since before the reform; legal problems connected with the areas of housing and work remain neglected. Secondly, the reform has not brought about a change in the ratio between dispositive and non-dispositive cases; the author feels that the work of settling genuine conflicts is thus still being neglected and that the law has given encouragement to the settling of any such dispositive cases out of court (i.e. via counselling or mediation), which he fears may favour the socially and economically stronger party. Third, the highest rate of refusal of applications for legal aid was found in cases of complaint against the public administrative authorities, indicating the State's unwillingness to exercise self-criticism – at the expense of the individual. It is felt, in conclusion, that the individual does not receive adequate legal protection through the providing of financial support alone but only through the introduction of new ways of thinking in social and economic policy.

Jon T. Johnsen

Rechtshilfe in Norwegen

I. Einleitung

1 Zielsetzung

Dieser Bericht will einen verhältnismäßig allgemeinen Überblick über Rechtshilfe in Norwegen geben und konzentriert sich auf drei Hauptgebiete. Zunächst werden die Grundzüge der bestehenden Rechtshilfeeinrichtungen in Norwegen beschrieben; danach wird ein Überblick über wichtige norwegische Forschungsprojekte gegeben; abschließend nehme ich Stellung zu einigen Hauptfragen der laufenden Reformdebatte. Aus Gründen der Übersichtlichkeit habe ich eine Reihe von Details weggelassen, von denen ich annehme, daß sie für deutsche Leser von geringerem Interesse sind. Dies mag an einzelnen Stellen zu Ungenauigkeiten geführt haben. Sollte Interesse an detaillierten Informationen zu Einzelfragen bestehen, so bin ich gern zu weiteren Auskünften bereit.

2 Was ist Rechtshilfe?

In diesem Bericht wird der Begriff Rechtshilfe in einem ziemlich weiten Sinn benutzt. Er soll hier *jeglichen auf juristischem Sachverstand beruhenden Beistand bei der Klärung, Vermeidung, Erreichung oder Ausnutzung aktueller Rechtspositionen* bezeichnen. Unter Rechtspositionen werden hier Rechte, Pflichten und Ansprüche verstanden, die Individuen im Verhältnis zu geltendem Recht haben. Demzufolge wird Rechtshilfe im einzelnen umfassen: Allgemeine Information der Öffentlichkeit über rechtliche Fragen, individuelle Beurteilung und Beratung in bezug auf juristische Probleme, Verhandlungsbeistand und Urkundenabfassung in Verbindung mit privatrechtlichen Verfügungen und schließlich Vertretung von Klienten gegenüber privater und öffentlicher Seite, sowohl außerhalb als auch in Verbindung mit konkreten Verfahren. Bedarfsanalysen in bezug auf Rechtshilfe können verschiedene Aspekte hervorheben. So könnte man sagen, ein Rechtshilfebedarf liege *subjektiv* überall dort vor, wo eine Person ein Problem hat, das sie selbst einem juristischen Experten vorlegen möchte. Demgegenüber liegt ein *objektiver* Rechtshilfebedarf vor, wo eine Person ein Problem hat, das sich für eine Bearbeitung mit juristischen Techniken eignet – unabhängig davon, ob der Betroffene sich darüber im klaren ist oder nicht. Diese beiden Aspekte müssen bei Analysen des tatsächlichen Ausmaßes und Umfangs von Rechtshilfebedarf berücksichtigt werden, um ein angemessenes Problemverhältnis zu erreichen, das einer rationalen Diskussion der konkreten Form öffentlicher Rechtshilfe als Grundlage dienen kann.

Die wichtigsten Quellen *allgemeiner* Information über Rechtsfragen sind Rundfunk, Presse und Fernsehen. Von Zeit zu Zeit erscheinen auch popularisierte Darstellungen einzelner Rechtsgebiete in Buchform, die sich an die Öffentlichkeit wenden. Öffentliche Einrichtungen, die für die Ausführung von Gesetzen innerhalb eines gesellschaftlichen Bereichs zuständig sind, haben ebenfalls gewisse Informationspflichten. Was die Konkretisierung dieser Pflichten anbetrifft, so sind jedoch Bestimmungen, die den Behörden eine allgemeine Informationspflicht gegenüber der Öffentlichkeit auferlegen, ziemlich vage. Die tatsächliche Informationstätigkeit ist meist punktuell und zufällig. Im großen und ganzen gibt man sich damit zufrieden, neue Bestimmungen in öffentlichen Gesetzesblättern zu veröffentlichen und unterrichtet zusätzlich gezielt die betroffenen Verwaltungsinstanzen. Diese Publikationen richten sich an Fachleute und werden von der Öffentlichkeit kaum gelesen. In den letzten Jahren wird von seiten der Behörden allerdings Anzeigen über wichtige neue Bestimmungen für das breite Publikum größere Bedeutung beigemessen.

Auf einzelnen Rechtsgebieten hat sich inzwischen die Informationstätigkeit erheblich verbessert. Der norwegische Verbraucherrat gibt monatlich eine Veröffentlichung über Verbraucherfragen heraus, die detaillierte und popularisierte Informationen über Rechtsfragen auf dem Verbrauchersektor enthält; diese Publikation erreicht etwa ein Fünftel aller norwegischen Haushalte. Auch im Bereich der Renten- und Sozialleistungen haben die Behörden einiges unternommen, um verstärkt solche Bevölkerungsgruppen zu informieren, denen man einen Bedarf an Leistungen unterstellen kann.

Individuelle Rechtshilfe ist in Norwegen kraft Gesetzes monopolisiert. Von einigen wichtigen Ausnahmen abgesehen, setzt die erwerbsmäßige Leistung solchen Beistandes die Zulassung als Rechtsanwalt voraus (1). Um eine Zulassung als Rechtsanwalt zu erreichen, bedarf es in Norwegen des juristischen Staatsexamens und zweijähriger Praxis in Stellen, die eine rechtspraktische Ausbildung vermitteln – wie beispielsweise als Anwalts-, Gerichts- oder Polizeireferendar (2). Die Anwaltszulassung beim obersten Gericht (Höyesterett) wird von besonderen Qualifikationsanforderungen abhängig gemacht. *Gelegentliche* Rechtshilfetätigkeit wird vom Anwaltmonopol nicht erfaßt. Jede beliebige volljährige Person kann im Verwaltungsverfahren (3) als Bevollmächtigter auftreten, soweit dies nicht erwerbsmäßig geschieht. In Gerichtsverfahren können volljährige Personen nur mit Einwilligung des Gerichts auftreten, soweit besondere Gründe vorliegen (4). Im Zivilverfahren wird die Möglichkeit eines Auftretens als Prozeßbevollmächtigter ohne Anwaltszulassung für solche Personen etwas lockerer gehandhabt, wenn eine familiäre oder dienstliche Verbindung zur betroffenen Partei besteht.

Individuelle Beratung durch Behörden wird vom Anwaltmonopol nicht erfaßt. Verwaltungsorgane sind verpflichtet, Bürger im Einzelfall zu beraten, so daß sie ihre Interessen auf angemessene Weise wahrnehmen können (5). In ähnlicher Weise sind Gerichte verpflichtet, diejenigen Parteien zu beraten, die von keinem Anwalt vertreten werden. Weder die Beratungspflicht der Gerichte noch die der Verwaltung umfaßt normalerweise die Parteienvertretung.

4 Finanzierung

Die von öffentlichen Einrichtungen geleistete Rechtshilfe wird über die öffentlichen Haushalte finanziert und ist normalerweise für das Publikum kostenfrei. Demgegenüber arbeiten Anwälte auf privatwirtschaftlicher Basis – ihre Tätigkeit ist mit erheblichen Kosten für die Klientel verbunden (6). Sichere Angaben über das Honorarniveau sind nicht möglich; die Honorarfestsetzung bleibt im Prinzip dem einzelnen Anwalt überlassen. Die Honorarsätze sind nicht statistisch erfaßt, ebensowenig gibt es von seiten der norwegischen Anwaltsvereinigung dafür richtungsweisende Normen. Vermutlich variieren die Honorarsätze von Distrikt zu Distrikt und außerdem mit der wirtschaftlichen Stellung des Klienten, dem Schwierigkeitsgrad des Falles usw. Verschiedene Angaben deuten darauf hin, daß das Honorarniveau zwischen 150 und 300 nkr (75,– bis 150,– DM) je Stunde variiert.
Über Umfang und Entgelt von Rechtsbeistand durch Nichtadvokaten liegen nur wenige Informationen vor. Verschiedene Erfahrungen von Rechtshilfeuntersuchungen lassen vermuten, daß in den ländlichen Gebieten in erheblichem Umfang bei Nichtjuristen Hilfe gesucht wird. Wahrscheinlich lassen auch jene sich in gewissem Ausmaß von ihren Klienten bezahlen – wenn auch nach erheblich billigeren Sätzen als die Anwälte.
Das umfassende Monopol privatpraktizierender Anwälte in bezug auf die Leistung individueller Rechtshilfe hat zur Folge, daß das durchschnittliche Publikum mit bedeutenden Ausgaben rechnen muß, wenn es juristischen Beistand braucht. Um zu verhindern, daß Bevölkerungsgruppen mit schwacher wirtschaftlicher Basis die Beschaffung notwendiger Rechtshilfe unmöglich wird, gibt es verschiedene Regelungen einer staatlichen Übernahme von Rechtshilfekosten für Minderbemittelte. Außerdem gibt es einzelne privatfinanzierte Institutionen, die einen Ausgleich ökonomischer Konsequenzen von akutem Rechtshilfebedarf bezwecken. Die wichtigste ist die Rechtshilfeversicherung, die 1970 eingeführt wurde, zusätzlich zu den gewöhnlichen Versicherungen, die das allgemeine Publikum betreffen, wie beispielsweise Hausrat-, Wohnhaus-, Landwirtschafts- und KFZ-Versicherungen. Eine solche Rechtshilfeversicherung deckt Ausgaben in Verbindung mit Rechtsstreiten bis zur Grenze von 25.000 nkr (12.500,– DM) bei einem Eigenanteil von 400 nkr (200,– DM) plus 10 % des darüberliegenden Betrages. Die Leistungsverpflichtung unterliegt indes mehreren wichtigen Einschränkungen, auf die ich hier nicht näher eingehen möchte. Zu erwähnen ist noch, daß verschiedene Interessenorganisationen ihren Mitgliedern juristische Beratung in Fragen zur Verfügung stellen, die in den Tätigkeitsbereich der Organisation fallen.

Im nächsten Abschnitt werde ich mich auf die wichtigsten *öffentlichen* Regelungen freier Rechtshilfe konzentrieren. Alle diese Regelungen beziehen sich lediglich auf eine öffentliche Erstattung von Rechtshilfeausgaben für die Inanspruchnahme privatpraktizierender Anwälte. Mit Ausnahme des „Büros für freie Rechtshilfe“ in Oslo (Kontoret for fri rettshjelp) gibt es in Norwegen keine eigenen öffentlich finanzierten Einrichtungen mit der Aufgabe, den Anwaltsbedarf wirtschaftlich unbemittelter Gruppen zu decken.

II. Wichtige öffentliche Rechtshilfeeinrichtungen in Norwegen

Die öffentlichen Regelungen unterscheiden sich danach, ob es sich um Rechtshilfe in Verbindung mit *Rechtsverfahren* handelt oder nicht. Die öffentliche Rechtshilfe außerhalb von Rechtsverfahren bezeichnet man als „freie Rechtsberatung" (fri rettsrad), Rechtshilfe als Verfahrenshilfe gerne als „Befreiung von Verfahrenskosten" (fri sakførsel).

1 Freie Rechtsberatung (7)

Die ersten Regeln für die freie Rechtsberatung finden sich in einem Rundschreiben des norwegischen Justizministeriums von 1961. Vor diesem Zeitpunkt gab es keine öffentliche Regelung der Erstattung von Auslagen für außerprozessuale Anwaltshilfe. Die derzeit geltenden Regeln setzt ein Rundschreiben von 1962 fest, dazu kommen geringfügige spätere Änderungen.
Am wichtigsten sind hier die wirtschaftlichen Bedingungen; durch Rundschreiben am 9. Juli 1975 wurde die obere Einkommensgrenze erheblich angehoben und liegt heute bei 21.000 nkr (10.500,– DM) für Alleinstehende und bei 26.300 nkr (13.150,– DM) für Ehepaare, mit einer Zulage von 5.300 nkr (2.650,– DM), falls der Antragsteller ein oder mehrere Kinder unter 16 Jahren zu versorgen hat. Darüber hinaus besteht eine Vermögensgrenze von 40.000 nkr (20.000,– DM); dabei darf derjenige Teil des Vermögens, der aus liquiden Mitteln besteht, nicht mehr als 15.000 nkr (7.500,– DM) betragen. Bei Anträgen Minderjähriger wird Einkommen und Vermögen der Eltern oder anderer Erziehungsberechtigter berücksichtigt. In Ehesachen besteht die Möglichkeit getrennter Bewertung der wirtschaftlichen Stellung der Eheleute. Darüber hinaus besteht die Möglichkeit einer Befreiung von den Einkommens- und Vermögensgrenzen, falls dafür besondere Gründe bestehen; diese Möglichkeit ist bisher relativ selten genutzt worden.

Ein zu freier Rechtshilfe Berechtigter kann im Prinzip Anwaltshilfe zur Lösung eines beliebigen Rechtsproblems erhalten. Jedoch kann ein Antrag auf freie Rechtsberatung ohne Berücksichtigung der wirtschaftlichen Situation des Antragstellers abgelehnt werden, falls Anwaltshilfe als nicht notwendig angesehen wird oder eine öffentliche Deckung der Ausgaben nicht vertretbar erscheint. In den Rundschreiben wird präzisiert, daß ein Antrag abzulehnen ist, falls der Streitgegenstand bedeutungslos oder von geringfügigem Wert ist, oder wenn der Antrag die Züge von Rechthaberei trägt. Das gleiche gilt, wenn der Antragsteller notwendige Hilfe und Beratung erhalten kann, indem er sich an eine Behörde wendet, z.B. an ein Finanzamt beim Ausfüllen der Steuererklärung oder an das Sozialamt bei Anträgen auf öffentliche Sozialhilfe. Im Prinzip kann der Klient selber entscheiden, welchen Anwalt er aufsuchen will, soweit der Anwalt dem System freier Rechtsberatung angeschlossen ist. Anwälte, die Rechtsbeistand gegen öffentliche Gebührenerstattung leisten wollen, bedürfen nämlich nach den Bestimmungen einer Anerkennung durch die Distriktsverwaltung; zusätzlich bedarf es einer Erklärung, daß die Arbeit auf gleiche Weise ausgeführt wird wie für zahlende Klienten. Jeder der 19 Distrikte (fylker) des Landes bildet ein eigenes Rechtshilfegebiet. Die Beteiligung der Anwälte variiert in den einzelnen Distrikten erheblich: Eine Umfrage in einem Teil der Distriktsverwaltungen in den Jahren 1971/1972 ergab eine Beteiligung zwischen 40 % und 90 %; durchschnittlich beteiligten sich 63 % der Anwälte an dem System (8). In einem der

Distrikte bedarf es keiner vorherigen Anerkennung, so daß jeder Anwalt innerhalb dieses Distrikts in Anspruch genommen werden kann. Eine Beteiligung zu dem System verpflichtet nicht dazu, Aufträge eines bestimmten Klienten zu übernehmen; der Anwalt entscheidet selbst, ob er einen Auftrag übernehmen möchte oder nicht. Die geleistete Arbeit wird nach staatlich fixierten Stundensätzen entgolten; diese liegen erheblich unter den normalen Sätzen für zahlende Klienten. Darüber hinaus kann der Anwalt keine Bezahlung vom Klienten verlangen. Andere Ausgaben in Verbindung mit der Rechtsberatung – wie Auflassungsgebühren oder Beglaubigungsgebühren – werden von der Erstattungsordnung nicht gedeckt.

Um freie Rechtsberatung zu erreichen, muß ein Antragsformular mit persönlichen Auskünften über Einkommen und Vermögen sowie zur konkreten Sache ausgefüllt werden. Sehr oft setzt der vom Klienten aufgesuchte Anwalt diesen Antrag auf. Erscheint *eine* Beratung hinreichend, so kann der Anwalt selbst über den Antrag entscheiden; ansonsten befindet die Distriktsverwaltung über den Antrag mit Einspruchmöglichkeit beim Justizministerium. Im Zusammenhang mit der Bewilligung wird normalerweise ein maximaler Betrag – oder eine Stundenzahl – für die Rechtshilfe festgesetzt, der nicht ohne Zustimmung des Distrikts überschritten werden darf.

Die Gesamtausgaben für freie Rechtsberatung beliefen sich 1973 ziemlich genau auf 2.000.000 nkr (1.000.000,– DM). Insgesamt gingen in diesem Jahr 4279 Anträge ein, wovon 137 abschlägig beschieden wurden. Diese Zahl beinhaltet nur abschlägige Bescheide vom Regierungspräsidenten und vom Justizministerium. Die folgende Tabelle 1 gibt einen Überblick über verschiedene Anträge im Jahre 1973 (9):

Tab. 1: Anträge auf freie Rechtsberatung 1973

Anträge	vom Justizministerium	vom Regierungspräsidenten	von Bevollmächtigten oder Anwälten	insgesamt
bewilligt	76	3152	914	4142
abgelehnt	22	115	–	137

Anträge zusammen: 4279

Tab. 2: Freie Rechtsberatung nach Rechtsgebieten

Anträge / Rechtsgebiet	bewilligt	abgelehnt	insgesamt
Arbeitsrecht	53	2	55
Erbrecht	367	4	371
Erziehungs-Berechtigung	70	1	71
Ehesachen	2.671	39	2.710
Eigentumssachen	156	8	164
Schadenersatz	189	4	193
Schuldsachen	78	2	80
Mietsachen	126	4	130
Sozialhilfe / Rente	104	3	107
Verfahrenskosten	5	–	5
andere Sachen	323	70	393
Insgesamt	4.142	137	4.279

Etwas mehr als ein Fünftel der zugestandenen Rechtsberatungen waren also vom betreffenden Anwalt bewilligte, einmalige Konsultationen. Die Verteilung der Rechtsberatung auf die verschiedenen Rechtsgebiete geht aus Tabelle 2 hervor.

Besonders auffallend ist, daß Eheprobleme 64 % der Gesamtzahl von Rechtsberatungen ausmachen.

Die Anzahl bewilligter Rechtsberatungen zeigt eine stark steigende Tendenz: In der Fünf-Jahres-Periode 1964–1969 verdoppelte sich die Anzahl bewilligter Rechtsberatungen und lag 1969 bei 1455 (10). 1973 hatte sich diese Zahl beinahe verdreifacht. Während der ganzen Periode ist die Ablehnungshäufigkeit sehr niedrig gewesen – sie liegt bei rund 3 %.

2 Befreiung von Verfahrenskosten (11)

Öffentliche Regelungen, die Minderbemittelten die gerichtliche Verteidigung ihrer Rechte ermöglichen sollen, haben in Norwegen eine erheblich längere Tradition. Bereits im 17. Jahrhundert bewilligte der dänisch-norwegische König den Armen ein kostenfreies Verfahren (beneficium paupertatis). Diese Bewilligungspraxis hat sich durch die Zeit erhalten und ist auch heute die wesentliche Richtschnur für kostenfreie Verfahren in Zivilsachen. Die Bewilligungen gibt das Justizministerium nach Einzelfallprüfung. Im Gegensatz zur freien Rechtsberatung gibt es hier keine präzisen Regelungen für die Zuteilung von Bewilligungen – die wichtigsten Grundsätze sind in einem Rundschreiben des Justizministeriums von 1969 enthalten.

Grundbedingung ist, daß der Antragsteller selbst nicht imstande ist, die Ausgaben eines Rechtsverfahrens zu tragen, oder daß diese für ihn eine unvertretbare wirtschaftliche Belastung darstellen würden. Da die Überprüfung individuell erfolgen soll, sind keine festen Einkommensgrenzen fixiert; Personen mit einem Einkommen von über 40.000 nkr (20.000,– DM) haben jedoch nur geringe Chancen auf eine Bewilligung.

Eine Bewilligung wird normalerweise verweigert, wenn das Ministerium annehmen kann, daß der Antragsteller im großen und ganzen den Rechtsstreit verlieren wird. Hat der Antragsteller den Rechtsstreit in einer niedrigen Instanz verloren, so wird das Berufungsverfahren normalerweise nicht bewilligt. Darüber hinaus muß das Ministerium annehmen können, daß die Streitsache öffentliche Unterstützung verdient; hierbei wird berücksichtigt, ob der Antragsteller das Seine getan hat, um ein vertretbares Arrangement zu erreichen, wie wichtig die Sache für ihn ist und ob er ein vertretbares Interesse an einer gerichtlichen Entscheidung hat. Bei Streitigkeiten, von denen das Ministerium annehmen kann, daß die auf Familien- oder Nachbarstreitereien, Rechthaberei, Versäumnissen oder Unaufmerksamkeit von seiten des Antragstellers beruhen, erfolgt in der Regel keine Einwilligung.

Die Bewilligung variiert ebenfalls mit dem Streitgegenstand. Anträge, die sich auf Grundstücksgrenzen und Recht an Immobilien, auf Schadenersatz bei Personenschäden, Verlust eines Versorgers sowie auf Arbeits- und Dienstverhältnisse beziehen, werden eher großzügig gehandhabt. Betrifft der Antrag Bestreitung von Vaterschaft, üblichen Kauf und Verkauf, Steuern, Miete oder Zwangsvollstreckungen, so ist die Entscheidungspraxis eher restriktiv.

In der Regel kann der Antragsteller seinen Prozeßbevollmächtigten selbst wählen, aber als Hauptregel nur unter denjenigen Anwälten, die innerhalb des zuständigen Gerichtsbezirks praktizieren. Vor dem Hintergrund der geographischen Verteilung der Anwälte schränkt dies die Wahlmöglichkeiten in vielen Teilen des Landes erheblich ein.

Das Antragsverfahren ist hier erheblich umfangreicher als bei der freien Rechtsberatung: Der Antragsteller muß detaillierte Auskünfte über seine wirtschaftlichen Verhältnisse vorlegen, darüber hinaus ist dem Antrag eine kurze, jedoch vollständige Darstellung des Sachverhalts einschließlich der Beweislage beizufügen. Urkundliche Beweise sind im Original oder in beglaubigter Abschrift beizufügen; die Darstellung des Sachverhalts muß so detailliert sein, daß das Ministerium die Aussichten des Rechtsstreites bewerten kann. Aus diesen Gründen ist die Ausarbeitung eines zufriedenstellenden Antrages relativ schwierig – in der Regel wendet sich der Antragsteller vorher bereits an einen Anwalt, der dann die Abfassung des Antrages übernimmt.

Die Bewilligung erstreckt sich normalerweise auf die Befreiung von den Gerichtsgebühren sowie auf die Deckung der Ausgaben für einen Prozeßbevollmächtigten. Ist sich das Ministerium im unklaren darüber, ob ein Antrag bewilligt werden soll, so kann die Bewilligung auf eine Gebührenbefreiung beschränkt werden. Das Honorar des Prozeßbevollmächtigten wird von dem behandelnden Gericht bestimmt, auf Grundlage des eingereichten Arbeitsberichts des Anwalts und der vom Justizministerium festgesetzten Stundensätze. Auch hier liegen die Sätze unter den Stundensätzen, die normalerweise zahlenden Klienten für Rechtsbeistand in Rechnung gestellt werden.

Bei einzelnen Akten von Rechtsfällen überlassen die Behörden die Bewilligung einer Gebührenbefreiung den Gerichten – dies gilt u.a. für Ehe- und Vaterschaftssachen gegen den vermuteten Kindesvater (12). Im Prinzip gelten jedoch hier die gleichen Bedingungen für die Befreiung von Verfahrenskosten. Die Handhabung der Bestimmungen ist jedoch erheblich liberaler. In Fällen der Überprüfung administrativer Eingriffe in individuelle Freiheiten hat die private Partei einen Anspruch auf gebührenfreies Verfahren (13); das gleiche gilt für Kriegsdienstverweigerungsverfahren (14).

In Strafsachen hat der Angeklagte Anspruch auf einen Verteidiger zu lasten der Staatskasse in allen Fällen, die Verbrechen betreffen, sofern der Fall nicht auf Grund eines Geständnisses vor dem Untersuchungsgericht entschieden wird (15). Bei Vergehen kann das Gericht einen Prozeßbevollmächtigten auf Antrag in besonderen Fällen ernennen (16). Von dieser Möglichkeit wird nur selten Gebrauch gemacht. Eine solche Ernennung findet besonders dort statt, wo der Rechtsfall kompliziert ist oder wo eine Gefängnisstrafe ohne Bewährung möglich erscheint – beispielsweise bei fahrlässiger Fahrweise mit Todesfolge.

Der Betroffene kann in der Regel seinen Prozeßbevollmächtigten selbst wählen, auch dort, wo das Gericht die Ernennung vornimmt; wird von dieser Möglichkeit kein Gebrauch gemacht, so übernimmt das Gericht die Bestellung eines Anwalts. Die Honorarfestsetzung in diesen Fällen folgt den gleichen Regeln wie Bewilligungen einer Verfahrenskostenbefreiung seitens des Justizministeriums. 1971 bewilligte das Justizministerium 503 Anträge auf Befreiung von Verfahrenskosten. 23 wurden teilweise bewilligt, während 244 abschlägig beschieden wurden. Die 770 Anträge verteilten sich auf folgende Streitgegenstände.

Befreiung von Verfahrenskosten aufgrund von Gerichtsbeschluß ist nicht in der Tabelle enthalten. Würde man diese Fälle berücksichtigen, so dürften Strafsachen, Ehesachen und Vaterschaftssachen die größten Gruppen bilden. Die Ausgaben für die Befreiung von Verfahrenskosten beliefen sich 1971 auf etwas weniger als 5.000.000 nkr (2.500.000,– DM).

Arbeitsrecht	Erbrecht	Vaterschaft	Ehesachen	Eigentumsverhältnisse	Schadenersatz	Mietsachen	andere Sachen
28	37	30	27	72	271	44	261

3 Das Büro für freie Rechtshilfe in Oslo (17)

Das Büro für freie Rechtshilfe in Oslo stellt eine Ausnahme von der Regel dar, daß die öffentlich finanzierte Rechtshilfe im vor- und außergerichtlichen Raum von privatpraktizierenden Anwälten geleistet wird. Das Büro wurde 1892 auf private Initiative errichtet. Die Verantwortung für das Büro ging im Jahre 1923 auf die Stadt Oslo über. Heute werden seine Kosten teils aus staatlichen, teils aus kommunalen Mitteln getragen. Die kostenlose Rechtsberatung wird hier von juristischen Beratern des Büros geleistet, die entweder fest oder auf Teilzeitbasis beschäftigt sind. Das Büro ist nicht an die Einkommensgrenzen gebunden, die ansonsten für freie Rechtsberatung gelten. Soweit es sich um einfache Beratungen handelt, wird in der Regel nicht nach den Einkommensverhältnissen der Klienten gefragt. Ist das Problem jedoch komplizierter, so wird die Gewährung freier Rechtsberatung einer genaueren Prüfung unterzogen. Auch hier geht aber die Bewilligungspraxis wesentlich über die wirtschaftlichen Grenzen hinaus, die die Regeln für freie Rechtsberatung festsetzen.

Soll das Problem gerichtlich geklärt werden, so wird auf einen privatpraktizierenden Anwalt verwiesen, der Mitglied des dem Büro zugeordneten prozeßführenden Ausschusses ist.

Innerhalb des Gebiets, dem das Büro zugeordnet ist – Oslo und der Ahershus-Distrikt – entfällt die Möglichkeit freier Rechtsberatung bei privatpraktizierenden Anwälten. Der Ratsuchende kann sich lediglich an das Büro für freie Rechtshilfe wenden.

Die Statistik des Büros beruht auf der Anzahl von Beratungen pro Jahr. Daher ist es schwierig, genau anzugeben, wie viele Personen sich im Laufe eines Jahres an das Büro wenden. Ein Vertreter des Büros schätzte gegenüber dem Verfasser, daß sich 1974 zwischen 7000 und 8000 (18) Personen mit Fragen an das Büro gewendet haben. Diese Zahl liegt erheblich über der Anzahl bewilligter freier Rechtsberatungen für das Land insgesamt. Noch auffälliger wird dieser Unterschied, wenn man in Betracht zieht, daß das Büro nur etwa ein Fünftel der Bevölkerung des Landes anspricht.

4 Forschung zum Rechtshilfebedarf

In den letzten Jahren hat das Problem der Rechtshilfe bei jüngeren Juristen und Rechtssoziologen in Norwegen erhebliches Interesse gefunden. Das wiederum hat zu mehreren Projekten geführt, deren Hauptziel in der näheren Bestandsaufnahme und Analyse des Rechtshilfebedarfs liegt. Einige dieser Projekte zielten darüber hinaus auf Leistung konkreter Rechtshilfe für die Bevölkerungsgruppen, mit denen man in Kontakt kam. Einige der wichtigsten Projekte will ich hier näher beschreiben.

4.1 Die Rechtshilfeuntersuchung von 1971 (19)

Diese Untersuchung basierte auf einer Auswahl von 138 Haushalten in zwei älteren Wohnblocks in Oslo. Insgesamt 91 dieser Haushalte erklärten sich zu einer Teilnahme an einer relativ umfassenden Interviewerhebung über Rechtsfragen bereit. Sämtlichen Befragten wurde juristische Hilfe bei der Lösung der aufgedeckten Probleme angeboten:
Die Wohnverhältnisse dieser Haushalte waren durchgehend relativ schlecht. Die Altersverteilung ergab einen erheblich höheren Anteil Älterer als im Durchschnitt von Oslo. Über die Hälfte der Haushalte hatte 1970 ein Gesamteinkommen von weniger als 24.000 nkr (12.000,– DM); beinahe ein Drittel verdiente weniger als 12.000 nkr (6.000,– DM); niemand verdiente mehr als 60.000 nkr (30.000,– DM). Von den 123 über 20jährigen Befragten bezogen 51 Rente, waren 41 Arbeiter, 12 im eigenen Haushalt tätig und 8 Angestellte. Über die Hälfte der Haushalte bezog staatliche Renten oder Sozialleistungen.
In diesen 91 Haushalten wurden 227 Rechtsprobleme benannt; von diesen fielen 102 unter die Kategorie sozialrechtlicher Probleme, 54 unter Wohnprobleme und 26 unter Steuerprobleme. Es zeigte sich ein Zusammenhang zwischen Problemanzahl und steigendem Alter. Darüber hinaus waren die Ärmsten klar überrepräsentiert in bezug auf Problemanzahl. Sozial- und Altersrentner hatten mehr Probleme als Personen mit Arbeitseinkommen. Von den 227 registrierten Problemen wurden 122 während des Interviews von den Befragten selbst genannt; die übrigen 105 wurden von den Interviewern „gefunden". 94 der Probleme waren ungelöst geblieben, weil die Befragten unwissend oder unsicher über rechtliche Möglichkeiten waren, bei 64 waren frühere Lösungsversuche unternommen worden, ohne daß sie zu einem Resultat geführt hätten.

Bei 15 Problemen genügte eine Unterrichtung über die rechtlichen Bestimmungen. In 176 Fällen schlugen die Interviewer weitere Anstrengungen zur Lösung des Problems vor. Dazu waren die Betroffenen in 23 der Fälle nicht bereit; bei 7 entfiel das Problem vor der Entscheidung, während 2 Fälle beim Abschluß der Untersuchung immer noch behandelt wurden. Von den übrigen 144 Sachen wurde in 58 Fällen nichts erreicht, während 86 – also beinahe zwei Drittel – von den Untersuchenden mit zufriedenstellendem Ergebnis gelöst wurden. Unter anderem erreichte die Untersuchung bedeutende Aus- und Nachzahlungen von Steuern und Sozialleistungen. Zusammen wurden den Klienten beinahe 40.000 nkr (20.000,– DM) an jährlichen Leistungen ausgezahlt und etwas über 100.000 nkr (50.000,– DM) an einmaligen Leistungen (20). Insofern konnte die Untersuchung bei den befragten Haushalten einen erheblichen ungedeckten Rechtshilfebedarf feststellen.
In einer Beurteilung des aufgedeckten Rechtshilfebedarfs aus der Perspektive des gegenwärtigen Rechtshilfeangebots betonen die Verfasser, das Angebot sei eher abwartend, d.h. die Klienten müßten den Anwalt aufsuchen und nicht umgekehrt. Im allgemeinen wird diese Angebotsform als vorgegeben (und damit als unveränderbar) angesehen – von ihr wird angenommen, sie bilde die beste Grundlage für die Arbeit der Anwälte im „Interesse der Rechtssicherheit". Dagegen betonten die Verfasser, ihre Untersuchung weise ziemlich klar nach, daß den Klienten, die keinen Anwalt aufsuchen, keineswegs ein geringerer Rechtshilfebedarf unterstellt werden dürfe. Zum einen belegen die Resultate der Projekt-Rechtshilfe, daß besonders Minderbemittelte eine ganze Reihe von Forderungen haben, die sie nie geltend machen. Andererseits haben sie schon deshalb einen größeren Rechtshilfebedarf,

weil sie minderbemittelt sind – sie können es sich noch weniger als andere leisten, auf potentiell erreichbare Güter zu verzichten.
Die Verfasser stellen ferner fest, daß der Großteil der Projektarbeit aus Rechtshilfe im Sinne des Rechtshilfegesetzes bestanden habe – also unter das Anwaltmonopol gefallen sei. Der in der Erhebung festgestellte Rechtshilfebedarf richtete sich also klar an die Adresse der Anwälte. Die Verfasser können daher behaupten, das Rechtshilfeangebot müsse so organisiert werden, daß Helfer und Bedürftige einander näher kommen können. Denn weder die privatpraktizierenden Anwälte oder das Büro für freie Rechtshilfe in Oslo stellen in dieser Hinsicht eine vertretbare Lösung dar. Die Verfasser warnen aber auch vor übertriebenem Optimismus – daß ein gesteigertes Engagement in der Form traditioneller Rechtshilfe fundamentale soziale Probleme lösen können. Sie betonen, „so lange einige reich und einige arm seien, sei dies im großen und ganzen ein Zustand in *Übereinstimmung* mit geltendem Recht ..." (21); sie setzen sich daher dafür ein, daß Rechtshilfe weitergehende Zielsetzungen haben müsse, als lediglich individuelle, aktuelle Probleme mit traditionellen juristischen Techniken zu lösen.

4.2 Der Rechtshilfe-Bus (Juss-Buss) (22)

Der Rechtshilfe-Bus ist eine Einrichtung der Rechtshilfe und Rechtspolitik und wird über das Institut für Rechtssoziologie an der Universität Oslo betrieben. An seiner Arbeit sind hauptsächlich Jurastudenten beteiligt, es wurden aber auch jüngere fertigausgebildete Juristen hinzugezogen. Der organisierte Leiter ist Jurist und wird aus Universitätsmitteln bezahlt.
Die Rechtshilfe dieser Einrichtung lief im Herbst 1971 in Oslo an und wird seitdem ausgeübt. In den ersten Jahren wurde die Tätigkeit in einem eigens für diesen Zweck gekauften und eingerichteten Bus betrieben, daher der Name Juss-Buss. In seiner ersten Phase intendierte das Projekt Aufklärung und Hilfe in Rechtsfragen für den Osloer Durchschnittsbürger. Während der Projektlaufzeit ist diese Zielsetzung jedoch erheblich erweitert worden. An einer ganzen Reihe von „Haltestellen" in Oslo und Umgebung empfängt dieser Rechtshilfe-Bus seit 1971 Publikum und bearbeitet dessen Probleme. Über diese Tätigkeit gibt es keine vollständigen statistischen Unterlagen; teilweise sind jedoch Übersichten ausgearbeitet worden (23). Eine dieser Übersichten bezieht sich auf den Zeitraum vom 24.9.1971 bis zum 5.2.1973, also etwa eineinhalb Jahre. In diesem Zeitraum bearbeitete der Rechtshilfe-Bus annähernd 2000 Anfragen.
18 % der Klienten bezeichneten sich als Arbeiter, 16 % als Angestellte, 15 % als im eigenen Haushalt tätig und 13 % als Rentner. Etwas mehr als ein Viertel verdiente weniger als 25.000 nkr (12.500,– DM), während 5 % über 60.000 nkr (30.000,– DM) verdienten. Etwas mehr als die Hälfte der Klienten waren Männer. Es sieht so aus, als ob das Projekt im starken Maße Rechtsprobleme der Durchschnittsbevölkerung aufnimmt – relativ wenige der Kontaktpersonen gehörten zu den Ärmsten der Armen und relativ wenige waren besonders wohlhabend.
Die größten Fallgruppen nach Rechtsgebieten waren Erbrecht (18 %), Steuerrecht (13 %), Familienrecht (10 %), Mietrecht (10 %), Renten- und Sozialrecht (8 %).

Trotz des größten Anteils erforderten Erbschaftsprobleme im großen und ganzen den geringsten Arbeitsaufwand. Steuerrechtliche Anfragen fielen besonders in die Zeitperiode, in der Steuererklärungen ausgefüllt werden sollten – der Arbeitsauf-

wand bezog sich hier im großen und ganzen auf solche Hilfestellungen. Ein Großteil der familienrechtlichen Probleme waren Fragen der Unterhaltsverpflichtung und Erziehungsberechtigung. Mietsachen betrafen oft versäumte Instandhaltungspflichten von Wohnungseigentümern oder Fragen der rechtlichen Zulässigkeit von Mietererhöhungen. Ebenfalls wurden zahlreiche Fragen in Verbindung mit Kündigungen, Mietverhältnissen als Folge von Arbeitsverhältnissen behandelt, sowie Kautionszahlungen „unter dem Tisch" bei Eingehung oder Verlängerung von Mietverträgen. Einzelne dieser Probleme waren ziemlich weitläufig und führten zur Bildung gesonderter Arbeitsgruppen mit einem bestimmten Arbeitsfeld. Die Renten- und Sozialrechtssachen waren meist besonders umfangreich und arbeitsintensiv. Dies hängt teilweise damit zusammen, daß die Projektteilnehmer keine Möglichkeit hatten, sich an andere Rechtshilfestellen zu wenden. Die Anwälte in Norwegen beschäftigen sich normalerweise nicht besonders mit renten- und sozialrechtlichen Problemstellungen. Aber auch die gegebenen Rechts- und Zuständigkeitsverhältnisse haben für den einzelnen Klienten eine Durchsetzung seiner Probleme erschwert.
Durch seine Rechtshilfetätigkeit ist der Rechtshilfe-Bus auch mit besonders schlechtgestellten gesellschaftlichen Gruppen in Kontakt gekommen. Hier dreht es sich u.a. um Gastarbeiter, Zigeuner, Obdachlose, Alkoholiker und Mieter in Sanierungsgebieten. Das Projekt bildete besondere Arbeitsgruppen, um mit diesen Problemen arbeiten zu können. Bald zeigte es sich, daß die traditionelle, individuelle Rechtshilfe bei der Abhilfe dieser umfangreichen Rechtsprobleme solcher Gruppen völlig unzureichend war. Aus solchen Gründen wurde das Projekt auch rechtspolitisch aktiv, mit der Zielsetzung rechtlicher Neuregelung der dringendsten Bedürfnisse. Diese Projektarbeit ist sehr schwierig, hat aber immerhin zu einer ganzen Reihe von Gesetzes- und Vorschriftenänderungen geführt, die für die betroffenen Gruppen von erheblicher Wichtigkeit sind. Es würde allerdings den Rahmen dieses Berichts sprengen, wollte man noch stärker auf die wertvolle Arbeit dieses Projekts eingehen.

4.3 Rechtshilfeprobleme der geographischen Peripherie (24)

Die beiden erwähnten Rechtshilfeuntersuchungen konzentrieren sich beide auf den Großraum Oslo – das am stärksten verstädterte Gebiet in Norwegen. Um den Rechtshilfebedarf in den ländlichen Gebieten genauer zu untersuchen, begann Juss-Buss 1974 ein Projekt im Distrikt Tromsø in Nord-Norwegen (in Zusammenarbeit mit dem Institut für Gesellschaftswissenschaften der Universität Tromsø). Das Projekt erhielt den Namen „Juss-Buss i Tromsø" (Rechtshilfe-Bus im Distrikt Tromsø) und wird vom Verfasser dieses Berichts geleitet. Die Projektdaten sind noch nicht fertig ausgewertet – die folgenden Auskünfte basieren auf einer Arbeitsnotiz, die im Mai dieses Jahres auf einer Rechtshilfekonferenz des Justizministeriums vorgelegt wurde. Die Untersuchung des Rechtshilfebedarfs durch das Projekt stand unter zwei Hauptzielsetzungen: 1. Informationsbeschaffung über den totalen Umfang des Rechtshilfebedarfs in diesem Distrikt, 2. Darstellung der Wirkungen verschiedener fachgebundener Arten von Rechtshilfe.
Den ersten Teil der Problemstellung versuchte man über eine persönliche Befragung in zwei ländlichen Gemeinden, 40 bzw. 60 km von der Stadt Tromsø entfernt, abzudecken. Die Bevölkerung dieser Landgemeinden setzt sich hauptsächlich aus Hausfrauen, Fischern, Arbeitern, Rentnern und Behinderten zusammen. Das Jahreseinkommen liegt zwischen 10.000 und 50.000 nkr (5.000,– und 25.000,– DM); diese Einkommenshöhe kann in Norwegen als durchschnittlich gelten.

Alle 119 Haushalte dieser beiden Landgemeinden wurden zu einer Teilnahme an einer intensiven Befragung über Rechtsfragen aufgefordert. Allen Haushalten wurde kostenfreie Rechtshilfe für die im Laufe der Untersuchung aufgedeckten Probleme angeboten. 111 Haushalte nahmen an der Befragung teil; 60 % der Befragungen förderten Probleme zu Tage, die der Haushalt mit Hilfe der Unterstützung des Projekts lösen wollte. Die wichtigsten Rechtsgebiete waren Steuerrecht (15 %), Rechtsfragen zu Eigentumsverhältnissen (15 %), Wohnrecht (13 %), Sozialrecht (12 %) und Rentenrecht (11 %), die beiden letzten Kategorien machten also beinahe ein Viertel der gesamten Fälle aus. Zwei Drittel der Fälle standen in deutlichem Zusammenhang mit öffentlicher Verwaltungstätigkeit; die zentrale Stellung der öffentlichen Verwaltung als Problem verursachender Faktor wird auch sichtbar, wenn man die Rechtsgegner in den einzelnen Fällen betrachtet. Sieht man von „gegnerlosen" Fällen ab, so ist die öffentliche Verwaltung in 70 % der Fälle, die als Konflikte klassifiziert werden konnten, der Gegner.

Die praktische Hilfe des Projekts bestand in den meisten Fällen in einer juristischen Beurteilung der Sache – mit Ratschlägen an den Klienten – hinsichtlich des weiteren Vorgehens. In einem Viertel der Fälle vertrat das Projekt den Klienten gegenüber der gegnerischen Partei. Der Bedarf an Parteivertretung trat besonders bei Konflikten mit der öffentlichen Verwaltung und privaten Organisationen deutlich hervor. War die Gegenseite eine private Person, so waren die Klienten besser imstande, ihren Fall selbst in die Hand zu nehmen, nachdem man sie zuvor über die rechtlichen Konsequenzen informiert hatte.

Der größte Teil der Fälle bestand aus Problemen, die für die Klienten wichtig waren; jeder 10. Haushalt hatte einen Fall von zentraler Bedeutung. Ein Drittel der Haushalte in den beiden Landgemeinden hatte 3 oder mehr Problemfälle.

Die Klienten hatten nur in geringem Ausmaß versucht, ihre Fälle selbst zu lösen; der wichtigste Grund dafür scheint eine allgemeine Ohnmacht zu sein, die teils mit mangelnder Rechtskenntnis der Klienten zusammenhängt, teils aber mit Mängeln des bestehenden Rechtshilfesystems.

Die Haltung der Klienten gegenüber dem gegenwärtigen Rechtshilfesystem war von Pessimismus geprägt; etwa die Hälfte von ihnen hatte keine feste Ansicht von dem System und seiner Brauchbarkeit, beinahe alle übrigen waren unzufrieden. Die wichtigsten Einwände bezogen sich auf die Kosten, aber auch Probleme der Beschaffung notwendigen Beistandes wurden oft erwähnt. Auch Zeitaufwand für die Reise und die Schwierigkeit, den Fall der richtigen zuständigen Person unterbreiten zu können, wurden als wichtige Hinderungsgründe genannt.

Zur Abdeckung der zweiten Hauptproblemstellung des Projekts wurden zwei weitere Gebiete im Distrikt Tromsø ausgewählt – auch hier wurde der Bevölkerung kostenfreie Rechtshilfe angeboten, entsprechend dem Angebot aus der Befragung. Sämtliche Haushalte in diesen zwei Gebieten wurden über dieses Angebot informiert.

In dem einen Gebiet – einer Insel an der Küste – wurden die Klienten in einem Volkswagenbus empfangen, der als Projektbüro diente. Dieser „Bürobus" stand abwechselnd in allen Siedlungsgebieten der Insel.

Das andere Untersuchungsgebiet lag im Landesinnern – hier wurde im kommunalen Zentrum ein Büro eingerichtet. Dies bedeutete für die Klientel eine maximale Anreise von 50–60 km.

Das Projekt behandelte hier diejenigen Sachen, die von den Klienten selbst erwähnt wurden; es wurde nicht gefragt, ob sie andere Rechtsprobleme hatten. Der Filtereffekt war erheblich. Das ambulante Büro nahm Rechtsfälle von 12 % der Haushalte entgegen, während das Büro im kommunalen Zentrum von 5 % der Haushalte in Anspruch genommen wurde – gegenüber 60 % in der Befragung. Dieser Filtereffekt scheint in Familiensachen und Sozialsachen besonders stark zu sein.

Auch wenn der Filtereffekt bei diesen beiden Angeboten, verglichen mit der aufsuchenden Befragung, stark war, so scheint von entscheidender Bedeutung für den Erreichungsprozentsatz die Schwierigkeit zu sein, zum Rechtshelfer zu kommen.
In beiden Gebieten nahm das Projekt über die Hälfte der Fälle am ersten Arbeitstag entgegen – in der Folgeperiode sank die Anfragefrequenz in beiden Gebieten relativ gleichmäßig. Dies deutet darauf hin, daß in den ländlichen Gebieten ein angestauter und akuter Rechtshilfebedarf vorliegt; verglichen mit dem Büro für freie Rechtshilfe in Oslo würden Anfragen von 12 % der Haushalte in Oslo und Akershys 25.000 Anfragen bedeutet haben, bzw. bei 5 % 10.000–12.000 Anfragen. 1974 empfing das Büro für freie Rechtshilfe in Oslo, wie bereits erwähnt, zwischen 7.000 und 8.000 Anfragen. Selbst das am besten ausgebaute Rechtshilfebüro in Norwegen hat also eine jährliche Anfragehäufigkeit, die wesentlich unter der von diesem Projekt registrierten, im Laufe von 6–7 Arbeitstagen liegt.
Keiner der bei der Befragung registrierten Fälle scheint einer abschließenden gerichtlichen Lösung zu bedürfen; nur wenige der anderen Fälle werden vermutlich dort zu lösen sein. Daher ist anzunehmen, daß das größte Problem des Rechtshilfesektors in einem Bedarf an Rechtshilfe jenseits akuter Bedrohung liegt.

4.4 Die Rechtshilfefunktion der Anwälte (25)

Der norwegische Rechtssoziologe Erling Hösteng Albrechtsen hat sich in mehreren Arbeiten mit der Tätigkeit der Anwaltsprofessoren in Norwegen beschäftigt. Seine Forschungsergebnisse zeigen, daß die Organisationsform der Anwaltstätigkeit als privatwirtschaftlicher Betrieb dazu beiträgt, die allgemeine Loyalitätsorientierung wichtiger und breiter Anwaltskreise auf die Kapitalseite der Gesellschaft und auf den rechten Flügel der täglichen Politik zu ziehen. Ebensowenig braucht bezweifelt werden, daß die enge Zusammenarbeit mit der Privatwirtschaft Bedeutung für die Entwicklung des durchschnittlichen Honorarniveaus für Anwaltsleistungen hat. Dies führt zu einem Rechtshilfemarkt, auf dem es für wirtschaftlich schlechtgestellte Gesellschaftsschichten schwierig wird, Beistand zu erhalten. Die Orientierung auf die Privatwirtschaft hat darüber hinaus zu einer geographisch einseitigen Verteilung der Anwälte geführt; 50 % der aktiven Mitglieder der norwegischen Anwaltsvereinigung hatten 1971 ihre Büroadresse in Oslo. Auch innerhalb Oslos ist die Zentralisierung relativ stark; es zeigt sich, daß innerhalb eines Gebiets von knapp einem Quadratkilometer gut 40 % der aktiven Mitglieder des Anwaltvereins praktizieren. Albrechtsen faßt seine Hauptschlußfolgerungen in drei Punkten zusammen:

1. Ein wichtiges Element der Rechtssicherheit – Forderung nach realer Gleichbehandlung – kann nur schwer realisiert werden unter den Bedingungen, die das traditionelle Anwaltsmodell und die professionelle Organisation auf dem Rechtshilfemarkt schaffen.
2. In erster Linie diejenigen, die über reichliche wirtschaftliche Mittel verfügen, können sich das Dienstleistungsangebot von Anwälten unter diesen Bedingungen zunutze machen – während eine ganze Reihe von Barrieren kleine Leute darin hindert, die Hilfe zu erhalten, derer sie bedürfen.

3. Die Tendenz derzeitiger Veränderungen in der Gesellschaft deutet darauf hin, daß die erwähnten Verhältnisse sich weiter verschärfen. Es zeigt sich eine gegensätzliche Tendenz: Eine Reihe gesellschaftlicher Probleme wird umfangreicher und spitzt sich zu, während Rechtshilfedienstleistungen tatsächlich unabhängiger Anwälte ein immer knapperes Gut werden.

III. Reformtätigkeit auf dem Rechtshilfesektor

Das eklatante Mißverhältnis zwischen gegebenem Rechtshilfeangebot und dem allmählich durch die Rechtshilfeforschung aufgedeckten, faktischen Rechtshilfebedarf gab den Anstoß zu einer Debatte über Reformen dieses Systems. Vor einigen Jahren setzte das Justizministerium einen öffentlichen Rechtshilfeausschuß ein, dem eine nähere Untersuchung des Problems übertragen wurde. Im Rahmen dieser Untersuchungsarbeit wurde am 5. und 6. Mai dieses Jahres, unter Federführung des Justizministeriums in Oslo, eine größere Rechtshilfekonferenz veranstaltet. An der Konferenz nahm eine ganze Reihe verschiedener Instanzen und Organisationen teil, die sich normalerweise mit solchen Problemen in den verschiedenen gesellschaftlichen Bereichen beschäftigen.
Es herrschte weitgehend Einigkeit darüber, daß ein erheblicher Reformbedarf besteht; erwartungsgemäß variierten die Ansichten über den Aufbau eines zukünftigen Rechtshilfesystems jedoch erheblich.
Von seiten der Anwälte wurde stark betont, daß auch zukünftig dem privatpraktizierenden Anwalt die Funktion des zentralen Rechtshelfers zukommen müsse. Nur ein solches System könne einen an Klienten orientierten und unabhängigen Beistand hinreichend garantieren. Daher waren die Anwälte primär an einer Anhebung der Einkommensrahmenbestimmungen für freie Rechtshilfe, wie auch der Honorarsätze, interessiert. Darüber hinaus meinte man, das Antragsverfahren bedürfe wesentlicher Vereinfachungen.
Seitens des Justizministeriums wurde insbesondere die Notwendigkeit einer Besserung der Informations- und Dienstleistungstätigkeit innerhalb der Verwaltung hervorgehoben. Der Justizminister äußerte seine Zuversicht, daß hier noch wesentliches erreicht werden könne.
Mehrere Personen mit Erfahrungen aus öffentlicher Rechtshilfetätigkeit und aus der Rechtshilfeforschung äußerten sich erst skeptisch im Hinblick auf die Reichweite dieser Reformen. Mehrere setzten sich für die Errichtung öffentlicher Büros ein.
Sichere Aussagen über das zukünftige Rechtshilfewesen in Norwegen sind wohl verfrüht; letztendlich wird dies von der Frage abhängen, wieviel Mittel man bereit ist in eine Verbesserung des Systems zu investieren. Anstatt hierüber mehr oder weniger diszipliniert zu spekulieren, werde ich im letzten Abschnitt einige grundsätzliche Bemerkungen zur Organisierung von Rechtshilfediensten machen – basierend auf eigenen Erfahrungen.

IV. Organisation des Rechtshilfedienstes (26)

1 Allgemeines

Der von den Rechtshilfeuntersuchungen aufgedeckte Rechtshilfebedarf hat erheblichen Umfang. Dieser Bedarf scheint in hohem Maße mit der gesellschaftlichen Entwicklung zusammenzuhängen, schon insofern, als er offensichtlich mit dem Wachstum des öffentlichen Steuerungs- und Wohlfahrtsapparates verbunden ist. Eine Verhinderung dieser Entwicklung dürfte politisch kaum möglich sein, da sie eng mit der Entwicklung des modernen Industriestaats verbunden ist und überdies ja auch fundamentale gesellschaftliche Bedürfnisse berücksichtigt. Schon daher ist es begründet, für die Zukunft eher mit einer Zunahme des Rechtshilfebedarfs als mit einer Abnahme zu rechnen.

Die referierten Untersuchungen zeigen, daß einem Rechtshilfebedarf nicht durch traditionelle Rechtshilfe allein abgeholfen werden kann – ihm muß auch mit anderen Maßnahmen begegnet werden. Niedriges Problembewußtsein und mangelnde Fähigkeit, sich des öffentlichen Verwaltungsapparates zu bedienen, stellen ein bedeutsames Problem für die Volksaufklärung dar. Die durchschnittliche Orientierungsfähigkeit der Bevölkerung in verwaltungsrechtlichen Fragen bedarf einer erheblichen Verbesserung. Eine allgemeine Information über öffentliche Regelungen kann diesem Problem vermutlich nur begrenzt abhelfen. Trotz relativ intensiver Information dürfte die Kenntnis öffentlicher Regelungen in der Bevölkerung durchgehend schlecht sein.

Die Beurteilung der eigenen rechtlichen Situation unter Berücksichtigung allgemeiner Bestimmungen ist ziemlich schwierig und setzt eine erhebliche formale Übung voraus. Rechtssoziologische Untersuchungen haben nachweisen können, daß eine aus juristischer Sicht relativ einfache Handhabung von Bestimmungen Nichtjuristen erhebliche Schwierigkeiten bereiten kann (27). Dies stimmt überein mit dem Eindruck, den wir aus unseren Rechtshilfeuntersuchungen erhalten haben; bei dem heutigen Schulbildungsniveau wäre es unrealistisch anzunehmen, man könne diesen Rechtshilfebedarf insbesondere durch traditionelle Rechtsinformation vermindern. Auch mit einer Vereinfachung der Rechtssprache wird man nicht viel weiter kommen, da sie auch in Zukunft einer allgemeinen Form bedarf. Eine umfassendere Rechtsinformation wird daher wohl zunächst das Gefühl dafür entwickeln, daß man Beistand braucht, und zwar Beistand bei der Ausnutzung aller rechtlichen Möglichkeiten, die man immer stärker wahrnimmt. Dies wiederum wird dem Rechtshilfesystem jedoch eher einen höheren Arbeitsanfall bescheren.

Auch mit einer radikalen Verbesserung individueller Beratungstätigkeit seitens der Verwaltung wäre bereits wesentliches gewonnen. Die meisten Beratungsfälle hätten sich leicht ohne besondere Probleme in dem zuständigen öffentlichen Büro klären lassen. Die Kapazität der Verwaltung ist wohl in der Tat der wichtigste begrenzte Faktor; solche Kapazitätsprobleme werden sich insbesondere in Distrikten mit schwach entwickelter Verwaltung bemerkbar machen, dort wiederum in den ärmsten Gemeinden der regionalen Randegebiete. Es ist jedoch auch mit erheblichem Widerwillen gegen eine allzu umfassende und „klientenfreundliche" Information in vielen der von den Rechtshilfeuntersuchungen kontaktierten Verwaltungsorganen zu rechnen. Dies gilt besonders für Fälle, wo der soziale Abstand zwischen Beamten und Klienten groß ist und die Mittel knapp sind. Die Sozialfälle bieten auch hier das beste Beispiel.

Der Grad von Unpersönlichkeit im Verhältnis zwischen Verwaltung und Klient hat ebenfalls Bedeutung für die konkrete Informationsweise; in urbanisierten Gebieten mit starker Verwaltung dürfte die Haushaltssituation der bestimmende Faktor sein. Sind die Mittel knapp, so dürfte die Verwaltung die Behandlung von Rechtsfällen einer Informationstätigkeit vorziehen. In den relativ überschaubaren Verhältnissen in ländlichen Gebieten erhält das Verhältnis zwischen örtlicher Verwaltung und dem einzelnen oft ein recht persönliches Gepräge; das wird in starkem Maße eine Situation begünstigen, in der Beamte eine gründliche Information auch dann bieten, wenn die Haushaltsmittel zu knapp sind, und zwar wegen persönlicher Bekanntschaft mit dem Klienten. Andererseits können nahe Sozialbeziehungen aber auch ungünstige Wirkungen haben. Da die Verwaltungseinheiten in diesen Gebieten in der Regel sehr klein sind und die räumliche Entfernung zu anderen kompetenten Organen weit, haben in Wirklichkeit die öffentlichen Organe, ja oft sogar einzelne Beamte, ein Informationsmonopol. Dies impliziert ein bedeutendes Machtpotential, in das persönliche und soziale Gegensätze hineinspielen können.
Bei einzelnen Fallarten ist das Verfahren zusätzlich so kompliziert, daß die Klienten beinahe notwendig den Überblick verlieren; nach diesen Kriterien erscheinen Baurechtssachen, Steuersachen, Renten- und Sozialsachen als besonders problematisch. Viele Klienten wandten sich an die Rechtshilfeprojekte, weil sie an der Zuverlässigkeit der Informationen, die sie im zuständigen Büro erhalten hatten, zweifelten. Die Untersuchungen zeigen, daß die Klienten gar nicht so selten unzureichende oder teilweise irreführende Auskünfte erhalten hatten. Ein wie großer Teil unzureichender Klienteninformationen auf fehlender Kapazität und mangelnder professioneller Kompetenz beruht oder inwieweit dies anderen Ursachen zuzuschreiben ist, kann oft nicht sicher entschieden werden. Diese Erfahrungen zeigen jedoch sehr deutlich, daß es einen Bedarf an Alternativen zur Informationstätigkeit der Verwaltungen gibt.
Es müssen Stellen eingerichtet werden, die den Klienten zur Verfügung stehen die ihre Probleme nicht selbständig lösen können – sei es aufgrund von sozialer oder persönlicher Mittellosigkeit oder aber weil der Fall zu kompliziert ist. Solche Einrichtungen werden außerdem dazu beitragen können, den Beschwerde- und Kontrollapparat, der allmählich in der öffentlichen Verwaltung aufgebaut worden ist, wirksamer zu machen. Ein Mangel an sachkundigem Beistand reduziert heute zweifelsohne die Möglichkeiten von Klienten, den Beschwerdeweg einzuschlagen.
Ein auf Klienten hin orientiertes Rechtshilfesystem dürfte auch in erheblichem Maße die Reibungsfläche zwischen öffentlichem und individuellem Bereich vermindern. Insbesondere bei ablehnenden Bescheiden dürften die Klienten naturgemäß oft wenig Vertrauen in die Begründungen haben, die von denselben Organen stammen, die für die Ablehnung verantwortlich sind. Ein guter Teil der Rechtshilfetätigkeit in den oben angeführten Projekten lief ja gerade auf eine Bewertung der Korrektheit eines vom Klienten entgegengenommenen Ablehnungsbescheides hinaus.

2 Finanzierung

Der Rechtshilfebedarf hängt nicht zuletzt mit den hohen Kosten zusammen, die ein Bemühen um Rechtshilfe verursachen kann. Zwei Drittel der Klienten in der Tromsø-Befragung hätten sicherlich 500 nkr (250,– DM) und mehr bezahlen müs-

sen, hätten sie den Fall einem Anwalt vorgelegt. Dies ist eine ziemlich hohe Ausgabe für Familien mit Jahreseinkommen zwischen 10.000 nkr (5.000,– DM) und 50.000 nkr (25.000,– DM). Schon aus diesen Gründen muß die Öffentlichkeit einen großen Teil der Ausgaben übernehmen, wenn die Angebote tatsächlich wirksam sein sollen. Sofern etwas für eine Rechtshilfeleistung bezahlt werden muß, ist die Berücksichtigung der Zahlungsfähigkeit wichtig; auch eine im voraus festgesetzte Höhe des Betrages, unabhängig vom Ausgang des Falles, ist hier wohl bedeutsam.
Dies wird dazu beitragen, wirtschaftliche Barrieren abzubauen, die die Bevölkerung an der Suche nach Rechtshilfe hindern. Wenn aber eine solche Reform wirksam werden soll, muß über sie erheblich gründlicher informiert werden als es bei dem jetzt geltenden System der Fall ist. Unter der Klientel der Rechtshilfeuntersuchungen hatte durchgehend nur ein kleiner Teil eine halbwegs hinreichende Kenntnis von öffentlicher Rechtshilfe und Rechtshilfeversicherungen. Großzügige Regelungen helfen wenig, solange sie wenig bekannt sind.
Will man einem Mißbrauch des Systems vorbeugen, so ist beim Gebrauch wirtschaftlicher Mittel Vorsicht geboten – denn dies trifft leicht die wirtschaftlich schwächsten Klienten. Erfahrungen aus den Rechtshilfeuntersuchungen deuten nicht darauf hin, daß „Querulanten" einen großen Teil des Publikums stellen. Will jemand offensichtlich unberechtigte Forderungen oder Klagen durchsetzen, so ist dies meistens nur auf mangelnden Überblick des Betroffenen zurückzuführen. Erheblich häufiger sind fehlende Information und Offenheit seitens der Verwaltung Ursachen solcher Unzufriedenheit. Reine Streitsüchtigkeit kommt nur sehr selten vor. Bleibt es dem Rechtshelfer freigestellt, die Verfolgung von Sachen abzulehnen, wenn er sie für hoffnungslos oder unvertretbar hält, so ist das wohl eine zufriedenstellende Lösung solcher Probleme.
Schließlich müssen die Finanzierungsregelungen sicherstellen, daß ein Rechtshilfeangebot sozial gerecht funktioniert. Soll der Umfang des Beistandes nach dem Wichtigkeitsgrad des Falles bestimmt werden, so muß dessen Bedeutung für den Klienten berücksichtigt werden. Der wirtschaftliche Streitwert muß daher in Beziehung gesetzt werden zur wirtschaftlichen Situation der Klienten, wenn man für Minderbemittelte den gleichen Grad an Bedarfsdeckung sicherstellen will wie für Wohlhabendere.

3 Entfernung

Die Untersuchungen weisen klar nach, daß die Entfernung zum Rechtshelfer von großer Bedeutung ist. Schon deshalb muß Rechtshilfe maximal dezentralisiert werden. Alle Daten zeigen, daß mit der Nähe des Helfers für den Klienten die Anfragefrequenz steigt. Die höchste Anfragefrequenz erhält man, wenn sich die Rechtshilfe direkt an den Klienten wendet. Dies ist jedoch auch die mit Abstand teuerste Regelung. Bei festem, „wartendem" Angebot muß die Rechtshilfe zumindest auf Gemeindeniveau zugänglich sein, und in den Städten müßten Distriktbüros eingerichtet werden. Bei einzelnen Fallarten kann ein wartendes Angebot mit aufsuchender Tätigkeit kombiniert werden. Ich denke hier besonders an Familien-, Behinderten- und Sozialsachen, wo ein Rechtshilfeangebot relativ einfach an die verwaltungsmäßige Behandlung der Probleme des Klienten gekoppelt werden könnte. Es ist also auch wichtig, Bedürfnissen Älterer, Behinderter und von Hausfrauen angemessen entgegenzukommen, da solche Gruppen oft Schwierigkeiten mit längeren Anfahrten haben.

Für eine Dezentralisierung sprechen auch andere Gründe. Die Klienten bedürfen eines hinreichenden persönlichen Kontaktes mit dem Rechtshelfer. Erfahrungen zeigen, daß die normale Bevölkerung oft erhebliche Probleme bei der schriftlichen Darstellung ihrer Probleme hat. So kann man sich nach einem persönlichen Gespräch mit dem Klienten normalerweise ein wesentlich besseres Bild von dem Fall machen. Die Klienten haben aber nicht nur Schwierigkeiten, ihre eigenen Probleme schriftlich auszudrücken, oft verstehen sie auch den Inhalt von Formularen und Schriftstücken, die ihnen geschickt werden, nicht; der Bedarf an ergänzender mündlicher Beratung scheint ziemlich groß zu sein. Dezentralisierung fördert auch Möglichkeiten einer hilfreich wirkenden Umgebung. Dies ist oft eine Voraussetzung für eine vernünftige Konfliktlösung – insbesondere dort, wo die Gegenpartei dem gleichen Milieu angehört.
Schließlich müssen die Angebote so sein, daß sie keinen überflüssigen Abstand zwischen Klienten und Rechtshilfe erzeugen. Die etwas informelle Art und Weise, in der die Rechtshilfeprojekte in der Öffentlichkeit vorgestellt wurden, hat deutlich einen positiven Effekt gehabt. Nicht wenige der Klienten dieser Projekte äußerten, sie fänden eine Diskussion mit einem Anwalt über ihre Probleme nicht schwierig.

4 Unabhängigkeit

Ein guter Rechtshilfedienst muß von der Situation der Klienten ausgehen; die fachliche Beurteilung der Fälle muß aus der (und nur aus der) Interessenlage des Klienten heraus erfolgen. Es ist sehr wichtig, daß der Rechtshelfer keinerlei Druck ausgesetzt werden kann, der Loyalitätskonflikte schaffen könnte. Der Rechtshilfedienst muß deshalb unabhängig von der öffentlichen Verwaltung sein. Dies gilt sowohl hinsichtlich individueller Fallbehandlung als auch hinsichtlich der allgemeineren Regelungen für die Rechtshilfe.
Die Tätigkeit muß außerdem von den Klienten wirtschaftlich unabhängig sein. Will man Gleichbehandlung sicherstellen, so muß wirtschaftliches Kalkül aus der Klientenwahl und Klientenbehandlung eliminiert werden. Ansonsten könnten andere Gesichtspunkte als die konkrete und prinzipielle Bedeutung des Falles selbst die Rechtshilfe beeinflussen.
Auch die soziale Unabhängigkeit des Rechtshelfers ist von gewisser Bedeutung. In der Regel gehören Juristen, sowohl in wirtschaftlicher wie in sozialer Hinsicht, den gesellschaftlichen Oberschichten an: Wohnen sie im gleichen Milieu, in dem sie auch arbeiten, so besteht ein erhebliches Risiko, daß sie in die höheren Schichten sozusagen hineingleiten und persönlich festgelegt werden. Dies kann zusätzliche Probleme im Verhältnis zu Klienten aus anderen sozialen Schichten aufwerfen und das Vertrauen in die Unabhängigkeit des Rechtshelfers schwächen.

5 Rechtspolitik

Wenn die Rechtshilfe ausgebaut wird, dann entsteht damit gleichzeitig eine Kontrollinstanz, die auf recht wirksame Weise weniger günstige Seiten des Rechtssystems registrieren könnte. „Rückkoppelung" (feed-back) an die Gesetzesgebung wird schon seit längerer Zeit in Norwegen als Problem angesehen. Wird die Rechtshilfetätigkeit in hinreichend großem Umfang betrieben, so dürfte die Fallmenge wertvolle Informationen enthalten. Um diese Möglichkeit nutzen zu können, ist es wichtig, dem Rechtshilfeapparat die Arbeit an solchen rechtspolitischen Fragen, mit denen er in Kontakt kommt, zu ermöglichen. Die Natur der Sache legt hier eine Zusammenarbeit mit der Forschung geradezu nahe. Die Kombination aus Einzelfallbehandlung, Forschung und Wahrnehmung von Klienteninteressen in der Gesetzgebungsarbeit hat sich in den Rechtshilfeprojekten als eine fruchtbare Arbeitsform erwiesen; eine Entwicklung solcher kombinatorischer Verbindungslinien ist daher auch in einem festinstitutionalisierten Rechtshilfedienst geboten.

6 Organisationsformen

Wenn die ingangzusetzenden Reformen dem hier beschriebenen Bedarf abhelfen sollen, ist die Errichtung relativ zahlreicher öffentlicher Rechtshilfebüros erforderlich. Die Annahme, norwegische Anwälte würden imstande sein, eine erheblich gesteigerte Nachfrage seitens des breiten Publikums nach Rechtshilfe – als notwendige Folge eines Ausbaus der Rechtshilfe – zu decken, wird hier kaum als realistisch angesehen. Vieles deutet darauf hin, daß die Anwaltsdichte sogar noch deutlich unter der *gegenwärtigen* Nachfrage liegt. Gleichwohl hat die Profession erhebliche Rekrutierungsprobleme, trotz der guten Verdienstchancen in diesem Beruf. Wenn der Rechtshilfebedarf, wie er von den Rechtshilfeuntersuchungen ermittelt worden ist, ebenfalls von den Anwälten gedeckt werden soll, wird dies eine erhebliche Verschiebung der Tätigkeit des Durchschnittsanwalts erfordern. Dabei stellt sich die Frage, wie viele der heutigen Anwälte eigentlich daran interessiert sein können. Es besteht wohl eher die Gefahr, daß Aufgaben dieser Art bei einer ohnehin schon angespannten Arbeitssituation hintenangestellt werden würden – mit entsprechend negativen Auswirkungen auf Qualität und Effektivität solcher Rechtshilfe. Dessen ungeachtet kommt privatpraktizierenden Anwälten eine wichtige *ergänzende* Funktion gegenüber öffentlichen Rechtshilfebüros zu.
Vieles spricht dafür, daß solche öffentliche Rechtshilfebüros eine informellere Klientenbehandlung anstreben sollten, als sie in traditioneller Anwaltstätigkeit üblich ist. Den sozialen Aspekten der Tätigkeit müßte erhebliche Aufmerksamkeit gewidmet werden – solche Rechtshelfer bedürften einer zusätzlichen Spezialausbildung in Sozialarbeit. Vieles spricht auch dafür, eine Praxis in solchen Büros zu einem integrativen Bestandteil der juristischen Berufsausbildung zu machen. Vielleicht sollte sich das Personal eines solchen Büros aus einem Kern fest Angestellter und dazu aus auf Jahresvertragsbasis engagierten jüngeren Juristen zusammensetzen – diese dürften sich auch leichter einen solchen Arbeitsstil aneignen können als etabliertere Anwälte.

Summary

The first part of this report gives a picture of the existing Norwegian legal services. Free legal advice is provided in Norway by public authorities and in some cases by courts. Legal aid is also given by lawyers in private practice – usually at considerable expense, free, however, to clients passing a means test. A distinction must be made here between the provision of free legal advice (fri rettsrad) and the free representation of a client in court (fri sakførsel). In the Oslo area free legal advice is not given by lawyers in private practice but by the Legal Advice Bureau in Oslo; the latter would seem to attract a higher percentage of the local community than the former.

Secondly, the report outlines the organization and findings of the most important research projects carried out in the field of legal aid in recent years. There are the 1971 legal aid study, an investigation into the (subjective and objective) legal problems of the (mainly poor and old) inhabitants of two blocks of flats in Oslo, the Juss-Buss project run by Oslo University, which sheds light on the nature of legal problems troubling the average citizen but also on the legal needs of particular fringe groups of society, the Troms district project, a study of the legal problems of people in outlying areas, and the studies of Erling Hösteng Albrechtsen on the nature of legal services provided by lawyers in private practice.
Finally, some of the most important questions in the current public debate on reform are commented upon. Opinions as to the direction which reform should take vary but the writer takes the view that financial considerations must not be allowed to hamper the state from making it possible for all citizens with legal problems to obtain legal aid, that a dense network of institutions of legal aid should be set up all over the country to ensure easy access to one to every citizen, that such institutions should for various reasons be independent of both the public authorities and the lawyer in private practice, that they should provide a feedback of information to the legislator and, finally, that they should be staffed by young lawyers who have had special training in the field of social work and who are capable of creating an informal working climate and thus a closer relationship between client and legal adviser.

Anmerkungen

1 Lov om inkasso-, auksjons- og rettshjelpsvirksomhet (Gesetz über Inkasso-Versteigerungs- und Rechtshilfetätigkeit) v. 1.2.36, Nr. 3, § 6. Lov om rettergangsmåten i tvistemål (sivilprosessloven) (ZPO) vom 13.8.15, Nr. 6, § 44. Straffeprosessloven (StPO) vom 1.7.1887, Nr. 5, § 103.
2 Lov om domstolene (Gerichtsgesetz) vom 13.8.15, § 219.
3 Forvaltningsloven (Verwaltungsgesetz) vom 10.2.67, § 12.
4 Sivilprosesslovens (ZPO) § 44, Straffeprosesslovens (StPO) § 103.
5 Forvaltningslovens (Verwaltungsgesetz) §§ 11 og 17.
6 Das „Büro für freie Rechtshilfe" in Oslo stellt hier eine Ausnahme dar. Vgl. unten II.3.
7 Vgl. zum folgenden: Jens Sveinung Wegner: "Om fritt rettsråd" (Über freie Rechtsberatung), Lov og Rett 1972, S. 243–255.
8 Wegner, a.a.O., S. 244.
9 Quelle. Resymé av meldinger til Justisdepartementet om fritt rettsrådverks emda 1973 (Zusammenfassung der Mitteilungen an das JM über kostenfreie Rechtshilfe), Norsk Advokatblad Nr. 5, 1973.
10 Erlin Høsteng Albrechtsen: "Noen trekk ved ordningene med fri rettshjelp" (Einige Grundzüge kostenfreier Rechtshilfeordnungen), S. 24. Stensilskrifter fra Institutt for rettssosiologi og forvaltningslaere Nr. 7 (Oslo).
11 Vgl. dazu: Egil F. Jensen: "Fri sakførsel" (Befreiung von Verfahrenskosten), Lov og Rett 1971, S. 85–92.
12 Sivilprosesslovens (ZPO) § 423, vgl. Lov om born utanom ekteskap (Nichtehelichengesetz) vom 21.12.1956, Nr. 10, § 18.
13 Sivilprosesslovens (ZPO) § 476.
14 Lov om fritaking for militaertjeneste av overbevisningsgrunner (Gesetz zur KDV aus Gewissensgründen) vom 19. März 1965, § 8.
15 Straffeprosesslovens (StPO) § 100.
16 Straffeprosesslovens (StPO) § 103.
17 Wegner, a.a.O., S. 252. Ståle Eskeland/Just Finne: Rettshjelp (Rechtshilfe) S. 63–65, Oslo 1973.
18 Jon T. Johnsen: "Rettshjelpstjenesten i distriktene (Rechtshilfe in der Provinz) S. 26, Vervielfältiges Ms., 1975.
19 Dieses Projekt wird beschrieben bei Ståle Eskeland/Just Finne: "Rettsjhelp" S. 67–215. Die Zusammenfassung hier basiert primär auf meiner Rezension in Lov og Rett 1974, S. 325–328.
20 Eskeland und Finne, a.a.O., S. 202.
21 Eskeland und Finne, a.a.O., S. 212–215.

22 Gunnar de Capua: "Juss-Buss – en oversikt" (der Rechtshilfebus – ein Überblick) "Rettshjelp og samfunnsstruktur" (Rechtshilfe und Gesellschaftsstruktur), S. 69–90.

23 Gunnar de Capua: "Juss-Buss – første foreløpige virksomhets rapport (Der Rechtshilfebus – erster vorläufiger Tätigkeitsbericht) Stensilskrifter fra Institutt for rettssoliologi og forvaltningslaere Nr. 8, Gunnar de Capua: "Rettshjelpsvirksomheten i Juss-Buss" (Die Rechtshilfetätigkeit durch den Rechtshilfebus). Stensilskrifter fra Institutt for rettssosiologi og forvaltningslære Nr. 10.

24 Jon T. Johnsen: "Rettshjelpstjenesten i distriktene", vervielf. Ms., Institutt for samfunnsvitenskap, 1975 (Tromsø), Jon T. Johnsen: "Legal system and individual in a welfare state". S. 17–24, vervielf. Ms., Institutt for samfunnsvitenskap, 1975.

25 Erling Høsteng Albrechtsen: "Om advokater og advokatsøkning (über Anwälte und Anwaltsbeanspruchung, in: "Rettshjelp og samfunnsstruktur", S. 18–68.

26 Vgl. Johnsen: "Rettshjelpstjenesten i distriktene", S. 32–39.

27 Aubert, Eckhoff, Sveri: "En lov i søkelyset (Ein Gesetz unter der Lupe) S. 149–162, Oslo, 1952.

Dieser Beitrag wurde von Johannes Brinkmann, Universität Oslo, übersetzt.

Volker Knoppke-Wetzel

Rechtshilfe in den USA(1)

I. Zehn amerikanische Rechtshilfe-Modelle

Um ein Gefühl für die Nuancen des sozio-rechtlichen Problems der Rechtshilfe in den USA zu bekommen, ist es wohl didaktisch am geschicktesten, sich zuerst einen Überblick über die vielen bestehenden Organisationsformen zu schaffen. Im folgenden soll deshalb versucht werden, dem Leser einen Überblick durch kurze Beschreibungen und Analysen der Finanzierung, der Organisation, der Arbeitsweise, der Grundlagen und der Wirkungen von zehn der zur Zeit verbreitetsten Rechtshilfe-Modelle zu vermitteln, die in den USA zusätzlich zu der traditionellen Institution des frei praktizierenden Anwalts existieren, wobei einige teils direkt miteinander konkurrieren und andere sich gegenseitig ergänzen. (2)

1. Die Legal Aid Society (Rechtshilfeverein)

a) Entstehungsgeschichte

Legal Aid Societies leisten unentgeltliche außergerichtliche und gerichtliche Rechtshilfe, sind gewöhnlich private, durch Spenden finanzierte Organisationen und stellen den ältesten US-amerikanischen Versuch dar, Rechtshilfe für minderbemittelte Bürger zu leisten. (3) Die ursprüngliche Motivation für die Gründung der Legal Aid Societies für Personen, die sich keinen eigenen Anwalt leisten können, entsprang der Entrüstung vieler Bürger über den Mißbrauch der Gerichte durch jene, die sich einen Anwalt zur Vertretung vor Gericht leisten konnten. (4) Die erste US-amerikanische Rechtshilfe-Organisation wurde in New York von dem „Verein der Deutschen von New York" am 8.3.1876 als „Deutscher Rechtsschutzverein" gegründet, um die Ausbeutung neuangekommener deutscher Einwanderer zu verhindern. (5) Aus dieser „German Legal Aid Society" wurde 1880 die „New York Legal Aid Society", die noch heute als eine der größten Organisationen dieser Art besteht. Die erste Legal Aid Society, die ihre Türen Leuten *jeder* Nationalität und jeden Geschlechts öffnete, wurde 1888 in Chicago gegründet. (6) Nach der Jahrhundertwende wuchs die Zahl der Legal Aid Büros ständig, und um 1917 gab es solche Einrichtungen in 41 Städten. (7) Bis zu diesem Zeitpunkt bestanden die Legal Aid Büros noch ohne jegliche Verbindung untereinander, was sich erst 1923 mit der Gründung der Dachorganisation „National Association of Legal Aid Organizations" (heute: „National Legal Aid and Defender Association": NLADA) änderte. (8) Die meisten Legal Aid Büros wurden in Zusammenarbeit mit der jeweiligen örtlichen Bar Association (Anwaltsverein) eingerichtet; die Geldmittel wurden von karitativen Organisationen, Anwaltsvereinen sowie von aktiven Interessengruppen in den Gemeinden zur Verfügung gestellt. Das rapide Anwachsen wurde während der Depression etwas abge-

schwächt, aber bis 1960 stieg die Zahl der Legal Aid Organisationen immerhin auf 236 und die Zahl der Defender Büros, die auf Strafverteidigung spezialisiert sind, auf 110. Ihr gemeinsamer Jahresetat betrug damals weniger als vier Millionen Dollar (9), ihre angestellten Anwälte waren unterbezahlt und mußten unverhältnismäßig viele Fälle bearbeiten. (10)
Die meisten Rechtsanwälte, die aktiv als Angestellte oder als freiwillige Mitarbeiter an der Legal Aid Bewegung teilnahmen, waren besonders bis Anfang der 60er Jahre durch das Ziel der „equal justice" (d.h. Gerechtigkeit für alle nach dem Gleichheitsprinzip) und durch ihr persönliches Verantwortungsgefühl motiviert. Man verstand „equal justice" jedoch im Sinne von Perfektionierung (und damit auch Abschirmung) des Rechtssystems durch Maßnahmen, die jedem Bürger Gleichheit vor dem Gesetz garantieren würden. Dabei machte man sich hauptsächlich Gedanken über die Integrität des Rechtssystems, die durch das Bereitstellen eines einigermaßen qualifizierten Rechtsanwaltes für jedermann – ob reich oder arm – gesichert werden sollte. Die meisten Legal Aid Anwälte dachten dabei weniger an die soziale und wirtschaftliche Benachteiligung der minderbemittelten Bevölkerung (materielle Gerechtigkeit) als an die Zugangschancen (Verfahrensgerechtigkeit). Sie übersahen den engen Zusammenhang zwischen der Verweigerung von „equal justice" und der Perpetuierung ökonomischer Ungleichheit, zwischen dem prozessualen Gleichheitsprinzip und der Gleichheit im materiellen Recht. Wegen dieser Motivationen und der beschränkten Zielsetzung sowie wegen finanzieller Beschränkungen nahmen Legal Aid Society Anwälte hauptsächlich traditionelle Anwaltsfunktionen wahr und vernachlässigten gerade jene unkonventionellen Aufgaben, die wahrscheinlich eher einer Verbesserung des sozio-ökonomischen Status der finanziell oder sozial schwachen Bevölkerung dienten. (11)
Hinzu kommt, daß einige örtliche Anwaltskammern und manche frei praktizierenden Anwälte die Legal Aid Bewegung nur *passiv* unterstützten, und dies keineswegs aus Sorge um die Gerechtigkeit oder aus moralischer Verpflichtung. Vielmehr nährte sich ihre passive Befürwortung hauptsächlich aus der Hoffnung auf gewisse praktische Vorteile, die solche Legal Aid Büros für die Anwaltschaft zu bieten schienen: Die Legal Aid Büros würden unerwünschte, zahlungsunfähige Klienten von ihren Anwaltbüros fernhalten; sie würden noch ausstehende Gehaltszahlungen entlassener Arbeiter und Angestellter oder Unterhaltszahlungen für verlassene Ehefrauen sichern, die sonst der staatlichen Fürsorge zur Last gefallen wären; sie würden Personen, die noch nie vorher einen Anwalt aufgesucht hatten, über den Nutzen und die Notwendigkeit anwaltlicher Hilfe unterrichten, was wahrscheinlich zu einer erhöhten Inanspruchnahme von Anwälten und zu größerem Geschäftsanfall in den privaten Anwaltsbüros führen würde; sie würden jüngeren Mitgliedern der Anwaltschaft die Chance bieten, wertvolle Erfahrungen zu sammeln, und schließlich würden die Legal Aid Societies mithelfen, das öffentliche Ansehen der Anwaltschaft in der Bevölkerung zu verbessern. (12)

b) Finanzierung und Vorgehen

Legal Aid Societies werden hauptsächlich von privater Seite finanziert, und diese privaten Geldgeber beeinflussen stark die Politik der Einrichtungen. (13) Gelder kommen z.B. oft von privaten Wohltätigkeits- oder Sozialeinrichtungen, wobei die so finanzierten Rechtshilfebüros Bestandteil dieser Einrichtungen werden. Als sol-

che werden sie entsprechend dem Stellenwert finanziert, den die Rechtsberatung im Gesamtbudget der Einrichtung hat – er ist meistens niedrig. Außerdem ist die Finanzierung oft unsicher und Veränderungen unterworfen. Andere Finanzierungsquellen sind die örtlichen Anwaltsvereinigungen und Kommunalverwaltungen. Die Anwaltsvereinigungen steuern allerdings – obwohl sie die Politik beeinflussen – selten finanzielle Mittel für Rechtshilfeeinrichtungen bei. Gemischte Finanzierungsformen waren die erfolgreichsten, wahrscheinlich deshalb, weil eine Steuerung der Gelder den Einfluß auf die verfolgte Politik reduziert und die Mitarbeiter der Einrichtungen mehr Möglichkeiten haben, die Richtung zu bestimmen, als bei einer Alleinfinanzierung. Außerdem ist ein Etat, der aus verschiedenen Quellen gespeist wird, sicherer. Das Legal Aid Society-Modell ist durch eine solche gemischte Finanzierung gekennzeichnet. 1965 erhielten diese Einrichtungen in den USA ca. fünf Millionen Dollar, die hauptsächlich aus allgemeinen Wohltätigkeitsfonds – wie United Fund oder Community Chest – gezahlt wurden. Dies hatte offensichtlich zweierlei Auswirkungen auf den allgemeinen Kurs: Überwiegen des Wohltätigkeitscharakters gegenüber den Klienten und ein zögerndes Eingreifen bei geschäftlichen Auseinandersetzungen, die gegen zahlende Geschäftsleute gerichtet sein könnten. (14)
Der Wohltätigkeitscharakter einiger Rechtsberatungsbüros wurde besonders deutlich z.B. in der Ansicht, daß Bedürftige in Ehescheidungsfällen nur ganz ausnahmsweise vertreten werden sollten (die übliche Erklärung: Scheidung ist ein Privileg und kein Recht). Das ähnlich reservierte Verhalten einiger Einrichtungen bei Konkursfällen ist wohl das direkte Ergebnis der Vorsicht und/oder Dankbarkeit der Mitarbeiter der Büros gegenüber der lokalen Geschäftswelt – obwohl gelegentlich darauf hingewiesen wird, daß die finanzielle Abhängigkeit nicht so direkt sei, daß sie ernsthaft die Beratungspolitik beeinflussen könnte. (15)
Eine schwerwiegende Folge des Einflusses örtlicher Anwaltsvereine ist oft die Einführung strenger Selektionskriterien in bezug auf die Mandanten und in bezug auf die inhaltliche Zuständigkeit für Fälle. Der Grund für eine solche – unterschiedlich ausgeprägte – Kontrolle scheint die Sorge um die Erhaltung des privaten Geschäfts seitens der Anwaltschaft zu sein. (16)

c) Die Anwendung

Die Anwendung dieser Rechtshilfeprogramme hat sich in den meisten Fällen als ineffektiv erwiesen, sowohl hinsichtlich ihrer Zugänglichkeit für die Bedürftigen als auch hinsichtlich der Wirkungsmöglichkeiten der Einrichtungen selbst. (17) Die Büros liegen zwar gelegentlich in Armenvierteln, meist sind sie aber im Stadtzentrum, in Bürohochhäusern oder im Gerichtsgebäude fern von ihren Mandanten untergebracht. Ein weiteres Hindernis ist ihr mangelnder Bekanntheitsgrad. Viele potentielle Mandanten wissen einfach nicht, daß es Rechtshilfeeinrichtungen dieser Art gibt. Sehr oft ist der geringe Bekanntheitsgrad das Ergebnis mangelnder finanzieller Mittel für Medienwerbung und übergroßer Arbeitsbelastung der Mitarbeiter (kein Leiter einer solchen Einrichtung möchte ein weiteres Anwachsen des Geschäftsanfalls unterstützen). Diese Faktoren halten die Bedürftigen solange von der Inanspruchnahme solcher Einrichtungen ab, bis sie verklagt worden sind – oft gehen sie nicht einmal dann hin. Wettbewerbsbeschränkungen durch Anwaltsvereine komplizieren die Probleme, obwohl neuerdings Vorstöße zur Begrenzung solcher Eingriffe in die legalen Rechtsberatungsaktivitäten unternommen worden sind. (18)

Hat sich ein potentieller Klient beworben, muß er sich meist einer strengen Durchleuchtung unterziehen. Erste und wichtigste Voraussetzung für die Inanspruchnahme von Rechtshilfe ist der Nachweis, daß man einen privaten Anwalt nicht bezahlen kann. Diese Nachweiskontrolle ist so streng, daß etwa 20 % aller Antragsteller in Legal Aid Büros abgewiesen werden. (19) Diese strenge finanzielle Kontrolle hat wegen der ausführlichen persönlichen, manchmal entwürdigenden Überprüfung, der sich ein Antragsteller unterziehen muß, bevor er einen Anwalt zu sehen bekommt, Kritik ausgelöst. Die Kritiker weisen darauf hin, daß diese Art Überprüfung das Verhältnis zwischen Anwalt und Mandant beeinträchtigt.
Die Vertretungsmöglichkeiten der Legal Aid Büros vor Gericht sind unzureichend, hauptsächlich wegen der Diskrepanz zwischen erhöhter Nachfrage und begrenzten Mitteln. Aus Zeitgründen können die meisten Fälle nur flüchtig behandelt werden. Fälle, die mittels einiger Telefonate oder Briefe zu bearbeiten sind, können gut erledigt werden; was darüber hinaus geht, übersteigt oft die Möglichkeiten vieler Legal Aid Büros. Sachverhaltsermittlungen, Nachforschungen, das Aufsetzen von Schriftstücken sowie Vertretung vor Gericht fallen häufig diesem Zeitdruck zum Opfer. Man hat festgestellt, daß ein Büro mit 6 % oder mehr gerichtsanhängigen Fällen nur ungefähr halb so viele Gesamtfälle übernehmen kann wie ein Büro mit geringerer Belastung durch Prozesse. (20)

d) Die Orientierung

Finanzierung, Ausrichtung und Organisation dieses Modells spiegeln insgesamt das traditionelle Service- und Verteidigermodell wider. Beratung und Vertretung sind auf das Individuum ausgerichtet, Musterprozesse werden selten geführt, und es werden keine Anstrengungen unternommen, dem Bedürftigen über eine vom Anwalt für angemessen befundene Beratung oder Vertretung hinaus mehr zu bieten.

2. *Assigned Counsel (Offizialverteidigung)*

a) Entstehungsgeschichte

Offizialverteidigersysteme werden von den einzelnen Bundesstaaten eingerichtet und finanziert. (21) Sie sind zur Vertretung bedürftiger Angeklagter, denen Haftstrafen drohen, weit verbreitet. Diese Verbreitung ist das Ergebnis der richterlichen Auslegung von Verfassungsimperativen, die heute verlangen, daß ein Angeklagter, dem eine Freiheitsstrafe droht, unabhängig von seiner Zahlungsfähigkeit in allen wichtigen Phasen seines Prozesses durch einen Verteidiger vertreten sein muß. (22) In anderen Fällen hat der Bedürftige in den meisten US-amerikanischen Staaten kein verfassungsmäßiges Recht auf unentgeltliche Rechtshilfe. (23) Die Entscheidungen des Supreme Court aus den Jahren 1963 und 1972 führten zu einem Anstieg der Anzahl der Rechtshilfeberechtigten und damit zu einer Situation, die die Entwicklung neuer Methoden und Organisationsformen der Bereitstellung unentgeltlicher Strafverteidigung vorantrieb; sie brachte als Begleiterscheinung aber auch eine Reihe schwieriger Versorgungsprobleme sowie Probleme rechtlicher und ethischer Art mit sich. Heute betrifft ungefähr die Hälfte aller von US-amerikanischen Strafgerichten behandelter Fälle (ohne Verkehrsdelikte) minderbemittelte Angeklagte. (24) Die verschiedenen Rechtshilfeprogramme, die sich um diesen Personenkreis kümmern, lassen sich in zwei Kategorien aufteilen: einmal das Assigned Counsel System (Offizialverteidigungs-Modell) und zum anderen das Public Defender System (öffentliches Strafverteidigungs-Modell).

b) Finanzierung und Organisation

Gewöhnlich verwendet man den Begriff „Assigned Counsel System" für die Praxis jener Gemeinden oder Gerichtsbezirke, in denen Gerichte den ortsansässigen Anwälten von Fall zu Fall den Auftrag erteilen, einen bedürftigen Angeklagten zu vertreten. Die Bezahlung der Offizialverteidiger ist in den einzelnen Staaten – und innerhalb dieser wiederum in den verschiedenen Gemeinden – recht unterschiedlich. Vergütung und Auslagenersatz reichen von Null bis zu Beträgen, die dem Ermessen des Gerichts überlassen bleiben. Da für diese Einrichtung auf lokaler Ebene die Kreisverwaltungen zuständig sind, reichen die vorhandenen Mittel oft nicht zur angemessenen Bezahlung der bestellten Anwälte sowie für sonstige verteidigungsnotwendige Ausgaben aus. Anwälte, die von einem Bundesrichter bestellt werden, um einen minderbemittelten Klienten zu vertreten, dem ein Verstoß gegen ein Bundesgesetz vorgeworfen wird, werden nach dem Bundesgesetz (Criminal Justice Act von 1964) bezahlt, das für eine angemessene und einheitliche Bezahlung der Anwälte sorgt. Dieses Gesetz sieht 20 Dollar pro Stunde für die Arbeit am jeweiligen Rechtsfall außerhalb des Gerichts vor (z.B. für Bürotätigkeit) und 30 Dollar pro Stunde für die Vertretung vor Gericht, mit einer oberen Grenze von 1000 Dollar, die aber bei längeren Verfahren nach Entscheidung eines anderen Richters überschritten werden kann. (25)

c) Die Anwendung

Die wichtigsten Variablen bei der Anwendung dieses Modells sind die Auswahl der Anwälte, die sich natürlich auf die Qualität der Vertretung auswirkt, sowie die Frühzeitigkeit der Anwaltsbestellung, die sehr wohl die Chancen eines Angeklagten auf Freispruch bestimmen kann. (26) Meistens bestimmt der vorsitzende Richter den Verteidiger nach der Verhaftung des Angeklagten, indem er aus einer Liste der am Rechtshilfeprogramm Beteiligten einen Anwalt auswählt. Diese Liste kann Namen von Anwälten enthalten, die sich freiwillig zu dieser Staatsbürger- und Standes„pflicht" gemeldet haben oder hierzu bestimmt worden sind. Oft sind die örtlichen Anwaltsvereinigungen für die Aufstellung dieser Listen verantwortlich und halten sie auch auf dem laufenden. Neben diesem Auswahlsystem gibt es noch eine Fülle weiterer Möglichkeiten, Verteidiger auszuwählen. (27)
Es ist in der Fachliteratur darauf hingewiesen worden, (28) daß dieses System dahin tendiert, junge und unerfahrene, um Honorar und Erfahrung verlegene Anwälte einzusetzen, oft zum Nachteil der bedürftigen Mandanten. Diese Tatsache muß – in Verbindung mit der oftmals schlechten Honorierung und dem unzureichenden Kostenersatz – für den negativen Ausgang vieler Fälle (nicht um der Sachlage selbst willen) verantwortlich gemacht werden. (29) Eine der wohl problematischsten Folgen ist, daß eine große Anzahl der durch Offizialverteidiger vertretenen Angeklagten im Vergleich zu denen, die sich durch einen Antwalt eigener Wahl vertreten

lassen, nicht konsequent an ihrer Unschuld festhalten oder mit allen nur denkbaren Mitteln kämpfen. (30)
Die Nachweiskriterien für Bedürftigkeit variieren in diesem Modell, werden aber im allgemeinen weniger strikt gehandhabt als in den zivilrechtlichen Modellen, wahrscheinlich aus der allgemeinen Überzeugung heraus, daß eine Inhaftierung durch den Staat schwerwiegender sei als zivilrechtliche Auseinandersetzungen.

d) Die Orientierung

In diesen Programmen kann kaum mit rechtspolitischer Zielsetzung (gesetzesreformerisch) gearbeitet werden, da es an der entsprechenden Motivation, an Geld und Zeit fehlt. Die Anwälte erfüllen ihrer Meinung nach meistens eine staatsbürgerliche Pflicht und benutzen teilweise ihre Rechtshilfeleistung in Strafprozessen, um größere Erfahrungen in der Handhabung von Hauptverfahren und -verhandlungen zu sammeln.

3. Defender System (Strafverteidigungs-Modell)

a) Entstehungsgeschichte

Mit dem Begriff „Defender System" wird ein System der Strafverteidigung umschrieben, bei dem einzelne Anwälte oder eine Gruppe von Anwälten entweder aufgrund vertraglicher Vereinbarung oder als Angestellte einer Gemeinde die Rechtsvertretung in Strafsachen für finanzschwache Angeklagte *regelmäßig* übernehmen (und übernehmen müssen). Es gibt im Augenblick mindestens 650 solcher Defender-Programme, die 2600 Anwälte ganztätig und 2400 zeitweise beschäftigen. 28 % aller Kreise (counties) in den USA verfügen über ein solches System, und durch den hohen Urbanisierungsgrad der meisten dieser Kreise erreichen diese Programme zwei Drittel der gesamten US-amerikanischen Bevölkerung. Die meisten Defender Systeme sind öffentlich-rechtliche Gebilde des jeweiligen Staates oder Kreises, immerhin sind aber fast ein Drittel private Vereine, die (z.B. als Strafrechtsabteilung einer Legal Aid Society) mit den lokalen Behörden vertraglich vereinbart haben, Strafverteidigung innerhalb des Ortes oder der Gemeinde zu übernehmen. Obwohl die meisten bisher auf Kreisebene arbeiten, bestehen Tendenzen zur Einrichtung solcher Systeme auf der Ebene der Bundesstaaten, so daß das Modell der gesamten Bevölkerung des Staates zugute kommen kann und auch die Finanzierung gesichert ist. (31)

b) Finanzierung und Organisation

Die Finanzierung eines Verteidigerbüros, in dem Anwälte vollzeitlich angestellt sind, erfolgt entweder durch private oder öffentliche Mittel oder durch eine Kombination aus beiden, je nach Gesetz oder gerichtlicher Entscheidung, die das Modell autorisieren. Als deutlichster Unterschied zum Offizialverteidiger-Modell wird hier für jeden Anwalt bzw. für jedes Anwaltsteam ein fester Betrag bereitgestellt. (32) So können hauptberuflich tätige Anwälte als Verteidiger ungehindert Zeit und Energie in erfolgsversprechende Fälle investieren – besser als ein Offizialverteidiger. Zur Frage der Unabhängigkeit ist kritisch geäußert worden, daß der Anwalt an die periodische Bewilligung seines Budgets denken müsse; außerdem sei er mit einem aus staatlichen Mitteln oder von politischen Institutionen gezahlten Gehalt nicht völlig unabhängig und könne eventuell eine „Seite" des Strafrechtssystems bevorzugen. (33) Die Kritik wird allgemein von jenen geäußert, die ein Strafrechtssystem ablehnen, in dem Staatsanwalt und Verteidiger aus der gleichen Quelle, nämlich vom Staat, bezahlt werden.

c) Die Anwendung

Dieses Modell wird unmittelbar angewandt, nur der Bedürftigkeitsnachweis wird verwaltungstechnisch von Programm zu Programm unterschiedlich gehandhabt; hierin gleichen sich Offizial- und öffentliche Verteidiger-Systeme.

d) Die Orientierung

Die organisatorische und finanzielle Absicherung des Defender-System-Modells führt zu verschiedenen Konsequenzen, die es in seiner Funktion vom Offizialverteidigermodell unterscheiden. Die Auswahl der Verteidiger ist formaler, und das Büro muß seine Qualität bezüglich der Ausbildung und Erfahrung seiner Mitarbeiter beweisen. Daher übernehmen hier qualifiziertere und erfahrenere Anwälte die Fälle; sie widmen sich außerdem ihrer Verteidigerrolle intensiver, da sie die Arbeit für einen bestimmten Zeitraum und nicht auf ad hoc-Basis übernommen haben. Diese Permanenz erleichtert auch ein fortdauerndes gutes Arbeitsklima zwischen Staatsanwalt und Verteidiger, das aus häufigen Kontakten erwächst. Manche Kritiker weisen darauf hin, daß die enge Beziehung zwischen den beiden die Unabhängigkeit des Verteidigers erschwere. Hierzu ist bisher, da kein empirisches Material über das Verteidigerverhalten vorliegt, nur zu sagen, daß die Nähe zum Ankläger sich unterschiedlich nach beiden Seiten hin auswirken kann. Bei der Betrachtung der Ergebnisse von Vergleichsstudien zwischen dem Assigned Counsel System und dem Defender System muß man bedenken, daß es in den Vereinigten Staaten 3100 Counties mit jeweils einem etwas anderen Rechtshilfesystem für Strafsachen gibt. (34)

e) Die weitere Entwicklung

Effektivität und Qualität der Anwaltsvertretung in Strafsachen setzt m.E. das Vorhandensein u.a. folgender Merkmale in der Rechtshilfesituation und -interaktion voraus: Erfahrung des Anwalts als Verteidiger in Strafsachen; Vertrautheit des Anwalts mit dem Verfahrensrecht; Vertrautheit des Anwalts mit den Besonderheiten des Gerichts und des Richters; genügend Zeit des Anwalts, so daß er sofort mit der Verteidigung beginnen kann; Vorhandensein adäquater Hilfen für den Anwalt – ähnlich der Hilfe, die der Staat dem Staatsanwalt zur Verfügung stellt; Unabhängigkeit des Anwalts von politischen, richterlichen und ökonomischen Zwängen und Einflüssen, die Einsatz und Hingabe des Anwalts für seinen Klienten mindern könnten. Obwohl das Defender-Modell mit Problemen wie Überarbeitung, Unterbezahlung, ungenügende Weiterbildung, mangelnde Unterstützung durch andere Stellungen und Fachkräfte usw. zu kämpfen hat, besitzt dieses Modell – gemessen an den obigen Merkmalen – eine größere Chance, eine angemessene Strafverteidigung zu bieten als das Pflichtverteidiger-Modell. Um diese Chance noch zu verbessern, gibt es in vielen amerikanischen Bundesstaaten zur Zeit folgende Bemühungen. Man schafft neue Defender-Büros und koordiniert die bestehenden Büros auf bundesstaatlicher Ebene anstatt auf Kreisebene; man stützt sich hauptsächlich auf ganztags angestellte Anwälte; andererseits wird jedoch das Pflichtverteidiger-System zunehmend in dieses System integriert, so daß ein beträchtlicher Anteil der Fälle von kompetenten freipraktizierenden Anwälten übernommen werden kann; dabei wird das Pflichtverteidiger-Element in ländlichen Gebieten mit niedriger Bevölkerungsdichte besonders stark ausgebaut; schließlich wird eine Verbesserung der Finanzierung, Planung und Durchführung von speziellen Fortbildungslehrgängen für Strafverteidiger in Angriff genommen, und den Büros werden mehr Mittel für Hilfspersonal wie Sozialarbeiter, Detektive usw. zur Verfügung gestellt.

4. *Judicare*

a) Entstehungsgeschichte

Die Einführung des OEO-LSP Rechtshilfemodells, (35) das ganztägig angestellte Anwälte in Nachbarschafts- und anderen Büros einsetzt, bewirkte u.a., daß unter den lokalen Anwaltsvereinigungen und Anwälten ein lebhaftes Interesse an einem alternativen Rechtshilfemodell entstand, das frei praktizierenden Anwälten Bundesgelder für Hilfeleistungen gegenüber finanziell Schwachen zur Verfügung stellen sollte. Ein solches Rechtshilfemodell, genannt Judicare, (36) sollte es bedürftigen Bürgern ermöglichen, mit einer ein Jahr gültigen „Kreditkarte", die sie beim örtlichen Sozialamt nach Prüfung ihrer Finanzlage erhielten, frei praktizierende Anwälte „ihrer Wahl" (die meisten Anwälte nahmen freiwillig an dem Judicare-Rechtshilfeprogramm teil) zwecks Beratung und Vertretung aufzusuchen, um so in den Genuß der gleichen Leistung zu kommen, wie ihn ein „Privat"-Mandant bekommen würde, der dem Anwalt das verlangte Honorar bezahlt (US-Anwälte setzen gewöhnlich ihre Gebühren selbst fest). Nach Beendigung seiner Dienstleistungen sollte der Anwalt einfach dem vom Bund finanzierten Judicare-Fonds die Abrechnung zur Bezahlung vorlegen können. Das Grundkonzept für dieses Rechtshilfemodell stammt von dem schon bestehenden amerikanischen (karitativen) pro-bono-Rechtshilfeprogramm sowie von dem britischen Legal Aid and Advise Act von 1949, von dem sich das amerikanische Modell aber besonders durch die Einführung der Kreditkarte unterschied. Während die für die Finanzierung von Rechtshilfemodellen zuständigen Regierungsstellen mit Anträgen zwecks Finanzierung solcher öffentlichen Judicare-Experimente überflutet wurden (die meisten Anträge kamen von seiten der Anwaltsvereinigungen, sprachen sich die meist auf Bundesebene agierenden Vertreter der American Bar Association sowie die führenden Vertreter der National Legal Aid and Defenders Association und die Mitarbeiter der OEO-LSP-Programme gegen die Judicare-Vorschläge aus. Die zuständigen Regierungsstellen entschlossen sich daraufhin, vorerst nur einige Judicare-Programme auf experimenteller Basis zu finanzieren – darunter die folgenden drei wichtigsten: das eine in einem großen ländlichen Gebiet des Staates Wisconsin (die nördliche Hälfte des Staates), ein anderes im Stadtgebiet von New Haven im Staate Connecticut und das dritte in einem ländlich-vorstädtischen Gebiet in der Nähe von San Francisco. Entscheidungen über weitere Anträge wurden zunächst zurückgestellt, um die Ergebnisse dieser Experimente abzuwarten.

b) Finanzierung und Organisation

Das größte und älteste nach der obigen Beschreibung funktionierende Judicare-Programm existiert seit 1966 in der nördlichen Hälfte des Staates Wisconsin. (37) In diesem Programm suchen sich die Klienten einen Anwalt aus einer Liste aus; die Kosten werden direkt von der Judicare-Verwaltung bezahlt. Die Honorare liegen bei 15–25 Dollar pro Stunde; dabei gibt es eine Höchstgrenze pro Anwalt und pro Jahr. Zusätzlich zu ihrem Honorar erhalten die Anwälte aber auch ihre Unkosten und Aufwendungen, die in den Gebühren nicht enthalten sind, ersetzt. Verwaltungsentscheidungen werden durch einen Verwaltungsrat getroffen, der aus Anwälten *und* Laien besteht.

Das Hauptproblem des Judicare-Projekts sind seine sozio-ökonomischen und psychologischen Kosten. (38) Es heißt, daß die Durchschnittskosten pro Fall beim Judicare-Programm dreimal höher sind als bei einem vergleichbaren Nachbarschafts-Rechtsberatungsbüro. (39) Außerdem, so wird argumentiert, würden die nur teilweise Bedürftigen besser versorgt als die wirklich Armen, da die Anwälte sich bevorzugt in wohlhabenderen Gegenden niederlassen.

c) Die Anwendung

Potentielle Mandanten beantragen eine Judicare-Karte bei dem Leiter des örtlichen Sozialamtes. Der Nachweis beruht auf den gleichen Bedürfniskeitskriterien wie beim OEO-LSP-Programm. Einmal in Besitz der Karte, können die Klienten für die meisten Rechtsprobleme einen Anwalt ihrer Wahl nehmen, ausgenommen sind die Vertretung in Strafprozessen, Einkommenssteuerfragen, Patent- und Urheberrechtsprobleme sowie Streitigkeiten um Erfolgshonorare.

Die Judicare-Hilfe ist für potentielle Mandanten wohl schwerer erreichbar als rechtspolitische Aktivitäten, da es nicht über hauptberuflich angestellte Anwälte verfügt – mit Ausnahme derjenigen, die vorwiegend in der Verwaltung arbeiten. Dieses Modell ist daher eher ein Dienstleistungsmodell. (40)

d) Zusammenfassung der Argumente für und wider das Judicare-Modell

Man ist sich im allgemeinen einig, daß das Judicare-Modell in wenig bevölkerten Gebieten und weit verstreuten armen Gemeinden gut funktioniert und Vorteile gegenüber anderen Rechtshilfemodellen hat, weil es in solchen Gebieten keine billigeren Verfahren gibt, unentgeltliche Rechtshilfe für Minderbemittelte zu liefern. Kein anderes Programm könnte das traditionelle Verhältnis zwischen Anwalt und Mandant so wahren, kein Modell könnte auch den gleichen Grad an Dezentralisierung erreichen und zugleich weiter effektiv bleiben.

Es gibt jedoch auch schwerwiegende Einwände gegen das Judicare-Modell als allgemein anwendbarem Modell. Die Hauptpunkte der Kritik sind: Judicare ist teurer als andere Rechtshilfemodelle; das niedrige Niveau der Qualifikation, Erfahrung und Motivation eines großen Teils der „aktiven“ Judicare-Anwälte könnte dem Image des Anwaltsberufs schaden; Interessenkonflikte der Judicare-Anwälte könnten ihren Einsatz für finanziell oder sozial schwache Bürger beeinträchtigen; Judicare-Anwälte sind nicht speziell daran interessiert, finanziell oder sozial schwachen Bürgern zu helfen, identifizieren sich mit diesen Mandanten und deren Problemen wahrscheinlich weniger; sie nehmen zum Teil am Judicare-Programm eher aus finanziellen Gründen teil; sie sind für die Probleme der sozial Schwachen nicht besonders qualifiziert und haben auch wenig Chancen, sich durch wiederkehrende Erfahrungen mit ähnlichen Klienten und Problemen diese Qualifikation anzueignen; es ist für sie schwierig, an zeitlich langdauernden speziellen Fortbildungsprogrammen teilzunehmen; sie sind wahrscheinlich weniger in der Lage, ganze Klienten*gruppen* zu beraten, zu vertreten, zu organisieren und ihnen Rechtsverständnis und Selbsthilfe zu vermitteln; sie sind ein schwaches Medium für rechtspolitische Veränderungen im Interesse ihrer Mandanten, weil sie eigentlich nur individuelle und schon aufgetretene Konflikte behandeln; sie können schlecht die gemeinsame Problemlage in verschiedenen Fällen und typische Arten von Mißbrauch identifizieren und Strategien und Rechte mit (und für) Mandanten entwerfen, um solche Mißbräuche auch für zukünftige Klienten auszuschließen. Zusammenfassend kann man die Kritik vereinfacht und zugespitzt wie folgt formulieren: Die scheinbaren Vorteile eines allgemein einzuführenden Judicare-Modells, daß nämlich mehr Bürger einen Anwalt „ihrer freien Wahl“ aufsuchen können und daß diesem Anwalt Bezahlung garantiert wird, wirken sich leider eher zugunsten der Anwälte aus als zugunsten der finanziell oder sozial schwachen Bürger, für die das Modell gewöhnlich nicht mehr als eine Kette von Erste-Hilfe-Stationen ist. (41)

5. *OEO-LSP (Office of Equal Opportunity – Legal Service Program) bzw. Neighbourhood Law Office (Nachbarschaftshilfebüros)*

a) Entstehungsgeschichte

Im Jahre 1964 eröffnete die Johnson-Regierung den sogenannten „War on Poverty“ (Feldzug gegen die Armut). Die Planer dieser Kampagne waren fest davon überzeugt, daß neben sozio-ökonomischen Hilfsprogrammen auch Rechtshilfeprogramme (Legal Services Programs, LSP) für sozial und finanziell benachteiligte Bürger im Kampf gegen die Armut eine wichtige Rolle spielen können, daß ein kompetenter Anwalt, dessen Büro sich auf Probleme dieser Bürger spezialisiert und der für sie leicht erreichbar ist, diesen Bürgern entweder aus dem Armutsdasein heraushelfen oder aber wenigstens die Misere der Armut für sie leichter ertragbar machen kann. Dementsprechend schuf man – teils im Rahmen der Gesetzgebung über „Gemeindehilfeeinrichtungen“ (Community Action Agencies, CAA), teils im Rahmen des „Equal Opportunity Act“ von 1964 – ein nationales, vom Bund gefördertes Rechtshilfesystem. Wichtige Merkmale dieses sogenannten Neighbourhood Law Office-Programms (NLO) sind: daß dieses Modell ausschließlich mit angestellten Anwälten arbeitet, daß es dezentralisiert mit großer örtlicher Entscheidungsunabhängigkeit organisiert ist, daß es Klienten an den Rechtshilfeentscheidungsprozessen und in den Gremien beteiligt und daß es als ein Teil des „Feldzugs gegen die Armut“ eine über die Serviceorientierung hinausgehende Zielvorstellung beinhaltet. Dieses

Rechtshilfemodell sollte laut Gesetzgebung folgende Aufgaben erfüllen: 1. Besorgung kompetenter Rechtshilfe für so viele Personen wie möglich; 2. Unterrichtung der Bewohner der Nachbarschaft der Büros über Bürgerrechte und -verpflichtungen; 3. Auffinden solcher Rechtsnormen, die sich auf Bürger mit niedrigem Einkommen und wenig sozio-politischem Einfluß negativ auswirken; Änderungsvorschläge solcher Normen zum Vorteil dieser Bevölkerungsgruppen; Erreichen dieses Ziels durch Musterprozesse, Revisionsverfahren, Gesetzesreformen und Veränderung administrativer Verfahren; 4. Anwaltliche Hilfe für viele finanziell oder sozial Schwache in *sozialen* Entscheidungsprozessen; 5. Hilfe beim Organisieren und Aufbauen von Selbsthilfegruppen unter finanziell oder sozial schwachen Bürgern; Einbeziehung dieses Klientenkreises in den Entscheidungsprozeß innerhalb des Rechtshilfeprogramms sowie Beteiligung von Bewohnern des entsprechenden Gebietes bei der Durchführung des Programms. Um zu vermeiden, daß Bedürfnisse der ortsansässigen sozial und finanziell benachteiligten Bürger übersehen werden, wurde mit der Beteiligung der betroffenen Bürger ein Feed-back-Mechanismus in das System dezentralisierter Nachbarschaftsbüros eingebaut, z. B. werden von solchen Bürgervertretern die Arbeitsprioritäten für die angestellten Anwälte festgelegt. Ein weiterer OEO-LSP-Modelltypus wird in vielen Großstädten der USA praktiziert; dabei befassen sich einige Büros hauptsächlich mit der Reform von sozialen und staatlichen Strukturen und versuchen, Rechtsreformen durch aggressive Beschwerdekampagnen, Proteste, Lobbying und Musterprozesse durchzusetzen. Darüber hinaus organisieren sie Rechtsunterricht für die Mandantengruppen, Klientenpartizipation, Selbstverwaltung und ökonomische Nachbarschaftshilfe. Und schließlich gibt es einen dritten Typ des OEO-LSP-Modells, nämlich sogenannte „backup"-Zentren oder auch „law reform" oder „research centres" genannt, also Unterstützungszentren, deren Hauptaufgabe einmal Rechts- und Rechtstatsachenforschung auf Gebieten ist, in denen rechtlicher und sozialer Wandel durch Gesetzgebung und durch Rechtsprechung im Interesse der sozial und finanziell benachteiligten Bürger nötig und möglich ist; zum anderen sollten diese Zentren Vorbereitungsarbeiten und Forschungsaufgaben für größere Musterprozesse leisten. Schließlich planen diese Zentren einige Musterprozesse selbst und führen sie auch durch. Sie erarbeiten und publizieren interne und externe Informations- und Lehrmaterialien zu den verschiedenen speziellen Rechtsgebieten der Rechtshilfe, und sie arbeiten als Lobbies bei der Gesetzgebung und bei der Schaffung administrativer Regelungen bei den Behörden, um ein Mitspracherecht für ihre Mandantengruppen sowie für die Nachbarschaftsbüros bei den neuesten Entwicklungen zu schaffen. Das OEO-LSP-Rechtshilfemodell versucht, die Rollendefinition der Anwälte und damit die anwaltlichen Funktionen sehr zu erweitern; so z. B. können oder sollen die Anwälte Rollen als Berater, Sozialhelfer, Organisator, Lehrer, Verhandler, Schlichter, Entwicklungshelfer usw. genauso meistern wie juristische Vertretung im Gerichtssaal. Die Anwälte sollen also die Rollen für die sozial und finanziell Benachteiligten spielen, die sie für die Bessergestellten schon immer und intensiv ausgeübt haben. Sie sind außerdem institutionell in der Lage, gewisse Vorteile zu nutzen, so z. B. die Vorteile eines interdependenten Zusammenspiels, des hohen Anteils ähnlicher Fälle und der Spezialisierung auf solche Fälle.

b) Finanzierung und Organisation

Der Gesetzgebung entsprechend wurden die lokalen Rechtsberatungsstellen normalerweise als gemeinnützige Einrichtungen geschaffen. Sie haben Verbindungen zu örtlichen Gemeindehilfebüros und Anwaltsvereinigungen und werden zu 80 % durch den Bund über einen Jahresvertrag mit dem Office of Equal Opportunity (OEO) finanziert. Bis 1970 waren diese Rechtsberatungsbüros unabhängige Stellen innerhalb der Organisation des Office of Equal Opportunity geworden, die über einen Etat von über 60 Millionen Dollar für 295 Projekte verfügten. Es wurden damals schon 510.000 Klienten durch 2200 Anwälte vertreten, und heute ist sowohl die Zahl der Anwälte als auch die der Klienten wesentlich gestiegen. Das Budget für 1976 ist vom Kongreß auf 88 Millionen Dollar festgelegt worden. (42) Da die Zuschüsse des Bundes an keine Bedingungen geknüpft sind und die 20 %ige Finanzierung aus örtlichen Mitteln meist aus „Gegenleistungen" besteht, hat die Finanzierung manchmal den Kurs nicht weniger beeinflußt als die Politik.
Die Verfechter des Modells gingen von den Zielvorstellungen der Anhänger von Gesetzesreformen aus; sie sahen den Prozeß als Mittel für formale Änderungen der Gesetzesstrukturen und betrachteten den Anwalt als Fürsprecher der sozial Schwachen im Hinblick auf eine Neuverteilung von Einkommen, Ausbildung und Chancengleichheit. (43) Diese Auffassung ist der traditionellen Verteidigerauffassung diametral entgegengesetzt. Sie bietet also dem Klienten nicht nur Rechtshilfe im Sinne von Rechtsverteidigung, sondern auch im Sinne von aktiver Rechtsverfolgung und Beteiligung an der Rechtsfortbildung, also der Gestaltung der öffentlichen Ordnung. Man konnte unschwer die Kontroverse besonders über den letzten Punkt des Rechtshilfeprogramms voraussehen. Unter den wenigen spezifischen Gesetzesbestimmungen für die lokalen Programme gibt es eine Vorschrift, nach der örtliche und staatliche Anwaltsvereinigungen vor Finanzierung oder Refinanzierung von Projekten „konsultiert" werden müssen. (44) Das Verfahren ist dezentralisiert, und die örtlichen Verwaltungsgremien haben bis auf einige Einschränkungen fast völlige Entscheidungsfreiheit im Finanzierungsvertrag mit dem nationalen LSP-Programm.
Eine 1967 hinzugekommene Gesetzesergänzung verlangt, daß ein Drittel der Mitglieder der örtlichen Komitees aus Angehörigen sozial schwacher Gruppen und die Mehrheit in den Komitees aus Anwälten besteht. Diese Bestrebungen galten größerer Autonomie des LSP-Programms, da die Spannungen zwischen dem Wohlfahrtskonzept, das von den Gemeindebüros betont wurde, und dem professionellen Verteidigerkonzept, das von den Justizbehörden betont wurde, zunahmen. (45) Als Folge dieser gesetzlichen Bestimmung spielt die örtliche Anwaltschaft heute eine größere Rolle bei der „Kursbestimmung"; d.h. wenn die Anwaltschaft konservativ ist, dann ist gewöhnlich auch der Kurs konservativ. (46)

c) Die Anwendung

Nähe zu den Mandanten war eines der Hauptziele der Schöpfer der Legal Service-Programme. Die Rechtshilfebüros liegen fast alle in „sozial schwachen" Wohngegenden, und viele werben selbst für ihre Anwesentheit dort. Die Kriterien für den Bedürftigkeitsnachweis werden örtlich festgelegt, sie haben ein zweifaches Ziel: so wenig „zahlende" Mandanten wie möglich von der privaten Anwaltschaft abzuziehen und die LSP-Mittel möglichst gezielt für die Bedürftigsten einzusetzen.

Nur sehr wenige Programme weisen über diese einfachen Komponenten hinausgehende Nachweiskriterien auf. Einige nehmen jedoch in Grenzfällen Fühlung mit Anwälten auf, um nachfolgende Schwierigkeiten zu vermeiden; sie sorgen sogar für ein internes Berufungsverfahren für Bewerber, denen Hilfe versagt worden ist. (47)

d) Die Orientierung

Seit Beginn des Programms hat jedes lokale Büro seine Position zwischen den Polen: gesellschaftspolitische Planung und juristisches Spezialistentum finden müssen; für einige Programme erwies sich die Entscheidung zwischen rechtspolitischen Aktivitäten und individueller Vertretung als sehr schwierig. (48)
Einige Anwälte treten für breit angelegte Reformarbeit auf Kosten spezifischer Mandanteninteressen ein – allerdings eher indirekt im Sinne einer Verlagerung der Aktivitäten weg von den individuellen „Dienst"-funktionen. Andere dagegen favorisieren diese Dienstfunktion bzw. eine individuelle Vertretung. Beide Standpunkte haben Gewissens- und Praktikabilitätsgründe für sich, obwohl es unbestritten scheint, daß die Rechtsreformer sehr viel mehr „Gerechtigkeit pro Dollar" erreicht haben als die am Individuum orientierten Anwälte. Ein besonderer Vorteil dieses Modells ist seine Flexibilität, die eine Überprüfung beider Standpunkte und oft deren Existieren nebeneinander zuläßt. Diese Flexibilität hängt wahrscheinlich mit der dezentralisierten Verfahrensweise zusammen. Die Tatsache, daß die Dezentralisierung kein schwerwiegendes Ungleichgewicht zwischen „Rechtspolitikern" und „Rechtsspezialisten" hervorgerufen hat, mag zum Teil an einer Eigenschaft liegen, die der Amerikaner Franck als Fähigkeit des amerikanischen Anwalts, kontradiktorische soziale Forderungen miteinander auszusöhnen, bezeichnet hat. (49) Der Einwand gegen staatlich bezahlte Anwälte, nämlich daß der einzelne Bürger gerade dann auf unabhängige Anwälte angewiesen sei, wenn der Prozeß der Rechtsbildung und -fortbildung dienen soll, setzt viele unüberlegte und empirisch fragwürdige Annahmen über die sogenannte „Freiheit" des Anwalts in seiner Gesellschaft, seinem Berufsstand, seinen Beziehungen zum Justizapparat usw. voraus. Er läßt ferner die alternativen Struktur- und Verfahrensmöglichkeiten außer acht, die auch einem vom staatlichen Geldern lebenden Anwalt zumindest das Ausmaß der bestehenden Anwalts-Freiheit, wenn nicht sogar größere Freiheiten gewähren könnten. Damit stellt sich freilich die Frage der tatsächlich zu gewährenden und zu garantierenden Freiheit. M.E. ist die eigentliche Kernfrage in diesem Zusammenhang, inwieweit der Staat, seine Bürger und seine Interessengruppen Rechtshilfeanwälte finanziell unterstützen wollen, wenn diese sich (in unserer „pluralistischen" Demokratie) „nur" für *eine* Interessengruppe oder Einkommensschicht einsetzen – und möglicherweise sogar mit Erfolg einsetzen – und wenn diese Unterstützung anderen Bürgern und Interessengruppen nicht gewährt wird. (50)

6. Legal Services Corporation (Rechtshilfegesellschaft)

Man hat festgestellt, daß politische Einflüsse gelegentlich die örtliche Arbeit der LSP beeinträchtigt haben. Wenn eine lokale Gruppe ihre Interessen wegen des verfolgten Kurses oder wegen der Handhabung eines Falls durch die Justizbehörden gefährdet sah, brachte sie die Sache an die Öffentlichkeit und schuf so Kontroversen. Solche Auseinandersetzungen sind z.B. wegen der örtlichen Aufsicht, wegen der Nachweiskriterien und der Art der von den Büros übernommenen Fälle entstanden. (51)

a) Finanzierung und Organisation

Die jüngste Gesetzgebung, die das gegenwärtige OEO-LSP-System inzwischen in eine nationale Körperschaft verwandelt hat, zielt auf die Eliminierung vieler dieser Konflikte ab, indem sie für sorgfältiger ausgearbeitete und strukturierte, richtungsweisende Rahmenbestimmungen sorgt. (52)
Das Gesetz sieht einen autonomen nationalen Vorstand vor, der sich aus Vertretern von vier Gruppen zusammensetzt: der Anwaltschaft, der Bevölkerung, der Klienten und der zur Rechtshilfegesellschaft gehörenden Anwälte. Der Bundesvorstand wurde beauftragt, einige allgemeine Leitlinien festzulegen; bezüglich der Richtung wurde ihm weitgehend freie Hand gelassen. Außer der Vereinheitlichung der Kriterien für den Bedürftigkeitsnachweis galt der Auftrag der „Schaffung von Verfahren, die notwendig werden können, um Armenanwälten und ihren Mandanten den gleichen Schutz vor Einmischung in das Anwalts-Mandantenverhältnis zu gewähren, wie ihn private Anwälte und ihre Mandanten genießen". Die örtlichen Gremien müssen weiterhin aus einem Drittel Bedürftiger und 50 % Anwälten bestehen.

b) Die Anwendung und Orientierung

Die Anwendung und Arbeitsweise des Modells soll fast identisch mit der der gegenwärtigen LSP sein. Man hofft allerdings, daß die Dinge reibungsloser ablaufen werden, nachdem sie politisch auf örtlicher und nationaler Ebene „geölt" worden sind. Wird eine strukturelle Reform des geplanten Typs die Armenanwälte wirksam von politischer und anderer Einmischung befreien? Einige halten dies für möglich, wenn die „richtigen" Gruppen in den nationalen und örtlichen Gremien sitzen. (53)
Eine andere Interpretation der Reformbestrebung könnte sein, daß die LSP grundsätzlich in das politische Geschehen einbezogen werden sollte, um die Konflikte auf ein Minimum zu reduzieren. Allerdings könnte der Preis für eine Verringerung der Konflikte eine reduzierte Effektivität sein. Der beste Indikator für die Wirksamkeit eines Rechtshilfeprogramms ist vielleicht die Schärfe der Angriffe seiner Gegner, ferner die Tatsache, daß diese in ihren Angriffen zu illegalen Mitteln greifen müssen. Jedoch kann sich politische Einmischung auch als sehr lähmend erweisen, wenn die Rahmenbestimmungen nicht genügend Flexibilität lassen, um sinnvolle Kompromisse zwischen Anwälten und Rechtspolitikern zu finden.

7. *Pro-Bono-Programme*

a) Finanzierung und Organisation

Pro-Bono-Programme, innerhalb derer die Anwälte und Anwaltsfirmen nach eigenen Vorstellungen ihren sozialen Verpflichtungen nachkommen, indem sie mit herabgesetzten Gebühren oder gebührenfrei arbeiten, sind freiwillig und bedürfen keiner ausgedehnten Finanzierung – außer für Verwaltungsarbeiten. Größere städtische Anwaltsfirmen in den Vereinigten Staaten haben beobachtet, daß die Erlaubnis für die Teilhaber, bis zu 20 Prozent ihrer Zeit auf gemeinnützige Arbeit zu verwenden, als Anreiz für junge Bewerber wirkt.

b) Die Anwendung

Es gibt verschiedene Möglichkeiten für eine Anwaltsfirma, sich im Armenrecht zu engagieren. In dem am häufigsten verbreiteten „released-time"-Modell verbringen die Teilhaber einen fest vereinbarten Teil ihrer Zeit mit Projekten, die sie unabhängig von der Anwaltsfirma ausgewählt haben. (54) Obwohl diese Programme von vielen Firmen angeboten werden, war die Beteiligung mäßig, weil auch die reguläre Arbeit erledigt werden muß, Pro-Bono-Fälle meist aber kleine Dienstleistungsfälle sind und somit für junge Teilhaber, die sich gerne stundenweise in rechtspolitischer Arbeit engagieren wollen, nicht attraktiv sind.

Einige Firmen haben eigens einen Beauftragten – meistens ein Teilhaber –, der die Aufgabe hat, interessante gemeinnützige Fälle herauszusuchen. So können auch größere Fälle bearbeitet werden, da die Arbeit mehrerer Anwälte bei einem einzigen Projekt koordiniert werden kann. Diese Organisationsform gibt außerdem dem Programm mehr Gewicht innerhalb der Firma, als es das „released-time-Modell" hat.

Manche Firmen gehen sogar noch weiter und errichten Zweigstellen in „sozial schwachen" Wohngegenden. Ein Anwalt einer Rechtshilfegesellschaft wird zur Leitung des Büros eingestellt, und die Firma entsendet Teilhaber als Mitarbeiter, die abwechselnd 6 bis 12 Monate oder länger in diesem Büro bleiben. Um eine Überlastung mit kleinen Dienstleistungsfällen zu vermeiden, arbeitet das Zweigbüro oft nur per „Überweisung" von anderen Armenrechtsbüros. Das Zweigbüro kann dann die ihm am wichtigsten erscheinenden Fälle auswählen. Noch fortschrittlicher ist ein Modell, bei dem die Anwaltsfirma gemeinnützige Arbeit und Vertretung Bedürfiger in ihre normale Arbeitsstruktur einbezieht. Es wird eine regelrechte Abteilung für gemeinnützige Dienste errichtet, der ein Teilhaber oder ein entsprechendes Komitee vorsteht, das die Fälle auswählt und dafür sorgt, daß sie in den normalen Geschäftsbetrieb der Firma integriert werden.

c) Die Orientierung

Eines der größten Probleme dieser gemeinnützigen Aktivitäten ist die Möglichkeit von Interessenkonflikten. Es ist nicht unwahrscheinlich, daß die „finanzstarken Interessen", die gegen sozial Schwache gerichtet sind, gerade von einer großen Anwaltsfirma vertreten werden. Daher treffen viele Firmen Vorsichtsmaßregeln, um diese Interessenkollisionen zu vermeiden.

8. Broker-Models (Maklermodelle)

a) Finanzierung und Organisation

Es gibt Makler-Gesellschaften mit der Aufgabenstellung, Pro-Bono-Leistungen von Anwaltsfirmen für Bedürftige zu vermitteln. Das Lawyers Committee for Civil Rights under Law (LCCRUL) begann 1964 damit, Anwälte für Bürgerrechtskämpfer im Süden der USA zu besorgen; es ist bei der Bewältigung dieser Aufgabe recht erfolgreich gewesen. Die nationalen und örtlichen Vorstände bestehen aus Mitgliedern der angesehensten Anwaltsfirmen des Landes und vielen hohen Regierungsbeamten. Es gibt Büros in 13 Städten.

In der gleichen Richtung arbeitet das Gemeinderechtsbüro (Community Law Office; CLO) in New York. In diesem Programm bearbeiteten 1970 230 Anwälte großer Firmen freiwillig – in Verbindung mit einer kleinen Gruppe festangestellter Fachleute – 3000 zivil- und strafrechtliche Fälle. (55)

b) Die Anwendung

Das Modell ist im Grunde nichts anderes als ein Umsetzungsmechanismus. Es ist ein Versuch, für Probleme der Rechtsreform Anwälte zu finden, die fähig sind, diese Probleme zu lösen. Der Pferdefuß dieser Modelle liegt darin, daß sie eine ansehnliche und gut organisierte städtische Anwaltschaft voraussetzen. Es ist unwahrscheinlich, daß dies ein Modell für gemeinnützige oder rechtspolitische Aktivitäten in unterentwickelten Gebieten ist, weil dort einfach die Zahl und Größe der erforderlichen Anwaltsfirmen nicht ausreicht. Das Maklermodell sollte daher eher als wertvolles zusätzliches Instrument angesehen werden, um Anwälte auf die Nöte und Zwangslagen von Bedürftigen hinzuweisen.

c) Die Orientierung

Die Arbeit des Lawyers Committee for Civil Rights under Law ist hauptsächlich rechtspolitischer Art. Die Anwälte arbeiten freiwillig für bestimmte Fälle, und die Firmen tragen meistens sowohl Dienstleistungen als Geld dazu bei. Die Arbeit wird über ein Mitglied einer Anwaltsfirma an die bereitwilligen Mitarbeiter verteilt; entsprechend werden auch die Kontakte für die weitere Sammlung und Verteilung der anfallenden Arbeit geschaffen. Eine Studie der Amerikanischen Anwaltsstiftung hat das LCCRUL als großes, wenn auch bisher nicht erkanntes, Potential bezeichnet – wichtiger noch, es wird als ein ausgezeichnetes Vehikel zur Weckung des sozialen Gewissens von Anwälten und Anwaltsfirmen angesehen. (56)

Das Gemeinderechtsbüro widmet sich hauptsächlich der Besorgung von Rechtsvertretung für Angehörige bedürftiger Gruppen. Große Firmen verpflichten sich, jährlich einen gewissen Teil ihrer Zeit dem Büro zur Verfügung zu stellen. Sie verpflichten sich

- zur Einhaltung eines bestimmten Beteiligungsgrades an den Aktivitäten des Gemeindebüros,
- dazu, die Angelegenheiten des Büros durch ihre beteiligten Anwälte wie reguläre Firmenangelegenheiten bearbeiten zu lassen,

- einen Verbindungspartner zu bestimmen, der die Gemeinderechtsbüro-Arbeit der Firma allgemein überwacht,
- die Partner anzugeben, die gemeinsam mit den Fachleuten des Büros für die Überwachung der Arbeit des Anwalts in Zivil- und Strafrechtssachen verantwortlich sind,
- komplette Akten und Arbeitszeitunterlagen über alle Gemeindebüro-Angelegenheiten zu führen,
- die Arbeitsbelastung der Firma so zu regulieren, daß die Gemeindebüroverpflichtungen berücksichtigt werden können und
- Partnern und Mitarbeitern gegenüber die Überzeugung der Firma zu vertreten, daß die Rechtsvertretung armer Klienten ein genauso legitimer und normaler Teil der Rechtspraxis ist wie die Vertretung Nicht-Bedürftiger. (57)

9. Public Interest Law Firms (Gemeinnützige Rechtsfirmen)

a) Finanzierung und Organisation

Diese Modelle unterscheiden sich durch ihre Finanzierungsbasis. Das Modell wird finanziell von den Mitgliedern und durch Spenden getragen – wie der Environmental Defense Fund. Stiftungsunterstützte Programme sind ähnlich strukturiert, allerdings entstammen ihre Gelder einer einzigen Organisation, die eine entsprechend große Kontrolle über die Firmenpolitik hat. (58) Neuerdings werden gemeinnützige Rechtsfirmen, die sich finanziell selbst tragen, vorgeschlagen. (59)
Die Finanzierung erfolgt durch Gelder, die die Mandantenorganisation aufbringen kann, durch Anwaltshonorarprämien aus großen Prozessen – man hat sogar vorgeschlagen, Erfolgshonorare bei Schadensersatzklagen gegen Hausbesitzer zuzulassen. Einige sprechen diesem Modell ein Maß an Unabhängigkeit zu, das andere Finanzierungsmodelle nicht aufweisen.

b) Anwendung und Orientierung

Gemeinnützige Rechtsfirmen sind fast immer auf breiter Basis stärker mit rechtspolitischen als mit Dienstleistungsaktivitäten befaßt. Sie sind eher das Gegenteil des Verteidigermodells, es handelt sich also eher um Sozialplaner als um Anwälte im traditionellen Sinne, und ihre Effektivität in rechtlichen Dienstleistungen für Bedürftige ist nicht sehr groß. Die durch Mitgliederbeiträge und Stiftungen unterstützten Modelle sind normalerweise gemeinnützige Körperschaften, mit hauptamtlichen Fachleuten besetzt, deren Arbeit dem Mandat entsprechen muß, unter dem das Rechts-Unternehmen errichtet wurde.
Die Firma gewährt dem einzelnen Mitglied nicht individuellen Schutz, obgleich die Mitglieder Kläger in Musterprozessen sein können. Obwohl diese Kläger zumeist volles Rechtsschutzinteresse haben, muß darauf hingewiesen werden, daß es sich nicht notwendigerweise um Mittellose, sondern um Parteien, die an einer öffentlichen Kernfrage interessiert sind, handelt. (60) Stiftungsunterstützte Firmen können sich nicht rechtspolitisch betätigen – wegen der steuerlichen Konsequenzen, die ein solches Lobbying in den USA für die Muttergesellschaft hätte. (61)

Das eigentliche Problem der unabhängigen Modelle ist die Frage: kann ein Anwalt arbeiten, indem er seine Mandanten und Fälle nach bestimmten Gesichtspunkten auswählt? Sollte es Anwälten – auch wenn dies möglich wäre – erlaubt sein, in einem „Klientenvakuum" zu arbeiten, d.h. ihre Grundsätze als einzige Argumente oder Klagebegehren vor Gericht zu vertreten, ohne die Vorteile zu haben, die eine Unterstützung solcher Grundsätze durch eine von außen wirkende Klientel bringt? Mit dem Anwachsen von Größe und Anzahl solcher Rechtsfirmen wird die Verantwortung als einer der wichtigsten zu untersuchenden Punkte angesehen. (62)

10. *Group Legal Services (Gruppenrechtshilfe), Prepaid Legal Services (Vorausbezahlte Rechtshilfe) und Legal Expense Insurance (Rechtshilfe-„Versicherung")*

a) Entstehungsgeschichte

Unter „Gruppenrechtshilfe" verstehen verschiedene Leute zu verschiedenen Zeitpunkten unterschiedliche Dinge. Aber im wesentlichen beinhaltet der Ausdruck eine Rechtshilfeversorgung, die man durch Mitgliedschaft in einer nicht-juristischen Interessenorganisation erwirbt, und zwar entweder als Zugabe zur Mitgliedschaft (wie z.B. bei den Gewerkschaften) oder als Hauptinhalt einer Mitgliedschaft. Das Konzept der Gruppenrechtshilfe ist schon seit einigen Jahren in verschiedenen Ausführungen ausprobiert worden, vorwiegend von einigen Gewerkschaften, die solche Hilfe in Tarifverhandlungen für ihre Mitglieder als Sozialleistung von bestimmten Arbeitgebern ausgehandelt haben. (63) Die Popularität dieses Modells wächst zur Zeit besonders bei Gewerkschaften und Verbrauchergruppen mit begrenzter – meist klar definierbare Interessen betreffende – Mitgliedschaft. Aus diesem Grundkonzept haben sich in jüngster Zeit die – wegen gewisser Leitgedanken und Merkmale für die USA verhältnismäßig neuen – Konzepte der „vorausbezahlten Rechtshilfe" (Prepaid Legal Services) oder der Rechtsschutz-„Versicherungen" (Legal Expense Insurance) entwickelt, die wegen ihrer Gemeinsamkeiten im US-amerikanischen Schrifttum meistens zusammen mit dem Gruppenkonzept besprochen werden. Dabei wurden die Unterschiede zwischen den Konzepten (besonders zu technischen Fragen, was ein Rechtshilfekonzept zum Versicherungskonzept macht) ungenügend herausgestellt. (64)
Während die drei praktisch ineinander übergehenden Konzepte mit vielen der vorher besprochenen Rechtshilfeprogrammen wichtige Interessen teilen – im Mittelpunkt stehen z.B. Gemeinnützigkeit (gegenüber Profit), Anwaltsleistungen (gegenüber allgemeinen Rechtsunkosten) und die Bemühungen um ein Programm, das hauptsächlich durch Rechtshilfe als Problem der Rechtspolitik gekennzeichnet ist –, so unterscheiden sich diese drei Konzepte von den anderen Programmen einmal durch die Tatsache, daß sie hauptsächlich auf Zielgruppen wirken, die man nach herkömmlichen orthodoxen Maßstäben meistens nicht als „finanziell Schwache" bezeichnen würde (65), und zum anderen zeichnen sich diese – im wesentlichen Rechtshilfefinanzierungskonzepte – strukturell u.a. dadurch aus, daß sie zwischen Privatanwalt und Klienten Mittelsmänner stellen, die im wesentlichen vom Staat unabhängig sind und nicht subventioniert werden und von denen sie sich in unterschiedlichen Graden u.a. folgende Leistungen versprechen: mehr Verhandlungsmacht als Verbrauchergruppe, um vorteilhafte Gebührensätze für Beratung, Vertretung usw. zu erreichen. Angenommen, die Anwälte werden gezielt und explosiv für die Rechts-

bedürfnisse einer gewissen Klientengruppe eingestellt, verspricht man sich eine effizientere Zeitnutzung sowie effizientere Büroverfahren und deshalb niedrigere Kosten für individuelle Dienstleistungen; eine breitere Risikostreuung für solche Rechtshilfeleistungen, deren Bedarf nicht routinemäßig und voraussehbar, sondern zufällig ist (dies wäre „Versicherung" im wahrsten Sinne des Wortes); und schließlich ein weitaus größeres Angebot von Leistungen wie Belehrung der Mitglieder über Rechtshilfebedürfnisse und -probleme, Gewöhnung oder Umgewöhnung ihrer Einstellungen zum Rechts- und Gerichtssystem, Abbau ihrer psychologischen und emotionellen Hürden zur frühzeitigen Konsultation von Anwälten und andere vorbeugende Bemühungen, um Gruppenmitgliedern zu helfen, ihre Rechtsbedürfnisse zu erkennen und für sie zu sorgen.

b) Als Beispiel: Finanzierung und Programm der „vorausbezahlten Rechtshilfe"

Die Finanzierung ist, wie gesagt, das wichtigste bei diesen Rechtshilfekonzepten. Bei diesem Modell der Vorauszahlung zahlen die Mitglieder der Organisation periodisch ein relativ geringes Fixum. Als Gegenleistung wird – ohne zusätzliche Kosten – Rechtsberatung und -vertretung entweder durch selbst ausgesuchte Privatanwälte geleistet („open panel plan") oder durch einige dafür bestimmte kleinere private Anwaltsbüros („closed panel plan"). (66) Mit anderen Worten: die Kosten der Rechtshilfeleistungen werden auf viele verteilt. Wie schon erwähnt, zielt dieses Modell mehr auf Leute mit niedrigem Einkommen als auf wirklich Bedürftige ab, da bestimmte Gebühren zur Abdeckung des „Versicherungs"-Schutzes gezahlt werden müssen. (67) Je näher sich dieses Modell des vorausbezahlten Rechtsschutzes für eine interessenhomogene Gruppe dem Versicherungskonzept nähert – ähnlich dem Konzept der Krankenversicherung –, desto wichtiger werden Versicherungsmathematik und Kostenanalysen für den Erfolg des Systems. Kalkulationen gehen von einem gewissen Beitragsniveau und einer bestimmten Anzahl einbezogener Individuen aus, und die resultierenden Zahlen werden in Relation zu Höhe und Art der Leistungsansprüche, die den Mitgliedern gewährt werden, gebracht – natürlich unter dem Aspekt der Wirtschaftlichkeit. Umgekehrt könnte eine Wunschliste der Leistungen aufgrund einer Kostenanalyse zu einer jährlichen Minimum-Zahlung pro Kopf führen, ein Schema, das durch Wahl der Höchstgrenze und Leistungsbegrenzungen sowie durch Abzüge flexibler gestaltet werden könnte. Damit solche Kalkulationen brauchbar sind, bedarf es aber einigermaßen zuverlässiger Daten über Art und Häufigkeit der Bemühung eines Anwaltes, Daten, deren Gewinnung und Zuverlässigkeit bisher zweifelhaft sind.

c) Die Anwendung

Der Zugang ist bei diesem Modell fast genauso wichtig wie die Finanzierung. Da die Rechtsvertretung vorher vereinbart ist, ist es nicht schwierig, den Klienten zum Anwalt zu bekommen, doch entscheidet die Organisationsform der Anwaltsbeschaffung des Modells („open panel" oder „closed panel") darüber, welchen Anwalt man wie bekommt.
Bei der Organisationsform, die sich „closed panel" nennt, ist die Auswahl der Anwälte auf eine begrenzte Liste innerhalb eines begrenzten geographischen Gebietes

oder sogar auf ein einziges größeres Anwaltsbüro beschränkt. Solche Projekte gibt es seit geraumer Zeit, und meistens, jedoch nicht immer, ist das Spektrum der verfügbaren rechtlichen Dienstleistungen beschränkt auf Probleme, die aus einer bestimmten Tätigkeit entstehen, wie z.B. Bürgerrechtsaktionen, Autofahren, Probleme, die aus dem Arbeitsverhältnis entstehen usw. (68)
Dagegen gestattet die „open panel"-Organisationsform, die Vertretung durch Anwälte innerhalb eines weiten geographischen Gebietes und meistens für einen weiteren Bereich rechtlicher Probleme zu suchen. Dieser Typ ist zuerst in Shreveport, Louisiana, erprobt worden. (69)

d) Die Orientierung

Rechtsberatungs- und Vertretungsleistungen werden grundsätzlich aufgeteilt nach Problemtyp und nach Art der erforderlichen Hilfe. Die Leistungstypen können von einem engbegrenzten Gebiet (wie z.B. Probleme am Arbeitsplatz) bis zu dem fast unbegrenzten Gebiet persönlicher rechtlicher Probleme reichen. Spezifische Probleme, die oft ausgeschlossen sind, sind z.B.: Erfolgshonorar-Fälle; Ausgaben, die durch eine geschäftliche Unternehmung des Mitglieds entstanden sind; Kontroversen, in die unmittelbare Partner des Mandanten verwickelt sind (z.B. Arbeitgeber oder Arbeitskollegen); das Ausfüllen von Steuererklärungen; Fälle, für die eine andere Versicherung Rechtsvertretung gewährt (z.B. Haftpflichtversicherung), sowie Rechtstitel. Verschiedene Leistungsarten werden gewöhnlich folgendermaßen aufgeteilt:
- Beratung und Konsultation,
- Amtstätigkeit (z.B. Konferenzen, Verhandlungen) und
- Leistungen bei Rechtsproblemen, die mit hohen Kosten verbunden sind.

Je mehr sich ein Modell einem allgemeinen Versicherungstypus mit allgemeiner Mitgliedschaft nähert, desto eher haben sie eine Dollargrenze und Absetzbarkeitslimits. Je mehr das Modell aus einer überschaubaren Gruppe von Mitgliedern mit ähnlichen Problemen und Interessen besteht, desto eher kann es reformierende und gewöhnliche Rechtsdienste erbringen. Je näher es einem allgemeinen Versicherungstypus kommt, desto mehr ist es in seiner Arbeitsweise strikt dienstleistungsorientiert und somit ein traditionelles Dienst- und Reaktions-Modell. Die Einführung der Finanzierungsmechanismen dieser Konzepte verursachte wegen der bestehenden berufsständischen Regelungen gegen die Rechtspraxis durch Laien, Werben usw. anfangs einige Unruhe, aber die Lösung dieser Probleme steht trotz andauernder Kontroversen bevor. (70)

e) Die Zukunft

Um diese – durch die „Versicherungs"-Idee geleiteten – Arten der Rechtshilfe für deutsche Leser einsichtiger zu machen, ist es vielleicht angebracht, kurz zusammenzufassen, in welchen Hauptpunkten sich diese Konzepte vom traditionellen europäischen Rechtsschutz unterscheiden (71):
Ihre Entstehungsgeschichte und Ziele sind hauptsächlich durch den Gedanken der Förderung sozialer Gerechtigkeit geprägt, nicht durch Profitgedanken der privatwirtschaftlichen Rechtsschutzverbände europäischer Tradition; sie werden meist

durch bestehende Gruppen wie Gewerkschaften, Verbraucherorganisationen usw. ins Leben gerufen und vereinbaren ihre „Versicherungs"-Verträge hauptsächlich mit Gruppen im Gegensatz zu europäischen hauptsächlich auf Einzelpersonen gerichtete Traditionen; Schadensersatzansprüche, das Hauptgerüst der traditionellen europäischen Rechtsschutzversicherungsidee, spielen in den US-amerikanischen „Versicherungs"-Konzepten eine unbedeutendere Rolle, weil die Institution des Erfolgshonorars (72) wenigstens die finanziellen Schranken auf diesem Rechtsgebiet zum Teil abgebaut hat; die amerikanischen Konzepte neigen zu einem viel breiteren Umfang des Rechtsschutzes, als das bei europäischen Rechtsschutzversicherungen der Fall ist, einschließlich der Bearbeitung von Rechtssachen und Lieferung von Leistungen ganz allgemeiner Art, die im Sinne des Gewinnprinzips oft unrentabel sind. Es gibt kaum eine Erfolgsprüfung im europäischen Sinne, und es gibt auch keine Eigenverschuldensklauseln wie sie bei europäischen Rechtsschutzversicherungen oft üblich sind. Außerdem legen die Konzepte im Gegensatz zur europäischen Tradition besonderen Wert auf Routineleistungen, die eigentlich nicht mit einer aktuellen „rechtlichen" Kontroverse zu tun haben, d.h. sie legen wegen ihrer starken soziopolitischen Komponente besonderen Wert auf vorbeugende Maßnahmen; und schließlich haben sich die Klientengruppen in den USA bisher meistens dafür entschieden, ein einziges großes oder ausgewählte kleinere private Anwaltsbüros für die Angelegenheiten der „versicherten" Gruppenmitglieder verantwortlich zu machen („closed panel"), anstatt der europäischen Tradition der Beratung durch Versicherungspersonal und durch Anwälte, die sich die Klienten auf dem Markt „frei" suchen dürfen („open panel"), zu folgen.

Genügend Daten zur Analyse hat bisher als einziges Vorauszahlungs-Rechtshilfeprogramm der Shreveport-Plan (73) der Öffentlichkeit zugänglich gemacht. Vorläufige Analysen der Daten der ersten 16 Monate dieses Programms zeigen auf der positiven Seite, daß das Programm gut funktioniert und einen wesentlichen Anstieg (50–75 %) in der Häufigkeit, mit der Programmitglieder Anwälte aufsuchten, bewirkt. (74) Dieser Anstieg ist nicht auf ein Zutragen von trivialen und unwichtigen Problemen zurückzuführen. Außerdem verbesserten sich die Einstellungen der Mitglieder zum Prozeß der Inanspruchnahme und des Findens von Rechtshilfe ein wenig (Mitglieder scheuten sich weniger, einen Anwalt um Rechtsrat aufzusuchen, und sie hatten das Gefühl, daß Anwälte sich weniger bevormundend verhielten, als das in ihren vorherigen Erfahrungen mit Anwälten der Fall war). Und schließlich vertrat die überwiegende Mehrheit der Shreveport-Mitglieder die Ansicht, daß sie solch einem privaten Rechtshilfeprogramm gern wieder freiwillig beitreten würden. (75) Auf der negativen Seite lassen die Daten aber erkennen, daß die Benutzungsquote des Programms durch die Mitglieder nach den ersten 16 Monaten noch enttäuschend niedrig war. Obwohl die Beratungsfrequenz bis Mai 1972 gestiegen war, hatten bis dahin nur 25 % der Mitglieder das Rechtshilfeprogramm tatsächlich in Anspruch genommen (76), und die gesamte Inanspruchnahme entsprach nur ca. 1/4 des erwarteten Volumens. Die Vorteile präventiver Beratung wurden also nur wenig genutzt, und ein wesentlicher Teil derer, die die Leistungen des Programms voll ausnutzten, waren Personen, die schon vor der Einrichtung des Rechtshilfeprogramms einmal Anwälte aufgesucht hatten. (77) Obwohl am Aufbau des Shreveport-Programms als wissenschaftliches Experiment methodologisch einiges zu kritisieren ist – nämlich hauptsächlich, daß die am Programm teilnehmende Gruppe zu klein und zu isoliert ist, um „als repräsentatives Sample amerikanischer Bürger" dieser Einkommensgruppe zu gelten, die Basispopulation des Experiments also inadäquat ist, um eine endgültige Be-

urteilung zuzulassen (78) – so kann man m.E. aber aus diesem „Experiment" und aus den anderen amerikanischen Gruppen-„Versicherungs"-Erfahrungen im Kontext US-amerikanischer Erfahrungen mit anderen Rechtshilfemodellen einige Aussagen wagen, die trotz wissenschaftlicher Vorläufigkeit einen Erfahrungswert für zukünftige deutsche Rechtshilfepläne besitzen. Zuerst kann man m.E. auf ganz allgemeiner Ebene sagen, daß eine theoretische Gegenüberstellung der anderen US-amerikanischen Rechtshilfemodelle mit Varianten dieses „Versicherungs"-Modelltyps zeigt, daß das „Versicherungs"-Modell wegen des Versicherungsgedankens als solchem gewisse Probleme und Nachteile mit sich bringt (79), die sich aber dann noch vermehren und vergrößern, wenn das Versicherungskonzept auf den einzelnen Bürger oder den einzelnen sozial Schwachen gerichtet ist (80) (anstatt auf eine Gruppe mit mehr oder weniger großer Mitgliederprogression) und wenn es durch die Organisationsform des „open panel" ausgeführt wird. (81)
Die in der deutschen Rechtshilfediskussion bisher vorgeschlagenen „Versicherungs"-Modelle (82) vereinigen fast alle diese nachteiligen Faktoren; insbesondere vermeiden sie ein dem „closed panel"-Modell vergleichbares System. Die bisherigen amerikanischen Erfahrungen aber zeigen, daß gerade das „closed panel"-Konzept ähnliche Vorteile aufweist wie das Konzept der angestellten Anwälte in „öffentlichen" Rechtshilfebüros, wenn man es mit der herkömmlichen Art der Rechtshilfe durch Privatanwälte vergleicht. (83) So spricht für ein „closed panel" und gruppenorientiertes „Versicherungs"-System vor allem folgendes: Das Modell erleichtert dem Klienten nicht nur die Auswahl eines Anwalts, sondern auch die Auswahl eines für seine Probleme besonders qualifizierten Anwalts; es bringt einen schnelleren und besser vorhersagbaren Ablauf der juristischen Arbeit für die Anwälte und ermöglicht daher eine effizientere Vorbereitung und Erledigung der Fälle – eine Effizienz, die auch die Qualität und die Erreichbarkeit der Rechtshilfe verbessert. (84) Das „closed panel"-Modell bietet Anwälten einen Anreiz zur präventiven juristischen Tätigkeit, weil sie wissen, daß die Probleme sie sonst später belasten werden. Wegen der besseren Vorhersagbarkeit der Falltypen und der zu leistenden Arbeit erlaubt das „closed panel"-Modell eher, para-juristische Hilfskräfte, Sozialarbeiter und andere Spezialisten einzusetzen sowie Automation und Mechanisierung einzuführen, wobei nicht nur größere Effizienz und Kostensenkungen erzielt werden, sondern auch Qualitätsverbesserungen erreicht werden können. Ferner erreicht dieses Modell es eher, den Klienten mit einschlägigen Anwälten und einem breiten Dienstleistungsangebot vertraut zu machen, und ist deshalb auch besser geeignet, Ängste und Mißtrauen gegen Anwälte bei Mandanten abzubauen. (85) Weiterhin können sich „closed panel"-Anwälte eher auf die spezifischen Probleme ihrer Klientengruppe einstellen, sich mit den Anliegen der Klienten identifizieren und motiviert werden, auch unkonventionelle Anwaltstätigkeiten auszuführen sowie rechtspolitisch aktiv zu werden. (86) Höchstwahrscheinlich steigt der Anteil der Inanspruchnahme nicht zufällig benötigter Rechtshilfeleistungen mit zunehmender Aktualisierung der Rechtsbedürfnisse unter den „Versicherten", da diese Leistungen aus der Sicht des „versicherten" Klienten schon vorausbezahlt wurden. Unter diesen Umständen werden „open panel"-Rechtshilfemodelle, die eine sogenannte „freie" Anwaltswahl propagieren, außerordentlich mehr Kosten verursachen als die „closed panel"-Modelle, weil das „open panel"-Konzept keine direkte Reduzierung der Nettokosten der Rechtshilfeleistungen bringt.
Weiterhin kann man aus bisherigen US-amerikanischen Erfahrungen schließen, daß eine bloße Kostenreduzierung im Rechtshilfebereich durch ein „Versicherungs"-

Modell kein Universalmittel zur Stimulierung präventiver Inanspruchnahme von angebotenen Rechtshilfeleistungen ist. Wo Prävention eines der Ziele des Staates und seines Rechtshilfesystems sein soll, genügen Versicherungsmodelle, wie sie in Deutschland im Augenblick im Gespräch sind, nicht. Dazu benötigt man ein Modell mit starken Bürgerorganisations-, Erziehungs- und Selbsthilfe-Komponenten, ein Modell, das es ermöglicht, effektiv auf den Rechtsanalphabetismus der Bevölkerung einzuwirken, verbreitete Vorbehalte abzubauen, und ein Modell, das den Mitgliedern einer „versicherten" Bevölkerungsgruppe hilft, selbst zu präzisieren und zu artikulieren, was für „Rechtsbedürfnisse" und „Rechtsprobleme" sie eigentlich haben.
Für das Konzept der „Versicherung" einer *Gruppe* spricht u.a., daß es einen größeren Einfluß der „Abnehmer" zuläßt als eine allgemeine Versicherung, die allen Bürgern oder auch allen „Minderbemittelten" offen steht. Dadurch, daß sie innerhalb eines solchen Modells als organisierte Gruppe über die Modalitäten der Prämienzahlung, über zu bietende Leistungen usw. verhandeln können, haben die „Versicherten" die Chance, sich zu mächtigen und möglicherweise aufgeklärten Abnehmern professioneller Dienstleistungen zu entwickeln. (87) Eine solche Stärkung des Verbrauchers würde einen neuen und gesunden Einfluß auf den Anwaltsstand ausüben, der nicht nur einen Anreiz liefern würde, von sich aus die Rechtshilfeleistungen zu verbessern, sondern auch die Gesamtqualität der Anwaltsleistungen. (88) Außerdem wird ein nach dem Versicherungsprinzip aufgebautes Rechtshilfeprogramm dauernd mit den oft konfligierenden Forderungen zu kämpfen haben, einerseits das Rechtshilfeprogramm finanziell selbsttragend und absatzfähig zu gestalten, andererseits aber auch die bisher unbefriedigten Rechtsbedürfnisse der Bürger mit niedrigem und mittlerem Einkommen zu berücksichtigen und Rechtshilfeleistungen leichter zugänglich zu machen. Solche Spannungen lassen sich in einem Kleingruppenprogramm besser lösen, weil Gruppenmitglieder, die wichtige Interessen und Merkmale teilen, leichter an den Entscheidungsprozesses teilnehmen können als die Summe der Versicherten in einem Programm, dem obligatorisch und diffus die gesamte Bevölkerung oder alle „Minderbemittelten" angeschlossen sind.
Obwohl diese Erfahrungen und Überlegungen das „Versicherungs"-Konzept der vorausbezahlten Gruppenrechtshilfe sowohl für finanziell schwache Bürger und für die unteren bis mittleren Einkommensschichten attraktiv erscheinen lassen und zudem aus der Sicht der Anwaltschaft für diese selbst Vorteile zu versprechen scheint – indem sich solche Rechtshilfemodelle für Anwälte besonders dadurch auszeichnen, daß sie die Nachfrage nach Rechtshilfeleistung langfristig wesentlich vergrößern könnten und damit auch gleichzeitig das in den USA und Deutschland gegenwärtige Problem der Arbeitslosigkeit und Unterbeschäftigung von Juristen bekämpfen würden –, sollte man aber vor oder bei der Einführung solcher Modelle auch die kritischen Punkte berücksichtigen. Unter den wichtigsten sind m.E. die folgenden:
Erstens sind alle Versicherungs-Typen von Rechtshilfe auf der einen Seite wahrscheinlich von wesentlichem ökonomischen Nutzen für die Anwaltschaft, auf der anderen Seite wirken sich jedoch gerade die Programme mit starken Versicherungsmerkmalen wahrscheinlich kostensteigend für den „Verbraucher" aus. So zeigen US-amerikanische Erfahrungen auf dem Gesundheitssektor z.B., daß die Übernahme der Krankenversicherung durch die Arbeitgeber einen der Hauptgründe für die rapide steigenden Kosten der Gesundheitspflege in den USA war. Inzwischen sind in diesem Bereich Vorschläge gemacht worden, das Krankenversicherungs-Modell durch effizientere, ökonomischere, qualitativ bessere und den Verbrauchern näherstehende private Gesundheitsprogramme zu ersetzen. (89) Bestehende versicherungsähn-

liche Rechtshilfeprogramme haben zum zweiten bis jetzt noch nicht die wichtige Frage beantworten können, ob der Durchschnittsbürger tatsächlich Rechtshilfeleistungen in Anspruch nehmen will oder benötigt und welche spezifischen Leistungen derjenige tatsächlich benötigt, der sich an ein Rechtshilfeprogramm gewandt hat. In Anbetracht solcher und anderer kritischer Punkte der „Versicherungs"-Modelle und des Informationsmangels über einige für ein Versicherungskonzept grundlegende Fragen ist es gut möglich, daß das Modell der vorausbezahlten Rechtshilfe, besonders in der Organisationsform einer Versicherung, wie sie in Deutschland bisher hauptsächlich diskutiert worden ist, weniger geeignet ist, die Probleme der Bürger mit kleinen, niedrigen und mittleren Einkommen zu lösen, als vielmehr die finanziellen Sorgen der Anwälte zu mildern.

II. Schlußbemerkungen

Mein begrenztes Ziel für diesen Beitrag war es, einen Überblick über die vielen US-amerikanischen Organisationsformen der Rechtshilfe zu geben, einen Überblick, den man sich im Ausland nicht nur wegen sprachlicher und geographischer Distanz kaum verschaffen kann, sondern auch, weil diese Systeme sogar innerhalb der verschiedenen Bundesstaaten uneinheitlich ausgeführt werden und weil das Schrifttum unübersichtlich verstreut und von sehr unterschiedlicher Qualität ist. Ich hoffe, daß ich mit den obigen Ausführungen in etwa das gesteckte Ziel erreicht habe.
Um den Einblick in den US-amerikanischen Rechtshilfekontext noch etwas zu vertiefen, möchte ich in diesem Schlußteil wenigstens noch stichwortartig etwas über die typischen amerikanischen Rechtfertigungen des Stellenwerts des Themas „Organisationsformen der Rechtshilfe" beitragen und über die Haupteinflüsse auf die Entwicklung und Weiterentwicklung von Rechtshilfemodellen in den USA berichten, nämlich über den Wandel der „Armenrechtsphilosophie" und über die gegenwärtige Kritik an der Rechtsordnung.

1. Rechtfertigung des Themas „Organisationsformen der Rechtshilfe"

Es gibt in den USA verschiedene Argumente oder Rechtfertigungen für einen intensiven Ausbau von Rechtshilfesystemen und für eine wissenschaftliche Beschäftigung mit dem Thema „Organisationsformen der Rechtshilfe", aber m.E. beschreibt das folgende Denkmuster in groben Zügen einen gesellschaftsperspektivischen Grundgedanken, den die meisten US-amerikanischen Schriften zu diesem Thema – gleichgültig welche Organisationsform der Rechtshilfe der jeweilige Autor unterstützt – in etwa teilen: Wenn man „das Recht" in unserer demokratischen Gesellschaft als den Formulierungs- und Kodifizierungsprozeß konkurrierender Forderungen versteht, durch den die Bürger (auch zum Teil gesteuert durch bestehende Erwartungen) Zugang zur Teilnahme am Normentwicklungsprozeß erlangen sowie die Festlegung einzelner Normen fördern (Reaktionen auf diese Forderungen spiegeln sich in Gesetzen, Regeln, Gerichtsentscheidungen, Verwaltungserlassen wider und schlagen sich in deren Wandel nieder), dann sollte man die anwaltliche Hilfeleistung (der Anwalt ist z.Z. das wichtigste Aktionsorgan in solch einem Prozeß der Artikulation) als zentral für den *Prozeß* des Erlangens demokratischer Werte in unserer Gesellschaft ansehen. Man kann den Zugang zu den anwaltlichen Tätigkeiten unter diesen

Umständen fast als synonym mit dem Zugang zur Justiz und als entscheidenden Faktor für den Zugang zum Gesetzgebungsverfahren und zur Beteiligung an Verwaltungsentscheidungen ansehen sowie die Verweigerung des Zugangs zu anwaltlichen Hilfeleistungen als Verweigerung des „Rechts" und als Verletzung des Legalitätsprinzips selbst betrachten. Da organisierte Rechtshilfe wohl das wichtigste Mittel ist, der Öffentlichkeit diesen Zugang zu eröffnen, sollten der Staat, direkt betroffene Interessengruppen und die Wissenschaft sich auch dem Thema „Organisationsformen von Rechtshilfe" intensiv widmen. (88)

2. *Wandel der „Armenrechtsphilosophie"*

Ein Blick auf die chronologische Entwicklung und Weiterentwicklung der verschiedenen Rechtshilfeformen in den USA zeigt den bedeutenden Wandel, den die Armenrechtstheorie dort seit der Jahrhundertwende, besonders aber im letzten Jahrzehnt, durchgemacht hat. Um die Jahrhundertwende ging man von der Armenrechtstheorie der Ausgleichsmaßnahmen für einzelne Personen aus, wobei die Hilfe anfangs hauptsächlich von privater Seite auf passive und karitative Weise geleistet wurde, später dann ergänzt durch die vom Staat geschaffenen oder finanzierten Rechtshilfeorganisationen, bei denen der finanziell schwache Bürger ein Recht auf Hilfe in Rechtsangelegenheiten, hauptsächlich vor Gericht, hatte – ein Recht, durch das der Staat unter den Bürgern eine „Gleichheit vor dem Gesetz" herzustellen glaubte. Seit Beginn der 60er Jahre aber billigt der US-amerikanische Staat den Bürgern mehr und mehr ein materiell begründetes Recht auf Rechtshilfe zu und unterstützt den Aufbau von Rechtshilfemodellen, die den sozial oder finanziell schwachen Bürgern auch in ihrem täglichen Leben *außerhalb* des Gerichtssaals helfen und die Prozeßvertretung und -beratung als nur eines unter vielen Mitteln benutzen, um die allgemeine Lebensqualität der Bürger mit niedrigem Einkommen zu verbessern. Besondere Betonung erhalten dabei die Gruppenrepräsentation in Gerichts-, Verwaltungs- und Gesetzgebungsorganen, juristische Unterstützung von Nachbarschafts- und Gemeindeorganisationen, die Führung von Musterprozessen, die ökonomische Planung und Weiterentwicklung von Nachbarschaftsgebieten, Erziehung von Klientengruppen zu Selbständigkeit, Selbsthilfe und Vorsorge. Diese Entwicklungen zeichnen die USA als eines der wenigen Länder aus, die zumindest beginnen, Rechtshilfe als ein Grundrecht des Bürgers anzusehen, und die realistische Schritte zur Umsetzung dieser Ziele unternommen haben. (89)

3. *Gegenwärtige Kritik an der herrschenden Rechtsordnung*

Die herrschende US-amerikanische Rechtsordnung wird gegenwärtig zunehmend kritisiert, (90) und der Ausbau der Rechtshilfe ist nur einer der Versuche, der Kritik zu begegnen.
Unter anderem werden heute folgende Angriffe gegen die herrschende Rechtsordnung formuliert:

- Das Recht ist mit seinem Versuch, sozialen Konflikten vorzubeugen oder sie zu lösen, gescheitert, und es sollte durch andere Systeme der sozialen Organisation und andere Techniken der Streitbehandlung ersetzt werden.

– Das herrschende Recht kann die Mißbräuche des ökonomischen Systems nicht zügeln und sollte deshalb ersetzt werden durch stärkere Beachtung des Marktgeschehens und durch direktere staatliche Kontrolle der Wirtschaft.
– Das Rechtssystem kann für die Armen und die Benachteiligten keine Gerechtigkeit schaffen; es muß deswegen durch Systeme ersetzt werden, die gegenüber ökonomischer Diskriminierung sensibler sind.
– Das Recht ist abstrakt und formal und den Bedürfnissen und dem Verständnis des normalen Bürgers fremd; deswegen sollte es durch Regierungsformen ersetzt werden, die auf die Probleme des normalen Bürgers und seiner Umgebung leichter und verständnisvoller eingehen.

Diese Angriffe führten bisher zu wichtigen Änderungsvorschlägen für die Verfahren, durch die wir mit sozialen Konflikten und Problemen umgehen, und für die Vorstellungen von der Rolle des Rechts in der Gesellschaft. Auf der einen Seite setzt man sich für eine *Reduzierung* unserer Abhängigkeit von dem Recht und von dem Vertrauen auf das herkömmliche Rechtssystem ein und schlägt unter anderem folgendes vor:
– Wir sollten uns mehr auf Schlichtung und Schiedsgerichtsbarkeit verlassen und weniger auf Gerichtsprozesse, um unsere Probleme zu bewältigen.
– Wir sollten informelle Nachbarschaftsgerichte einrichten und einige unserer zivil- und strafrechtlichen Sachen dorthin übertragen.
– Wir sollten neue Institutionen wie z. B. den Ombudsmann schaffen, um dadurch Beschwerden handzuhaben, mit denen sich heute Anwälte und Gerichte befassen.
– Wir sollten den Bedarf an Rechtshilfeleistungen reduzieren, indem wir juristische Verfahren so vereinfachen, daß Laien ihre Rechtsprobleme selbst bewältigen können.
– Wir sollten neue „para-juristische" Spezialisten ausbilden, die Leistungen zu niedrigeren „Kosten" liefern als Juristen.
– Wir sollten ganze Lebensbereiche, die im Augenblick der Kontrolle juristischer Regelungen unterliegen, dieser Kontrolle entziehen.
– Wir sollten den Zugang zu den Gerichten einschränken, damit die Justiz sich nicht mit so vielen Bereichen politischer und sozialer Probleme zu beschäftigen braucht.
– Für die Bewältigung öffentlicher Fragen und für die Garantie individueller Rechte sollte man anstelle der traditionellen juristischen Methoden mehr und mehr Managementtechniken und das Instrument der politischen Analyse einsetzen.

Andere Änderungsvorschläge setzten sich dagegen für eine *Expansion* des Rechtssystems ein; dabei soll die Rechtshilfe zugänglicher und effektiver gestaltet werden. Unter diesen Vorschlägen finden wir u. a. folgende:
– Wir sollten neue Wege gehen, um juristische Dienstleistungen billiger und wirksamer zu gestalten; die Experimente mit Rechtshilfeprogrammen wie Gruppenversicherungen, Judicare oder Werbung für Anwaltsdienstleistungen fallen darunter.
– Wir sollten Rechtshilfeprogramme für minderbemittelte und sozial schwache Bürger unterstützen, darunter Rechtshilfeprogramme für Arme, Anwaltstätigkeit „im öffentlichen Interesse" und Beratungsleistungen von öffentlichen oder gemeinnützigen Stellen für Gruppen für einzelne „Abnehmer".
– Wir sollten die Gerichte noch erweitern und den Gerichtsapparat so reorganisieren, daß sowohl die Effizienz als auch die Kapazität, komplexe Probleme zu behandeln, gesteigert wird.

Ich habe diese einander widersprechenden Auffassungen hier so ausführlich dargestellt, weil es m. E. nur möglich ist, ein optimales Rechtshilfesystem in seiner Gesellschaft zu finden, wenn man zugleich auch die Hintergründe dieses Systems analysiert. Die angeführte Kritik und die Lösungsvorschläge spiegeln das Ausmaß der gegenwärtigen Unzufriedenheit mit der Rechtsordnung und die Verwirrung über Rolle und Funktion des Rechts in der Gesellschaft wider – und das nicht nur in den USA, sondern auch in den kontinental-europäischen Ländern. Es ist daher wichtig, daß sowohl Juristen als auch Nicht-Juristen diese Argumentation zu verstehen versuchen, denn sie fordert sowohl die juristischen Berufe als auch die Art und Weise, in der wir unsere Gesellschaft organisieren, heraus. Besonders wichtig ist diese Debatte darüber hinaus aber für Juristen, weil von ihrer Entscheidung die zukünftige Rolle des Rechts abhängt – und damit auch der zukünftige Aufgabenbereich der Juristen.

4. *Die unmittelbare Zukunft der Rechtshilfemodelle in den USA*

Es ist anzunehmen, daß die Rechtshilfe in den USA sich in den nächsten Jahren weiter in die Richtung des Wohlfahrts-Denkens entwickeln und auch von den amerikanischen Privatanwälten mehr und mehr unterstützt werden wird und daß auch diese Anwälte in zunehmendem Maße zumindest teilweise mit den verschiedenen Rechtshilfemodellen kooperieren und koexistieren werden. Auch wird wohl die Autorität der herkömmlichen amerikanischen Rechtsordnung weiterhin und noch intensiver in Frage gestellt werden, so daß Wissenschaftler, Praktiker und Rechtspolitiker durch die gleichzeitige Ausdehnung und Reduzierung der traditionellen Rechtsordnung vor besonders große Herausforderungen gestellt werden. Im Rahmen einer längerfristigen Perspektive würde ich prognostizieren, daß die zukünftige Weiterentwicklung und Koordinierung verschiedener Rechtshilfemodelle – besonders des OEO-LSP Nachbarschafts- und Forschungsbüromodells sowie der Gruppen- und der vorausbezahlten Rechtshilfemodelle – relativ viele neue Möglichkeiten eröffnen wird.

a) Die Verbindung der Rechtshilfe zur Sozialarbeit

Auf dem Gebiet der Integration von sozialen und juristischen Leistungen muß noch viel getan werden. Rechtsprobleme besitzen meist soziale, ökonomische und kulturelle Elemente und können oft durch soziale Hilfeleistung erfolgreich gelöst werden. OEO-Rechtshilfebüros, Gruppen- und vorausbezahlte Rechtshilfemodelle schaffen außergewönlich gute Chancen für die Förderung der Zusammenarbeit. Einige der von den Gewerkschaften initiierten Gruppenrechtshilfeprogramme sowie einige OEO-Büros haben soziale Hilfeleistungen heute schon integriert; die Zusammenarbeit zwischen Bürgerabteilungen und Abteilungen für Sozialarbeit ist an einigen Universitäten im Zusammenhang mit Rechtshilfeprogrammen auch in den letzten Jahren schon praktiziert worden.

b) Schiedsgerichtsbarkeit, Schlichtung usw.

OEO-Rechtshilfebüros und Gruppen-Versicherungsmodelle enthalten ganz klar die Möglichkeit, die Vorteile der Schiedsgerichtsbarkeit und der Schlichtung auf Verbraucher-, Familien- und Mietstreitigkeiten zu übertragen. Viele der alltäglichen Rechtsgeschäfte, die an einer einseitigen Vertragsgrundlage leiden, könnten durch Schlichtung und Schiedsgerichtsbarkeit gerechter gestaltet werden, wenn Gruppendruck angewendet werden könnte, um über diese Vereinbarungen neu zu verhandeln.

c) Justizreform

Insoweit Rechtshilfe den bisher vom Justizsystem ausgeschlossenen Personen zukommen soll, muß das System sicherlich reaktionsfähiger, rationalisierter und effizienter gemacht werden, um diese neuen „Kunden" zu bedienen. Solche Entwicklungen würden durch organisierten Druck von seiten der „Abnehmer" von Rechtshilfeleistungen unterstützt.

d) Juristische Ausbildung

Rechtswissenschaftliche Fakultäten werden in der Lage sein, ihre „klinischen" Lehrprogramme, die die Praxiserfahrung mit dem universitären Bereich integrieren, durch experimentelle Gruppen-Versicherungs-Programme auszubauen. Auf diese Weise könnten sie etwa Studentengruppen, Verbrauchergruppen o.ä. Rechtshilfe leisten, oder sie können Rechtshilfe durch Mitarbeit in OEO-Büros erbringen oder eigene spezielle Rechtshilfeprogramme, etwa im Strafvollzugsbereich, aufbauen. Was sich für die Rechtsfakultäten am Ende vielleicht ergeben wird, ist eine Neueinschätzung ihrer Rolle in der Gesellschaft. Vielleicht werden sie einmal nach dem Modell der medizinischen Fakultäten umgestaltet, die sich schon lange mit dem öffentlichen Gesundheitswesen und dessen Zielen beschäftigen und die selbst versuchen, solche Ziele in Universitätskliniken durch die Integration von Theorie und Praxis miteinander zu verbinden. Solche Rollenveränderungen würden auch eine „offenere" Ausbildung von Juristen und Para-Juristen als den zukünftigen Mitarbeitern neuer Rechtshilfeprogramme erlauben.

e) Verbesserte Rechtshilfeleistungen

Zusammen mit dem Ausbau des OEO-Nachbarschaftsmodells und der „Versicherungs"-Modelle bietet sich die Möglichkeit der Verbesserung der Vorbereitung und Durchführung der Rechtshilfe. Standardisierte Fallbehandlungsmethoden, Evaluation durch Kollegen, Einstellung von para-juristischen Mitarbeitern und Einsatz technischer Hilfen werden sowohl die Kosten senken als auch den Zugang und die Qualität verbessern. Der Wettbewerb, den die Einführung dieser Neuerungen stimulieren wird, sollte bewirken, daß diese Neuerungen auch in einem Großteil der privaten Anwaltsbüros eingeführt werden.

f) Gleichheit vor dem Gesetz

Die verschiedenen Rechtshilfemodelle werden sicherlich einen wesentlichen Beitrag zur Gleichheit im gerichtlichen und vorgerichtlichen Bereich leisten. Darüber hinaus werden jedoch das OEO-Modell, die Versicherungs-Gruppen-Modelle und die „Public Interest"-Anwaltsfirmen auch in der Interessenvertretung, im Organisieren und in der Erziehung der „Abnehmer" einen Erfolg verbuchen können. Ihre Reformbemühungen werden es bisher isolierten Personen, die gemeinsame Rechtsinteressen haben, ermöglichen, sich zusammenzutun, um diese gemeinsamen Interessen zu verfechten. Weiterhin werden die rechtspolitischen Reformbemühungen durch die genaue Bestimmung der Rechtsbedürfnisse erfolgreicher sein, und schließlich werden nicht nur neue „abnehmer"-freundliche Rechtsregelungen geschaffen werden, sondern auch überflüssige Formalitäten und diskriminierendes materielles Recht abgeschafft werden. (91)

Summary

The major part of this report consists of a description and analysis of ten of the most widely spread schemes of legal aid at present existing in the USA. They are the Legal Aid Societies, the Assigned Counsel and Defender Systems, Judicare, the OEO-LSP Neighbourhood Law Offices, the Legal Services Corporation, the Pro-Bono programmes, the Broker Models, the Public Interest Law Firms and, finally the Group Legal Services, Prepaid Legal Services and Legal Expense Insurance. Detailed information is given on the way in which these widely varying schemes operate, on how they are financed and on the nature of their ideological backgrounds. Positive and negative aspects of their work are pointed out.
The report stresses first the importance of the study of these different forms of legal aid. As they constitute one of the principal means of bringing people into contact with lawyers and thus with the process of justice, intensive study should be devoted to them by the state, and particularly by directly concerned pressure groups and scientists.
Secondly, the influences on the past and future developments of legal aid are outlined – the path of change in the theory on poverty law is traced; the most criticised features of the existing legal system and the two principal directions which suggestions for reform take are sketched (i.e. on the one hand, a reduction of dependence on and trust in the existing legal system and, on the other hand, the expansion of the existing system); and finally, the author describes the lines along which he thinks legal aid will develop in the future. Mentioned in this context are the growing links between legal aid and social welfare, an expansion of work done by such institutions as tribunals, arbitration commitees etc, increasing rationalisation and efficiency in the administration of justice, changes in legal training, the improvement of existing legal aid services and a move in the direction of equal justice.

Anmerkungen

1 Für die akribische Übertragung aus dem Deutsch-Amerikanischen danke ich Wolfgang Kaupen und Cornelia Vergin.

2 S. auch Knoppke-Wetzel, Rechtsfürsorge durch „private" Anwälte oder durch Anwälte in „öffentlichen" Rechtsfürsorgebüros? – Eine Analyse aufgrund US-amerikanischer Erfahrungen, Juristenzeitungen, 1976, Band 31, Heft 5/6, S. 145. Dieser Teil des Tagungsbeitrags ist im vorliegenden Sammelband nicht enthalten.

3 Die US-amerikanischen Legal Aid Societies sind in ihrem Konzept in etwa vergleichbar mit den Rechtsberatungseinrichtungen der Anwaltschaft in einigen deutschen Städten, so z.B. in Köln, wobei sich die Legal Aid Büros von den deutschen am meisten dadurch unterscheiden, daß sie gewöhnlich einige angestellte Anwälte beschäftigen, die die Arbeit der freiwil-

ligen Mitarbeiter koordinieren und selbst oft den größten Teil der Arbeit leisten, ferner dadurch, daß sie ihre Mandanten nicht nur außergerichtlich beraten und vertreten sondern auch vor Gericht und bei anderen Institutionen.

4 Die Bundesverfassung der USA enthält eine Verpflichtung zum Gerechtigkeitsprinzip, aber keine ausdrückliche Garantie der Rechtshilfe, die für das Verfassungsprinzip oft lebenswichtig ist. S. die Präambel der US-Verfassung von 1789.

5 Maguire, The Lance of Justice, 1928, S. 18.

6 Die Chicago Ethical Cultural Society gründete das „Bureau of Justice". Smith, Justice and the Poor, 1919, S. 136.

7 Ebenda, S. 147.

8 Vgl. Bradway, National Aspects of Legal Aid, The Annals, 1939, Band 205, S. 101.

9 NLDA, Summary of Conference Proceedings, 1962, S. 13.

10 Brownell, Legal Aid in the United States, 1951, Erg. 1961, S. 50–51; vgl. auch Carlin, Howard and Messinger, Civil Justice and the Poor, 1966, S. 50.

11 Z.B. innerhalb eines Zeitraums von 89 Jahren scheinen Anwälte der Legal Aid Society nicht eine einzige Revision bis zum US Supreme Court durchgefochten zu haben. Johnson, Justice and Reform. The Formative Years of the OEO Legal Services Program, 1974, S. 14.

12 Siehe z.B. Marden, Legel Aid: The Private Lawyer and the Community, Tenn. L. Rev., 1949, Band 20, S. 757; Brownell, a.a.O., S. 29.

13 National Legal Aid and Defender Association, Annual Report, 1963; als gründlicher geschichtlicher Überblick s. Brownell, a.a.O. Neuere Literatur: Silverstein, Thoughts on the Legal Aid Movement, Social Serv. Rev., 1966, Band 40, S. 135.

14 Carlin and Howard, Legal Representation and Class Justice, U.C.L.A. L. Rev., 1967, Band 12, S. 381 und 417.

15 Note, Neighbourhood Law Offices: The New Wave of Legal Services Offices for the Poor, Harv. L. Rev., 1967, Band 80, S. 805; Carlin and Howard, a.a.O., S. 415.

16 S. Comment: Controlling Lawyers by Bar Associations and Courts, Harv. Civ. Rights – Civ. Lib. L. Rev., 1970, S. 301, S. 334.

17 Der Hauptgrund mag die traditionell ungenügende Finanzierung solcher Programme sein. Wo sie existieren, haben sie nur etwa 10 % des Rechtsberatungs/-vertretungsbedarfs decken können.

18 Note, Advertising, Solicitation and the Profession's Duty to Make Legal Counsel Available, Yale L. J., 1972, Band 81, S. 1181. Siehe auch Anm. 40 in Knoppke-Wetzel, a.a.O. (Anm. 2).

19 Wald, Law and Poverty, Washington 1965, S. 49.

20 Carlin and Howard, a.a.O., S. 417. Siehe auch Gardiner, Defects in Present Legal Aid Services and the Remdies, Tenn. L. Rev., 1952, Band 22, S. 505.

21 S. Silverstein, Defense of the Poor, ABF, 1965, S. 15–38. Ebenso Summers, Defending the Poor: The Assigned Counsel System in Milwaukee County, Wisconsin L. Rev., 1969, S. 525.

22 S. US Constitution, Amendment VI; Gideon v. Wainright, 372 U.S. 335, 334 (1963); Argensinger v. Hamlin, 407 U.S. 25 (1972).

23 Vgl. Note, The Indigent's Right to Counsel in Civil Cases, Yale L. J., 1967, Band 76, S. 545; Note, The Right to Counsel in Civil Litigation, Colum. L. Rev., 1966, Band 66, S. 1322; Silverstein, Waiver of Court Costs and Appointment of Counsel for Poor Persons in Civil Cases, Val. U. L. Rev., 1967, Band 2, S. 21.

24 Man schätzt, daß jedes Jahr ca. 4 Millionen Angeklagte es sich finanziell nicht leisten können, einen Anwalt zu nehmen. S. Benner and Neary, The Other Face of Justice, 1973, Tabelle 117.

25 18 U.S.C., sec. 3006 A.; s. Duniway, The Poor Man in the Federal Courts, Stan. L. Rev., 1966, Band 18, S. 1270. Über die Auswirkungen der relativ schlechten Bezahlung der in den einzelnen Staaten auf Gemeindeebene als Offizialverteidiger eingesetzten Anwälte siehe nachfolgenden Text und Anmerkung.

26 S. meine Schlußbemerkungen über die Mindestbedingungen für Effektivität und Kompetenz von Strafverteidigern im Rahmen der Rechtshilfe in meiner Beschreibung des Strafverteidigungsbüro-Modells, unten, Abschn. 3.

27 S. Judicial Problems in Administering of Court Appointments of Counsel for Indigents, Wash. & Lee L. Rev., 1971, Band 28, S. 120.

28 S. z.B. Knoppke-Wetzel, a.a.O. (Anm. 2).

29 Folgende Ergebnisse einer Befragung von 815 Anwälten erlauben einen Einblick in die Problematik: Obwohl zwei Drittel der Befragten darauf hinweisen, daß sie in ihrer Praxis keine

oder „sehr wenige" Strafsachen haben, folgten 80 % von ihnen ohne weiteres der Bitte des Gerichts, einen finanziell schwachen Angeklagten in einer Strafsache zu vertreten; drei Viertel dieser 815 Anwälte hatten noch nie an einer Fortbildungsveranstaltung im Strafrecht, Strafprozeß- oder Strafvollzugsrecht teilgenommen; von den 80 %, die dem Gesuch, als Offizialverteidiger aufzutreten, gefolgt waren, hatten nur 20 % überhaupt jemals Erfahrung mit einer Strafrechts-Hauptverhandlung gemacht. Die 80 % vertraten aber insgesamt 800 Angeklagte als Offizialverteidiger. S. Benner and Neary, a.a.O. (Anm. 24).

30 Attorney General's Committee Report, Poverty and the Administration of Federal Criminal Justice, 1963, S. 29. Silverstein, a.a.O. (Anm. 21), S. 21–25, weist darauf hin, daß dies ebenso sehr auch aus sozialen Gründen sein kann, wie es auch eine Funktion des Interesses des Anwalts am Fall sein könnte. Mit anderen Worten, die Statistik zeigt, daß finanziell und sozial Schwache sich eher eines Verbrechens schuldig machen.

31 Alle oben genannten Zahlen sind Benner und Neary, a.a.O., entnommen. Die Autoren berichten weiter, daß inzwischen sechzehn Bundesstaaten solche Systeme auf Bundesstaat-Ebene errichtet haben. Allerdings geben Bundesstaaten und Gemeinden noch relativ wenig Geld für die Strafverteidigung Minderbemittelter aus. So gaben diese Stellen z. B. 1970 zusammen nur ca. 23 cents pro Kopf der Bevölkerung aus, während sie gleichzeitig jeweils 1,65 Dollar und 21,78 Dollar für Staatsanwaltschaft und Polizei ausgaben. S. Bureau of the Census, Dept. of Agriculture, Statistical Abstracts of the U.S., 93. Ausgabe, 1972, Tabelle 244.

32 Die meisten Defender System-Anwälte verdienen 16.000 Dollar im Jahr, aber fast die Hälfte verdient nur zwischen 11.000 und 14.000 Dollar pro Jahr, was etwa 20 % unter dem Einkommen der Privatanwälte (in kleineren Anwaltsbüros) in der gleichen Altersklasse liegt. Das ist sicherlich einer der Gründe, warum die meisten Anwälte nach 3 bis 4 Jahren in die Privatpraxis abwandern. Benner und Neary, a.a.O.

33 Silverstein, Defense of the Poor in Criminal Cases in American State Courts – a Preliminary Survey, 1964, S. 50–52.

34 S. z.B. Note, Representation of Indigents in California – A Field Study of the Public Defender and Assigned Counsel Systems, Stan. L. Rev., 1961, Band 13, S. 522; Gitelman, Relative Performance of Appointed and Retained Counsel in Arkansas Felony Cases – An Empirical Study, Ark. L. Rev., 1971, Band 24, S. 442; s. auch Stover and Eckart, A Systematic Comparison of Public Defenders and Private Attorneys, Am. J. Crim. L., 1975, Band 3, S. 265. Die Autoren folgern, daß die Qualität der Strafverteidigung durch Public Defenders – nach gewissen als allgemein wichtig empfundenen Output- und Prozeß-Variablen – mindestens so gut ist wie die durch Privatanwälte.

35 Das OEO-LSP Nachbarschafts-Rechtshilfe-Modell, das im Jahre 1964 eingeführt wurde, wird weiter unten in Abschnitt 5 erläutert.

36 Das Judicare-Modell ähnelt in ganz groben Zügen – außer dem Kreditkartenmerkmal der Gültigkeit der Einkommensprüfung für den Zeitraum eines Jahres und der Berechtigung nicht nur zur Beratung sondern auch zur gerichtlichen Vertretung, falls es dazu kommen sollte – dem Entwurf des Deutschen Anwaltsvereins für die Einführung von unentgeltlicher Rechtsberatung für Bürger mit niedrigem Einkommen in der Bundesrepublik.

37 Preloznik, Wisconsin Judicare: An Experiment in Legal Services, A.A.A.J., 1971, Band 57, S. 1179; Schlossberg and Weinberg, The Role of Judicare in the American Legal System, A.A.A.J., 1968, Band 54, S. 1000.

38 S. den ausführlichen Kosten-Nutzen-ähnlichen Vergleich der Inanspruchnahme angestellter Anwälte in Rechtshilfe-Büros im Vergleich zur Inanspruchnahme der herkömmlichen Privatpraxis in Knoppke-Wetzel, a.a.O. (Anm. 2).

39 Goodman and Feuillan, The Trouble with Judicare, A.B.A.J., 1972, Band 58, S. 477. Zur Kritik dieses Standpunkts s. Brakel, The Trouble with Judicare Evaluations, A.B.A.J., 1972, Band 58, S. 704.

40 Siehe Knoppke-Wetzel, a.a.O.

41 S. Goodman and Fauillan, a.a.O., S. 481; Note, Judicare as an Alternative to Legal Aid in Albuquerque, New Mexico L. Rev., 1971, Band 1, S. 595; und Marsh, Neighbourhood Law Offices or Judicare?, Legal Aid Briefcase, 1966, Band 25, S. 12.

42 42 U.S.C. sec. et sequ.. Siehe auch OEO Jahresbericht 1971; Caplan and Johnson, Neighbourhood Lawyers Programs: An Experiment in Social Change; Miami L. Rev., 1965, Band 22, S. 184; Pye and Garraty, The Involvement of the Bar in the War against Poverty, Notre Dame Lawyer, 1966, Band 41, S. 860. Allgemein: J. Green and S. Green, The Legal Profession and the Process of Social Change: Legal Services in England and the United States, Hastings L.J., 1970, Band 21, S. 563.

43 S.E. Cahn and J. Cahn, The War on Poverty: A Civilian Perspektive, Yale L.J., 1964, Band 73, S. 1317, zusammengefaßt in: Johnson, Justice and Reform: The Formative Years of the OEO Legal Services Program, 1972, Kap. 2.

44 42 U.S.C. sec. 2809 (a) (3), 1970. Die beiden anderen Forderungen verlangen eine hohe professionelle Qualität der Dienste und das Verbot der Vertretung in Strafsachen. Obwohl das Gesetz den Gouverneuren erlaubt, Veto gegen ein Programm einzulegen (unterliegt der Außerkraftsetzung durch OEO-LSP), ist dies erst einmal und dann auch ohne politisches Motiv geschehen.

45 S. z.B. Hannon, Leadership Problem in the Legal Services Program, Law & Soc. Rev., 1969, Band 4, S. 235; Hannon, Legal Services and the Community Action Program: Oil and Water in the War on Poverty, Brief Case, 1969, Band 28, S. 5.

46 Vgl. Hannon, Legal Services and the Local Bars: How Strong is the Bond? National Policy versus Local Control. The Legal Services Dilemma, Cal. West. L. Rev., 1969, Band 5, S. 223; Hannon, Murphy Amendments and the Response of the Bar: An Accurate Test of Political Strength, Brief Case, 1970, Band 28, S. 163; Johnson, Refutation and Endorsement: A Reaction to Hannon's Analysis of the Murphy Amendment and the Bar, Brief Case, Services, A.B.A.J., 1971, Band 52, S. 223; Voorhees, The OEO Legal Services Program: Should the Bar Support It?, A.B.A.J., 1967, Band 53, S. 23.

47 S. Eligility for Free Services, ABF, 1966; Note, Neighbourhood Law Offices: The New Wave of Legal Services for the Poor, Harv, L. Rev. 805, 1967, Band 80, S. 846.

48 Vgl. Hazard, Law Reforming in the Anti-Poverty Effort, U. Chi. L. Rev., 1969, Band 137, S. 242; Note, Competition in Legal Services Under the War on Poverty, Stan. L. Rev., 1967, Band 19, S. 579; Hazard, Social Justice through Civil Justice, U. Chi. L. Rev., 1969, Band 36, S. 699; s. auch Finman, OEO Legal Services Programs and the Pursuit of Social Change, Wis. L. Rev., 1971, S. 1001.

49 „(Der amerikanische Anwalt) ist ein Experte in der Planung sowohl profunder sozialer Veränderungen als pragmatischer stufenweiser Schritte geworden bei gleichzeitiger Erhaltung der Grundsätze konsistenter sozialer Interaktion, die so wichtig sind für Stabilität und gegenseitiges Vertrauen ..." Franck, The New Development: Can American Law and Legal Institutions Help Developing Countries?, Wis. L. Rev., 1972, S. 767.

50 Siehe als Beispiel einer viel zu simplen Kritik Pawlowski, Zur Funktion der Prozeßkosten, Juristenzeitung, 1975, Band 30, S. 200.

51 Bestimmte Falltypen waren hauptsächlich Gegenstand öffentlicher Kontroversen. Abgesehen von Klagen gegen örtliche Geschäftsleute sind Klagen gegen die Regierung viel diskutiert worden. S. A.B.A.J., 1972, Band 58, S. 930; Klaus, Legal Services Program: Reply to Vice-President Agnew, A.B.A.J., 1972, Band 58, S. 1178.
S. Note, The Legal Services Corporation: Curtailing Political Influence, Yale L. J., 1971, Band 81, S. 231; Robb, Controversial Cases and the Legal Services Program, A.B.A.J., 1970, Band 56, S. 329; Karabian, Legal Services for the Poor: Some Political Observations, U. San Francisco L. Rev., 1972, Band 6, S. 253; zur Diskussion der Methoden zur Begrenzung der Interventionen s. Botein, Constitutionality of Restrictions on Poverty Law Firms: A New York Case Study, N.Y. U. L. Rev., 1971, Band 46, S. 748.

52 Pearson, To Protect the Rights of the Poor: The Legal Service Corporation Act of 1971, Kan. L. Rev., 1971, Band 19, S. 641; Kantor, National Legal Services Corporation: The Legal Professions's Responsibility, Cal. St. B. J., 1971, Band 46, S. 447.

53 Note, The Legal Services Corporation: Curtailing Political Influence, Yale L. J., 1971, Band 81, S. 275–86. Der Artikel argumentiert, daß die richtungsweisende Machtbefugnis aufgeteilt werden sollte nach der Wirkung, die ein Programm auf eine Gruppe hat und auf den Beitrag dieser Gruppe zu dem Programm. Daher, heißt es, sollten Klientengruppen und angestellte Anwälte den stärksten Einfluß in diesem Programm haben. Dies ist eine Analyse von seiten Beteiligter, die wenig Aussicht auf Erfolg hat.

54 Note, Structuring the Public Service Efforts of Private Law Firms, Harv. L. Rev., 1970, Band 84, S. 410; Marks, Leswing and Fortinsky, The Lawyer, the Public and Professional Responsibility, ABF, 1972, Band 49.

55 Kass, An Experiment in Legal Services, A.B.A.J., 1972, Band 58, S. 585; Marks, Leswing and Fortinsky, a.a.O., S. 121–126.

56 Marks, Leswing and Fortinsky, a.a.O., S. 135.

57 Kass, a.a.O., S. 587.

58 S. Note, The New Public Interest Lawyers, Yale L.J., 1970, Band 79, S. 1069; Berlin, Roisman and Kessler, Public Interest Law, G.W.L. Rev., 1970, S. 675; Marks, Leswing and Fortinsky, a.a.O., S. 151–185.

59 Public Advocates, Inc. San Francisco, sind ein Beispiel dieser Bemühungen, sie haben hohe „Versicherungs"-Prämien erreichen können.

60 Vgl. dienstorientierte Mitgliederfirmen, wie z.B. der NAACF Legal Defense Fund. S. auch Note, Membership Supported Law Firms: A Resolution of the Public Interest Law Dilemma, Cal. L. Rev., 1972, Band 60, S. 1451. Die NAACP war Klägerin in einer Grundsatzentscheidung des Obersten Gerichtshofes, die half, die Existenzrechte solcher Programme angesichts der Attacken von Anwaltsgruppen, basierend auf verschiedenen berufsethischen Grundsätzen, zu artikulieren; NAACP v. Button, 371 U.S., 415, 1963.

61 Eine Besonderheit des amerikanischen Steuerrechts gewährt Verbands-Lobbyisten die Abschreibung von Geschäftsunkosten, während sie wohltätigen oder gemeinnützigen Bemühungen, die die Gesetzgebung zu beeinflussen suchen, keine Steuerfreiheit gewährt.

62 Marks, Leswing and Fortinsky, a.a.O., S. 224–238; Note, The New Public Interest Lawyers, a.a.O., S. 1128–37.
Ebenso Ferren, Preliminary Thoughts about Public Decision, Making and Legal Aid. The Prospect for Legitimacy, Conn. L. Rev., 1968, Band 1, S. 263.

63 S. Bartosic and Bernstein, Group Legal Services as a Fringe Benefit: Lawyers for Forgotten Clients through Bargaining, Va. L. Rev., 1973, Band 59, S. 410.

64 Unter Rechtshilfe-„Versicherung" (legal insurance) versteht das amerikanische Schrifttum fast ausschließlich die Bemühungen, die Kosten zukünftiger Rechtshilfeleistungen im voraus zu bezahlen bzw. den zu erwartenden Jahresbeitrag vorzubestimmen – und nicht die traditionelle Definition der „Versicherung" als Pooling der Risiken schwerer zukünftiger Verluste. S. z.B. Stolz, Insurance for Legal Services: A Preliminary Study of Feasibility, U. Chi. L. Rev., 1968, Band 35, S. 417 und 422.

65 Die Zielgruppe ist hauptsächlich der Klient, der „zuviel" verdient, um bestehende Rechtshilfeprogramme für „Arme" in Anspruch nehmen zu dürfen, aber zuwenig (nach eigener Meinung), um sich einen Privatanwalt leisten zu können. Dieser „vergessene Klient", der gewöhnlich auch nicht weiß, wann, wie und wo er welchen Anwalt aufsuchen soll, ist einer der 21 Millionen Amerikaner, die in Familien mit einem Jahreseinkommen von 5000 bis 15.000 Dollar leben. Siehe Prepaid Legal Services, St. Louis B. J., 1973, Band 19, S. 17f.; Meserve, Our Forgotten Client: The Average American, A.B.A.J., 1971, Band 57, S. 1092; Ottenberger, Lawyer: 50 cents a Month, in: The Evening Star and Daily News (Washington, D.C., 17. Juli 1972).

66 Das „closed panel"-Konzept ist bisher das populärste gewesen. Im Augenblick gibt es mehr als 2000 bis 3000 solcher Programme in den USA, im Bundesstaat Kalifornien allein mindestens 350 (s. auch Anm. 68). Von den „open panel"-Programmen, die die Anwaltschaft aus eigenem Interesse vorzieht (man befürchtet u.a., daß die „closed panal"-Programme das Einkommensniveau der allein praktizierenden Anwälte und das der kleineren Anwaltsbüros herunterdrücken wird), gab es 1972 nur neun (s. ABA Committee and Section Reports to the House of Delegates, Annual Meeting, August 1972, Report Nr. 22-a, S. 2); heute gibt es mehr als doppelt so viele (s. Anm. 69).

67 Siehe Stolz, a.a.O. (Anm. 64); Steiner, Bargained for Group Legal Services – Aid for the Average Wage Earner, Ariz. L. Rev., 1969, Band 11, S. 617; und Ashe, Group Legal Services – Equal Justice in Fact – A Prognosis for the Seventies, Syr. L. Rev., 1972, Band 23, S. 1167.

68 Es sind meist gemeinnützige Versicherungsangebote der Gewerkschaften, die bisher das „closed panel"-Konzept bevorzugt haben, so z.B. das Programm der Chicago Joint Board of Amalgamated Clothing Workers („closed panal", d.h. bestimmte private Anwaltsbüros sind zuständig für die über 6000 Mitglieder; Strafsachen, Schwurgerichtsverhandlungen und einige andere Sachen sind nicht unentgeltlich; ein für das Programm arbeitender Sozialarbeiter kümmert sich um „nicht-juristische" Probleme). Beispiele „vorausbezahlter" Rechtshilfeprogramme für nicht-gewerkschaftliche Gruppen sind folgende: eine Verbraucherkooperative mit über 100.000 Mitgliedern an der Westküste („open panal"; sowohl Zivil- als auch Strafsachen); die Studentenschaft (27.000) einer Universität im Westen der USA (viele Studentenschaften schließen heute „closed panal"-Verträge mit einem oder mehreren Anwaltsbüros ab). S. ABA Revised Handbook on Prepaid Legal Services, 1972, S. 43, S. 47–48. Es gibt inzwischen auch kommerzielle Versicherungsangebote, so z.B.: Nationwide Coordina-

tors, Inc. of Sacramento, Cal. (Verträge nur mit Gewerkschaftsgruppen); Consumers Group Legal Services, Inc. of the Berkeley, Cal. Cooperative (25 Dollar Jahresbeitrag pro Mitglied; 700 Mitglieder einer Verbraucherorganisation).

69 Das bekannteste Rechtshilfeprogramm der „open panel"-Art ist der „Shreveport Plan", der von der American Bar Association (Bundesanwaltsverein) als gemeinnütziger Träger (mit finanzieller Unterstützung durch die Ford Stiftung) im Januar 1971 ins Leben gerufen wurde (in der Stadt Shreveport, Louisiana), um das „open panel"-Konzept mit begleitender Forschung auszuprobieren. Als „versicherte" Gruppe wurden die ca. 2000 Mitglieder der örtlichen Baugewerkschaft ausgesucht (die dem Einkommen nach eher als „untere Mittelklasse" denn als „Mittelklasse" zu bezeichnen wären, da es sich am Rande der offiziellen Armutsgrenze bewegt). Sie mußten je zwei Cents pro Arbeitsstunde (ca. 42 Dollar pro Jahr) Beitrag bezahlen, um ihre Familie zu „versichern". Es ist ein „open panel", man kann sich also irgendeinen Anwalt in der Stadt „frei" suchen, und die Gebühren werden dem Anwalt nicht vorgeschrieben. Man hoffte, daß die Mitglieder nicht nur für konkrete Rechtsprobleme von dem Angebot Gebrauch machen würden, sondern außerdem mindestens einmal im Jahr eine „rechtliche Inspektion" oder eine „rechtliche Diagnose" machen lassen würden, ähnlich wie die jährliche Untersuchung beim Arzt, was in der US-amerikanischen „Mittelschicht" allgemein gebräuchlich geworden ist. Man erhoffte sich eine rechtsvorbeugende Wirkung für die Probleme, die eventuell auf die Familie zukommen könnten, sowie einen positiven Effekt auf die Einstellungen der Mitglieder gegenüber dem Rechtssystem und den Anwälten. Der Shreveport Plan schließt Rechtsprobleme „geschäftlicher" Art aus (so z.B. Planung und Errichtung eines Geschäftes oder sonstiger gewinnversprechender Tätigkeiten, Vertretung *beider* Eheleute in Scheidungsangelegenheiten, Sachen, in denen ein Mitglied von anderen Ämtern oder von anderen Versicherungsgesellschaften beraten oder vertreten wird, das Ausarbeiten der jährlichen Steuererklärung, usw.). Siehe auch meine Bemerkungen am Schluß dieses Textteils über die bisherigen Erfahrungen mit dem Shreveport Plan; ferner ABA, Lawyers for Laborers – The Shreveport Plan of Prepaid Legal Services after Four Years, 1975; Roberts, Shreveport Plan for Prepaid Legal Services – an Unique Experiment, La L. Rev., 1971, Band 32, S. 45; Handbook on Prepaid Legal Services, ABA, April 1972.

70 Note, Group Legal Services, Harv. L. Rev., 1968, Band 79, S. 416; Zimroth, Group Legal Services and the Constitution, Yale L. J., 1967, Band 76, S. 966; Christensen, Regulating Group Legal Services – Who is Being Protected – Against What – and Why?, Ariz. L. Rev., 1969, Band 11, S. 229.

71 Einblicke in die europäischen und die amerikanischen Rechsschutz*versicherungs*konzepte aus europäischer Sicht gibt Hans Möller (Hrg.), Studien zur Rechtsschutzversicherung in europäischen Ländern und in den USA, 1975, und aus amerikanischer Sicht Pfenningstorf, Legal Expense Insurance: The European Experience in Fiancing Legal Services, 1975.

72 In den USA ist die Vereinbarung eines Erfolgshonorars für den Anwalt des Klägers zulässig und – vor allem bei höheren Schadensersatzklagen – weithin üblich. Im Erfolgsfall bekommt der Anwalt des Klägers zwischen 20 % und 50 % der zugesprochenen Summe; wird die Klage jedoch abgewiesen, dann schuldet der Klient ihm kein Honorar. Diese Regelung baut auf diesem Gebiet wenigstens für Kläger die Kostenschranke ab, ersetzt in dem begrenzten Sinne also eine armenrechtliche Regelung; außerdem übt sie auf den Anwalt einen finanziellen Ansporneffekt aus, intensive Prozeß- und Vergleichskämpfe auch für Minderbemittelte durchzuführen.

73 Eine kurze Beschreibung des Programms befindet sich in Anm. 69.

74 Hallauer, The Shreveport Experiment in Prepaid Legal Services, J. Leg. Stud., 1973, Band 2, S. 226.

75 Ebenda

76 ABA, a.a.O. (Anm. 66).

77 Hallauer, a.a.O., S. 227.

78 Marks, Hallauer and Clifton, The Shreveport Plan: An Experiment in the Delivery of Legal Services, 1974; und Getman, A Critique of the American Bar Association's Shreveport Study, J. Leg. Stud., 1974, Band 3.

79 Es gibt noch viele ungelöste Fragen; hier nur zwei Beispiele:
Ein Rechtshilfeprogramm, dessen Rechtsfürsorgeziel es ist (und m.E. sein sollte), den finanziell oder sozial schwachen Bürger zu veranlassen, öfters als bisher Rechtshilfeleistungen in Anspruch zu nehmen – einschließlich Routinesachen, vorbeugende Beratung, jährliche „Inspektion" usw. – steht m.E. in einem gewissen immanenten Widerspruch zum herkömm-

lichen Versicherungsprinzip. Wer soll die Versicherung beaufsichtigen? Anwaltsvereine? Soll die Versicherungsgesetzgebung auch das Rechtshilfe-„Versicherungs"-Wesen regeln? Oder sollen das speziell eingerichtete staatliche Behörden tun?

80 Siehe z.B. F. Baur, Armenrecht und Rechtsschutzversicherung, Juristenzeitung, 1972, S. 6 (Obligatorische Rechtsschutzversicherung für alle Bürger; „open panel"; Einzelausrichtung); Röper, Rechtsberatung und Rechtsschutz für sozial Schwache, Beilage zur Wochenzeitschrift Das Parlament, B. 6/1975, S. 16 (Rechtsschutzversicherung für alle sozial Schwachen; „open panel"; Einzelausrichtung); ähnlich auch Baumgärtel, Gleicher Zugang zum Recht für alle, 1976.

81 S. ausführlich dazu Knoppke-Wetzel, a.a.O. (Anm. 2).

82 S. Bartosic und Bernstein, a.a.O. (Anm. 63).

83 S. Shayne, Prepaid Legal Services, American Management Association Publication, 1974, S. 2.

84 S. dazu Knoppke-Wetzel, a.a.o.

85 Das zeigen z.B. US-amerikanische Erfahrungen im Bereich der Krankenversicherung für Zahnbehandlung.

86 Allerdings könnte ein verstärkter Verbrauchereinfluß zugleich auch verstärkte staatliche Einflußnahme auf Anwaltschaft und Rechtshilfeprogramme mit sich bringen, möglicherweise in Verbindung mit Ausbildungs- und Berufsausübungsregelungen, Kompetenzprüfungen, Standards und Wirtschaftlichkeit der Anwaltspraxis usw., wie das US-amerkanische Entwicklungen auf dem privaten Krankenversicherungssektor zeigen. S. Note, Group Legal Services: A Blessing in Disguise for the Legal Profession, Iowa L. Rev., 1972, Band 58, S. 174 u. 177.

87 Sieh z.B. Platon und Rice, Multihospital Holding Co., Harv. Bus. Rev., Mai-Juni 1972, Band 50, S. 14; Ellwood und Herbst, Health Care: Should Industry Buy or Sell It?, Harv. Bus. Rev., Juli-August 1973, Band 51, S. 99. Befürworter des „vorausbezahlten" oder des „Versicherungs"-Konzepts der Rechtshilfe in den USA und Deutschland sollten im Auge behalten, daß das Krankenversicherungswesen, zumindest in den USA, aber z.T. wohl auch in Deutschland und Europa, viele Probleme (des Zugangs, der Zulieferung, der Qualität, der Kosten usw.) der Gesundheitspflege nicht gelöst hat.

88 S. Brinkmann, New York Law Review, 1973.

89 Ähnlich auch Schweden, Provinz Quebec (Kanada) und Zaire. Vgl. auch Cappelletti und Gordley, Legal Aid. Modern Themes and Variations, Stanfort Law Review, 1973, Band 24.

90 S. dazu auch Knoppke-Wetzel, Deutsche Richterzeitung, Dezember 1976, S. 379.

91 Text und Anmerkungen dieses Beitrags beziehen sich auf Entwicklungen und Literatur bis zum Herbst 1975, dem Zeitpunkt der Bielefelder Tagung. Vgl. hierzu auch die Materialien einer US-amerikanischen Arbeitstagung vom Dezember 1975, die in der Zeitschrift „Law and Society Review", Band 11, Nr. 2, Sonderheft „Delivery of Legal Services", veröffentlicht worden sind.

Erhard Blankenburg

Rechtshilfebedürfnis und Rechtsberatung – Theoretische Überlegungen zur rechtspolitischen Diskussion in der Bundesrepublik Deutschland

1.1 Bedingungen der Thematisierung unseres Themas

Die Themen wissenschaftlicher Diskussionen sind Zeitströmungen unterworfen, ebenso wie die Themen der Literatur oder der Politik. Spätestens seitdem Kuhn die Wissenschaftsgeschichte als eine Abfolge von Paradigmata beschrieb, wird die Vorstellung von Wissenschaft als einem kumulativen Prozeß des Erkenntnisfortschritts als unrealistisch angesehen. Sie ist dem Bild eines von institutionellen Bedingungen abhängigen und thematischen Konjunkturen unterworfenen Betriebs gewichen. Schon in der Problemstellung wie auch in dem theoretischen Ansatz, mit dem eine Problemlösung gesucht wird, zeigt der Wissenschaftler seine Bindung an das Problembewußtsein und die Denktraditionen seiner Disziplin und seiner Zeit. Das gilt für Grundlagenwissenschaften, deren Erkenntnisziele nicht unmittelbar an Verwendungszusammenhänge gebunden sind. Erst recht gilt das für akademische Disziplinen, die ihre Themen von politischen Problemlagen beziehen wie die auf Entscheidungen bezogenen Diskussionen innerhalb der Jurisprudenz.
Das Thema der Rechtsberatung für sozial Schwache ist in der Bundesrepublik in den siebziger Jahren aktuell geworden. Die in den juristischen Fachzeitschriften breit geführte Diskussion (1) geht dabei auf die eigentliche Problemanalyse nur implizit ein. Im Vordergrund steht das Bestreben, ein bestimmtes Modell unentgeltlicher Rechtsberatung für sozial Schwache zu propagieren oder zu verteidigen. Meist geht erst aus der Schilderung der Vorzüge des befürworteten Rechtsberatungsmodells hervor, worin der Autor eigentlich Ursache und Wirkung des angesprochenen Problembereiches sieht. Die Anstöße zur Erweiterung staatlicher Rechtshilfe kamen zwar aus Kreisen ‚sozialdemokratischer Juristen', sie wurden jedoch sehr bald von Anwälten innerhalb aller Parteien aufgenommen. Die Anwaltschaft setzte den Vorschlägen für behördliche „öffentliche Rechtsberatung" eigene Lösungsmodelle entgegen, die zwar eine Subventionierung durch den Staat beinhalten, die Beratung jedoch in den Händen von freiberuflichen Anwälten belassen.

Über die Gründe, warum das Thema der Rechtshilfen für sozial Schwache zu diesem Zeitpunkt überhaupt aufgenommen wurde, können wir nur spekulieren. Sie kommt in der Bundesrepublik im Vergleich zu unseren Nachbarländern relativ spät. Dies ist um so erstaunlicher, als sich sowohl das Armenrecht als auch öffentliche Rechtsberatungen in Deutschland auf eine lange Tradition bis vor dem ersten Weltkrieg berufen können. Wie von Aulock (2) anführt, gab es eine erste Welle der Thematisierung mit „Volksbüros" und Arbeitersekretariaten um die Jahrhundertwende, die sehr rasch zur Einrichtung auch kommunaler Rechtsauskunftsstellen führte. Die Entwicklung wurde nicht vom Staat, sondern von einer Reihe von Verbänden getragen, die damit auch die politischen Interessen ihrer Mitglieder verfolgten. Es war eine Lö-

sung gemäß dem Subsidiaritätsprinzip. Kommunale, konfessionelle und gewerkschaftliche Vereinigungen konkurrierten mit Rechtsrat und Rechtsbeistand. Die „Rechtshilfebewegung" entwickelte sich zunächst weitgehend außerhalb der Anwaltschaft: Berater waren Mitarbeiter der jeweiligen Organisationen unter freiwilliger Mitarbeit von Richtern. Nach dem ersten Weltkrieg ging die Zahl der Rechtsauskunftsstellen zunächst zurück, um Ende der zwanziger Jahre eine neue Welle des Aufschwungs zu erleben. Diesmal beteiligte sich der Deutsche Anwaltsverein an der Bewegung: „Grund hierfür war die allgemeine wirtschaftliche Notsituation: die Zahl der Minderbemittelten wuchs so an, daß das Rechtspflegebedürfnis zu einem Massenproblem wurde. Die kommunalen und anderen Institutionen hatten keine genügenden Finanzmittel mehr, um mit weiteren Auskunftsstellen diesem Bedürfnis gerecht zu werden, und auch die Anwälte waren von Existenznöten bedroht, so daß sie sich mehr als früher um einen großen Mandantenstamm bemühten und von einer Mitarbeit in der unentgeltlichen Beratung Minderbemittelter sich potentielle Kunden versprachen". (3)
Mit der nationalsozialistischen Machtübernahme jedoch fand diese „zweite Welle" der Thematisierung rasch ein Ende. Wie in der gesamten Anwaltschaft, so auch bei der Rechtsberatung für „Unbemittelte" war die NSDAP sofort um politische Kontrolle und um Herausdrängen jüdischer Anwälte bemüht. Im Zuge dieser Politik wurde auch das Rechtsberatungsmißbrauchsgesetz (RBerG) formuliert, das allerdings über kurzfristige politische Ziele hinaus die standesmäßige Verfassung der Anwaltschaft bis zum heutigen Tag geregelt hat. Dieses Gesetz, das als Maßnahme gegen das „Winkeladvokatentum" legitimiert wurde, verhinderte eine weitergehende Institutionalisierung der allgemeinen Rechtsberatung in Verbänden und Gewerkschaften. Es grenzt zudem bis heute die Möglichkeiten der Massenmedien ein, sich stärker der Rechtsberatung anzunehmen. Damit hat das RBerG eine limitierende Wirkung auf den Zuwachs der Zahl von rechtsberatenden Institutionen ausgeübt. Es hat jedoch nicht verhindern können, daß von den Universitäten eine in den sechziger Jahren stetig steigende Zahl von Juristen ausgebildet wurde, denen keine entsprechend steigende Zahl von Stellenangeboten für juristische Berufe gegenübersteht. Zum ersten Mal seit Bestehen der Bundesrepublik gibt es auf dem Arbeitsmarkt für Juristen zu wenig Stellen für die (immer noch steigenden Zahlen der) Absolventen von Universität und Referendarausbildung. Ein immer größerer Teil ausgebildeter Juristen drängt in die Anwaltschaft, so daß hier nunmehr ein sehr harter Wettbewerb entsteht.
Die verschärfte Wettbewerbssituation innerhalb der Anwaltschaft erklärt zumindest, welche Richtung die Diskussion um erweiterte Rechtsberatung für sozial Schwache in der Bundesrepublik in den siebziger Jahren genommen hat. Wenn wir damit möglicherweise keinen ausreichenden Grund für die Thematisierung der Rechtshilfe für sozial Schwache gefunden haben, so ist die berufliche Situation und Struktur der Anwaltschaft jedoch eine prägende Bedingung für den Verlauf, den die Diskussion um verschiedene Rechtshilfe-Modelle nimmt. Allerdings verbleibt die Diskussion nicht allein innerhalb der juristischen Profession. Die Entdeckung des Voraussetzungsreichtums der Inanspruchnahme von Recht hat die Ansprüche an Rechtshilfen für sozial Schwache ausgeweitet. Die allmähliche Rezeption von sozialwissenschaftlichen Erkenntnissen über die Zugangsbedingungen zur Justiz und über das ‚Dunkelfeld' von latenten Rechtsbedürfnissen muß zu juristisch-dogmatischen Lösungsvorschlägen verarbeitet werden. Vom Armenrecht über öffentliche Rechtsberatung hat die Diskussion über 'Legal Aid' bis zu Politisierungsstrategien geführt,

wie sie im Rahmen der Rechtshilfe des amerikanischen "war on poverty" und der Bürgerrechtsbewegung zu beobachten waren. Die Entwicklung einer Vielfalt von Institutionen im Vorfeld der Gerichte ist ein Resultat der Interaktion zwischen sozialwissenschaftlicher Forschung und der Rechtspraxis, die die Möglichkeiten und den Voraussetzungsreichtum rechtlich regulierter Konfliktlösungen offengelegt hat.
Man muß sich allerdings schon nach ausländischen Vorbildern umschauen, um die Breite der hier aufgeworfenen Thematik zu ermessen. In der rechtspolitischen Diskussion der Bundesrepublik wurde das Thema der Rechtshilfe für sozial Schwache auf das Gegenüberstellen von verschiedenen Modellen öffentlicher oder anwaltlicher Rechtsberatung reduziert. So hat der Deutsche Anwaltstag 1975 die Zugangsprobleme sozial Schwacher in erster Linie unter dem Gesichtspunkt zur Diskussion gestellt, daß die verschiedenen Modelle „öffentlicher Rechtsberatung" die Monopolstellung der Anwaltschaft gefährden. Beim 51. Deutschen Juristentag 1976 schließlich wurde das Postulat der „effektiven Rechtsverwirklichung für alle Bürger" auf die Fragen nach „Änderungen des Systems des Kosten- und Gebührenrechts" reduziert. (4)
Von der Einsicht sozialwissenschaftlicher Forschungen in die Voraussetzungen der Mobilisierung von Recht waren für die Diskussion unter Juristen nur „Alternativen zur Erleichterung des Kostenrisikos" übriggeblieben.
Die Anwaltschaft nimmt unter den „Türhütern zur Justiz" den wichtigsten Platz ein. Deshalb ist für den Zugang zum Recht für verschiedene Sozialschichten die Organisation der Anwaltschaft von entscheidender Bedeutung. Kennzeichen der deutschen Anwaltschaft ist ihre privatwirtschaftliche und zumeist kleinbetriebliche Organisation, wobei ihr Wettbewerb eingedämmt und ihr Verhaltenskodex durch Standesregeln kontrolliert wird. Die soziale Auswirkung dieser Organisationsform hat ihre positive Seite in der geringen Bürokratisierung des Zugangs zum Recht, sie hat aber auch eine negative Seite: dadurch, daß Anwaltsbüros eigene Zugangsbarrieren insbesondere gegenüber sozial Schwachen aufweisen.

1.2 Das Thema

Es genügt nicht, Rechtsansprüche im materiellen Recht festzulegen – damit diese wirksam werden, müssen auch die sozialen Voraussetzungen für den Zugang zum Recht geschaffen werden. Besonders dort, wo das Recht den sozial Schwächeren gegen den sozial Stärkeren schützen soll, sind solche Voraussetzungen keine Selbstverständlichkeit: Das Prozeßrecht mit seinen komplizierten Verfahrensregeln und die Kosten eines Gerichtsprozesses können Barrieren darstellen, die gerade demjenigen, der des Rechts zu seinem Schutz besonders bedarf, den Zugang versperren. Daher ist die wirksame Durchsetzung von Recht auf eine Infrastruktur von Einrichtungen im Vorfeld der Justiz angewiesen. Traditionell ist es die Funktion der Anwaltschaft, dem Unkundigen zur Inanspruchnahme seiner Rechte zu verhelfen. Jedoch wiederholen sich die Zugangssperren zur Justiz schon auf dem Weg zur Anwaltskanzlei: Anwälte gehören selbst zur oberen Mittelschicht, sie kennen deren Probleme entsprechend besser als die anderer Sozialschichten, neben der juristischen Fremdsprache gibt es zu ihnen auch schichtspezifische Sprachbarrieren, Angehörige unterer Schichten haben eine insgesamt größere soziale Distanz zu überwinden, wenn sie zum Anwalt gehen.

Unser Thema hat Tradition: Die Zugangssperren zum Recht, die insbesondere sozial Schwachen erschweren, dieses in Anspruch zu nehmen, sind immer wieder diskutiert worden. Wie in der Rechtshistorie üblich, läßt sich die Thematisierung der Zugangsproblematik für Arme bis in die römischen Zeiten zurückverfolgen: „Cura pauperibus clausa est", heißt es etwa bei Ovid. (5) Auch im Zeitalter der Codifikation unserer Gesetzbücher war man sich einer Barriere als einer Zugangssperre für weniger wohlhabende Parteien bewußt – allerdings sahen die bürgerlichen Reformer des 19. Jahrhunderts nur die Gerichtskosten als Barriere zur Rechtsdurchsetzung. Ihrem Problemverständnis verdanken wir, daß das „Armenrecht" in der Zivilprozeßordnung verankert wurde.

Schon die Bezeichnung „Armenrecht" verrät allerdings seinen caritativen Charakter. Die verfahrensmäßigen Voraussetzungen von §§ 114–127 ZPO erfordern einen Antrag an das Gericht und ein ‚Armutszeugnis' der zuständigen Verwaltungsbehörde, sodann eine richterliche Vorprüfung, ob das Klagebegehren dessen, der Armenrecht in Anspruch nehmen will, ‚hinreichende Aussicht auf Erfolg' bietet. Während also auf der einen Seite Kostenbarrieren beseitigt wurden, erhöhte sich die ‚Kompetenzbarriere' – wer das ‚Armenrecht' in Anspruch nehmen will, muß Vorkenntnisse haben, um die komplizierten Verfahrensvorschriften umgehen zu können – eine Voraussetzung, die bei vielen Hilfsbedürftigen gerade nicht gegeben ist. Damit sind die verfahrensmäßigen Barrieren vor Gericht für ‚Arme' noch höher, als sie auch ohne Armenrecht schon sind. Zudem bestand bis vor kurzem auch für den bestellten ‚Armenanwalt' ein geringes Interesse, da seine Gebühren sehr niedrig waren. Zumindest das anwaltliche Interesse an einer Verbesserung der Gebührenregelung fand eine organisierte Lobby. (Es kam bis zu einem Streik von Teilen der Anwaltschaft gegen zu niedrige Gebühren für ‚Armenvertretung', ehe 1973 die Gebührenordnung eine Anhebung bei ‚Armensachen' vorsah.) (6)

Man muß sich die verfahrensmäßige, komplizierte Regelung des Armenrechts vor Augen halten, um zu ermessen, welch weiter Weg von dort zu der heutigen Diskussion über Rechtshilfe für sozial Schwache zurückzulegen war. Die Väter der Zivilprozeßordnung sahen die Gleichheit des Zugangs zum Recht als eine *formale* Gleichheit, (7) die es jedem *erlaubt*, seinen Rechtsanspruch vor Gericht zu tragen, sie sahen jedoch nicht die sozialen Bedingungen, die nötig sind, um ihm dies zu *ermöglichen*.

Die sozialen Bedingungen für die Inanspruchnahme von Recht sind nicht nur innerhalb der Gerichte, im Kostenrecht oder Prozeßrecht zu suchen. Zu ihnen gehören auch Institutionen im Vorfeld der Justiz: die Kenntnis von Recht, die Beratung und die Besorgung von Recht angesichts der komplizierten Rechtssprache, der Fristen und Verfahren. Alle Justizsysteme sind auf eine *Infrastruktur* von Einrichtungen angewiesen, die den Weg zum Recht erleichtern. Diese Vermittlungsleistung ist insbesondere für sozial schwache Schichten nötig, um die Verbesserung der Infrastruktur an Rechtsberatung für sozial Schwache ist die gegenwärtig rechtspolitische Diskussion entbrannt. Wie so oft in rechtspolitischen Diskussionen, wird die Analyse der Zugangsprobleme dabei sogleich mit bestimmten fixierten Lösungsvorschlägen verbunden.

Zwei Wege werden dabei in der Bundesrepublik beschritten:

1. eine Reform des Armenrechts, um die gerichtliche Kostenbarriere auf dem Weg zum Recht zu verringern;
2. die Einrichtung von Institutionen für die Rechtsberatung sozial Schwacher, um außergerichtliche Barrieren des Zugangs zum Recht zu verringern.

Der Vergleich der beiden Lösungswege zeigt deutliche Unterschiede im Ausmaß, zu dem sie sich von geltenden Rechtsformen entfernen: Der Abbau gerichtlicher *Kostenbarrieren* läßt sich im Rahmen von Änderungen des Kosten- und Gebührenrechts konzipieren, stellt aber immer nur quantitative Verbesserungen, kaum jedoch qualitative Varianten des bisherigen Armenrechts dar. Die Einrichtung von Rechtsberatungsstellen für sozial Schwache dagegen ist eine *Infrastrukturmaßnahme*, die mit rechtlichen Vorschriften allein unzureichend beschrieben wäre. Ihr rechtlicher Rahmen ist zwar kodifizierbar, nicht jedoch der Umfang und die Bedürfnis-Adäquatheit, mit der diese durchgeführt werden. Wer die Infrastruktur des Angebots an Rechtsberatung verbessert, sieht die Zugangssperren auf dem Weg zum Recht nicht begrenzt als „Kostenbarriere", sondern nimmt eine weitergehende Veränderung auch *sozialer Barrieren auf dem Weg* zum Recht in Angriff.
Als Modelle für Einrichtungen der Rechtsberatung für sozial Schwache wurden zwei Vorschläge entwickelt:

1. Das Modell von Öffentlichen Rechtsberatungsstellen für sozial Schwache, die bei kommunalen Sozialämtern eingerichtet werden sollen. Die Arbeitsgemeinschaft sozialdemokratischer Juristen (ASJ), die diesen Vorschlag in einer Entschließung gemacht hat (8), hat ihre Empfehlung dabei auf außergerichtliche Beratung beschränkt: das Aufsetzen von Schriftsätze soll weiterhin von Anwälten durchgeführt werden.
2. Die Subvention von Rechtsberatung durch Anwälte nach freier Wahl schlägt der Deutsche Anwaltverein vor. (9) Nach diesem Modell soll jeder Rechtsanwalt verpflichtet sein, außergerichtliche Rechtshilfe zu leisten. Ist der Rechtssuchende nicht „ohne Beeinträchtigung des für ihn und seine Familie notwendigen Unterhalts (in der Lage), die Kosten eines Rechtsanwalts zu tragen", so soll er Rechtsauskunft gebührenfrei erhalten – die Vergütung wird dem Anwalt aus dem Budget der Landesjustizminister erstattet.

Beide Modelle sehen eine staatliche Finanzierung von Dienstleistungen vor, im ersten Fall im Rahmen behördlicher Organisationen, im zweiten Fall unter privatwirtschaftlicher Organisation, aber mit staatlicher Subventionierung. Beide Modelle ziehen eine Grenze zur Rechtshilfe vor Gericht: Klageerhebung und Prozeßvertretung sollen nach den bisherigen Regelungen des „Armenrechts", möglichst sogar institutionell getrennt, erfolgen. Damit ist die Bedeutung solcher Rechtsberatungsstellen von vornherein eingeschränkt. Welchem Bedürfnis sie entsprechen und in welchem Ausmaß sie in Anspruch genommen werden könnten, ist völlig unbekannt. Dennoch wurde aus der Gegenüberstellung dieser beiden Modelle ein Grundsatzstreit, so wie es etwa der Präsident des Deutschen Anwaltsvereins sagt: „Wir stehen an einem Scheideweg: soll die außergerichtliche Rechtsberatung sozial schwacher Bevölkerungskreise verstaatlicht werden, etwa nach schwedischem Muster, oder soll sie nach dem Vorbild der englischen 'Legal Advice and Assistance Systems' in die Hände der Anwaltschaft gelegt werden?" (10)
Die Schärfe, mit der in dieser Diskussion Position bezogen wird, läßt aufhorchen. Rechtsberatung sozial Schwacher, die bislang weitgehend inexistent war, wird in der Gegenüberstellung von Organisations- und Finanzierungsmodellen zu einer Alternative der „freien oder verstaatlichten Anwaltschaft". Offensichtlich ist zu dem gegenwärtigen Zeitpunkt ein Thema aktualisiert worden, das über seinen Anlaß hinaus von Bedeutung ist. Wir wollen deshalb in der Folge die Erklärungsmuster analysieren, mit denen die Notwendigkeit staatlicher Steuerung von Rechtsberatung begründet wird, sowie die Einschränkungen, denen das Recht als Mittel zur Beilegung sozialer Konflikte unterliegt.

2 Argumentationsmuster, die das Rechtshilfebedürfnis sozial Schwacher erklären

2.1 Erstes Erklärungsmuster: Die Kostenbarriere auf dem Weg zum Recht

Es ist unbestritten, und wir brauchen daher nicht mehr zu diskutieren, daß Gerichts- und Anwaltskosten eine Barriere auf dem Weg zum Recht bilden. Schon die Väter der Zivilprozeßordnung haben gesehen, daß das Kostenrisiko eines Rechtsstreits, „Arme" weit stärker trifft als Begüterte. Ihr Rezept: mit dem ‚Armenrecht' die soziale Ungleichheit der Kostenempfindlichkeit zu kompensieren, richtet jedoch neue Barrieren auf: ‚Armenrecht' in Anspruch zu nehmen ist *verfahrensaufwendig*, setzt somit Kompetenz voraus, und es ist (schon vom Namen) mit einer Degradierung behaftet. Zudem beseitigt es nicht die Kostenschwelle der *außergerichtlichen Beratung,* die ja oft erst die Voraussetzung für die Inanspruchnahme des ‚Armenrechts' schafft. Es ist also nicht nur das Ob, sondern auch das *Wie* einer Subventionierung der Rechtskosten für sozial Schwache zu bedenken.

Daß Kostenerwägungen (neben denen des nicht-monetären Aufwandes und der Dauer von Verfahren) einen Druck darstellen, vor einem Rechtsstreit zunächst alternative Formen der Konfliktregelung zu finden, ist rechtspolitisch nicht einmal unerwünscht. Deshalb gibt es bislang kein Beispiel für einen „Nulltarif" der Gerichts- und Beratungskosten. Dieser würde die Problematik aller „öffentlichen Güter" aufwerfen: für jeden einzelnen ist es bei kostenloser öffentlicher Dienstleistung rational, diese so weit wie möglich in Anspruch zu nehmen, da die Kosten ja auf eine große Gesamtheit umgelegt werden. Die Justizministerien beabsichtigen durchaus, daß zumindest bei kleinen Streitwerten die Prozeßkosten abschreckend wirken und Prozesse verhindern. Ohne daß dies bislang empirisch geprüft ist, ist die Hypothese doch plausibel, daß ein ‚Nulltarif' insgesamt eine Steigerung der Inanspruchnahme der Gerichte, und damit auch die Erhöhung der auf die Gesamtheit umgelegten Kosten verursachen würde.

Wenn hier von der Kostenbarriere auf dem Wege zum Recht gesprochen wird, so ist damit nicht der allgemeine Entmutigungseffekt der Kosten eines Rechtsstreits gemeint. Vielmehr wird er dort zu einem speziellen Problem, wo die Aufgabe des Rechts ausdrücklich als eine Kompensation von sozialen Machtunterschieden gesehen wird, dort also, wo zu anderen Faktoren sozialer Unterlegenheit die Kostenbarriere eine zusätzliche Erschwernis mit sich bringt, daß sozial Schwache sich gegen den Stärkeren ihr Recht besorgen. Dies gilt nicht nur für die Gerichts- und Anwaltskosten eines Prozesses, sondern noch eher für die Kosten einer außergerichtlichen Aufklärung und Beratung.

Auch hier scheint das *Ob* einer Subventionsleistung für sozial Schwache unter den Teilnehmern an der rechtspolitischen Diskussion nicht mehr streitig zu sein, sondern das *Wie*. Die Frage, ob Rechtshilfe für sozial Schwache als „öffentliches Gut" *finanziert* wird, muß davon getrennt werden, ob diese auch *von öffentlichen Einrichtungen erbracht* werden soll; Berechtigungsscheine für anwaltliche Beratung oder aber öffentliche Rechtsauskunftsstellen müssen sich in den Kosten für den Steuerzahler nicht unterscheiden. Sie tun es jedoch in Form und der damit verbundenen Zugangssperre. Hierfür ist es auch gleichgültig, ob man die Verrechnung der Kosten über Steuern und Staatshaushalt organisiert, oder aber ob man hierfür eine „allgemein verbindliche Rechtsschutzversicherung" heranzieht. Die staatlichen Steuerungsmöglichkeiten zur Begrenzung der Nachfrage sind in beiden Fällen sehr gering. Wenn dennoch in der rechtspolitischen Diskussion und in einigen Bundes-

ländern Versuche einer allgemeinen Rechtsschutzversicherung diskutiert werden, so liegt deren Attraktivität in der Verbindung von kollektiver Finanzierung und privatwirtschaftlicher Organisation der Dienstleistung (mit anderen Worten: der Erhaltung einer „freien Anwaltschaft" mit Hilfe einer Einkommensgarantie durch eine versicherungswirtschaftliche Stimulierung der Nachfrage nach ihren Dienstleistungen).
Subventionsleistungen für sozial Schwache müssen auch in der Form des Angebots gezielt sein: Immer wieder hat man bei dem Angebot sozialer Dienstleistungen durch den Staat die Erfahrung gemacht, daß dieser am ehesten von der oberen Schicht der Anspruchsberechtigten, und nicht von den am meisten Hilfsbedürftigen in Anspruch genommen werden. (11) Dies verweist auf die weiteren Barrieren des Zugangs zum Recht: Auch kostenmäßig subventionierte Dienstleistungen werden am ehesten von denjenigen in Anspruch genommen, die die Kenntnis der Voraussetzungen solcher Inanspruchnahmen und die Kompetenz im Umgang mit den beteiligten Bürokratien besitzen. (12)

2.2 Zweites Erklärungsmuster: Soziale Zugangssperren auf dem Weg zum Recht

Die Ausführlichkeit und der Detailreichtum der Diskussion um Kostenregelungen für sozial Schwache vor Gericht und bei der außergerichtlichen Beratung erwecken den Eindruck, als handele es sich bei den Zugangssperren zu Justiz und Rechtsberatung lediglich um eine Frage des Geldes. Tatsächlich stellte das Marplan-Institut (13) in einer Bevölkerungsumfrage über die „Prozeßfreudigkeit der Deutschen" fest, daß die Befragten eine Reihe von Gründen angeben, die sie davon abhalten, einen Prozeß zu führen: 59% nannten dabei die Kosten, 52% den damit verbundenen Ärger, 17% den Zeitaufwand und 16% mangelndes Vertrauen in die Justiz. Dabei muß man sich jedoch vor Augen halten, daß diese Alternativen in der Frage vorgegeben waren und bestenfalls die „rationalisierten" Gründe wiedergeben – in einer Motivanalyse dürften Ärger, Unsicherheit und Unkenntnis stärker zu Buche schlagen. Es kommt hinzu, daß ein Befragter sich zunächst einmal im klaren sein muß, daß er ein Rechtsproblem vor sich hat, bevor er sich die Frage danach stellen kann, ob er deswegen einen Prozeß riskieren wolle. Schon die Fragestellung der Meinungsumfrage setzt also voraus, daß die Befragten sich rechtlicher Durchsetzungsmöglichkeiten bewußt sind – eine Voraussetzung, die auch vor jeder Inanspruchnahme von Recht gegeben sein muß.
Eine direkte Meinungsfrage nach rechtlichen Durchsetzungsbarrieren – wenn wir einmal voraussetzen wollen, daß ihre Fragestellung nicht suggestiv wirkt – wird immer nur manifeste Rechtsbedürfnisse feststellen können. Die Befragten müssen schon eine gewisse Kompetenz besitzen, um die rechtliche Relevanz von Konfliktlagen, in denen sie sich befinden, zu erkennen.
Wenn man nicht nur für die manifesten, irgendwo artikulierten Bedürfnisse Rechtshilfe bieten, sondern auch latenten Rechtsansprüchen zur Geltung verhelfen will, stellen sich die bekannten Erkenntnisprobleme von subjektiven und objektiven Mängellagen. Gerade eine empirische Untersuchung von nicht artikulierten Bedürfnissen ist methodisch schwierig: man kann bei Personen, wenn sie sich der rechtlichen Relevanz ihrer Probleme nicht bewußt sind, nicht durch einfache Interviews die fehlende Artikulationsfähigkeit herstellen. Daher wird in den ausländischen Untersuchungen zum Bedarf nach rechtlicher Beratung (14) in zwei Stufen vorge-

gangen: Zunächst lassen die Forscher sich alle Fälle von Konflikten berichten, mit denen die Befragten nicht allein fertig geworden sind. Eine Einordnung, welche unter diesen rechtlich relevant sein können, muß dann von den untersuchenden Wissenschaftlern selbst durchgeführt werden, um dann – nach einer Reihe von Probeinterviews – eine Prüfliste von häufig wiederkehrenden rechtlich relevanten Problemen in das Interview aufzunehmen. Beim Aufstellen dieser Liste von Rechtsbedürfnissen für Interviewzwecke machte Sykes (15) eine interessante Entdeckung: Rechtsanwälte, die in der Rechtsberatung mit ihrem Mandanten sprachen, kamen zu wesentlich weniger rechtlichen Problemen als die Interviewer, die anschließend eine Reihe von Situationen unabhängig davon abfragten, ob der Befragte diese selbst in rechtlichen Kategorien zu sehen in der Lage war oder nicht.

Insgesamt ergeben die Befragungsuntersuchungen ein vielschichtiges Bild des Prozesses von der Definition eines Problems bis zur Klage vor Gericht:

Es sind mehrere Schwellen auf dem Weg zum Recht zu überwinden, bei deren jeder sich sozialspezifische Faktoren der Erleichterung oder Erschwerung erneut zeigen. Er beginnt mit der Schwelle der Wahrnehmung von Problemen und der Wahrnehmung rechtlicher Lösungsmöglichkeiten, für die schon ein Ratschlag maßgebend gewesen sein kann. Er setzt sich fort über die Schwelle des Gangs zu einer Rechtsberatung bis zum Auftrag für Rechtsvertretung und den Gang zum Gericht. Auf jeder dieser Stufen findet eine Selektion statt, die unter anderem sozialspezifischen Faktoren unterliegt:

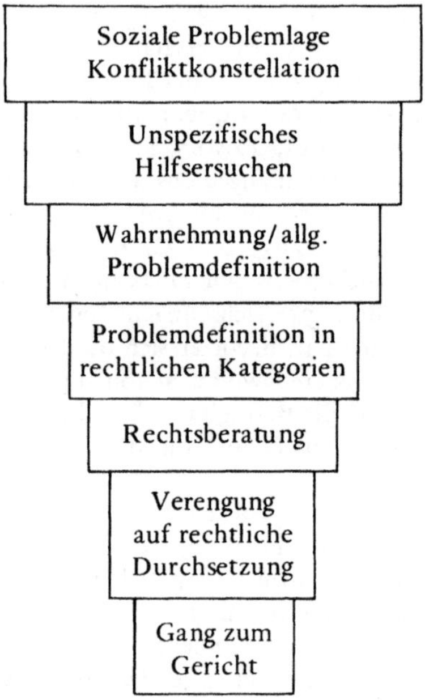

Ausländische wie deutsche Untersuchungen zeigen auf verschiedenen Stufen dieses Selektionsprozesses signifikante Unterschiede zwischen den verschiedenen Sozialschichten: So hatten in den USA (Carlin/Howard) (16) zwei Drittel der höheren Einkommensgruppen schon einen Anwalt aufgesucht, während nur ein Drittel der niederen Einkommensgruppen Anwaltskontakte gehabt hat. Ähnliche Unterschiede der sozialen Distanz zu Anwälten stellen wir auch in der Bundesrepublik fest: So ergab eine Bevölkerungsumfrage von Kaupen, (17) daß der informelle Kontakt zu Anwälten bei der Oberschicht mit 77 % bedeutend höher ist als derjenige des Bevölkerungsdurchschnitts, der bei 44 % liegt. Die soziale Distanz zu Rechtsanwälten und die Kompetenz, Probleme als Rechtsprobleme zu erkennen, korrelieren mit sozialem Status und dem Grad der Schulbildung. Die sozialen Zugangssperren vor Gericht lassen sich bis in einzelne Prozeßgegenstände verfolgen. Koch/Zenz (18) haben bei ihrer Untersuchung von Mietprozessen einige Hypothesen entwickelt, um zu erklären, warum Dreiviertel aller Prozesse von Vermietern angestrengt wurden, aber nur ein Viertel von Mietern. Dabei kann eine Teilerklärung darin liegen, daß Mieter eine Klage des Vermieters dadurch auslösen, daß sie zunächst einen Teil der Mietzahlung vorenthalten. Aber eine solche Strategie setzt schon Rechtskenntnisse voraus – was vermutlich erklärt, warum unter allen Klägern der Stichprobe – Vermietern wie Mietern – die Absolventen höherer Schulbildung überrepräsentiert sind.

Es kommt ein Weiteres hinzu: Vermieter, die es häufiger mit mehreren Mietern zu tun haben, die zum Teil die Verwaltung ihres Besitzes professionell betreiben lassen, haben häufiger Erfahrungen mit Anwälten und mit dem Gericht. Sie gehören zu derjenigen Bevölkerungsgruppe, die mit größerer Wahrscheinlichkeit „Mehrfachprozessierer" sind, die daher im Umgang mit dem Gericht und im Kontakt mit Anwälten Erfahrungen haben. Sie können die Strategie ihres Vorgehens besser kalkulieren, und sie können ihre Mittel damit strategisch geschickter einsetzen. (19)

Die schichtspezifischen Barrieren des Zugangs zum Gericht setzen sich also vor Gericht fort. Sprachbarrieren und Verhaltensschwierigkeiten von prozeßungewohnten Parteien werden auch in der juristischen Literatur als eine der Begründungen für kompensatorisches Verhalten von seiten der Richter und für die Notwendigkeit der Vertretung durch Anwälte angeführt. (20) Auch solche Schwierigkeiten sind, wie vielfach beobachtet, spezifisch für untere Sozialschichten. Angehörige mittlerer und oberer Schichten haben es auf Grund ihres Bildungsvorteils leichter, sich der Förmlichkeit von Verfahren und der Sprache der Juristen anzupassen. Und dort, wo die Verfahrensvorschriften enden, beginnen die Verhaltenserwartungen der Vertreter der juristischen Profession, die zur oberen Mittelschicht gehören. In Umgangssprache wie Verhaltensstil verfügen Angehörige der Mittelschicht eher über die geforderten Fähigkeiten zur sozialen Distanz, Höflichkeit und Artikulationsfähigkeit ihres Gegenübers; Angehörige der unteren Schicht werden sowohl im Anwaltsbüro als auch beim Auftreten vor Gericht mit ihnen fremden Verhaltenserwartungen konfrontiert.

2.3 Drittes Erklärungsmuster: Schichtspezifische Verteilung von Rechtsproblemen

Bisher sind wir von objektiv bestehenden Rechtsproblemen ausgegangen – seien diese *‚latent'* in dem Sinne, daß sie erst noch als solche erkannt werden müssen, seien diese *‚manifest'*, daß zwar nicht die Perzeptionsschwelle, aber weitere Zugangsbarrieren überwunden werden müssen. Unsere Diskussion von Zugangsvoraussetzungen des Rechts setzt *‚Rechtsbedürfnisse'* voraus, und problematisiert die Chancen ihrer Durchsetzung. Wir können jedoch nicht davon ausgehen, daß ‚Rechtsbedürfnisse' über alle Sozialschichten gleich verteilt sind – vielmehr müssen wir auch untersuchen, ob es für sozial Schwache spezifische Rechtsbedürfnisse gibt und wieweit die von unseren Gerichten und Anwälten behandelten Rechtsprobleme für untere Sozialschichten möglicherweise irrelevant sind.

Mayhew/Reiss (21) heben hervor, wie stark die Inanspruchnahme von Recht mit Besitz und Eigentum zusammenhängen: „Nicht nur bedarf es finanzieller Ressourcen, um rechtliche Dienstleistungen zu kaufen, sondern angesichts der Institution ‚Eigentum' sind Rechtshilfen oft nötig, um dieses zu erwerben, zu erhalten und zu vermehren." (22) „Eigentum" ist als Institution verbunden mit rechtlichen Interaktionsformen: notarieller Kauf und Verkauf eines Hauses, testamentarische Verfügungen und Vermögensregelungen sind die bei weitem häufigsten Gründe, weshalb die befragten Detroiter einen Anwalt aufsuchten – und hierbei ist die weiße Bevölkerung, sind die Mittelschichten und die Hausbesitzer stark überrepräsentiert.
Die restlichen Gründe, einen Anwalt aufzusuchen, verteilen sich eher gleichmäßig. Mit seinen Interviews bei Armen in Denver fand Sykes (23) heraus, daß von den als rechtlich wahrgenommenen Problemen solche in der familiären Sphäre weitaus die häufigsten waren, gefolgt von Problemen, die aus Geldschulden resultierten. Unter der weitaus häufigeren Situation, die erst vom Interviewer als rechtlich relevant diagnostiziert wurde, waren neben den familiären Schwierigkeiten strafrechtlich relevante Situationen und solche im Umgang mit Behörden häufiger als Probleme, die aus Schulden resultierten.
Abel-Smith, Zander und Brooke (24) befragten in einem Stadtteil von London einen repräsentativen Querschnitt der dortigen Bevölkerung, so daß hier Vergleiche zwischen den Sozialschichten und ihren jeweiligen rechtlichen Problemen angestellt werden konnten. Das Interview enthielt eine Liste von 17 rechtsrelevanten Situationen und fragte ab, wieweit der Interviewte mit einer solchen schon konfrontiert gewesen sei. Mit Abstand die häufigsten Probleme, die überhaupt genannt wurden, waren Beschwerden über nicht durchgeführte Reparaturen, danach wurden Rechtsprobleme genannt, die sich als Folgen aus einem Unfall ergeben hatten, und schließlich Beschwerden über Mängel bei Konsumgütern. Einige der Rechtsprobleme sind zwischen den Sozialschichten spiegelbildlich verteilt: in den unteren Schichten waren Beschwerden über nicht durchgeführte Reparaturen oder Ratenzahlungsprobleme häufiger, in den höheren Sichten dagegen das Eintreiben von Schulden und Mieten oder die Räumung einer Wohnung. Einer Gleichverteilung über die Sozialschichten entsprachen am ehesten Familienprobleme, die Reklamation von Mängeln bei Konsumgütern und Probleme, die aus Unfällen resultierten. Strafrechtliche Konflikte waren in unteren Schichten häufiger zum Problem geworden, wobei man die Erklärung nicht allein bei einer höheren kriminellen Intensität dieser Schichten suchen muß, sondern möglicherweise auch auf die höhere Wahrscheinlichkeit zurückführen kann, daß Jugendliche aus unteren Schichten selektiv häufiger wegen Vergehen vor Gericht gebracht werden.
Wir können also davon ausgehen, daß die soziale Verteilung von Rechtsbedürfnissen variiert – je nachdem, welche Sozialbeziehungen vorwiegend rechtlicher Regelung unterliegen. Der rechtliche Schutz von Besitz und Eigentum wird in erster Linie die Schicht der Besitzbürger mit dem Recht in Kontakt bringen. Wenn Konflikte am Arbeitsplatz oder im Mietverhältnis rechtlich geregelt werden, betrifft dies auch untere Sozialschichten, Familienprobleme werden etwa gleichmäßig über die Sozialstruktur verteilt sein. Der Zugang zum Recht ist dabei in zweierlei Hinsicht schichtspezifisch:

1. einmal, indem die Interessen bestimmter Sozialschichten eher rechtlich institutionalisiert sind,
2. zum anderen, indem bestimmte Sozialschichten eher rechtliche Mittel für sich in Anspruch nehmen.

Dabei brauchen wir nicht einmal davon auszugehen, daß die Verrechtlichung der Interessendurchsetzung auf der sozialen Seite ständig zunimmt: möglicherweise nimmt die Inanspruchnahme von Recht bei großer Machtüberlegenheit ebenso ab wie bei krasser Unterlegenheit, so daß die Häufigkeit von aktualisierten Rechtsproblemen in der Mittelschicht am größten wäre.
Wenn wir die Möglichkeiten diskutieren, sozial Schwachen den Zugang zum Recht zu erleichtern, müssen wir uns darauf vorbereiten, daß hiermit andere Rechtsprobleme vor Gericht kommen als von seiten der Angehörigen von Mittel- und Oberschicht. Die Zugangssperren auf dem Weg zum Recht sind nicht nur selektiv im Hinblick auf sozial Schwache, sie sind es damit auch im Hinblick auf deren spezifische Rechtsprobleme. Wenn ausländische Untersuchungen zu latenten Rechtsproblemen sich verallgemeinern lassen, wäre als Folge der Mobilisierung von Rechtsproblemen sozial Schwacher die Prognose zu stellen: Unsere Gerichte würden nicht mehr (wie heute) in erster Linie für das Einklagen von Schuldforderungen und die Regelung von Haftungsfragen in Anspruch genommen, sondern Rechtsprobleme am Arbeitsplatz, Miet- und Familienprobleme, Verbraucherschutzklagen, Ansprüche gegen die öffentliche Verwaltung und Rechtsmittel gegen die Sozialkontrolle von Staatsanwälten und Jugendämtern würden einen wachsenden Anteil des Geschäftsanfalls der Gerichte ausmachen.

3 Einschränkungen, die die Problemlösungsfähigkeit des Rechts begrenzen

Vermehrte Rechtshilfe, besserer Zugang zum Recht könnte die Kapazität der Gerichte überfordern – die Voraussage einer „Prozeßflut", die man durch Zugangserleichterungen hervorrufen würde, tritt als Befürchtung mit entsprechenden Vorschlägen für Gegenmittel auch schon in der Rechtshilfediskussion auf. (25) Gleichzeitig allerdings weisen Anwälte wie auch öffentliche Rechtsberatungen darauf hin, daß ein großer Teil ihrer Tätigkeit ‚streitvermeidend' sei, daß durch die Beratung Ansprüche effektiver außergerichtlich durchgesetzt oder Vergleiche ermöglicht werden. Dabei können beide Überlegungen zugleich zutreffen: die Wahrnehmung eines Problems in rechtlichen Kategorien muß nicht ohne weiteres zu einem Gerichtsprozeß führen, die bloße Drohung mit eigener Rechtskompetenz kann zur Durchsetzung eines Rechtsanspruchs führen. Auch kann größere Kenntnis von Verfahrenswegen, Zeitaufwand und Kosten einer gerichtlichen Auseinandersetzung durchaus denjenigen abschrecken, der sich beim ersten Mal mit blindem Vertrauen an die Justiz gewandt hat. (26) Letztlich muß man die Grenzen des Rechts als Mittel zur Durchsetzung von Interessen sehen: Ansprüche, die sich in Geld umsetzen lassen, können leicht eingeklagt werden, Ansprüche auf Leistungen, auf Vertrauen oder guten Willen jedoch lassen sich kaum durch ein streitiges Urteil befriedigen. Bevor wir Rechtshilfe als Kompensation für Benachteiligungen sozial Schwacher ansehen, müssen wir uns daher die Grenzen der Problemlösungsfähigkeit von Recht vor Augen halten.

3.1 Erste Einschränkung: Grenzen der Mobilisierung von Recht

Die Einsicht in die Voraussetzungen der Inanspruchnahme von Recht hat uns auf ein weitergehendes Phänomen gebracht, das für weite Rechtsbereiche, insbesondere für das Privatrecht, konstituierend ist: Die Justiz ist im Hinblick auf die Fälle, die sie zu bearbeiten hat, eine *passive* Institution. Sie nimmt keinerlei Einfluß darauf, welche sozialen Konflikte vor Gericht gebracht werden, sondern sie wartet ab und bearbeitet, was an sie herangetragen wird. Damit ist die Rolle der Justiz bei der Lösung sozialer Konflikte von einer Reihe von Entscheidungen und Institutionen in ihrem Vorfeld abhängig: für die Strafjustiz ist es die Anzeige eines Opfers von Straftaten, und in einem sehr geringen Maße die Eigeninitiative der Polizei, von denen es abhängt, welche Straftaten tatsächlich sanktioniert werden, und welche im Dunkelfeld bleiben. Obwohl der Strafanspruch des Staats für alle Verhaltensweisen, die im Strafgesetzbuch benannt sind, autoritative Geltung beansprucht, ist ihre faktische Durchsetzung selektiv (27). Erst recht gilt dies für die Inanspruchnahme rechtlicher Mittel auf dem Gebiet des Zivilrechts, im Arbeitsrecht oder im Verwaltungsrecht. Man *kann* von dem Recht *Gebrauch machen*, um seine Ansprüche durchzusetzen, aber es gibt keinen Geltungsanspruch, der vorschreibt, daß man sich sein Recht nehmen *muß*.

Bei den meisten Rechtsgebieten ist die Geltung von Recht im Falle sozialer Konflikte eine Frage der Inanspruchnahme durch eine der beteiligten Parteien. In der Bundesrepublik Deutschland werden im Vergleich zu anderen Ländern die Gerichte in einem verhältnismäßig hohen Maß bemüht: dies zeigt sich an der großen Zahl von Richtern und Prozessen je Kopf der Bevölkerung. Dennoch ist auch diese hohe Inanspruchnahme immer noch selektiv. Lange nicht jeder nimmt Rechte und Gericht für seine (berechtigten) Interessen in Anspruch. Der Verzicht auf rechtliche Mittel kann mit den finanziellen Kosten eines Rechtsstreits und damit, daß man aus Mangel an Vertrauen diese nicht mobilisiert, durchaus rational begründet sein. Wenn wir soziale Zugangssperren (und darunter auch die Kostenbarriere) vor dem Gericht als Reformaufgabe diskutieren, so geschieht dies vor allem wegen seiner schichtspezifischen Verteilung: die Selektivität der Inanspruchnahme von Recht und Gerichten soll nicht noch zusätzlich zu anderen sozialen Nachteilen sozial Schwache diskriminieren.

In vielen Konfliktsituationen bleibt dem sozial Schwächeren nur der Verzicht auf Rechte. Ein solcher Verzicht kann, wenn er unter sozial gleich Starken stattfindet, im Sinne eines Interessenausgleichs sein. Bei ungleicher Machtverteilung allerdings beruht er häufig auf *Resignation* einer der Streitparteien. Zenz/Koch (28) weisen auf eine extreme Variante solcher Resignation hin, auf das ,,Repressionsrisiko“: Selbst einem Mieter, der über seine Rechte informiert, im Umgang mit Gerichten gewand und in der Lage ist, die finanzielle Belastung einer Klage zu tragen, bleibt doch das Risiko, seine Wohnung durch eine ordentliche Kündigung des verärgerten Vermieters zu verlieren, wenn er seine Rechte vor Gericht durchzusetzen versucht. Diese ihre Hypothese wird dadurch bestätigt, daß diejenigen, die in ihrer Befragung als Mieter eine Klage angestrengt hatten, überwiegend solche waren, die Ansprüche geltend machten, „nachdem das Mietverhältnis bereits beendet war und die Kündigung keine Rolle mehr spielte“. Ähnlich selektiv sind die Konflikte vor dem Arbeitsgericht, bei dem überwiegend Arbeitnehmer – mithin die sozial Schwächeren – als Kläger auftreten. Auch sie gehen vor das Arbeitsgericht überwiegend erst dann, wenn eine Kündigung schon ausgesprochen ist, mithin das soziale Verhältnis, in dem der Konflikt entstand, nicht mehr aufrecht erhalten wird.

Die Mobilisierung von Recht kann mit *sozialen Kosten* verbunden sein, die rechtferigen, einen Konflikt *nicht* rechtlich auszutragen. Nicht-Mobilisierung von Recht kann somit durchaus rational begründet sein. Allerdings läßt sich einem Rechtsstreit nicht ausweichen, wenn man selbst der Beklagte ist: braucht eine der Parteien die sozialen Kosten eines Rechtsstreits nicht zu scheuen (wie dies etwa bei größeren Hausverwaltungen der Fall ist, für die das Mietverhältnis sich auf eine geschäftliche Beziehung reduziert), so liegt hierin eine soziale Überlegenheit. ‚Sozial schwächer' ist derjenige, der Rechte nicht für sich mobilisieren kann, weil er die sekundären Kosten eines Rechtsstreits vermeiden muß.

3.2 Zweite Einschränkung: Grenzen der Regulierungsfähigkeit von Recht

Die sozialen Kosten der Mobilisierung von Recht verweisen weiter auf eine grundsätzliche Begrenzung der Regulierungsfähigkeit von Recht: In Geschäftsbeziehungen, in der Nachbarschaft, am Arbeitsort und erst recht in der Familie „mit rechtlichen Konsequenzen" zu drohen, bedeutet in der Regel, daß man das Vertrauen, auf das jede soziale Beziehung (mit) aufbaut, aufkündigt. Je mehr eine Sozialbeziehung unmittelbare Interaktion einschließt, je mehr sie in persönliche Belange hineinreicht, desto wahrscheinlicher ist es, daß sie auf Vertrauenserwartungen aufbaut, desto unwahrscheinlicher, daß rechtliche Regelungen sie wirksam gestalten können. Vertrauen läßt sich nicht gerichtlich einklagen, Arbeitsmotivation nicht tarifvertraglich sichern und liebevolle Zuwendung nicht durch Ehevertrag gewährleisten. Dies betrifft insbesondere die Bereiche, die für sozial Schwache von besonderer Wichtigkeit sind: Konflikte zwischen Mietern, Arbeitnehmern und Arbeitgeber oder Eheleuten können durch Recht nur begrenzt geregelt werden. Wenn ein Streit in diesen Bereichen bis auf seinen rechtlichen Kern gebracht ist und vor Gericht getragen wird, ist das soziale Verhältnis meist schon in dem Maße zerrüttet, daß das Recht nur noch die *Entflechtung der sozialen Beziehungen* vornehmen kann.

In solchen Konfliktfällen ist es daher wahrscheinlich, daß die Beteiligten vor der Schwelle des Abbruchs sozialer Beziehungen *andere, soziale Wege der Konfliktlösung* vorziehen. Aus dem Studium des Rechts primitiver Völker kennen wir die Einrichtung des "go-betweens", der zwischen streitenden Parteien vermittelt, ohne einen eigenen autoritativen Anspruch auf Streitentscheidung zu haben. Ähnliche Einrichtungen gibt es in vielen sozialen Bereichen unserer Gesellschaft: sei dies bei informeller Streitschlichtung unter Nachbarn oder in einem Betrieb, sei es in formalisierten Institutionen wie Verbänden oder Betriebsräten, die für ihre Mitglieder das Durchsetzen von Ansprüchen oder das Aushandeln von Streitentscheidungen übernehmen. Auch Anwälte haben nicht selten die Aufgabe, Konflikte unterhalb der Schwelle gerichtlicher Auseinandersetzungen auszutragen. Es ist offensichtlich, daß allein ihr Auftreten eine Gebärde des Drohens mit Rechtsmitteln darstellt, jedoch kann es eine Streitpartei oft allein bei dieser Drohung bewenden lassen. Es gibt also auch hier verschiedene Stufen der Mobilisierung von Recht: das Drohen auf der ersten Stufe kann einen Prozeß auf der nächsten Stufe die Mobilisierung vermeiden helfen. Über diese „streitvermeidende" Rolle von Anwälten wird viel gesprochen, leider jedoch gibt es hierüber keine empirischen Erhebungen. Da das Recht nur ein unzureichendes Mittel zur „Lösung" von Konflikten und zur Regelung fortbestehender sozialer Beziehungen ist, wird die Mobilisierung von Recht dort vermieden werden, wo Alternativen eines Interessenausgleichs ohne Gericht und Rechtszwang möglich sind.

3.3 Dritte Einschränkung: Materielle Rechtlosigkeit von sozial Schwachen

Viele Rechtsprobleme ergeben sich aus Eigentum und Verfügungsmacht über Personen und Sachen. Hier ist das Recht per definitionem nicht schicht-neutral: es regelt Eigentumsverhältnisse, die nur für Eigentümer relevant sind, es schützt den sozialen status quo, so daß oft nur die vom Recht Priveligierten Anlaß haben, rechtliche Mittel in Anspruch zu nehmen. (29) Nur dort, wo das Recht selbst kompensatorische Ansprüche kodifiziert (etwa bei den die Vertragsfreiheit einschränkenden Regeln des Arbeits- oder Mietrechts) können wir erwarten, daß die Verbesserung der Zugangsvoraussetzungen zum Recht tatsächlich eine Hilfe für sozial Schwache darstellen kann.

Ein deutliches Beispiel für materielle Rechtlosigkeit ist das Ausländerrecht in der Bundesrepublik. Die Bundesrepublik war bis 1973 faktisch (30) ein Einwanderungsland für Arbeitskräfte und Familien aus einer Reihe von Mittelmeerländern. Obwohl Arbeitskräfte gesucht und auch immer erneut angeworben wurden, blieben diese Einwanderer jedoch in einer rechtlich prekären Lage: im Gegensatz zu Angehörigen aus EWG-Staaten haben Türken, Spanier, Jugoslawen oder Griechen keinen Rechtsanspruch auf eine Arbeitserlaubnis, ohne Arbeitserlaubnis wiederum kann ihnen jederzeit die Aufenthaltserlaubnis verweigert werden. (31) Eine besondere Problemgruppe schafft diese Regelung in den Kindern von Einwanderern, wenn sie in das erwerbsfähige Alter kommen: finden sie keine Arbeits- oder Ausbildungsstelle, sind sie nach Ablaufen der Schulpflicht ohne Arbeit, so sind sie nicht mehr zum Aufenthalt berechtigt. Gleich, ob EWG-Angehöriger oder nicht, können Ausländer wegen strafrechtlicher Vergehen aus dem Lande ausgewiesen werden. Die Ausländerbehörden haben bei Erteilung und Verweigerung der Aufenthaltserlaubnis eine große Ermessensfreiheit, (32) die seit der arbeitsmarktpolitischen Tendenzwende von 1973 besonders restriktiv ausgelegt wird.

Ausländischen Arbeitern in der Bundesrepublik hilft das Recht nur sehr begrenzt. In sozialen und wirtschaftlichen Notlagen sind sie auf solidarisierende Hilfe von Familie und ethnischer Subkultur angewiesen. Illegale Arbeit und illegaler Aufenthalt sind nicht selten. Ausländerberatung ist daher selten nur Rechtsberatung, sie kann nur als umfassendere Sozialberatung hilfreich sein. (33)

Es scheint selbstverständlich, daß Rechtsberatung ihre Grenze dort findet, wo das materielle Recht endet. Gerade Beratung für sozial Schwache ist sehr häufig mit dieser Grenzsituation konfrontiert – je nach dem Selbstverständnis des Beraters wird er es dabei bewenden lassen oder aber nach alternativen Möglichkeiten der Hilfe für sozial Schwache suchen. Je enger die Grenzen materiellen Rechts für eine Bevölkerungsgruppe gezogen sind, desto eher werden ihr Beratungsinstitutionen dazu tendieren, die Grenze von reiner Rechtsberatung zu überschreiten. Die Grenzen des Rechts sind deshalb nicht notwendig die Grenzen der Hilfe für sozial Schwache: sowohl die soziale Hilfestellung als auch die Politisierung der Interessen sind mögliche Strategien gegen materielle Rechtsgrenzen. Wieweit diese möglich sind, hängt von einer Reihe von Bedingungen ab, darunter auch derjenigen, welche Infrastruktur an Institutionen sich sozial Schwachen zur Hilfe anbietet.

4 *Infrastruktur von Institutionen der Rechtsberatung*

Wir haben festgestellt, daß die Verwirklichung von Recht auf eine Infrastruktur von Einrichtungen angewiesen ist, die den Weg zum Recht erleichtern. Wir haben auch gesehen, daß die Mobilisierung von Recht aus mehr oder weniger diffusen Problemlagen entstehen kann, für die rechtliche Mittel möglicherweise nur eine der möglichen Lösungsformen darstellt. Abschließend wollen wir nun die These diskutieren, daß die Lösungsalternative, die gewählt wird, von dem Definitionsangebot der Beratungsinstitutionen abhängt, an die der sozial Schwache mit seinem Problem gerät, und wie vom Staat dieses Angebot ‚gesteuert' werden kann.
Wir wollen dies an dem Schema von Angebot und Nachfrage nach Rechtsberatung verdeutlichen. Die Nachfrage, (d.h. die Mobilisierung von Recht) entsteht nicht unabhängig vom Angebot an Rechtsberatung. Die Mobilisierung von Recht kann dadurch ausgelöst werden, daß man einem Rechtszwang ausgesetzt ist: man wird mit einem rechtlich definierten Anspruch konfrontiert oder einer Klage überzogen, die schon von der Ausgangslage in rechtliche Terminologie gekleidet ist. Rechtsberatung hat es oft mit Klienten zu tun, die Rechtsmittel suchen, um sich gegen solche Ansprüche zu wehren. Anders ist die Ausgangslage, wenn ein Rechtssuchender seine Problemlage selbst definiert: ob er diese als Anspruch wahrnimmt, der rechtlich durchzusetzen ist, oder aber ob er Hilfe in einer diffusen Mängellage erwartet, für die er selbst noch keinen Lösungsweg definiert hat, hängt von den oben erwähnten Faktoren ab: wieweit Anspruch oder Problemlage in rechtlichen Kategorien wahrgenommen werden, wie groß die rechtliche Kompetenz hierfür ist und wie groß die Neigung und Wahrscheinlichkeit, im Recht eine Lösung zu erhoffen.
Mit der Wahl einer Beratungsinstitution und deren Verhaltensbeeinflussung setzt sich der *Definitionsprozeß* fest, in dem das ‚Problem' formuliert wird. Je diffuser die Mängellage des Mandanten, desto mehr ist zu Beginn offen, ob für sein Problem eine rechtliche oder alternative Lösung in Frage kommt. Vereinfachend dichotomisieren wir die Definitionsmöglichkeiten: entweder als ‚Rechtsproblem', i.e. als Problem, das in Form von Rechtsansprüchen definiert ist, so, daß Rechtsmittel zu ihrer Durchsetzung in Frage kommen, oder aber als ‚Sozialproblem', für das alternative Formen der Konfliktaustragung gewählt werden. Hier nun setzt unsere Hypothese an, die für die Steuerungsmöglichkeit des Angebots von Recht Konsequenzen hat: wie ein Problem definiert wird, hängt schon von der Wahrnehmung bei der auslösenden Mobilisierung ab, aber auch davon, welche Formen von Beratung und Hilfe sich anbieten, und an wen sich der Hilfesuchende wendet: ob an einen Anwalt, eine öffentliche oder verbandliche *Rechts*beratung, an eine Sozialberatung. Das traditionelle Verständnis von Rechtsberatung ist an der individuellen Lösung zur Durchsetzung eines Anspruchs oder zur Gegenwehr gegen Ansprüche anderer orientiert – es verstärkt damit, daß das ‚Problem' als rechtliches gesehen wird. Die Mobilisierung von Recht ist aber nur eine der Strategien, mit denen eine Problemlösung gesucht werden kann: wendet sich ein Ratsuchender zuerst an eine anwaltliche Beratung, so wird diese sich eher auf den Rechtsrat beschränken; wendet er sich an eine Sozialberatungsstelle, so ist die Wahrscheinlichkeit groß, daß ihm hier soziale Lösungsalternativen empfohlen werden. Aber diese Beziehung ist wechselseitig: Perzipiert er ein Problem als Rechtsproblem, wird er sich eher an eine Rechtsberatung wenden, perzipiert er es als Sozialproblem, wird er soziale Beratung suchen.

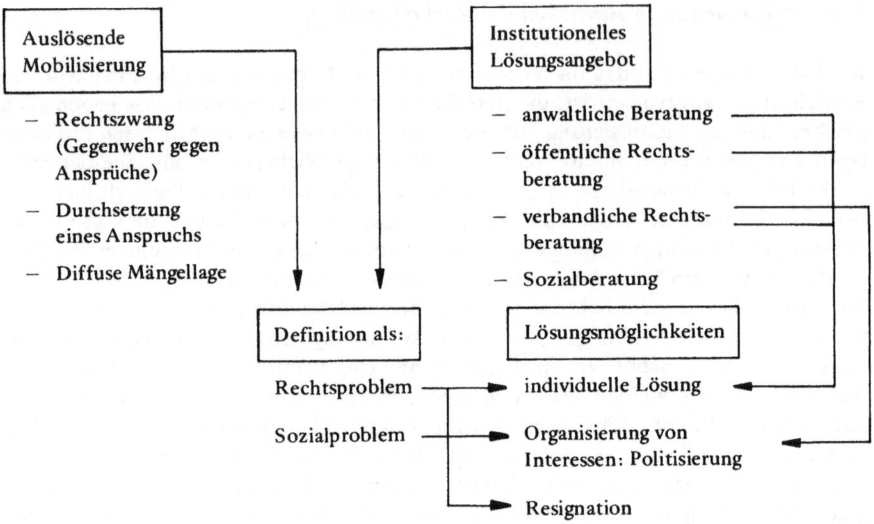

Die Definition des Problems hängt also von der auslösenden Mobilisierung ebenso ab wie von dem institutionellen Angebot an Alternativen. Faktisch haben wir in großen Städten der Bundesrepublik alle Formen des Angebots an Beratung, die unser Schema (auf der rechten Seite) enthält. Das Rechtsberatungsmißbrauchgesetz mit seinem Monopolanspruch der Anwälte bezieht sich nur auf das oberste: die unterschiedlichen Formen privatwirtschaftlich organisierter Beratung. Jedoch gibt es in großen Städten auch öffentliche Rechtsberatungsstellen, es gibt weit verbreitet auch organisatorische Rechtshilfe (sowohl bei Gewerkschaften und Arbeitgeberverbänden, Mieter- bzw. Hausbesitzerverbänden, Verbraucherschutz- und Kraftfahrvereinigungen etc.), und es haben sich einige Kombinationen und Übergangsformen von sozialer und rechtlicher Beratung (etwa in Neubau- oder Sanierungsgebieten) entwickelt. Das RBerG zwingt Organisationen, die *auch* Rechtsberatung (neben anderen Dienstleistungen) anbieten wollen, immer wieder zu institutioneller Anpassung an das Modell der Anwaltskanzlei. Jedoch finden sich faktisch alle drei Formen. (34)

– Die traditionelle Rechtsanwaltskanzlei, die dazu tendiert, einen festen Stamm von Mandanten aufzubauen, und soweit sie nicht anderweitig spezialisiert ist, ihren Schwerpunkt am ehesten im Zivilrecht, bei der Abwicklung von Verträgen, Verkehrsunfällen und daraus resultierenden Prozessen hat (*privatwirtschaftliche Dienstleistung*, vorwiegend an Rechtsfragen orientiert);
– Rechtsberatungsstellen für sozial Schwache, die sehr häufig auch mit Fragen außerrechtlicher Natur konfrontiert werden, und deren Beratungscharakter zwischen den Polen einer Reduktion auf rechtlich-relevante Probleme und sozialarbeiterische Tätigkeit variieren kann (meist öffentliche Einrichtungen, tendenziell mit stärker *Sozialhilfeorientierung*);
– Organisationen der Interessenvertretung, die als einen Teil ihrer Aufgabe die rechtliche Beratung und Vertretung ihrer Mitglieder ansehen, und bei denen die rechtliche Durchsetzung von Mitgliederinteressen im Zusammenhang einer rechtspolitischen Strategie der Organisation steht *(Interessenverbände mit Rechtsberatung für ihre Mitglieder)*.

Welches institutionelle Angebot an Lösungen zur Verfügung steht, hängt von rechtlichen und kulturellen Traditionen ab, es ist eine Folge der Statuspolitik von Anwälten und Sozialberatern. In begrenztem Maß sind solche Entwicklungen durch Rechtsetzung und staatliche Subventionierung beeinflußt. Das Rechtsberatungsmißbrauchsgesetz ist ein solcher Versuch der Steuerung ebenso wie die Einrichtung von Rechtsberatungsstellen in der Regie öffentlicher Verwaltungen.
Die in der juristischen Diskussion vorgebrachte „Anwaltslösung" versucht, mit Hilfe von *Subventionen* die erste dieser Formen stärker für Rechtsprobleme sozial Schwacher zugänglich zu machen; die *Übernahme* von Rechtsberatung durch öffentliche Stellen, die von seiten sozialdemokratischer Juristen favorisiert wird, zielt in die Richtung des zweiten Modells. Rechtsberatung von Interessenverbänden dagegen hat sich unabhängig von diesen beiden Formen dort entwickelt, wo anwaltliche oder öffentliche Rechtsberatung eine Lücke offenließen. Allerdings bleiben diese Formen der Rechtsberatung in der Bundesrepublik durch das Rechtsberatungsmißbrauchgesetz streng *reguliert:* Im Vergleich zu ausländischen Erfahrungen (so etwa den Niederlanden), wo die Gewerkschaften Rechtsberatung für alle vorgebrachten Probleme ihrer Mitglieder anbieten), haben die Wettbewerbsbeschränkungen des deutschen Rechts zu einer materiellen Begrenzung der Rechtsberatung von Interessenorganisationen auf spezialisierte Rechtsgebiete geführt. Das Angebot von Rechtshilfe und Beratung ist damit nur beschränkt den Gesetzmäßigkeiten von Bedarf und Angebot ausgesetzt. Rechtliche Regulierung steuert die Angebotsformen der anwaltlichen Beratung insgesamt, durch das Armenrecht erfolgt eine Subventionierung, die bestehende Organisationsformen nicht in Frage stellt. Würde eine Prozeß- und Beratungskostenhilfe jedoch auf breiter Basis erfolgen, so wäre eine ähnliche Entwicklung zu erwarten wie innerhalb der Profession praktizierender Ärzte: eine Schichtung der Anwaltschaft in einen subventionierten Bereich („Kassenanwälte") und einen Bereich mit ‚privat' zahlender Klientel. Die Übernahme der Rechtshilfe für sozial Schwache in die Regie öffentlicher Stellen hätte ähnliche Konsequenzen: die Ausdifferenzierung eines öffentlichen Rechtsberatungsbereichs für eine bestimmte Klientel sowie für deren spezielle Rechtsprobleme.

Rechtsberatung gehört zu den Dienstleistungen, die nicht in einem freien Spiel von Angebot und Nachfrage erbracht werden. Gebührenordnung, Rechtsberatungsgesetze, Prozeß- und Standesregeln sind schon heute rechtlich geregelt und bestimmen Art der Leistung und Organisationsform der anwaltlichen Beratung. Die rechtspolitische Diskussion um Rechtshilfe für sozial Schwache hat sich bisher nur an Modellen der Organisation und Finanzierung entzündet, ohne zu fragen, welche latenten Probleme für eine rechtliche Behandlung manifest gemacht werden sollen und können. Sie hat bislang weder gefragt, welcher Art und welchen Ausmaßes die vermuteten „latenten Rechtsbedürfnisse" seien, wieweit durch ein verbessertes Angebot an Rechtsberatung Konfliktbereiche ‚*verrechtlicht*' werden und auf welchen Konfliktbereichen andere, außerrechtliche Hilfsangebote den Bedürfnissen sozial Schwacher eher gerecht werden. Erst nach der Beantwortung dieser faktischen wie normativen Fragen nach Chance und Wünschbarkeit von Verrechtlichung kann der nächste Schritt getan werden: die Analyse der Finanzierung und der Organisationsformen von Rechtsberatung daraufhin, wie weit sie Barrieren gegen die Inanspruchnahme von Recht abbauen, und ob sie womöglich neue errichten. Daraufhin kann schließlich beantwortet werden, welche Mittel staatlicher Steuerung für die Mobilisierung von Recht zur Kompensation sozialer Unterlegenheit eingesetzt werden können. Das kann nicht alleine durch gesetzliche Verankerung materieller Rechtsansprüche geschehen, da deren Wirksamkeit von einer Infrastruktur vermittelnder Institutionen abhängt.

Summary

Legal Needs and Legal Help – Some Theoretical Reflections on the Discussion on Legal Policy in the Federal Republic of Germany

It is not sufficient to establish material rights, there have to be a number of preconditions in order to make them effective. 'Legal Aid' is seen as one part of the infrastructure which is necessary especially, if law is to compensate for some of the disadvantages of underprivileged social groups. However, remedy is to be expected only within the limitations of law itself: There are boundaries not only to the mobilisation of law, but also to the capability of legal rules for regulating conflicts and protecting legitimate claims. If Legal Aid leeds to increased use of legal means in regulating conflicts, we have to analyse both: advantages as well as disadvantages of legal regulations.

Anmerkungen

1 Vgl. die Vorschläge des Deutschen Anwaltvereins im: AnwBl. 24 (1974) 254.

2 Vgl. AnwBl. 24 (1974), S. 1.

3 Schoreit, Rechtsberatung Minderbemittelter durch öffentliche Rechtsauskunftsstellen oder durch Armenanwälte? ZRP 75, 62; ders., Rechtsberatung unentgeltlich, Karlsruhe 1974;
Isola, Schwierigkeiten beim Zugang zur Rechtspflege, Recht und Politik 1974, 64;
vgl. Baumgärtel, Ist die Rechtsberatung Minderbemittelter eine Aufgabe staatlicher Behörden? ZRP 75, 65; sowie ders., Gleicher Zugang zum Recht für alle, Köln 1976, wo er ausführlich Lösungsvorschläge für außergerichtliche und prozessuale Rechtshilfe, mit eigenem Vorschlag zu letzterem diskutiert;
Isermann, „Freie Rechtshilfe" und „Gemeinnützige Rechtsauskunftsstellen" vor 1933 in Deutschland und im Ausland, Recht und Politik 1975, 31;
Herbst, Die Rechtsberatung Minderbemittelter in der Praxis, ZRP 75, 219;
Röper, Rechtsschutzversicherung für sozial Schwache, ZRP 75, 252;
Rasehorn, Material zur Rechtsberatung für sozial Schwache, Vorgänge Nr. 13, 1975, 14;
Diskussion im „Sonderausschuß für außergerichtliches Armenrecht" auf dem Anwaltstag 1975, abgedruckt in AnwBl. 1975, 285; sowie die Diskussion zum Thema „Rechtsberatung Minderbemittelter" in der Rubrik „Echo" der ZRP zwischen Dallmann (ZRP 75, 199); Schoreit (ZRP 75, 200) und Rasehorn (ZRP 75, 296).

4 Siehe von Aulock in diesem Band, sowie zur Geschichte der ÖRA Hamburg den Beitrag von Falke, in diesem Band.

5 Vgl. Isermann, a.a.O.

6 Nachdem bei den Vorbereitungen zum Juristentag zunächst das Thema vorgeschlagen war, ob die gegenwärtige Rechtsberatung den Erwartungen an die Chancengleichheit vor Gericht, die an sie gestellt werden, gerecht wird, lautete das Thema letztlich: „Empfehlen sich im Interesse einer effektiven Rechtsverwirklichung für alle Bürger Änderungen des Systems des Kosten- und Gebührenrechts?" Vgl. die Gutachten des 51. Deutschen Juristentags, Abteilung Rechtspflege und Kostenlast.

7 Ovid III, Amores III, Zeile 55, zitiert nach M. Cappelletti, J. Gordley, Legal Aid: Modern Themes and Variations, Stanford Law Review 24 (1971–73) 347.

8 Vgl. Pohlmeyer, Zur Notwendigkeit einer Neuordnung des Armenanwaltsgebührenrechts, AnwBl. 21 (1971) S. 64–67; zu den Kampfmaßnahmen vgl. AnwBl. 21 (1971, 68, 84, 162, 272, 273; vgl. auch die Argumentation bei Einführung der Erstattung von Rechtsanwaltsgebühren in Armensachen, die in den zwanziger Jahren erfolgte: Hagelberg, Zur Reform des Armenrechts, JW 49 (1920) 876.

9 Vgl. Cappelletti/Gordley, a.a.O.
10 Siehe Entschließung der ASJ Bundesausschuß vom 1.3.1974, Recht und Politik 1974, S. 98–99.
11 Vgl. etwa die Erfahrung der Arbeitsämter mit der Förderung von Umschulung und Fortbildung im Rahmen des AFG. Theoretisch hierzu: S. M. Miller, P. Roby, A. de Vos van Steenwijk, Creaming the Poor, in: Translation 8/1970 (Bd. 7) 38–45.
12 Vgl. den Referentenentwurf zur Neuregelung des Armenrechts aus dem Justizministerium im September 1976, der Kostenbegünstigungen bis weit in die Mittelschicht hinein vorsieht. Auch hier wäre der Effekt des "creaming the poor" zu erwarten, zumal keine zusätzlichen Infrastrukturvoraussetzungen vorgesehen, um den Zugang besonders Hilfsbedürftiger zu erleichtern. Siehe hierzu Reinhard Schubert, Zur Reform des Armenrechts, Manuskript, Bonn 1977.
13 Marplan, Prozeßfreudigkeit der Deutschen, Umfrage bei 988 repräsentativ ausgewählten Haushaltsvorständen im Auftrag des WDR Köln, 1973.
14 Vgl. Schuyt, Groenendijk und Sloot, Rechtsproblem oder Private Schwierigkeiten?, in diesem Band.
15 Vgl. G. Sykes, Legal Needs of the Poor in Denver, Law and Society Review 4 (1969/70), 255–277.
16 I. E. Carlin, I. Howard, Legal Representation and Class Justice, in: UCLA Law Review 12 (1965) 381–431.
17 W. Kaupen, Das Verhältnis der Bevölkerung zur Rechtspflege, Jahrbuch für Rechtssoziologie und Rechtstheorie 3, 1972, 555.
18 G. Zenz, A. Koch, Erfahrungen und Einstellungen von Klägern in Mietprozessen, in: Jahrbuch für Rechtssoziologie und Rechtstheorie 3, Düsseldorf 1972, 509–528. Diese Untersuchung wurde an Gerichtsakten aus den Jahren 1969/1970 vorgenommen, also vor der Ausweitung des Mieterschutzes in der Bundesrepublik. Nur 24 % aller Kläger waren Mieter, 76 % waren Vermieter. In einer Aktenuntersuchung 1971 in Baden-Württemberg (also nach der Rechtsänderung) stellten wir ein noch viel ausgeprägteres Übergewicht der Vermieter als Kläger fest: nur 6 % aller Kläger waren Mieter. Vgl. Prognos, Gutachten zur Gerichtsorganisation (Amtsgerichte) in Baden-Württemberg, Basel (unveröff.) 1974.
19 Galanter, Why the 'Haves' Come Out Ahead, Law and Society Review 9 (1974) 95–160.
20 Vgl. Baumgärtel, a.a.O.
21 L. Mayhew, A. Reiss, The Social Organization of Legal Contacts, Am. Soc. Review 34 (1969) 309–318, Zitat von S. 312.
22 Ebenda, S. 312.
23 Sykes, a.a.O.
24 B. Abel-Smith, M. Zander, R. Brooke, Legal Problems and the Citizen, London 1973.
25 Vgl. Baumgärtel, a.a.O.
26 Vgl. Kaupen, a.a.O., S. 559.
27 Erhard Blankenburg, Der Anteil gerichtlicher Verfahren bei der Austragung sozialer Konflikte, in: Jahrbuch für Rechtssoziologie und Rechtstheorie, 4 (1976), 84–97.
28 Zenz/Koch, a.a.O.
29 Vgl. J. E. Carlin/Howard/Messinger, Civil Justice and the Poor, N. Y. (Russel Sage) 1967.
30 Dem widerspricht nicht, daß dies politisch-normativ bestritten wird. Im Bericht der Bund-Länder-Arbeitsgruppe zur Ausländerbeschäftigungspolitik, Bonn 17.12.76, S. 3 heißt es ausdrücklich: „Die BRD ist kein Einwanderungsland." (Soweit, wenn als Faktum gemeint, falsch.) „Sie versteht sich als ein Aufenthaltsland für Ausländer, die in der Regel nach einem mehr oder weniger langen Aufenthalt aus eigenem Entschluß in ihre Heimat zurückkehren." (Soweit eine politische Willenserklärung, wobei der „eigene Entschluß" durch die materielle Rechtlosigkeit von Ausländern, insbesondere aus Ländern außerhalb der EWG, befördert werden soll.)
31 Vgl. Fritz Franz, Die aufenthaltsrechtliche Stellung der ausländischen Arbeiter, in: T. Ansay, V. Gessner, Gastarbeiter in Recht und Gesellschaft, München 1974.
32 Vgl. E. Schüler, Die Ermessensentscheidung der Ausländerbehörden, erörtert anhand der Verwaltungspraxis in Berlin, Berlin 1974.
33 Die hier konstatierten Umstände sind Verallgemeinerungen in einer Vorstudie von Ulrich Spieß, in der dieser die Möglichkeit analysiert, die Beratungsinstitutionen für Ausländer in Westberlin zu untersuchen.
34 Siehe Udo Reifner, in diesem Band.

Bibliographie

Abel-Smith, B.; Stevens, R.: In Search of Justice, 1968.

Abel-Smith, B.; Stevens, R.: Lawyers and Their Courts. A Sociological Study of the English Legal System 1750–1964, London 1964.

Abel-Smith, B.; Townsend, P.: The Poor and the Poorest, 1965.

Abel-Smith, B.; Zander, M.; Brooke, R.: Legal Problems and the Citizen, London 1973.

Albert, Reiss: Neighbourhood Lawyers. An American Experiment, in: New Law Journal 118, 1968, S. 667.

Albrechtsen, E.H.: Noen trekk ved ordningene med fri rettshjelp (Einige Grundzüge kostenfreier Rechtshilfeordnungen), Stensilskrifter fra Institutt for rettssosiologi og forvaltningslaere Nr. 7, Oslo.

Albrechtsen, E.H.: Om advokater og advokatsøkning (Über Anwälte und Anwaltsbeanspruchung), in: Capua, G. de: Rettshjelp og samfunnsstruktur (Rechtshilfe und Gesellschaftsstruktur).

American Bar Association (ABA): Handbook on Prepaid Legal Services, April 1972.

American Bar Association (ABA): Lawyers for Laborers – The Shreveport Plan of Prepaid Legal Services after Four Years, 1975.

American Bar Association (ABA): Special Committee on Evaluation of Disciplinary Enforcement: Problems and Recommendations in Disciplinary Enforcement, Chicago 1970.

Anderson, S.: Ombudsman Papers. American Experience and Proposals, Berkeley 1969.

Anwaltstag 1975: Diskussion im „Sonderausschuß für Außergerichtliches Armenrecht", in: AnwBl. 1975
Diskussion zum Thema „Rechtsberatung Minderbemittelter" zwischen Dellmann, Schoreit und Rasehorn, in: Rubrik „Echo" der ZRP 1975.

Arbeitsgemeinschaft sozialdemokratischer Juristen, in: Recht und Politik 1974, S. 98.

Ashe: Group Legal Services – Equal Justice in Fact – A Prognosis for the Seventies, in: Syracuse Law Review 23, 1972, S. 1167 ff.

Attorney General's Committee Report: Poverty and the Administration of Federal Criminal Justice, 1963.

Aubert, V.: Courts and Conflict Resolution, in: Journal of Conflict Resolution 1967.

Aubert; Eckhoff; Sveri: En lov i søkelyset (Ein Gesetz unter der Lupe'), Oslo 1952.

Auerbach, J.S.: Unequal Justice. Lawyers and Social Change in Modern America, New York 1976.

Bartosic, Bernstein: Group Legal Services as a Fringe Benefit. Lawyers for Forgotten Clients through Collective Bargaining, in: Law Review 59, 1973, S. 410 ff.

Baumgärtel: Gleicher Zugang zum Recht für alle, Köln 1976.

Baumgärtel: Ist die Rechtsberatung Minderbemittelter eine Aufgabe staatlicher Behörden?, in: ZRP 1975, S. 65–69.

Baur, F.: Armenrecht und Rechtsschutzversicherung, in: Juristenzeitung 4, Februar 1972, S. 75 ff.

Bell, K.: Tribunals in the social services, London 1969.

Benner, Neary: The Other Face of Justice, 1973.

Berlin; Roisman; Kessler: Public Interest Law, in: Law Review 1970, S. 675 ff.

Beveridge, W.: Social Insurance and Allied Services, H.M.S.O. 1942, Cmd. 6404.

Black, D.J.: The Mobiliziation of Law, in: Journal of Legal Studies 2, 1973, S. 125–149.

Blankenburg, E.: Der Anteil gerichtlicher Verfahren bei der Austragung sozialer Konflikte, in: Jahrbuch für Rechtssoziologie und Rechtstheorie 4, 1976, S. 84 ff.

Blankenburg, E.; Blankenburg, V.; Morasch, H.: Der lange Weg in die Berufung. Aktenanalyse und Interviews aus der Sicht der Parteien in Zivilprozessen am Amtsgericht, in: Bender, R. (Hrsg.): Tatsachenforschung in der Justiz, Tübingen 1972, S. 81–104.

Blankenburg, E.: Rechtsberatung als Hilfe und als Barriere auf dem Weg zum Recht, in: Zeitschrift für Rechtspolitik 1976, S. 93–96.

Blom, R.: The Satisfaction of Legal Needs. Some Theoretical Ideas, Paper, presented at the ISA Conference in Cambridge, England, September 1973.

Blumberg, A.: The Practice of Law as a Confidence game?, in: Law and Society Review 1, 1967, S. 15 ff.

Boergen: Haftungsbegrenzungen beratender Berufe, insbesondere der Rechtsanwälte, in: NJW 1969.

Bokelmann, E.: „Rechtswegsperre" durch Prozeßkosten, in: Zeitschrift für Rechtspolitik 1973, S. 164–171.

Borrie, G.J.; Varcoe, J.R.: Legal Aid in Criminal proceedings. A regional Survey, 1970.
Botein: Constitutionality of Restrictions on Poverty Law Firms. A New York Case Study, in: Law Review 46, 1971, S. 748 ff.
Bradway: National Aspects of Legal Aid. The Annals Bd. 205, 1939.
Brakel, S.J.: Judicare. Public Funds, Private Lawyers and Poor People, Chicago 1974.
Brakel, S.J.: The Trouble with Judicare Evaluations, in: A.B.A.J. 58, 1972, S. 704 ff.
Brakel, S.J.: Wisconsin. Judicare. A Preliminary Appraisal, Chicago 1972.
Brickman, L.: Legal Delivery Systems. A Bibliography, Toledo 1973.
Bridges, L. et al.: Legal Services in Birmingham, 1975.
Brinkman, J.: New York Law Review 1973, S. 79.
Brinkman, J.: Konflikt, Konfliktregulierung und Recht. Ein vorläufiger Porblemkatalog, in: Soziale Welt 1973, S. 79–93.
Brooke, R.: Information and Advice Centres, 1972.
Brooke, R.: Report of the Advisary Committee on Legal Advice and Assistance, in: Modern L.R. 33, 1970, S. 432 ff.
Brownell: Legal Aid in the United States, 1951, 1961 Erg.
Burgbacher, H.G.; Knieper, R.: Juristenausbildung und advokatorisches Lernen, unveröffentlichtes Manuskript 1974.
Cahn, S.S.; Cohn, J.C.: Power to the People or Professions? The Public Interest in Public Interest Law, in: Yale Law Journal 79, 1970, S. 1005–1041.
Cahn, S.E.; Cohn, J.C.: The War on Poverty. A Civilian Perspective, in: Yale Law Journal 73, 1964, S. 1317 ff.
Cahn, S.E.; Cohn, J.C.: What Prices Justice. The Civilian Perspective revisited, in: Notre Dam Law Review 41, 1966, S. 927 ff.
Caplan, Johnson: Neighbourhood Lawyer Programs. An Experiment in Social Change, in: Miami Law Review 22, 1965, S. 184 ff.
Caplowitz, D.: The Poor Pay More, 1967.
Cappelletti, M.: Generalreferat zum wissenschaftlichen Kolloquium des Max-Planck-Instituts für ausländisches und internationales Privatrecht über das Thema „Zugang zum Recht", unveröffentliches Manuskirpt, Hamburg, Juli 1976.
Cappelletti, M.: Social and Political Aspekts of Civil Procedure. Reforms and Trends in Western and Eastern Europe, Michigan Law Review 69, 1971, S. 847 ff.
Cappelletti, M.; Gordley, J.: Legal Aid. Modern Themes and Variations, Stanford Law Review 24, 1971–73.
Cappelletti, M.; Gordley, J.; Johnson, E.: Toward Equal Justice. A Comparative Study of Legal Aid in Modern Societies. New York 1976.
Capua, G. de: Juss-Buss – En oversikt (Der Rechtshilfebus – Ein Überblick).
Capua, G. de: Juss-Buss – Første foreløpige virksomhets raport (Der Rechtshilfebus – Erster vorläufiger Tätigkeitsbericht), in: Stensilskrifter fra Institutt for Rettssosiologi og Forvaltningslaere Nr. 8.
Capua, G. de: Rettshjelp og samfunnsstruktur (Rechtshilfe und Gesellschaftsstruktur.
Capua, G. de: Rettshjelpvirksomheten i Juss-Buss (Die Rechtshilfetätigkeit durch den Rechtshilfebus, in: Stensilskriften fra Instiutt for Rechtssosiologi og Forvaltningslaere Nr. 10, Juni 1973.
Carlin, J.E.: Lawyers Ethics, New York 1966.
Carlin, J.E.: Lawyers on Their Own, 1962.
Carlin, J.E.; Howard, J.: Legal Representation and Class Justice, in: UCLA Law Review 12, 1965, S. 381 ff. auch in: Aubert, V. (Ed.): Sociology of Law. Selcted Readings, 1969, S. 332–350.
Carlin, J.E.; Howard, J.: Messinger, S.C.: Civil Justice and the Poor. Issues for Sociological Research, New York 1967.
Champagne, A.: Legal Services. An Exploratory Study in Effectiveness, in: 3 Administrative and Policy Studies 5, 1976.
Cheatham, E.E.: A Lawyer When Needed, New York 1963.
Christensen, B.F.: Lawyers for People of Moderate Means, Chicago 1970.
Christensen, B.F.: Regulating Group Legal Services. Who is Being Protected – Against What – And Why?, in: Arizona Law Review 11, 1969, S. 229 ff.
Chroust, A.: The Rise on the Legal Profession in America, 1965.
Clark, Ch.; Corstvet, E.: The Lawyer and the Public, in: Yale Law Journal 47, 1938, S. 1272 ff.

Cloward, R.; Elman: Poverty, Injustice and the Welfare State, in: The Nation, Februar 28., März 7., 1966.
Comment, in: Yale Law Journal 71, 1962, S. 1227.
Conservative Political Centre: Rough Justice, 1968.
Curran, B.; Clarke, Sh. L.: Use of Lawyers' Services by Low-Income Persons, in: ABF Series: Legal Services for the Poor, Chicago 1971.
Curran, B.; Spalding, F.: The Legal Needs of the Public. A Preliminary Report, Chicago 1974.
Däubler, W.: Bürger ohne Rechtsschutz?, in: Der Betriebsberater 1969, S. 545 ff.
Dell, S.: Silent in Court. Occasional Papers in Social Administration, Nr. 42, London 1971.
Denver Law Journal: Rural Poverty and the Law in Southern Colerado, by the Staff of the DLJ, Chicago 1971.
Deutscher Anwaltsverein: In: AnwBl. 1974, S. 254.
Duke Law Journal: The Legal Problems of the Rural Poor, by the Staff of the DJL, Chicago 1969.
Duniway: The Poor Man in the Federal Courts, in: Stanford Law Review 18, 1966.
Dworkin: The Progress and Future of Legal Aid in Civil Litigation, in: Modern Law Review 28, 1965, S. 432 ff.
Egerton, R.: Legal Aid, London 1946.
Eligibility for free Services: 1966.
Ellwood, Herbst: Health Care. Should Industry Buy It or Sell It?, in: Harvard Bus. Review 51, Juli/August 1973, S. 99.
Entschließung des ASJ-Bundesausschuß vom 1.3.1974, in: Recht und Politik 1974.
Eskeland, St.; Finne, J.: Rettshjelp, Oslo 1973.
Ervin: Uncompensated Counsel, They don't Meet the Constitutional Mandate, in: A.B.A.J. 1963, S. 435 ff.
Fabian Research Series: Justice for all, 1968, S. 273.
Fechner: Kostenrisiko und Rechtswegsperre. Steht der Rechtsweg offen?, in: JZ 1969, S. 349–354.
Felstiner, W.L.F.: Influences of Social Organisation on Dispute Porcessing. An Elaboration, 9, in: Law & Society Review 63, 1974.
Ferren: Preliminary Thoughts about Public Decision, Making and Legal Aid. The Prospect for Legitimacy, in: Connecticut Law Review 1, 1968, S. 263 ff.
Finman: OEO Legal Services Programs and the Pursuit of Social Change, in: Wisconsin Law Review 1971, S. 1001.
Fischer, W.: Eine neue Aufgabe?, in: Die Rechtsauskunft 1932, S. 42 f.
Fischer, K.P.; Ivie, Ch. C.: Franchising Justice. The Office of Economic Opportunity Legal Service Program and Traditional Legal Aid (O.E.O.), Chicago 1971.
Ford Foundation: The Public Interest Law Firm. New Voices for New Constituencies, New York 1973.
Foster, K.: The Location of Solicitors, in: Modern Law Review 36, 1973, S. 153 ff.
Franck: The New Development. Can American Law and Legal Institutions Help Developing Countries?, in: Wisconsin Law Review 1972, S. 767 ff.
Franz, F.: Die aufenthaltsrechtliche Stellung der ausländischen Arbeiter, in: Anay, T.; Gessner, V.: Gastarbeiter in Recht und Gesellschaft, München 1974.
Franzen, H.: Ist der Zivilprozeßsektor einer Anwaltspraxis noch rentabel?, in: Neue Juristische Wochenschrift 1973, S. 2054–2057.
Freeman, M.D.A.: The Legal Structure, London 1974.
Galanter: Why the ‚Haves' Come Out Ahead. Speculations on the Limits of Legal Change, in: Law and Society Review 9, 1974, S. 95 ff.
Gardiner: Defects in Present Legal Services and the Remedies, in: Tennessee Law Review 22, 1952.
Getman: A. Critique of the American Bar Association's Shreveport Study, in: Journal of Legal Studies 3, 1974.
Ginsburg, Bruzelius: Professional Legal Assistance in Sweden, Int. L. & C. L. Sc. 11, 1962, S. 997 ff.
Gitelman: Relative Performance of Appointed and Retained Counsel in Arkansas Felony Cases – An Empirical Study, in: Arkansas Law Review 24, 1971, S. 442 ff..
Goodman, L.; Feuillan, J.: Alternative Approaches to the Provision of Legal Services for the Rural Poor, Washington 1972.
Goodman, L.; Feuillan, J.: The Trouble with Judicare, in: A.B.A.J. 58, 1972, S. 477 ff.

Graham, J.: Teh Enemies of the Poor. A lawyer Activist Writes Movingly of His Work Among the Poverty Stricken and *Shows* How the Churches, the Welfare System and Legal Profession are Failing the Poor, Vinrage New York 1970.

Grein, P.: Die unentgeltliche Rechtsberatung Minderbemittelter in Deutschland, Berlin 1937.

Greisslinger: Außergerichtliche Rechtsbesorgung für Minderbemittelte in Niedersachsen, in: AnwBl. 1976, S. 198–202.

Grimm, H.: Die Verhandlungen des Verbandes der Rechtsauskunftsstellen mit dem Deutschen Anwaltsverein über die Mitarbeit der Rechtsanwaltschaft bei der Rechtsfürsorge, in: Die Rechtsauskunft 1932, S. 33–39.

Grunsky, W.: Empfehlen sich im Interesse einer effektiven Rechtsverwirklichung für alle Bürger Änderungen des Systems des Kosten- und Gebührenrechts? Gutachten A für den 51. Deutschen Juristentag, München 1976.

Hagedorn, H.: Die öffentlichen Rechtsauskunftsstellen des Hamburgischen Anwaltsvereins im Volksheim, in: Die Rechtsauskunft 1932, S. 47 f.

Hagelberg: Zur Reform des Armenrechts, in: JW 49, 1920.

Hallauer, R.P.: The Shreveport Experiment in Prepaid Legal Services, in: Journal of Legal Studies 2, 1973, S. 223 ff.

Handler, J.: The Lawyer und His Community. The Practizing Bar in a Middle-Sized City, Madison 1967.

Hannon, Ph.: The Leadership Problem in the Legal Services Program, in: Law and Society Review Nr. 2, 1969, S. 235 ff.

Hannon, Ph.: Legal Services and the Community Action Program. Oil and Water in the War on Poverty, in: Brief Case 28, 1969, S. 5 ff.

Hannon, Ph.: Legal Services and the Local Bars: Haw Strong is the Bond? National Policy Versus Local Control. The Legal Services Dilemma, in: California West. Law Review 5, S. 223 ff.

Hannon, Ph.: Murphy Amendments and the Response of the Bar. An Accurate Test of Political Strength, in: Brief Case 28, 1970, S. 163 ff.

Hazard, G.C. Jr.: Law in a Changing America, 1965.

Hazard, G.C. Jr.: Law Reforming in the Anti-Poverty Effort, Chicago 1970, auch in: University of Chicago Law Review 137, 1969, S. 242 ff.

Hazard, G.C. Jr.: Legal Problems Peculiar to the Poor, in: Journal of Social Issues 1970, 1971.

Hazard, G.C. Jr.: Social Justice Through Civil Justice, in: Chicago Law Review 36, 1969, S. 699 ff.

Herbst: Die Rechtsberatung Minderbemittelter in der Praxis, in: ZRP 1975, S. 219–222.

Herman, M.: Administrative Justice and Supplementary Benefits, in: Occasional Paper and Social Administration, Nr. 47, 1972.

Hillyard, S.: in: Law Society Gazette, 3.6.1975.

Holzinger, I.: Bericht über eine Rechtsberatungsstelle für ausländische Arbeiter. Das Würzburger Modell, in: Recht und Politik 1976, S. 46–48.

The International Legal Aid Association: Directory of Legal Aid and Advice, Facilities Available Throughout the World, 1966.

Ipsen, H.-P.: Die öffentliche Rechtsauskunfts- und Vergleichsstelle. Eine Institution des sozialen Rechtsstaates, in: Hamburger Dokumente 1.73, 50 Jahre Öffentliche Rechtsauskunfts- und Vergleichsstelle Hamburg.

Isermann: „Freie Rechtshilfe" und „Gemeinnützige Rechtsauskunftsstellen" vor 1933 in Deutschland und im Ausland, in: Recht und Politik 1975.

Isola: Schwierigkeiten beim Zugang zur Rechtspflege, in: Recht und Politik 1974, S. 64–72.

Jackson, R.: The Machinery of Justice in England, 1967.

Jensen, E.F.: Fri sakførsel (Befreiung von Verfahrenskosten), in: Lov og Rett 1971, S. 85 ff.

Jessen, P.: Anwaltschaft und Rechtsauskunftsstellen, in: Beilage zu Heft 5 des Anwaltsblattes 1932.

Johnsen, J.T.: Legal System and Individual in a Welfare State, vervielfältigtes Manuskript, Tromsö 1975.

Johnsen, J.T.: Rettshjelpstjenesten i distrktene (Rechtshilfe in der Provinz), vervielfältigtes Manuskript, Tromsö 1975.

Johnson: Refluation and Endorsement. A Reaction to Hannon's Analysis of the Murphy Amendment and the Bar, in: Brief Case 28, 1970, S. 257 ff.

Johnson, E.: Justice and Reform. The Formative Years of the O.E.O. Legal Services Program. New York 1974.

Johnstone: Justice and Reform. The Formative Years of the O.E.O. Legal Services Program, New York 1974.
Johnstone; Hopson: Lawyers and Their Work.
Judicial Problems in Administering of Court Appointments of Counsel for Indigents, Washington Law Review 28, 1971, S. 120 ff.
Justice for All: Society of Labour Lawyers Report, in: Fabian Research Series 273, London 1968.
Kahn-Freund, O.: The Shifting Frontiers of Law and Custom in Labour Relations, in: Current Legal Problems 22, 1969, S. 1–28.
Kantor: National Legal Services Corporation. The Legal Profession's Presensibility, in: California St. B. Journal 46, 1971, S. 447 ff.
Karabian: Legal Services for the Poor. Some Political Observations, in: San Francisco Law Review 6, 1972, S. 253 ff.
Kass: An Experiment in Legal Services, in: A.B.A.J. 58, 1972, S. 585 ff.
Kaufmann, H.: Rechtsauskunftsstellen und Anwaltschaft, in: Die Rechtsauskunft 1930, S. 41 f.
Kaufmann, H.: Rechtshygiene, in: Die Rechtsauskunft 1930, S. 65 f.
Kaupen, W.: Das Verhältnis der Bevölkerung zur Rechtspflege. Empirische Materialien zur Frage der Effektivität von Recht, in: Jahrbuch für Rechtssoziologie, Band III, Düsseldorf 1972, S. 555–563.
Kaupen, W.; Rasehorn, T.: Das Verhältnis der Bevölkerung der Bundesrepublik zur Rechtspflege. Ergebnisse einer repräsentativen Umfage, in: Neue Juristische Wochenzeitschrift 1973, S. 2054–2057.
Kennedy, I.: The Poor and the Law in Porto Rico.
Kiesel, W.: Gütegerichtsbarkeit als Problem des Sozialrechts, in: Die Rechtsauskunft 1930, S. 64 f.
Klaus: Legal Services Program. Reply to Vice-President Agnew, in: A.B.A.J. 58, 1972, S. 1178 ff.
Klauser, Riegert: Legal Assistance in the Federal Republic of Germany, in: Buffalo Law Review 20, 1971, S. 583 ff.
Koch, H.; Zenz, G.: Erfahrungen und Einstellungen von Klägern in Mietprozessen, in: Jahrbuch für Rechtssoziologie und Rechtstheorie, Band III, Düsseldorf 1972, S. 509–528.
Koschorke, M.: Unterschichten und Beratung, in: Wege zum Menschen, 1973, S. 129–163.
Krupp: Arm und Reich. Wie man die Unterschiede mißt, in: Transfer Nr. 1, 1975.
Ladinsky, J.: The Traffic in Legal Services. Lawyer-Seeking Behavior and the Channeling of Clients, 11, in: Law and Society Review 207, 1976.
Law Society: Legal Aid at the Crossroads, Bericht Nr. 24 der Law Society über Rechtshilfe, in: H.C. 20, 1974, H.M.S.O.
Legal Action Group: Legal Advice Centre – An Explosion?, 1972.
Lehmann, O.: Die öffentliche Rechtsberatung Minderbemittelter, Diss., Jena 1936.
Levine, F.J.; Preston, E.: Community Resource Orientation Among Low-Income Groups, 1970.
Lewis, P.: Unmet Legal Needs, in: Morris, P.; White, R.; Lewis, P.: Social Needs and Action, London 1973, S. 73–97.
Lewis, P.; Latte, G.: in: New Law Journal 123, 1973, S. 386.
Liell: Why Not Neighbourhood Law Offices?, in: Sol. J. 11, 1967, S. 763 ff.
Liell: The Need for Legal Services, in: New Law Journal 121, 1971, S. 1.
Link, H.: 25 Jahre Verband der Rechtsauskunftsstellen, in: Die Rechtsauskunft 1931, S. 1–5.
Luhmann, N.: Formen des Helfens im Wandel gesellschaftlicher Bedingungen, in: ders.: Soziologische Aufklärung 2, Aufsätze zur Theorie der Gesellschaft, Opladen 1975, S. 134–149.
Macaulay, S.: Law and the Balance of Power. The Automobile Manufactures and Their Dealers, New York 1966.
Maddi, D.L.: Public Welfare Caseworkers and Client Referrals to Legal Services.
Maddi, D.L.; Merril, F.R.: The Private Practizing Bar and Legal Services for Low-Income, 1971.
Maguire: The Lance of Justice, 1928.
Maguire: Poverty and Civil Litigation, in: Harvard Law Review 36, 1923, S. 361 ff.
Maden: Legal Aid. The Private Lawyer and the Community, in: Tennessee Law Review 20, 1949.
Marks, F.R. Jr.: The Legal Needs of the Poor: A Critical Analysis, 1971.
Marks, F.R.; Hallauer, R.P.; Cliftion, R.: The Shreveport Plan. An Experiment in the Delivery of Legal Services, Chicago 1974.
Marks, F.R.; Leswing, K.; Fortinsky, B.A.: The Lawyer, the Public and Professional Responsibility, 1972.

Marplan: Prozeßfreudigkeit der Deutschen. Umfrage bei 988 repräsentativ ausgewählten Haushaltsvorständen im Auftrag des WDR, Köln 1974.
Marsh: Neighbourhood Law Offices or Judicare?, in: Legal Aid Briefcase 25, 1966.
Martin: Legal Aid in Ontario, in: Can. B.J. 10, S. 473 ff.
Matthews, Weiss: What Can be Done. A Neighbourhood Lawyers Credo, in: B.U.L.R. 47, 1967, S. 231 ff.
Mayer, M.: The Lawyers, 1967.
Mayhew, L.: Law and Equal Opportunity, 1968.
Mayhew, L.: Action Theory and Action Research, in: Social Problems 15, S. 420 ff.
Mayhew, L.; Reiss, A.: The Social Organization of Legal Contacts, in: American Sociological Review 34, 1969, S. 309 ff.
Merserve: Our Forgotten Client. The Average American, in: A.B.A.J. 57, 1971, S. 1092 ff.
Müller, H.: (Hrsg.): Studien zur Rechtsschutzversicherung in europäischen Ländern und in den USA, 1975.
Moeran, E.: Practical Legal Aid, 1969.
Morris, P.: A Sociological Approach to Research in Legal Services, in: Morris, P.; White, R.; Lewis, P.: Social Needs and Legal Action, London 1973, S. 47–72.
Miller, S.M.; Roby, P.; de Vos von Steenwijk, A.: Creaming the Poor, in: Translation 8/1970 (Bd. 7).
Nagel, S.S.: Maximizing Benefits, Minimizing Costs in Legal Aid for the Poor, in: Nagel, S.S.: Improving the Legal Process, 1974.
The New Public Interst Lawyer: in: Yale Law Journal 79, 1970, S. 1069–1152.
Noll, P.: Gesetzgebungslehre, Reinbek 1973.
Nordensen, U.K.: The Proposed Swedish System of Free Legal Assistance and of Compensation the Victims of Crime, December 1971.
Note: Advertising, Solicitation and the Profession's Duty to Make Legal Counsel Available, in: Yale Law Journal 81, 1972.
Note: Competition in Legal Services Under the War on Poverty, in: Stanford Law Review 19, 1967, S. 579 ff.
Note: Group Legal Services, in: Harvard Law Review 79, 1968, S. 416 ff.
Note: Group Legal Services: A Blessing in Disguise for the Legal Profession, in: lowa Law Review 58, 1972, S. 174 ff.
Note: The Indigants' Right to Counsel in Civil Cases, in: Yale Law Review 76, 1967, S. 545 ff.
Note: Judicare as an Alternative to Legal Aid in Albuquerque, in: New Mexico Law Review 1, 1971, S. 595 ff.
Note: The Legal Services Corporation. Curtailing Political Influence, in: Yale Law Journal 81, 1971, S. 231 ff.
Note: Membership Supported Law Firms. A Resolution of the Public Interest Law Dilemma, in: California Law Review 60, 1972, S. 1451 ff.
Note: Neighbourhood Law Offices. The New Wave in Legal Service for the Poor, in: Harvard Law Review 80, 1967, S. 805 ff.
Note: The New Public Interest Lawyer, in: Yale Law Journal 79, 1970, S. 1069 ff.
Note: Representation of Indigents in California. A Field Study of the Public Defender and Assigned Counsel Systems, in: Stanford Law Review 13, 1961, S. 522 ff.
Note: The Right to Counsel in Civil Litigation, in: Col. Law Review 66, 1966, S. 1322.
Note: Structuring the Public Service Efforts of Private Law Firms, in: Harvard Law Review 84, 1970, S. 410 ff.
Parker: Legal Aid. Canadian Style, in: Wayne Law Review 14, 1968, S. 471.
Partington, M.: Recent Developments in Legal Services to the Poor. Some Reflections on Experience in Coventry, 1975.
Partington, M.: Teaching Welfare Law. A Report of a Symposium, in: Law Teacher 1974.
Patterson, A.: Legal Aid as a Social Service, 1967.
Pawlowski: Zur Funktion der Prozeßkosten, in: Juristenzeitung 30, 1975, S. 200 ff.
Pearson: To Protect the Rights of the Poor: The Legal Service Corporation Act of 1971, in: Canadian Law Review 19, 1971, S. 641 ff.
Pelletrei: Legal Aid in France, in: Notre Dame Law Review 42, 1967, S. 627.
Pfenningstorf: Legal Expense Insurance. The European Experience in Financing Legal Services, 1975.
Platon, Rice: Multihospital Holding Co., in: Harvard Bus. Review 50, Mai/Juni 1972.

Pohlmeyer: Zur Notwendigkeit einer Neuordnung des Armenanwaltsgebührenrechts, in: AnwBl. 21, 1971, S. 64 ff.
Pollock: Equal Justice in Practice, in: Minnesota Law Review 45, 1961, S. 737 ff.
Pollock: Legal Aid as a Social Service, in: The Cobden Trust Report, L. Soc. Gazette 67, 1970, S. 399.
Preloznik: Wisconsin Judicare. An Experiment in Legal Services, in: A.A.A.J. 57, 1971, S. 1179 ff.
Pye: The Role of Legal Services in the Anti-Poverty Program, Law & Cont. Problem 31, 1966, S. 211 ff.
Pye; Garraty: The Involvement of the Bar in the War against Poverty, in: Notre Dame Law Journal 41, 1966, S. 860 ff.
Raeke: Die Rechtsbetreuung für alle minderbemittelten deutschen Volksgenossen, JW 1934.
Rasehorn: Material zur Rechtsberatung für sozial Schwache, in: Vorgänge Nr. 13, 1975.
Rasehorn: Rechtlosigkeit als Klassenschicksal, in: Vorgänge 1, 1973.
Rechtsbetreuung des Deutschen Volkes, in: Deutsche Justiz 1934.
Redeker, K.: Zur Stellung der Anwaltschaft im außergerichtlichen Rechtsberatungssystem, in: Zeitschrift für Rechtspolitik 1976, S. 97–101.
Rehbinder: Wandlungen der Rechtsstruktur im Sozialstaat, in: KZfS Sonderheft 11, 1967.
Reich, Ch.: The New Property, in: Yale Law Journal 1964.
Reich, Ch.: Individual Rights and Social Welfare. The Emerging Legal Issues, in: Yale Law Journal 1965.
Reich, Ch.: The Law of the Planned Society, in: Yale Law Journal 1966.
Rechtsarbeitsblatt 1913, in: Sonderheft, Die ‚Rechtsberatung minderbemittelter Volkskreise im Jahre 1912'.
Research Projekts on Legal Services in Birmingham. Report on Preliminary Study.
Resyme av Meldinger til Justisdepartementet om fritt rettsradverksnemda 1973 (Zusammenfassung der Mitteilungen an das JM über kostenfreie Rechtshilfe), in: Norsk Advokatblad Nr. 5, 1973.
Robb: Controversial Cases and the Legal Services Program, in: A.B.A.J. 56, 1970, S. 329 ff.
Roberts: Shreveport Plan for Prepaid Legal Services. A Unique Experiment, in: La. Law Review 32, 1971, S. 45 ff.
Rodingen, G.: Rechtsverfahren, Lern- oder Unterwerfungsprozeß? Manuskript 1975.
Röhl: Zur Reform des Armenrechts, in: Zeitschrift für Rechtspolitik 1970, S. 274.
Röper, E.: Rechtsberatung und Rechtsschutz für sozial Schwache, in: Aus Politik und Zeitgeschichte B 6/Februar 1975, S. 16–46.
Röper, E.: Rechtsschutzversicherung für sozial Schwache, in: ZRP 1975.
Rosenthal; Kagan; Gutun: Volunteer Attorneys and Legal Services for the Poor.
Rosenthal: Lawyers and Clients. Who's in Charge, New York 1974.
Roth: Armut in der Bundesrepublik, 1974.
Rowat, D.: The Ombudsman Plan, Toronto 1973.
Schlossberg; Weinberg: The Role of Judicare in the American Legal System, in: A.A.A.J. 54, 1968, S. 1000 ff.
Schmidt, E.: Der Arme und sein Recht, in: Juristenzeitung 1972, S. 6979–682.
Schoreit, A.: Nulltarif bei der Rechtsberatung? Neue Zielgruppen und neue Organisationsformen für unentgeltliche Rechtsberatung, in: Die öffentliche Verwaltung 1975, S. 380–383.
Schoreit, A.: Rechtsberatung Minderbemittelter durch öffentliche Rechtsauskunftsstellen oder durch Armenanwälte?, in: ZRP 1975.
Schoreit, A.: Rechtsberatung unentgeltlich. Rechtsauskunftsstellen für jedermann als soziale Gemeinschaftsaufgabe, Karlsruhe 1974.
Schröder, H.J.: Zur Erfolgskontrolle der Gesetzgebung, in: Jahrbuch für Rechtssoziologie und Rechtstheorie, Band III, Düsseldorf 1972, S. 271–288.
Schroers, A.: Entwicklungsphasen der Rechtsfürsorge in Hamburg, in: Hamburger Dokumente 1.73, S. 19–34.
Schubert, R.: Zur Reform des Armenrechts, Manuskript, Bonn 1977.
Schumann, C.-D.: Zur örtlichen Allzuständigkeit der Öffentlichen Rechtsauskunfts- und Vergleichsstelle in Hamburg im bürgerlich-rechtlichen Güteverfahren, in: Deutsche Richterzeitung 1970, S. 61.
Schüler, E.: Die Ermessensentscheidung der Ausländerbehörden, erörtert anhand der Verwaltungspraxis in Berlin, Berlin 1974.
Seetzen, U.: Prozeßkosten und sozialer Rechtsstaat, in: ZRP 1971, S. 35–38.
Shayne: Prepaid Legal Sercices, 1974.

Shriver: Organized Bar and O.E.O. Legal Services, in: A.B.A.J. 52, 1971, S. 223 ff.
Silverstein, L.: Defense of the Poor, 1975.
Silverstein, L.: Defense of the Poor in Criminal Cases in American State Courts. A Preliminary Survey, 1964.
Silverstein, L.: Eligibility for Free Legal Services, 1967.
Silverstein, L.: Thoughts on the Legal Aid Movement, in: Social Serv. Review 40, 1966.
Silverstein, L.: Waiver of Court Costs and Appointment of Counsel for Poor Persons in Civil Cases, 1968, auch in: Val. University Law Review 2, 1967.
Smigel, R.: The Impact of Recruitment on the Organization of the Large Law Firm, in: American Sociological Review 25, 1960.
Smigel, R.: The Wallstreet Lawyer. Professional Organization Man.
Smith, A.D.: The Social Worker in the Legal Aid Setting. A Study of Interprofessional Relationship, 1970.
Smith, R.H.: Justice and the Poor, 1919.
Solomon: The New Fetish for Indigency. Justice and Poverty in an Affluent Society, in: Col. Law Review 66, 1966, S. 248 ff.
Stein, Ph.: Erfahrungen aus der Tätigkeit einer Rechtsauskunftsstelle, in: Soziale Praxis, 15. Jahrg., 1905/06, Sp. 746.
Steiner: Bargained for Group Legal Services. Aid for the Average Wage Earner, in: Arizona Law Review 11, 1969, S. 617 ff.
Stohr: The German System of Legal Aid. An Alterate Approach, in: Col. Law Review 54, 1966.
Stolz, P.: Insurance for Legal Services. A Preliminary Study of Feasiblility, in: Chicago Law Review 35, 1968, S. 417 ff.
Stolz, P.: The Legal Needs of the Public. A Survey Analysis, 1966.
Stover, Eckart: A Systematic Comparison of Public Defenders and Private Attorneys, in: Amerikan Journal Crim. Law 3, 1975, S. 265 ff.
Stumpf, Janowitz: Judges and the Poor. Bench Responses to Federally Financed Legal Services, in: Stanford Law Review 21, 1969, S. 1058.
Stumpf; Schroerluke; Forest: The Legal Professions and Legal Services, in: Law and Sociology Review 6, Nr. 1, 1971, S. 47 ff.
Sudnow, D.: Normal Crimes, Sociological Features of the Penal Code in a Public Defenders Office, in: Social Problems 12, 1965.
Summers: Defending the Poor: The Assigned Counsel System in Milwaukee County, in: Wisconsin Law Reviwe, 1969.
Sykes, G.: Legal Needs of the Poor in Denver, in: Law and Society Review 4, 1969/70, S. 255 ff.
Tittmuss, R.: Welfare, Law and Discretion, in: The Political Quarterly Vol 42, Nr. 2, April 1971.
Trocker, N.: Empfehlen sich im Interesse einer effektiven Rechtsverwirklichung für alle Bürger Änderungen des Systems des Kosten- und Gebührenrechts? Gutachten B für den 51. Deutschen Juristentag, München 1976.
Utton: The British Legal Aid System, in: Yale Law Journal 76, 1966, S. 371 ff.
Vogt, L.M.; Zamoff, R.; Lancer, C.; White, T.; Scanlon, J.: Field Test Results of Client Satisfaction with Legal Services, Washington 1976.
Vogt, L.M.; Zamoff, R.; Lancer, C.; White, T.; Scanlon, J.: Field Test Results of Cost and Access Analysis, Washington 1976.
Vogt, L.M.; Zamoff, R.; Lancer, C.; White, T.; Scanlon, J.: Field Test Results of Peer Review Quality Assesment of Legal Services for The Legal Services Corporation, Washington, 1976.
Vogt, L.M.; Zamoff, R.; Lancer, C.; White, T.; Scanlon, J.: Experimental Design Options to Test Various Approaches to Delivering Legal Services to the Poor, Washington 1975.
Voorhess: The O.E.O. Legal Services Program. Should the Bar Support It, in: A.B.A.J. 53, 1970. S. 23 ff.
Wald, P.M.: Law and Poverty. Prepared as a Working Paper for the National Conference on Law and Poverty, Washington, 1965.
Wälde, T.W.: Der „Public Interest Lawyer“ in den USA. Ein Vehikel permanenter Rechtsreform, in: ZRP 1974, S. 196 ff.
Wegg, Prosser: The North Kensington Neighbourhood Law Centre, in: Law Soc. Gazette 67, 1970, S. 634.
Weiss, J.: The Law and the Poor, in: Journal of Social Issues 1970.
Wegner, J.S.: Om fritt rettsråd (Über freie Rechtsberatung), in: Lov og Rett 1972, S. 243 ff.

Wexler: Practizing Law for Poor People, in: Yale Law Journal 79, 1970, S. 1049 ff.
White, R.: Lawyers and the Enforcement of Rights, in: Morris, P.; White, R.; Lewis, P.: Social Needs and Legal Action, London 1973, S. 15–46.
Wiener Juristische Gesellschaft: Aufgabe und Auswirkung des gerichtlichen Güteverfahrens in der deutschen Rechtspflegeorganisation, in: Die Rechtsauskunft 1932, S. 9–13.
Young: Legal Aid in Scotland, in: Harvard Law Review 21, 1969, S. 191.
Zander, M.: Lawyers and the Public Interest, London 1968.
Zander, M.: Social Workers, Their Clients and the Law, 1974.
Zander, M.: The Unused Rent Acts, in: New Society, 12.9.1968.
Zander, M.: Unrepresented Defendants in the Criminal Courts, in: Criminal Law Review 1969.
Zankl, P., Zankl, I.: Prozeßkostenrisiko-Tabelle, in: Betriebsberater, Beilage 4/1975 zu Heft 33/1975.
Zimroth: Group Legal Services and the Constitution, in: Yale Law Journal 76, 1967, S. 966 ff.

GPSR Compliance

The European Union's (EU) General Product Safety Regulation (GPSR) is a set of rules that requires consumer products to be safe and our obligations to ensure this.

If you have any concerns about our products, you can contact us on ProductSafety@springernature.com

In case Publisher is established outside the EU, the EU authorized representative is:

Springer Nature Customer Service Center GmbH
Europaplatz 3
69115 Heidelberg, Germany

Batch number: 10809468

Printed by Printforce, the Netherlands